pequeño diccionario de sinónimos, ideas afines y contrarios

EDITORIAL TEIDE - BARCELONA

Adaptación realizada
por ALBERTO VIÑOLY
del
DICCIONARIO DE SINÓNIMOS
IDEAS AFINES Y CONTRARIOS
de Santiago Pey y J. Ruiz Calonja

Primera edición: 1968
Segunda edición: 1969
Tercera edición: 1971
Cuarta edición: 1973
Quinta edición: 1974
Sexta edición: 1976
© 1967 Editorial Telde, S. A.
Viladomat, 291 - Barcelona-15
Hecho en México - Printed in Mexico
ISBN 84-307-7052-6 Depósito Legal, B. 46.216-1974

NOTA
PRELIMINAR

La presente obra es una reducción adaptada a nivel escolar del *Diccionario de sinónimos, ideas afines y contrarios.*

El criterio seguido en esta adaptación ha sido, en general, conservar en artículo de entrada todas las palabras —todas las palabras con sinonimia, claro está— que el escolar emplea habitualmente o cuando menos conoce por formar parte del léxico de las diversas materias que estudia; y, en la sinonimia y la antonimia, las que podrá necesitar en sus trabajos y redacciones pero no le vendrán a las mientes de modo espontáneo, o bien porque le son desconocidas, o bien porque, aun siéndole conocidas y hasta expresando mejor el matiz que quiere emplear, no forman parte de su propio vocabulario básico. En este doble sentido, de ampliación y de progresiva matización en el léxico, este *Pequeño Diccionario* será sumamente útil.

Hecha esta aclaración previa, son válidas aquí las mismas observaciones expuestas en la nota preliminar del Diccionario más extenso y que, en esencia, resumiremos:

a) Todo diccionario de sinónimos es un complemento del diccionario general de la lengua. Lo que uno contiene de exposición de conceptos, complétalo el otro con la enumeración de palabras de la misma familia semántica.

b) Se ha entendido la sinonimia en su concepto más amplio, es decir, contando en ella los términos que expresan ideas afines, dado que la sinonimia estricta se da, proporcionalmente, muy pocas veces. La comprobación de un sentido dudoso en el diccionario general será una prudente medida que será bueno inculcar en el joven consultante.

c) Por regla general se introducen substantivos, adjetivos y verbos, así como conjunciones y preposiciones cuando tienen locuciones equivalentes. En cambio, se han evitado normalmente los participios pasados y los adverbios en «mente», ya que para ellos se puede acudir al infinitivo o al adjetivo respectivamente.

Letras y signos convencionales. Se ha empleado letra **negrita** para las entradas principales; redonda, para los sinónimos e ideas afines; y *cursiva* precedida de flecha (←), para los antónimos. Dentro de cada artículo, se separan con doble barra (‖) las distintas acepciones. Y se han hecho preceder de un asterisco (*) los extranjerismos no admitidos por la Academia Española pero aceptados en el uso corriente.

Apéndice. Nos ha parecido útil incluir, como apéndice, unas normas elementales de ortografía.

A

abadía Monasterio, cenobio, convento, cartuja, priorato.

abajo Debajo.

abandonado Dejado, descuidado, desidioso, negligente. ‖ Desaliñado, desaseado, sucio. ← *Cuidadoso, aseado, atildado.*

abandonar Dejar, desamparar, descuidar, desatender, desentenderse, ceder, desistir, renunciar, marcharse, dejar en la estacada, volver las espaldas. ← *Atender, amparar, cuidar, asistir, aguantar.*

abandonarse Entregarse, darse, dejarse llevar. ‖ Relajarse. ← *Resistir.*

abandono Abandonamiento, desamparo, cesión, renuncia, deserción, dimisión. ← *Atención amparo, cuidado, asistencia.* ‖ Dejadez, descuido, desaliño, desidia, negligencia, desgobierno. ← *Cuidado, esmero, aseo, pulcritud.*

abaratamiento Baja. ← *Encarecimiento, alza, subida.*

abaratar Bajar, rebajar. ← *Encarecer.*

abarcar Comprender, contener, incluir, englobar, constar de, ocupar, cubrir, ceñir, rodear. ← *Excluir.*

abarrotar Atestar, atiborrar, colmar, sobrecargar, llenar. ← *Vaciar, descargar.*

abastecedor Proveedor, aprovisionador, suministrador.

abastecer Proveer, suministrar, surtir, avituallar.

abastecimiento Aprovisionamiento, suministro, avituallamiento.

abasto Provisión, provisiones.

abatimiento Decaimiento, desfallecimiento, agotamiento, desaliento, desánimo, depresión, aplanamiento, postración, flaqueza, debilidad, extenuación, languidez. ← *Excitación, aliento, ánimo, energía, vivacidad.* ‖ Apocamiento. ← *Exaltación.*

abatir Derribar, tumbar, hundir. ← *Levantar.* ‖ Humillar, rebajar. ← *Exaltar.*

abatirse Decaer, desfallecer, desmayar, agotarse, desalentarse, desanimarse, aplanarse, postrarse, debilitarse, extenuarse, languidecer. ← *Animarse, excitarse.*

abdicar Renunciar, resignar, dimitir, ceder. ← *Asumir, aceptar, conservar.*

abdomen Vientre, tripa, barriga, panza.

abecedario Alfabeto, abecé.

abejar Colmenar, abejera.

abejarrón Abejorro.

abejón Zángano. ‖ Abejorro.

abejorro Abejarrón.

abertura Hendidura, rendija, quebradura, grieta, resquicio, hendedura, resquebradura, resquebrajadura, boca, boquete, brecha, agujero, corte. ‖ Franqueza, sinceridad, naturalidad, llaneza. ← *Reserva, disimulo, hipocresía.*

abeto Pinabete, sapino.

abierto Desembarazado, despejado, raso, llano. ← *Obstruido, cubierto.* ‖ Sincero, franco, claro. ← *Reservado, afectado, hipócrita.*

abigarrado Heterogéneo, confuso, mezclado. ← *Homogéneo, uniforme, claro.* ‖ Multicolor. ← *Unicolor.*

abismo Sima, precipicio, despeñadero, profundidad, barranco. ← *Cima, cúspide, cumbre.*

abjurar Apostatar, renegar, retractarse. ← *Convertirse.*

A

ablandar Emblandecer, suavizar, molificar, reblandecer. ← *Endurecer.* ‖ Desenfadar, desencolerizar, desenojar, enternecer, conmover. ← *Enfadar.*

abocar Verter, transvasar. ‖ Acercar, aproximar, precipitar.

abochornar Avergonzar, sonrojar, ruborizar, sofocar. ← *Ensalzar.*

abofetear Dar cachete, sopapo o moquete, sopapear.

abogado Letrado, jurisconsulto, jurisperito, jurista, legista. ‖ Intercesor, defensor ← *Acusador, fiscal.*

abogar Interceder, defender. ← *Acusar, atacar.*

abolengo Estirpe, linaje, alcurnia, ascendencia, descendencia, casta.

abolición Anulación, supresión, derogación. ← *Instauración, inauguración, implantación, establecimiento.*

abolir Anular, suprimir, derogar. ← *Instaurar, inaugurar, implantar, establecer.*

abominable Detestable, aborrecible, odioso. ← *Adorable, admirable.*

abominación Aversión, aborrecimiento, odio. ← *Amor, adoración, admiración.*

abominar Detestar, aborrecer, odiar. ← *Amar, adorar, admirar.* ‖ Reprobar, maldecir. ← *Glorificar, bendecir.*

abonanzar Serenarse, despejar, aclararse, mejorar. ← *Aborrascarse, encapotarse, oscurecerse, cargarse, cubrirse, empeorar.*

abonar Acreditar, asegurar, responder, garantizar. ‖ Pagar. ← *Cargar.* ‖ Inscribir, apuntar. ‖ Fertilizar.

abono Pago. ← *Cargo.* ‖ Fertilizante.

abordar Emprender, plantear, acometer. ← *Evitar, eludir.* ‖ Chocar. ‖ Atracar.

aborrascarse Encapotarse, oscurecerse, cubrirse, nublarse, empeorar. ← *Serenarse, despejar, encalmarse, aclarar, mejorar.*

aborrecer Odiar, detestar, abominar. ← *Amar, admirar, adorar.*

aborrecible Odioso, detestable, abominable. ← *Amable, admirable adorable.*

aborrecimiento Odio, rencor, aversión, repugnancia, antipatía. ← *Amor, atracción, simpatía.*

abrasador Ardiente, tórrido. ← *Glacial.*

abrasar Quemar. ← *Enfriar, templar.*

abrazadera Zuncho, anillo. ‖ Corchete, llave.

abrazar Ceñir, rodear, abarcar. ← *Soltar.*

abrazo Apretón.

abrevadero Aguadero.

abreviar Acortar, reducir, compendiar, resumir. ← *Alargar, extender, ampliar.* ‖ Apresurar, acelerar, aligerar. ← *Retardar, diferir.*

abreviatura Sigla, cifra, monograma.

abrigar Tapar, arropar, cubrir. ← *Desabrigar, desarropar.* ‖ Resguardar, proteger, cobijar, amparar.

abrigo Sobretodo, gabán. ‖

Resguardo, protección, defensa, refugio, amparo.

abrillantar Pulir, pulimentar, bruñir. ← *Deslucir.*

abrir Destapar, descubrir. ← *Cerrar, tapar.* ‖ Extender, desplegar, separar, soltar. ← *Cerrar, plegar.* ‖ Iniciar, inaugurar. ← *Cerrar, clausurar.*

abrochar Abotonar. ← *Desabrochar.*

abrumar Agobiar, atosigar, hastiar, importunar, molestar, cansar, aburrir.

abrupto Escarpado, escabroso, áspero, quebrado, accidentado. ← *Llano, plano, liso, raso.*

absolución Perdón, remisión, exculpación. ← *Condenación, inculpación.*

absolutismo Despotismo, tiranía, autoritarismo, totalitarismo. ← *Constitucionalismo, liberalismo, democracia.*

absoluto Incondicional, categórico, total. ← *Relativo, condicional.* ‖ Despótico, tiránico, dictatorial, autoritario, imperioso, dominante, arbitrario. ← *Constitucional, liberal.*

absolver Perdonar, remitir, exculpar, eximir. ← *Condenar, inculpar.*

absorber Aspirar, chupar, sorber, embeber, empapar. ← *Expulsar, arrojar.* ‖ Cautivar, hechizar, atraer. ← *Repeler, rechazar.*

absorto Abstraído, ensimismado, sumergido, sumido, meditabundo ← *Distraído, desentendido.* ‖ Atónito, asombrado, pasmado, admirado, maravillado, cautivado. ← *Impasible, indiferente.*

abstenerse Prescindir, privarse, inhibirse. ← *Participar.*

abstinencia Abstención, privación, dieta, continencia. ← *Incontinencia.*

abstraerse Ensimismarse, reconcentrarse, absorberse. ← *Distraerse.*

abstraído Absorto.

absurdo Ilógico, disparatado, irracional, desatinado. extravagante, estrafalario. ← *Lógico, racional, razonable, sensato.* ‖ Absurdidad, disparate, desatino, sinrazón, incoherencia. ← *Congruencia.*

abucheo Rechifla, chifla, silba, pita, siseo, chicheo, pateo, protesta. ← *Aplauso, aclamación, palmas, ovación, vítor.*

abuelos Ascendientes, antepasados, antecesores. ← *Nietos, descendientes.*

abultar Engrosar, hinchar. ← *Reducir.*

abundancia Copia, riqueza, fertilidad, fecundidad, frondosidad, exuberancia, profusión, cantidad. ← *Escasez, falta, carestía, pobreza, penuria, indigencia, miseria.*

abundante Copioso, numeroso, rico, fértil, fecundo, exuberante, pródigo, óptimo, pingüe, frondoso. ← *Escaso, pobre, estéril, exiguo, raro, mísero, breve.*

abundar Pulular. ← *Escasear.*

aburrimiento Fastidio, tedio, hastío. ← *Entretenimiento, solaz, distracción.*

aburrir Fastidiar, hastiar, cansar, importunar, molestar, abrumar, hartar. ← *Entretener, distraer, divertir.*

abusar Excederse, extralimitarse. ‖ Forzar, violar. ← *Respetar.*

abuso Exceso, extralimitación, demasía, atropello, injusticia.

acá Aquí. ← *Allá.*

acabado Perfecto, completo, consumado, cumplido, cabal, absoluto. ← *Inacabado, incompleto, inconcluso.* ‖ Gastado, consumido, malparado, viejo, enfermo, vencido. ← *Vivaz, brioso, animoso, sano, joven.*

acabamiento Cumplimiento, terminación, desenlace, conclusión. ← *Comienzo.* ‖ Término, fin, muerte. ← *Origen, inicio.*

acabar Terminar, concluir, finalizar, rematar, ultimar. ← *Iniciar, comenzar, empezar, emprender.* ‖ Perfeccionar, pulir. ‖ Consumir, agotar, apurar, gastar.

acabarse Extinguirse, morir, fallecer. ← *Nacer, aparecer.*

academia Colegio, escuela, instituto. ‖ Junta, corporación.

acaloramiento Ardor, sofocación, calor, fiebre. ← *Enfriamiento, resfriamiento.* ‖ Enardecimiento, exaltación, entusiasmo. ← *Enfriamiento, moderación, frialdad, indiferencia.*

acalorarse Enardecerse, entusiasmarse, exaltarse. ← *Enfriarse, entibiarse, moderarse.*

acallar Aplacar, aquietar, calmar, sosegar. ← *Excitar.*

acampar Campar, vivaquear.

acanalado Canalado, ondulado, estriado, rayado.

A

acanalar Estriar, rayar.

acantilado Escarpado, escarpadura, precipicio, despeñadero. ‖ Abrupto, vertical. ← *Llano, bajo.*

acantonamiento Campamento.

acaparar Acumular, acopiar, almacenar, monopolizar, retener. ← *Compartir, distribuir.*

acariciar Mimar, halagar, abrazar, besar. ← *Maltratar, pegar.*

acarrear Transportar, trajinar, conducir, llevar, cargar, portear.

acarreo Transporte, conducción.

acaso Casualidad, azar. ← *Destino, predestinación.* ‖ Quizá, tal vez, por ventura.

acatar Respetar, reverenciar, someterse, obedecer. ← *Desacatar, desdeñar, rebelarse, desobedecer.*

acato Acatamiento

acaudalado Adinerado, pudiente, rico, opulento, poderoso, acomodado. ← *Menesteroso, necesitado, pobre, indigente, mísero.*

acaudillar Capitanear, mandar, conducir, guiar, dirigir. ← *Seguir, obedecer.*

acceder Consentir, permitir, autorizar, condescender, conformarse, convenir, ceder, aceptar. ← *Rehusar, negarse, resistirse, rechazar.*

accesible Alcanzable, asequible. ← *Inaccesible, inalcanzable, inasequible.* ‖ Comprensible, inteligible. ← *Inaccesible, incomprensible, ininteligible.* ‖ Sencillo, franco,

A tratable. ← *Altivo, arrogante, distante, inasequible.*

acceso Entrada, ingreso, paso, camino. ← *Salida.*

accesorio Secundario, complementario, accidental, prescindible. ← *Importante.*

accidentado Quebrado, áspero, escabroso, escarpado, abrupto. ← *Llano, plano, liso, raso.* ‖ Tempestuoso, agitado, difícil. ← *Apacible, tranquilo.*

accidental Secundario, incidental, fortuito, casual. ← *Esencial, seguro, previsto.* ‖ Provisional, interino, eventual. ← *Permanente, fijo.*

accidente Contratiempo, percance, peripecia, eventualidad, casualidad. ‖ Desmayo, vahído, vértigo, patatús.

acción Acto, hecho, actuación, actividad, obra. ‖ Combate, batalla, escaramuza, encuentro. ‖ Movimiento, gesto, ademán. ← *Inacción.* ‖ Título.

accionar Gesticular.

accionista Socio, asociado, capitalista, rentista.

acechar Vigilar, atisbar, observar, espiar.

acecho Observación, espera, espionaje.

aceitoso Oleaginoso, oleoso, untoso, graso, grasiento. ← *Seco, enjuto.*

aceituna Oliva.

aceleración Aceleramiento, rapidez, prontitud. ← *Retardación.*

acelerar Apresurar, activar, avivar, aligerar, precipitar, apurar. ← *Retardar, entretener, frenar.*

acendrado Puro, depurado,

exquisito. ← *Impuro, turbio.*

acendrar Purificar, depurar, limpiar. ← *Enturbiar, manchar, adulterar.*

acento Tono, deje, entonación.

acentuar Marcar, recalcar, hacer resaltar, insistir, hacer hincapié, subrayar, destacar, realizar. ← *Atenuar, disimular.*

acentuarse Aumentar, crecer. ← *Menguar, decrecer.*

aceptable Admisible, pasable, pasadero, tolerable. ← *Inadmisible, intolerable.*

aceptación Aprobación, admisión, asentimiento, conformidad, aplauso, éxito, boga, tolerancia. ← *Denegación, desaprobación, disconformidad, fracaso.*

aceptar Admitir, recibir, tomar, asentir, reconocer. ← *Rehusar, rechazar, disentir, denegar.* ‖ Comprometerse, obligarse.

acequia Reguera, canal.

acerca de Referente a, sobre, respecto a, por lo que toca a.

acercar Aproximar, arrimar, avecinar, juntar, unir, yuxtaponer, adosar, pegar. ← *Alejar, separar apartar.*

acérrimo Tenaz, muy fuerte, obstinado, encarnizado, intransigente. ← *Suave, moderado, transigente.*

acertado Conveniente, oportuno, apropiado, adecuado, idóneo, atinado, certero. ← *Desacertado, inadecuado, inoportuno, desatinado, erróneo.*

acertar Adivinar, atinar, descifrar, hallar, encon-

trar, resolver. ← *Errar, equivocarse, engañarse.*

acertijo Adivinanza, enigma, jeroglífico, rompecabezas, problema.

acicalado Engomado.

acicalar Adornar, ataviar, aderezar, componer, pulir, atildar. ← *Descuidar.* ‖ Pulir, bruñir.

ácido Agrio, mordiente, corrosivo. ‖ *dulce.* ‖ Desabrido, mordaz, cáustico. ← *Suave, dulce.*

acierto Tino, tiento, tacto, destreza, habilidad. ← *Desacierto, torpeza.* ‖ Cordura, prudencia. ← *Imprudencia, locura.*

aclamación Ovación, aplauso. ← *Abucheo, silba, pateo, protesta,*

aclamar Vitorear, ovacionar, ensalzar, aplaudir. ← *Silbar, patear, protestar.* ‖ Proclamar, nombrar, enaltecer. ← *Destituir.*

aclaración Explicación, justificación, nota,

aclarar Explicar, poner en claro, ilustrar, alumbrar, iluminar. ← *Oscurecer.* ‖ Clarear, despejarse, serenarse, abonanzar, abrir. ← *Encapotarse, oscurecerse, cubrirse, aborrascarse.*

aclimatar Naturalizar, adaptar, habituar, acostumbrar, acomodar, arraigar.

acobardar Amedrentar, atemorizar, intimidar, amilanar, acoquinar, aterrar, desanimar, desalentar, descorazonar, achicar. ← *Alentar, animar, envalentonar.*

acoger Admitir, recibir, aceptar. ← *Rehusar, denegar.* ‖ Amparar, prote-

ger, guarecer, cobijar, socorrer, favorecer. ← *Re-
chazar, expulsar.*

acogida Admisión, acepta-
ción. || Acogimiento, am-
paro, recibimiento, hospitalidad, protección, cobijo. ← *Despido, expulsión,
inhospitalidad.*

acogotar Sujetar, dominar,
vencer, abatir.

acolchado Almohadillado,
tapizado, blando.

acólito Monaguillo, mona-
go. || Ayudante, asistente,
compinche, compañero,
colega.

acometedor Agresivo, impetuoso, violento, arre-
metedor, belicoso. ← *Pa-
cífico, suave.*

acometer Agredir, embestir,
a t a c a r, arremeter, ←
evitar. || Emprender, ini-
ciar, abordar, ← *Aban-
donar, cesar.*

acometida Acometimiento.
|| Enlace, embocadura.

acometimiento Acometida,
ataque, asalto, arremeti-
da, embestida, agresión.
← *Defensa.*

acomodado Rico pudiente,
adinerado. ← *Menestero-
so, pobre.* || Apropiado,
arreglado, conveniente,
adecuado, oportuno. ←
*Inconveniente, inadecua-
do.*

acomodamiento Arreglo,
conciliación, convenio,
ajuste, acuerdo. || Como-
didad, conveniencia.

acomodar Ordenar, arreglar, ajustar, aplicar, ade-
cuar, adaptar. || Conci-
liar, concertar, concor-
dar.

acomodarse Avenirse, atenerse, conformarse, tran-
sigir.

acompañamiento Comitiva,
escolta, compañía, séqui-
to, cortejo, corte, convoy,
caravana.

acompañar Estar con, ir
con, seguir, escoltar, conducir. ← *Abandonar, de-
jar.* || Agregar, juntar,
añadir, adjuntar. ← *Se-
parar.*

acompasado Rítmico, medido, métrico, regular. ←
*Desacompasado, arrítmi-
co, irregular.* || Pausado,
lento. ← *Precipitado, rápido.*

acompasar Compasar, medir, ajustar, proporcio-
nar. ← *Descompasar, de-
sajustar.*

acondicionar P r e p a r a r
arreglar adaptar, adecuar.

acongojar Congojar, afligir,
apenar, oprimir, entris-
tecer, apesadumbrar, des-
consolar, amargar, angus-
tiar. ← *Aliviar, confor-
tar, consolar, alentar, animar, alegrar.*

aconsejar Advertir, avisar,
asesorar, prevenir, indi-
car, sugerir, encaminar.
← *Desaconsejar, disua-
dir, desengañar, apartar.*

acontecer Suceder, ocurrir,
acaecer, pasar.

acontecimiento Suceso, caso, hecho, acaecimiento,
sucedido.

acopiar Acumular, amontonar, reunir, juntar, ama-
sar. ← *Desparramar, des-
perdigar, esparcir, derrochar.*

acopio Provisión acumulación, depósito, almacena-
miento, acaparamiento.
← *Distribución, reparti-
ción, reparto.*

acoplar Unir, soldar, ajus-

tar, trabar, pegar, enca-
jar. ← *Desacoplar, sepa-
rar, desunir, despegar, desencajar.*

acoquinar Acobardar, amedrentar, atemorizar, intimidar, achicar, desani-
mar, desalentar, descora-
zonar. ← *Alentar, ani-
mar, envalentonar.*

acorazar Blindar.

acordar Concordar, concertar, conformar, armoni-
zar, convenir, determinar,
resolver, pactar, quedar
en.

acordarse Recordar, traer
a la memoria, evocar, re-
capacitar. ← *Olvidarse,
olvidar, echar en olvido.*

acorde Conforme, concorde, de acuerdo. ← *Dis-
corde, disconforme.*

acordonar Cercar, envolver,
rodear, cubrir la carrera.

acorralar Arrinconar, rodear, encerrar, cercar, es-
trechar, aislar. || Confun-
dir, dejar sin respuesta.

acortar Abreviar, reducir,
disminuir, achicar, ami-
norar, limitar, restringir.
← *Alargar, aumentar.*

acosar Perseguir, hostigar,
estrechar. || Molestar, im-
portunar, asediar.

acoso Acosamiento, persecución, acometimiento. ←
Defensa.

acostarse Echarse, tenderse,
tumbarse. ← *Levantarse,
alzarse.*

acostumbrar Habituar, usar,
soler, tener costumbre,
frecuentar.

acre Áspero, picante, irritante, agrio. ← *Suave, dulce, afable.*

acrecentar Aumentar, acrecer, agrandar, engrande-
cer, ensanchar, extender.

A ← *Menguar, disminuir, reducir.*

acreditar Probar, justificar, demostrar, confirmar. || Afamar, dar reputación, abonar. ← *Desacreditar, infamar.*

acreedor Digno, merecedor. ← *Indigno, desmerecedor.*

acribillar Herir, agujerear, taladrar.

acritud Aspereza, mordacidad. ← *Dulzura, suavidad, afabilidad.*

acróbata Equilibrista, funámbulo, trapecista, gimnasta.

acta Relación, relato, reseña, certificación, testimonio.

actitud Postura, posición, disposición, porte, aire.

activar Avivar, acelerar, apresurar, apurar, excitar, mover. ← *Retardar, frenar entretener parar.*

actividad Movimiento, acción. ← *Reposo, inacción.* || Prontitud, presteza, solicitud, diligencia, eficacia, eficiencia. ← *Apatía, tardanza, premiosidad, ineficacia.*

activo Eficiente, eficaz, enérgico. ← *Inactivo, apático, ineficaz.* || Diligente, vivo, pronto, rápido. ← *Indolente, tardo, lento.*

acto Hecho, acción, obra, operación.

actor Representante, comediante, cómico, ejecutante, artista. || Demandante, acusador.

actuación Acción. || Diligencia.

actual Presente, moderno. ← *Inactual, pasado, pretérito, futuro.* || Efectivo, real. ← *Irreal.*

actualidad Oportunidad, coyuntura, ahora. ← *Pasado, futuro.*

actuar Hacer, obrar, proceder, ejercer, conducirse, portarse. ← *Abstenerse, cruzarse de brazos.*

acudir Ir, presentarse, llegar, asistir. ← *Marchar, partir.* || Recurrir, apelar.

acuerdo Unión, armonía, conformidad, consonancia, convenio, pacto, tratado. ← *Desacuerdo, disconformidad.* || Resolución, decisión, determinación, disposición, fallo.

acumular Amontonar, acopiar, reunir, juntar. ← *Disribuir, esparcir, desparramar, desperdigar.*

acunar Cunear, mecer.

acuñar Batir, amonedar, estampar, imprimir, grabar.

acurrucarse Acuclillarse, ovillarse, encogerse, agazaparse, agacharse. ← *Extenderse, estirarse, desencogerse.*

acusación Cargo, inculpación, denuncia, incriminación. ← *Defensa, exculpación.*

acusado Inculpado, reo, procesado.

acusador Inculpador, fiscal, denunciante, denunciador, delator, soplón, acusón, acusica, chivato. ← *Defensor, intercesor, abogado.*

acusar Culpar, inculpar, denunciar, delatar, soplar, soplonear, chivatear. ← *Defender, exculpar, interceder.* || Notar, comunicar.

acústico Auditivo, sonoro.

achacar Atribuir, aplicar, echar la culpa.

achacoso Enfermizo, enclenque, delicado. ← *Sa-*

no, lozano, robusto. || Indispuesto. ← *Bien dispuesto.*

achaparrado Rechoncho. ← *Esbelto.*

achaque Indisposición, dolencia, enfermedad. || Excusa, pretexto, disculpa. || Vicio, defecto, tacha. ← *Cualidad.*

achicar Apocar, acobardar, acoquinar intimidar, atemorizar, descorazonar. ← *Alentar, animar, envalentonar.* || Acortar, reducir, encoger, disminuir, menguar, empequeñecer. ← *Agrandar, aumentar.*

achicharrar Chicharrar, freír, asar, tostar, quemar, abrasar.

achuchar Estrujar, aplastar, comprimir. || Incitar, empujar, instigar.

adagio Máxima, proverbio.

adaptar Acomodar, ajustar, apropiar, acoplar, aplicar, aclimatar, amoldar, avenirse. ← *Desajustar, desarraigar resistirse.*

adecuado Oportuno, apropiado, conveniente, acomodado, ajustado, propio, idóneo. ← *Inadecuado, inoportuno, inconveniente, impropio.*

adelantamiento Adelanto, anticipo, avance. || Mejoramiento, progreso, perfeccionamiento. ← *Atraso, atrasamiento.*

adelantar Avanzar, anticipar, preceder, exceder, aventajar. || Mejorar, progresar, perfeccionarse.

adelante Avante.

adelanto Adelantamiento, anticipo, avance. || Mejora, progreso, perfeccionamiento, acrecentamiento. ← *Atraso, atrasamiento,* retroceso. || Ventaja. ← Retraso, desventaja.

adelgazar Enflaquecer. ← Engordar.

ademán Actitud, gesto, aspaviento.

ademanes Modales, maneras.

además También, asimismo, igualmente, al mismo tiempo, por otra parte, aparte de, encima.

adentrarse Penetrar, introducirse, profundizar, ahondar, entrar. ← Salir.

adepto Afiliado, adicto, partidario. ← Opuesto, contrario, desafecto.

adherente Adhesivo, pegajoso. || Unido.

adherirse Pegarse, consentir, aceptar, aprobar, unirse, afiliarse. ← Discrepar, separarse, apartarse, darse de baja.

adhesión Adherencia. || Consentimiento, aprobación, aceptación, asentimiento. ← Reprobación, disconformidad. || Unión, apego, afección, afiliación. ← Desafección, separación.

adición Suma, aumento, añadidura, agregación, anexión. ← Sustracción, resta, disminución.

adicionar Sumar, añadir, aumentar, agregar. ← Substraer, restar, quitar.

adicto Adepto, partidario, afiliado, adherido. ← Desafecto, contrario, opuesto.

adiestrar Instruir, enseñar, aleccionar, amaestrar, ejercitar, guiar, encaminar.

adinerado Acaudalado, rico, pudiente, opulento,

hacendado, acomodado. ← Pobre, menesteroso, necesitado.

adiós Despedida.

adiposo Graso, grueso, obeso, gordo. ← Enjuto, seco, delgado.

adivinación Pronóstico, vaticinio, augurio, predicción, presentimiento. || Horóscopo, oráculo, acierto. || Adivinanza, acertijo.

adivinar Aceptar, atinar, descifrar predecir, presagiar, augurar, vaticinar, profetizar.

adivino Oráculo, profeta, hechicero, brujo, astrólogo, augur.

adjetivo Calificativo, epíteto.

adjudicar Asignar, atribuir, aplicar, entregar, dar. ← Expropiar, quitar.

adjudicarse Apropiarse, retener, quedarse. ← Privarse, despojarse.

adjunto Anexo.

administración Dirección, gerencia, gestión.

administrador Gobernador, rector, regente, gerente, director, intendente, gestor, apoderado.

administrar Regir, dirigir, cuidar, gobernar. || Dar, suministrar.

admirable Excelente, asombroso, pasmoso, maravilloso, estupendo, sorprendente. ← Detestable, despreciable.

admiración Sorpresa, maravilla, asombro, estupor. ← Indiferencia. || Entusiasmo. ← Desprecio, menosprecio.

admirar Sorprender, extrañar, maravillar, asombrar, pasmar. || Entusias-

mar. ← Despreciar, menospreciar.

admitir Recibir, aceptar, acoger, tomar. ← Rehusar, rechazar. || Permitir, consentir, tolerar. ← Desaprobar, prohibir. || Suponer.

adolescencia Mocedad, muchachez, pubertad.

adolescente Muchacho, mancebo, zagal, chaval, rapaz.

adoptar Ahijar. ← Abandonar, repudiar. || Tomar, elegir, admitir, aceptar, acoger. ← Dejar rehusar, descartar.

adoquinar Empedrar, pavimentar.

adorable Admirable, fascinador, maravilloso. ← Abominable, detestable, despreciable.

adorador Devoto, fiel, enamorado, amador.

adorar Querer, amar, idolatrar. || Venerar, reverenciar.

adormecer Adormir, arrullar. || Acallar, calmar, sosegar, aplacar, tranquilizar. ← Excitar.

adormecerse Adormilarse, adormitarse, dormirse, entumecerse, entorpecerse, amodorrarse, aletargarse. ← Despertarse, desadormecerse, despabilarse, desentumecerse.

adornar Engalanar, ataviar, componer, acicalar, aderezar, hermosear, decorar, ornamentar. ← Desadornar, descomponer, desaliñar.

adorno Atavío, aderezo, decorado, decoración, ornamento.

adosar Arrimar, yuxtaponer, pegar, unir, juntar,

A

acercar. ← *Despegar, separar.*

adquirir Alcanzar, lograr, conseguir, obtener, comprar, ganar, apropiarse, ← *Perder.*

adrede Expresamente, intencionadamente, aposta, ex profeso, de propósito. ← *Inconscientemente, involuntariamente.*

adueñarse Apoderarse, apropiarse, posesionarse, ocupar, conquistar. ← *Desposeerse, renunciar, desprenderse.*

adulación Halago, lisonja, coba, pelotilla, servilismo. ← *Ofensa, insulto, injuria, afrenta, desaire desprecio.*

adulador Adulón, servil, lisonjero, cobista, pelotillero.

adular Halagar, dar coba, dar jabón, lisonjear. ← *Ofender, insultar, afrentar, desairar, despreciar.*

adulto Maduro, hecho. ← *Inmaturo.*

advenedizo Sobrevenido, forastero, extranjero, intruso.

advenir Ocurrir, suceder, venir, llegar, pasar.

adversario Contrario, enemigo, antagonista, rival, competidor. ← *Favorable, simpatizante, amigo, compañero, aliado.*

adversidad Desventura, infelicidad, infortunio, fatalidad, desgracia, desdicha. ← *Prosperidad, fortuna, felicidad, dicha.*

adverso Desfavorable, contrario, opuesto, hostil. ← *Favorable, próspero.*

advertencia Observación, aviso, prevención, consejo, amonestación.

advertir Reparar, notar, observar, percatarse, darse cuenta, fijarse. ← *Desadvertir, pasar por alto, desatender.* || Prevenir, informar, anunciar, avisar, amonestar, aconsejar.

adyacente Contiguo, inmediato, junto, lindante, limítrofe. ← *Separado, apartado, distante.*

aeródromo Aeropuerto, base aérea, campo de aviación, pista de aterrizaje.

aerolito Meteorito, piedra meteórica.

aerómetro Densímetro.

aeronáutica Aviación, aerostación.

aeronave Aeroplano, avión, helicóptero autogiro, astronave, planeador, globo.

aeroplano Avión, avioneta, hidroavión, reactor.

aeropuerto Aeródromo, base aérea, campo de aviación

afamado Famoso, acreditado, renombrado, reputado, conocido, célebre. ← *Desconocido, ignoto, oscuro.*

afán Anhelo, ansia, deseo, ambición, avidez. || Ahínco, empeño, esfuerzo. ← *Negligencia, desidia, apatía, desgana.*

afanarse Esforzarse, desvelarse, procurar. || Consagrarse.

afear Desgraciar, desfigurar, desfavorecer, deslucir, ajar, deformar. ← *Embellecer, hermosear, agraciar.*

afección Afecto, inclinación, cariño, aprecio, ternura. ← *Desafección, desafecto.* || Enfermedad, dolencia.

afectación Amaneramiento,

pose, fingimiento, disimulo. ← *Naturalidad, espontaneidad, sencillez, sinceridad.*

afectar Fingir, simular. || Impresionar, afligir, conmover, emocionar, atañer, concernir, tocar a, referirse a.

afecto Apego, inclinación, cariño, amistad, afición, amor, afección, ternura. ← *Desafecto, desafección, malquerencia.*

afectuoso Cariñoso, amable, cordial, amistoso, afable. ← *Desabrido, áspero, brusco, arisco.*

afeitar Rasurar, rapar.

afelpado Aterciopelado, velloso, velludo, lanoso peludo. ← *Raso, pelado.*

afición Inclinación, apego, cariño, afecto, gusto. ← *Desapego, indiferencia, displicencia.* || Ahínco, empeño. ← *Apatía, desgana, desidia.*

aficionarse Encariñarse, enamorarse, prendarse, inclinarse. ← *Desaficionarse, despegarse, descariñarse, desinteresarse.*

afilado Cortante, tajante, punzante. ← *Mellado.*

afilar Amolar, aguzar, dar filo, sacar punta. ← *Embotar.*

afiliado Adepto, adherido, adicto, inscrito, partidario.

afín Parecido semejante, similar, análogo, parejo. ← *Distinto, dispar, desemejante, disímil.* || Próximo, cercano, contiguo. ← *Apartado.* || Pariente, allegado, deudo. ← *Extraño.*

afinar Perfeccionar, acabar, pulir, esmerarse, precisar, sutilizar. ‖ Entonar, templar. ← *Desafinar.*

afinidad Analogía, semejanza, parecido, similitud. ← *Desemejanza, disparidad.* ‖ Parentesco.

afirmación Aserción, aserto. ← *Negación.*

afirmar Asegurar, afianzar, consolidar. ← *Debilitar.* ‖ Aseverar, asegurar, atestiguar, certificar, confirmar. ← *Negar, denegar.*

afirmarse Ratificarse, reiterarse. ← *Rectificarse.*

aflicción Pena, pesar, sinsabor, cuita, contrariedad, disgusto, congoja, pesadumbre, dolor, tristeza, amargura, desconsuelo, angustia. ← *Satisfacción, alegría, dicha, gozo, contento, placer.*

afligir Apenar, apesadumbrar, contrariar, disgustar, acongojar, contristar, entristecer, mortificar, consternar, castigar, amargar, angustiar ← *Alegrar, contentar, consolar.*

aflojar Desapretar, distender, relajar, soltar. ← *Apretar, ceñir, atirantar.* ‖ Ceder, flaquear, debilitarse, relajarse. ← *Apretar, arreciar, redoblar, robustecerse.*

afluencia Abundancia, copia, acumulación, concurrencia. ← *Escasez, rareza.*

afluente Tributario.

afluir Concurrir, acudir. ← *Alejarse, dispersarse.* ‖ Desaguar, verter, desembocar.

afonía Ronquera. ← *Sonoridad.*

aforismo Máxima, sentencia, refrán, adagio.

afortunado Venturoso, feliz, dichoso. ← *Desafortunado, desventurado, infeliz, desdichado.*

afrenta Agravio, ultraje, insulto, injuria, ofensa, deshonra. ← *Homenaje, veneración, agasajo, pleitesía, honra.*

afrentar Agraviar, ultrajar, insultar, injuriar, ofender, deshonrar. ← *Honrar, venerar, agasajar.*

afrontar Desafiar, hacer frente, enfrentarse, oponerse, resistir. ← *Eludir, esquivar, soslayar.* ‖ Carear, contraponer.

afueras Alrededores, cercanías, proximidades, arrabales, suburbios. ← *Centro, ciudad.*

agacharse Agazaparse, acurrucarse, encogerse, doblarse, acuclillarse . ← *Enderezarse, levantarse.*

agallas Bronquios. ‖ Valor, ánimo, osadía, atrevimiento. ← *Timidez, temor, canguelo, miedo.*

agarradero Asa, mango, asidero. ‖ Amparo, recurso, medios.

agarrado Tacaño, mezquino, miserable, roñoso, avaro, interesado. ← *Desprendido, generoso, pródigo, desinteresado.*

agarrar Asir, coger, tomar, prender, aferrar, atrapar, pillar. ← *Soltar, desasir.*

agarrotar Apretar, oprimir, estrangular.

agasajar Halagar, obsequiar, regalar, festejar. ← *Desdeñar.*

agasajo Halago, atención. ← *Desdén.*

agazaparse Agacharse, acurrucarse, encogerse, acuclillarse. ← *Levantarse, enderezarse.* ‖ Esconder-

se, ocultarse. ← *Mostrarse.*

agencia Oficina, despacho, administración, sucursal, delegación.

agenciar Procurar, tramitar, conseguir, adquirir, obtener.

agenciarse Hacerse con, componérselas, arreglárselas.

agenda Dietario, calendario.

agente Corredor, intermediario, gestor, funcionario.

ágil Ligero, suelto, veloz, diligente, activo, listo, vivo. ← *Pesado, lento, tardo, torpe.*

agilidad Ligereza, prontitud, soltura, presteza, viveza, destreza. ← *Torpeza, lentitud.*

agitación Trajín, movimiento, inquietud, excitación, intranquilidad, perturbación, turbación. ← *Tranquilidad, inmovilidad, quietud, calma, placidez, sosiego, paz.*

agitador Perturbador, revolucionario. ← *Apaciguador.*

agitar Sacudir, remover, conmover, turbar, perturbar, inquietar, intranquilizar, excitar. ← *Aquietar, calmar, aplacar, tranquilizar, apaciguar.*

aglomeración Amontonamiento, acumulación, acopio. ← *Dispersión, desparramiento, disgregación.* ‖ Gentío, muchedumbre, multitud, afluencia.

aglomerar Amontonar, acumular, conglomerar, juntar, acopiar. ← *Disgregar, dispersar.*

A

A

aglutinar Juntar, reunir, cuajar. ← *Separar.*

agobiar Abrumar, oprimir, fatigar, cansar, molestar.

agobio Sofocación, angustia, opresión, molestia, fatiga, cansancio.

agonía Fin, muerte, postrimería. ‖ Angustia, congoja, ansia, pena, aflicción. ← *Alegría.*

agonizar Extinguirse, terminar, acabarse, consumirse, morirse, perecer. ← *Nacer.*

agostar Secar, abrasar, marchitar. ← *Reverdecer.*

agotamiento Extenuación, debilidad, enflaquecimiento. ← *Plenitud, lozanía, vigor.*

agotar Consumir, acabar, apurar, gastar. ← *Colmar, llenar.* ‖ Debilitar, extenuar, enflaquecer. ← *Vigorizar, robustecer.*

agraciado Lindo, bonito, gracioso, hermoso. ← *Desgraciado, feúcho, soso.*

agraciar Favorecer, premiar, conceder, otorgar, hacer merced. ← *Sancionar, castigar, multar.*

agradable Grato, deleitoso, delicioso, placentero, aplacible, amable, simpático, sabroso, gustoso. ← *Desagradable, ingrato, antipático.*

agradar Gustar, placer, complacer, contentar, satisfacer, deleitar, alegrar. ← *Desagradar, disgustar, molestar.*

agradecer Reconocer, dar gracias. ← *Desagradecer, desconocer.*

agradecido Reconocido, obligado. ← *Desagradecido, ingrato.*

agradecimiento Reconocimiento, gratitud. ← *Desagradecimiento, ingratitud, desconocimiento, olvido.*

agrado Gusto, placer, satisfacción, contentamiento, complacencia. ← *Desagrado, disgusto, insatisfacción, descontento.*

agrandar Aumentar, dilatar, ampliar, ensanchar, engrandecer, acrecentar, multiplicar. ← *Achicar, empequeñecerse, reducir, disminuir.*

agravar Empeorar. ← *Aliviar, mejorar.*

agraviar Ofender, afrentar, insultar, injuriar, ultrajar, molestar. ← *Desagraviar, reparar.*

agravio Ofensa, afrenta, insulto, injuria, ultraje. ← *Desagravio, reparación.*

agredir Acometer, atacar, arremeter, embestir. ← *Huir, esquivar.*

agregado Compuesto, mezcla. ‖ Anexo, destinado, adscrito.

agregar Añadir, adicionar, sumar, asociar, juntar, anexionar. ← *Segregar, separar, restar, sustraer, quitar.*

agresión Ataque, acometida, acometimiento, embestida. ← *Huida, fuga.*

agresivo Provocador, violento, provocativo, ofensivo, insolente. ← *Suave.*

agreste Inculto, salvaje, silvestre, campestre, rudo, tosco, grosero. ← *Cultivado, culto, fino.*

agriar Avinagrar. ‖ Exasperar, avinagrar. ← *Suavizar, dulcificar.*

agricultor Labrador, cultivador, labriego.

agrietar Abrir, hender, rajar, resquebrajar. ← *Cerrar, unir, pegar.*

agrio Ácido, acre, áspero. ← *Dulce, suave.*

agro Campo, tierra.

agua Líquido, fluido. ‖ Lluvia. ‖ Mar, océano.

aguacero Chaparrón, chubasco.

aguada Acuarela.

aguadero Abrevadero.

aguafuerte Grabado, estampa.

aguantable Soportable, tolerable, llevadero, sufrible, pasadero. ← *Inaguantable, insoportable, intolerable.*

aguantar Sostener, resistir, soportar, tolerar, sufrir. ← *Ceder, flaquear.*

aguantarse Contenerse, dominarse, vencerse, callarse. ← *Desatarse, desenfrenarse.*

aguante Resistencia, fuerza, vigor, energía. ← *Endeblez, flojedad.* ‖ Sufrimiento, tolerancia, paciencia. ← *Intolerancia.*

aguar Turbar, interrumpir, perturbar.

aguardar Esperar, atender.

aguardiente Espíritu de vino.

aguarrás Aceite de trementina.

agudeza Ingenio, viveza, sutileza, perspicacia, gracia. ← *Necedad, simpleza.* ‖ Ocurrencia, chiste. ← *Perogrullada, majadería.*

agudo Puntiagudo, afilado, delgado. ← *Obtuso.* ‖ Sutil, perspicaz, ingenioso, ocurrente, gracioso. ← *Necio, simple, majadero.* ‖ Vivo, penetrante. ← *Mortecino.* ‖ Alto. ← *Grave, bajo.*

A

agüero Presagio, pronóstico, augurio, predicción.

aguerrido Veterano, ducho, experimentado, acostumbrado. ← *Novato, inexperto.*

aguijón Pincho, púa, espina, || Estímulo, aliciente. ← *Freno.*

aguijonear Espolear, picar, pinchar, punzar, avivar, estimular, incitar. ← *Frenar, contener.*

aguinaldo Propina, gratificación, recompensa.

aguja Brújula, compás. || Saeta, saetilla, manecilla. ||Alfiler, horquilla, pasador, púa.

agujerear Perforar, horadar, taladrar. ← *Tapar, obturar.*

agujero Orificio, ojo, boca, taladro.

aguzar Afilar, sacar punta, ←*Embotar.* || Estimular, avivar, incitar, excitar, aguijar. ← *Enervar, embotar.*

ahí Aquí, allí, acá.

ahijar Adoptar. ←*Abandonar, repudiar.*

ahínco Empeño, tesón firmeza, esfuerzo, insistencia. ← *Desgana.*

ahíto Saciado, harto, repleto, empachado. ← *Hambriento, en ayunas.* || Hastiado, cansado.

ahogar Asfixiar, sofocar, apagar, extinguir, oprimir.

ahogo Opresión, sofocación, aprieto, apuro, necesidad, pobreza. ← *Desahogo, bienestar.*

ahondar Profundizar, calar, penetrar, adentrarse, excavar.

ahora En este instante, en estos momentos. || Poco ha, dentro de poco. || Actualmente, hoy en día, en la actualidad, en el momento actual, al presente.

ahorcar Colgar.

ahorrador Ahorrativo, económico, agarrado. ← *Gastador, desprendido, pródigo.*

ahorrar Economizar, guardar, reservar, horrar, evitar, excusar. ← *Gastar, prodigar.*

ahorro Economía, reserva.

ahuecar Mullir, esponjar, ablandar. ← *Tupir.* || Bajar (la voz). ← *Atiplar.* || Largarse, marcharse. ← *Llegar.*

ahuyentar Hacer huir, expulsar, apartar, rechazar, alejar. ← *Atraer.*

airado Enojado, irritado, iracundo, colérico, encolerizado, furioso, rabioso. ← *Apacible, tranquilo, conciliador.*

aire Atmósfera, ambiente. || Viento. || Apariencia, porte, aspecto, figura. || Garbo, gallardía, gentileza, gracia. ← *Desgaire, torpeza.* || Canción, tonada.

airear Ventilar, orear, oxigenarse. ← *Encerrar.*

airoso Garboso, gallardo, arrogante, apuesto, galán. ←*Desgarbado.*

aislado Solitario, solo, retirado, apartado, incomunicado, suelto, independiente. ← *Acompañado, comunicado, céntrico.*

aislamiento Incomunicación, desconexión, separación, apartamiento, retiro, re traimiento. ← *Comunicación, conexión, compañía.*

aislar Incomunicar, desco- nectar, separar. ← *Comunicar, conectar.*

aislarse Retirarse, recogerse, apartarse, retraerse. ← *Incorporarse.*

ajar Marchitar, deslucir, desmejorar, deteriorar. ← *Lozanear, reverdecer, mejorar.* || Humillar, ofender. ← *Respetar.*

ajeno Extraño, impropio, forastero, desconocedor. ← *Propio.*

ajetreo Trajín, idas y venidas, movimiento.

ajuar Menaje, mobiliario, mueblaje, moblaje.

ajustar Adaptar, acoplar, unir, encajar, arreglar. ← *Desajustar, desarreglar, desacoplar.* || Conceᵢtar, convenir, concordar, pactar. ← *Romper.* || Compaginar. ← *Descomponer.*

ajustarse Amoldarse, avenirse, atenerse, conformarse. ← *Discrepar, resistirse.*

ajuste Conciliación, trato, pacto, arreglo. || Precisión, exactitud.

ajusticiar Ejecutar.

ala Alón. || Fila. || Flanco, alero.

alabanza Elogio, enaltecimiento. ← *Censura, condena, vituperio.*

alabar Elogiar, loar, ensalzar, celebrar, enaltecer. ← *Censurar, condenar, desaprobar, vituperar.*

alabarse Jactarse, vanagloriarse, gloriarse, alardear, cacarear. ← *Acusarse, reprocharse, reprobarse.*

alacena Armario.

alacrán Escorpión.

alambicar Destilar, refinar, purificar, apurar, aquilatar, sutilizar.

A

alambique Destilador, destilatorio.

álamo Chopo.

alarde Ostentación, gala, jactancia, presunción, fanfarronada, pavoneo. || Inspección.

alardear Jactarse, alabarse, vanagloriarse, gloriarse. ← *Reprocharse, reprobarse.*

alargar Prolongar, estirar, prorrogar. ← *Acortar, reducir.* || Tender, entregar, adelantar. ← *Tomar.*

alarido Grito, chillido, bramido, rugido.

alarma Susto, sobresalto, inquietud, intranquilidad, temor. ← *Impasibilidad, tranquilidad, sosiego.* || Rebato.

alarmar Asustar, sobresaltar, atemorizar, inquietar, intranquilizar. ← *Tranquilizar, sosegar, aquietar.*

albada Alborada.

alba Aurora, madrugada, amanecer, alborada, albor, amanecida. ← *Crepúsculo, anochecer, anochecida, atardecer, ocaso.*

albarán Resguardo, talón, recibo.

albarda Aparejo.

albergar Cobijar, guarecer, hospedar, alojar, aposentar, asilar, acoger.

albergue Cobijo, refugio, hospedaje, alojamiento, asilo. || Guarida, cubil, manida.

albo Blanco, cándido. ← *Negro.*

albóndiga Albondiguilla, almóndiga, almondiguilla.

albor Alba, alborada, aurora, amanecer. ← *Crepúsculo.* || Albura, blancura. ← *Negror.*

alborada Albor, amanecer. ← *Anochecer.* || Diana. || Albada.

alborear Amanecer, alborecer, clarear, rayar el alba, despuntar el día. ← *Anochecer, oscurecer.*

albores Principios, comienzos, inicios, infancia. ← *Ocaso, senectud.*

alborotado Irreflexivo, ligero, atolondrado, precipitado. ← *Juicioso, sensato, prudente, sereno.*

alborotar Gritar, perturbar, inquietar, trastornar, excitar, amotinar, sublevar ← *Calmar, apaciguar.*

alboroto Vocerío, bulla, gritería, bullicio, jaleo. ← *Silencio, calma.*

alborozo Júbilo, alegría, regocijo, gozo, placer, contento, satisfacción, alboroto. ← *Consternación, aflicción.*

albufera Laguna.

álbum Portafolio, libro en blanco.

alcalde Corregidor.

alcance Seguimiento, persecución. || Importancia, trascendencia.

alcances Capacidad, talento, inteligencia, clarividencia.

alcantarilla Desaguadero, cloaca, sumidero, albañal, vertedor, colector, caño.

alcanzar Conseguir, obtener, lograr, llegar. || Entender, comprender. || Tocar. || Coger, tomar. ← *Soltar.*

alcázar Fortaleza, castillo, alcoba, palacio.

alcoba Dormitorio, aposento.

alcohol Espíritu (de vino), aguardiente.

alcornoque Torpe, ignorante, estúpido, necio, tarugo, cascarón. ← *Despejado, listo, perspicaz.*

alcurnia Linaje, ascendencia, estirpe.

alcuza Aceitera.

aldaba Llamador, picaporte.

aldea Aldehuela, lugar, lugarejo, caserío, burgo, pueblecito.

aldeano Lugareño, pueblerino, campesino. || Rústico, paleto, ignorante, inculto.

aleación Mezcla, fusión.

aleaccionar Instruir, enseñar, adiestrar, amaestrar, informar, adoctrinar.

alegoría Símbolo, representación, metáfora

alegrar Animar, regocijar, alborozar, complacer, satisfacer, entusiasmar, excitar. ← *Entristecer, contristar, apenar.* || Avivar, hermosear, animar. ← *Apagar, deslucir.*

alegre Contento, regocijado, alborozado, gozoso, satisfecho, jovial, divertido, jubiloso, radiante, entusiasmado. ← *Triste, afligido, contristado, apenado.* || Achispado, alumbrado.

alegría Contento, gozo, satisfacción, contentamiento, placer, regocijo, alborozo, júbilo. ← *Tristeza, aflicción, pena.*

alejar Apartar, retirar, desviar, separar, rechazar, ahuyentar. ← *Acercar, aproximar, arrimar.*

alelado Aturdido, atontado, embobado, pasmado, turulato, confundido, desconcertado. ← *Avispado, listo.*

aleluya Albricias, viva, hurra.

alemán Germano, germánico, teutón.

alentar Animar, estimular, reanimar, confortar, exhortar, incitar, excitar, estimular. ← *Desalentar, desanimar, descorazonar, desengañar, disuadir.* ‖ Respirar, espirar.

alero Borde, ala, aleta.

aleta Ala. ‖ Alero.

aletargar Adormecer, amodorrar, narcotizar. ← *Despertar.* ‖ Modorrar, adormecer. ← *Desvelar, despabilar.*

aletazo Alazo.

alevosía Perfidia, traición, deslealtad, infidelidad. ← *Lealtad, fidelidad, nobleza.*

alevoso Traicionero, desleal, infiel, traidor, pérfido. ← *Noble, leal, fiel.*

alfabeto Abecedario, abecé.

alfarería Cerámica.

alfarero Barrero, cantarero, ceramista.

alfeñique Merengue, amerengado, melindroso, blandengue, remilgado, delicado. ← *Brusco, bravo, llano, rudo.*

alférez Lugarteniente. ‖ Abanderado, enseña, portaestandarte.

alfiler Broche, imperdible, aguja.

alfombra Tapete, estera.

alforja Talega, bolsa, zurrón.

algarabía Gritería, vocerío, bulla, confusión. ← *Silencio, orden.*

algazara Gritería, bulla, gresca, broma, vocerío, algarabía, bullicio. ← *Calma, silencio.*

alguien Alguno.

algunos Varios, ciertos.

alhaja Joya, broche.

alianza Unión, liga, confederación, coalición. ← *Rivalidad, hostilidad, discordia.* ‖ Pacto, tratado, convenio.

aliarse Unirse, confederarse, coligarse, ligarse, asoromper. ciarse. ← *Desunirse, romper.*

alias Apodo, mote, sobrenombre.

alicates Tenazas, tenacillas.

aliciente Atractivo, estímulo, aguijón.

alienado Loco, demente, perturbado, desequilibrado, ido. ← *Cuerdo, sano.*

aliento Ánimo, esfuerzo, valor, brío, desaliento, flaqueza. ‖ Respiración, soplo, vaho.

aligerar Aliviar, atenuar, moderar. ← *Agravar.* ‖ Abreviar, acelerar, avivar, apresurar, activar, apurar. ← *Retardar diferir.*

alimaña Animal, bestia, bestezuela, sabandija, bicho.

alimentar Nutrir, sustentar, mantener. ‖ Sostener, fomentar.

alimenticio Nutritivo, substancioso.

alimento Sustento, manutención, comida. ‖ Sostén, fomento.

alineación Formación, alineamiento.

aliñar Condimentar, sazonar, adobar. ‖ Componer, arreglar, adornar. ← *Desaliñar, descomponer.*

alisar Pulir, pulimentar, bruñir. ‖ Desarrugar, planchar. ← *Desplanchar.*

alistar Inscribir, afiliar, matricular, reclutar, prevenir, preparar, disponer.

aliviar Moderar, templar, suavizar, mejorar. ← *Agravar.* ‖ Aligerar, descargar. ← *Reforzar.*

aliviarse Mejorar, reponerse, recobrarse. ← *Agravarse, empeorar.*

alivio Descanso, consuelo. ← *Agravio.* ‖ Mejoría. ← *Empeoramiento.*

alma Espíritu, ánima. ‖ Ánimo, aliento, energía, viveza, animación, expresión. ← *Desánimo, flaqueza, inexpresión.* ‖ Persona, individuo, habitante.

almacén Depósito, pósito, factoría.

almacenar Guardar, acopiar, acumular, reunir, juntar. ← *Sacar, distribuir, repartir.*

almadía Balsa.

almanaque Calendario, pronóstico.

almibarado Meloso, dulzón, empalagoso.

alminar Minarete.

almohada Cabezal.

almohadón Cojín.

almóndiga Almondiguilla, albóndiga, albondiguilla.

almorrana Hemorroide.

almorzar Comer, desayunar.

almuerzo Comida, desayuno.

alocado Irreflexivo, precipitado, atolondrado, desatinado, locuelo. ← *Juicioso, prudente, cuerdo.*

alocución Discurso, arenga, parlamento.

alojamiento Hospedaje, posada, albergue, cobijo, aposento.

alojar Hospedar, aposentar, albergar, guarecer, cobijar.

alondra Calandria.

alpaca Carnero.

A

A

alpinista Montañero, escalador.

alquería Cortijo, caserío, masía, granja, rancho.

alquilar Arrendar. ← Desalquilar.

alquiler Arrendamiento, inquilinato, renta.

alrededor En torno. || Cerca, aproximadamente, hacia.

alrededores Cercanías, contornos, inmediaciones, afueras, proximidades. ← Centro.

alta Ingreso, reingreso, reincorporación.

altanería Altivez, orgullo, soberbia, arrogancia, desdén, desprecio. ← Modestia, humildad, sencillez, atención.

altanero Altivo, orgulloso, soberbio, arrogante, desdeñoso, despreciativo, imperioso. ← Modesto, humilde, sencillo, atento.

altar Ara.

alteración Variación, mudanza, cambio, perturbación, trastorno, desasosiego, sobresalto, excitación, enojo. ← Permanencia, invariación, calma, sosiego.

alterar Variar, mudar, cambiar, perturbar, trastornar, conmover, turbar. ← Permanecer, calmar, sosegar.

altercado Disputa, riña, agarrada, gresca, escándalo, bronca, pelotera, cuestión, discusión, polémica, debate. ← Conciliación, acuerdo.

alternar Turnar, sucederse, relevarse. || Tratarse, codearse, frecuentar, rozarse.

alternativa Opción, elección, dilema, disyuntiva.

alterno Alternativo, uno sí y otro no

alteza Altura, elevación, excelencia. ← Bajura, bajeza.

altibajo Desigualdad, fluctuación, salto. ← Regularidad.

altiplanicie Meseta, rasa.

altisonante Altísono, ampuloso, pomposo, rimbombante, hueco, hinchado, campanudo, redundante. ← Natural, llano.

altivez Altanería, soberbia, orgullo, arrogancia, imperio, desdén, desprecio. ← Humildad, modestia.

altivo Altanero, soberbio, orgulloso, arrogante, imperioso, desdeñoso, despreciativo. ← Humilde, modesto.

alto Parada. || Detención. || Altura, elevación. || Elevado, encumbrado, eminente, prominente. ← Bajo, llano, hondo. || Crecido, espigado, largirucho. ← Bajo, achaparrado. || Agudo. ← Grave.

altruismo Generosidad. ← Egoísmo.

altura Alto, elevación, cumbre, altitud. ← Bajura, depresión. || Eminencia, excelencia, alteza, superioridad, dignidad, grandeza. ← Bajeza, pequeñez.

alubia Judía, habichuela.

alucinación Alucinamiento, ofuscación, ofuscamiento, ceguera, ceguedad, confusión deslumbramiento, engaño. ← Clarividencia.

alucinar Ofuscar, confundir, engañar, cegar, cautivar, ilusionar, seducir, deslumbrar, embaucar.

aludir Referirse, hacer referencia, mencionar, citar, señalar, ocuparse. ← Silenciar, callar, reservarse.

alumbrado Iluminación.

alumbramiento Parto.

alumbrar Iluminar, encender, aclarar. ← Apagar, oscurecer. || Dar a luz, parir.

alumno Discípulo, colegial, escolar, estudiante.

alusión Referencia, mención, cita.

alusivo Referente, tocante, relativo.

aluvión Avenida, inundación, desbordamiento. || Multitud, muchedumbre, enjambre, tropel. ← Escasez.

alza Subida, aumento, elevación, encarecimiento. ← Baja, descenso, abaratamiento.

alzado Frontal, fachada.

alzamiento Sublevación, levantamiento, insurrección, rebelión, motín, tumulto.

alzapié Banqueta, taburete, banquillo.

alzar Levantar, elevar, erigir, subir, ascender. ← Bajar.

allá Allí. ← Acá.

allanar Aplanar, igualar, nivelar, arrasar. ← Desnivelar. || Vencer, resolver, superar zanjar. ← Incitar, levantar. || Derribar, abatir, explanar. ← Edificar. || Forzar (la entrada)

allanarse Conformarse, amoldarse, avenirse, resignarse. ← Resistirse.

allegado Cercano, próximo. ← Lejano. || Pariente, deudo, familiar, paniaguado. ← Extraño.

allende Allá, al otro lado, de la otra parte.

ama Señora, señorita. ‖ Dueña, propietaria. ‖ patrona. ‖ Aya, niñera, rollona. ‖ Nodriza.

amabilidad Afabilidad, cortesía, urbanidad, gentileza, amenidad, sencillez, cordialidad atención, benevolencia, agrado, afecto. ← Descortesía.

amable Afable, atento, cariñoso, afectuoso, benévolo, cortés, agradable, tratable complaciente, sencillo, sociable, cordial, encantador, gracioso. ← Descortés.

amaestrar Enseñar, adiestrar, instruir, ejercitar, aleccionar, entrenar.

amainar Aflojar, ceder, moderar, disminuir, calmar. ← Arreciar.

amalgama Mezcla, combinación, reunión. ← Separación.

amamantar Lactar, atetar, criar, nutrir, dar de mamar.

amanecer Alborear, alborecer, apuntar, despuntar, rayar, romper (el día). ← Anochecer. ‖ Aparecer, surgir, encontrar, hallar. ← Desaparecer.

amanecer Alba, amanecida, aurora, alborada, primera luz. ← Atardecer.

amaneramiento Afectación, rebuscamiento, remilgo. ← Originalidad, naturalidad.

amanerarse Estudiarse, copiarse, repetirse.

amanillar Esposar, maniatar, encadenar.

amansar Domar, domesticar, desembravecer, tranquilizar, apaciguar, apla-

car, calmar, sosegar, dulcificar. ← Embravecer, arreciar.

amante Enamorado, amoroso, galante, tierno, querido, afectuoso, sensible, entusiasta, bien amado. ‖ Amador, galán. ‖ Aficionado, inclinado.

amañar Arreglar, componer, preparar, falsear.

amar Querer, estimar, afeccionar, adorar, apreciar, idolatrar, estar prendado de, estar enamorado. ← Odiar. ‖ Apegarse, complacerse en, encapricharse de, entregarse, apasionarse.

amargar Ahelear. ← Ser dulce. ‖ Apenar, apesadumbrar, atristar, entristecer, afligir, acibarar. ← Alegrar, endulzar.

amargo Acerbo, ácido. ← Dulce.

amagura Amargor, aflicción, disgusto, tristeza, pena, pesadumbre, pesar, desconsuelo, sufrimiento. ← Dulzura, gusto, consuelo.

amarillo Limonado.

amarra Atadura, cordaje. ‖ Protección, apoyo.

amarrado Lento, calmoso, tardo.

amarrar Atar, trincar, ligar, encadenar, anudar. ← Desamarrar, desatar.

amasar Mezclar, amalgamar.

ambición Codicia, avidez, aspiraciones, afán, ansia, anhelo. ← Modestia.

ambicionar Codiciar, anhelar, ansiar, apetecer, desear, querer.

ambicioso Codicioso, ansioso, ávido, sediento. ← Modesto.

ambiente Medio.

ambigüedad Equívoco, doble sentido, imprecisión, indeterminación, confusión. ← Claridad, simplicidad, precisión.

ambiguo Equívoco, dudoso, de doble sentido, impreciso, indeterminado, incierto, confuso. ← Claro, simple, preciso.

ámbito Contorno, perímetro. ‖ Espacio, campo, superficie.

ambos Los dos, uno y otro, entrambos, ambos a dos.

ambulante Móvil. ← Fijo. ‖ Errante, vagabundo.

amedrentar Atemorizar, acobardar, acoquinar, intimidar, aterrar. ← Animar, alentar, envalentonar.

amén Así sea, conforme, de acuerdo. ‖ Excepto, a excepción. ‖ A más, además.

amenidad Atractivo, deleite, afabilidad, gracia, diversión. ← Aburrimiento.

ameno Grato, placentero, agradable, atractivo, entretenido, divertido, encantador. ← Ingrato, desapacible, aburrido.

americana Chaqueta.

ametrallar Acribillar, disparar.

amigable Amistoso. ← Hostil.

amigdalitis Angina.

amigo Aficionado, inclinado, apegado, encariñado, partidario. ← Enemigo, adversario, rival.

aminorar Minorar, disminuir, amenguar, acortar, atenuar, amortiguar, mitigar, reducir. ← Aumentar, acrecentar, agrandar, acentuar.

A

A amistad Afecto, apego, inclinación, cariño, afición, devoción, intimidad. ← *Enemistad, aversión, rivalidad.*

amistoso Amigable, afable, afectuoso. ← *Hostil.*

amnistía Indulto, perdón.

amo Señor, dueño, propietario, patrón. ← *Criado, siervo.*

amodorramiento Modorra, somnolencia, sopor, letargo. ← *Insomnio excitación.*

amodorrarse Adormecerse, aletargarse, adormilarse, ← *Desvelarse.*

amoldar Ajustar, acomodar, adaptar, transigir. ← *Cuadrarse resistirse.*

amonestación Advertencia, aviso, exhortación, reprimenda, aviso, exhortación, reprimenda, reprensión, regaño.

amonestaciones Publicaciones.

amonestar Advertir, exhortar, avisar, reprender, regañar.

amontonar Apilar, acumular, acopiar, apiñar, aglomerar, hacinar. ← *Desparramar, esparcir.*

amor Cariño, ternura, afecto, apego, inclinación, afición, devoción, estimación, adoración. ← *Odio, aborrecimiento, aversión, desamor, malevolencia.*

amoratado Lívido, cárdeno.

amorfo Informe. ← *Cristalino.*

amorío Flirteo.

amoroso Cariñoso, afectuoso, tierno, enamorado. ← *Hostil, despreciativo.* ‖ Blando, apacible, suave. ← *Áspero, desapacible, duro.*

amortiguar Aminorar, atenuar, mitigar, moderar. ← *Avivar, recrudecer.*

amortizar Liquidar, redimir, vincular, extinguir. ‖ Recuperar, compensar, cubrir gastos.

amoscarse Mosquearse, picarse, resentirse, requemarse, enojarse, enfadarse, agraviarse. ← *Aplacarse, desenfadarse.*

amotinado Insurgente, rebelde, revoltoso. ← *Leal.*

amotinar Sublevar, insurreccionar, levantar, alzar, insubordinar.

amparar Proteger, defender, escudar, favorecer, auxiliar apoyar, patrocinar, salvaguardar. ← *Desamparar, abandonar.*

ampararse Guarecerse, abrigarse, cobijarse, resguardarse.

amparo Defensa, refugio, abrigo, asilo, protección.

ampliación Amplificación, desarrollo, aumento. ← *Reducción.*

ampliar Ensanchar, amplificar, extender, desarrollar, dilatar, aumentar, agrandar, incrementar. ← *Reducir, estrechar.*

amplificar Ampliar, aumentar, desarrollar, extender. ← *Reducir.*

amplio Extenso, dilatado, vasto, espacioso, ancho, holgado. ← *Angosto, reducido, estrecho.*

amplitud Extensión, espaciosidad, anchura. ← *Exigüidad, estrechez.*

ampolla Burbuja.

ampuloso Hinchado, enfático, redundante, altisonante, pomposo. ← *Llano, fluido, natural.*

amputación Mutilación.

amputar Cortar, cercenar.

amueblar Mueblar.

amuleto Talismán, mascota.

amurallar Murar, cercar.

anacoreta Solitario, ermitaño.

ánade Pato.

anales Crónicas, comentarios, memorias.

analfabeto Iletrado, inculto, ignorante, paleto, palurdo. ← *Culto.*

análisis Descomposición, separar, distinguir. ← *Sintetizar.* ‖ Estudiar, examinar, observar.

analizar Descomponer, separar, distinguir. ← *Sintetizar.* ‖ Estudiar, examinar, observar.

analogía Similitud, semejanza, parecido, afinidad. ← *Diferencia, desemejanza.*

análogo Similar, semejante, parecido, afín. ← *Diferente.*

anarquía Desorden, confusión, desgobierno. ← *Disciplina, orden.* ‖ Anarquismo, nihilismo. ← *Absolutismo, totalitarismo.*

anarquista Libertario, nihilista. ← *Absolutista, totalitario.*

anca Grupa.

ancianidad Senectud, vejez, ← *Juventud.*

anciano Viejo, cano, vetusto, matusalén, vejete, vejestorio, ochentón, nonagenario, carcamal. ← *Joven.*

ancla Áncora.

ancladero Fondeadero.

anclar Echar anclas, fondoear. ← *Desanclar, levar anclas.*

ancho Amplio, dilatado, extenso, vasto, holgado. ←

Estrecho, angosto. ‖ Anchura, amplitud, latitud.

anchura Ancho, amplitud, latitud, holgura, desahogo. soltura. ← *Estrechez, angostura.*

andador Andarín, andariego, caminante.

andamio Armazón, tablarón. ,

andar Caminar, marchar, recorrer. ‖ Funcionar, marchar, moverse. ← *Pararse.*

andariego Errante, andador, andarín, andante, caminante, callejero. ← *Casero.*

andarín Andador, andariego, caminante.

andén Corredor, acera. ‖ Apeadero, muelle.

andrajo Harapo, guiñapo, pingajo, pingo, piltrafa, colgajo, pendajo.

andrajoso Harapiento, haraposo, desarrapado, pingajoso, guiñapiento, roto. ← *Atildado, elegante, flamante.*

andurrial Paraje, lugar, sitio.

anécdota Historieta.

anestesia Insensibilidad, analgesia, adormecimiento, inconsciencia.

anestesiar Insensibilizar, cloroformizar.

anexión Unión, agregación, incorporación. ← *Separación, secesión.*

anexionar Agregar, unir, anexar, incorporar. ← *Desagregar, separar.*

anexo Anejo, dependiente, afecto, unido, adjunto, adscrito, agregado. ← *Separado, independiente.*

angelical Angélico. ‖ Inocente. ← *Diabólico, perverso.*

angosto Estrecho, reducido, ← *Ancho, espacioso.*

angostura Estrechura, estrechez.

ángulo Esquina, rincón, arista, canto, recodo.

angustia Congoja, ansiedad, inquietud, tormento, zozobra, desconsuelo, aflicción, dolor tristeza. ← *Serenidad, gozo.*

anhelar Ansiar, apetecer, ambicionar, codiciar, suspirar por, desear. ← *Renunciar, despreciar.*

anhelo Ansia, afán, aspiración, deseo.

anilla Argolla, aro, anillo.

anillo Aro, sortija, argolla, anilla.

ánima Alma.

animación Actividad, agitación, excitación, movimiento, viveza. ← *Desanimación, calma.* ‖ Concurrencia, afluencia.

animado Concurrido, movido, divertido. ‖ Alentado, acalorado, excitado. ← *Flemático.*

animal Bruto, bestia, alimaña. ‖ Torpe, ignorante, grosero.

animalada Borricada, necedad, simplería.

animar Alentar, confortar, reanimar, alegrar, excitar, exhortar, mover. ← *Desanimar, desalentar, disuadir.*

anímico Psíquico, espiritual.

ánimo Valor, esfuerzo, aliento, brío, energía, valentía, intrepidez. ← *Desánimo, pusilanimidad.* ‖ Intención, pensamiento, ← *Apego, inclinación, simpatía.*

animoso Valiente, valeroso, esforzado, resuelto, decidido, enérgico, intrépido.

← *Apocado, pusilánime.* **A**

aniñado Infantil, pueril. ← *Avejentado.*

aniquilar Exterminar, destruir, suprimir, arruinar, desbaratar. ← *Crear.*

anís Matalahúva. ‖ Anisete, anisado.

aniversario Cabo de año, conmemoración, celebración, cumpleaños. ‖ Anual.

anochecer Atardecer, oscurecer, ocaso, crepúsculo. ← *Amanecer, aurora, alborear, clarear.*

anomalía Anormalidad, rareza, singularidad, irregularidad.

anómalo Irregular, anormal, singular, extraño, raro. ← *Regular, correcto, normal.*

anónimo Desconocido, ignorado. ← *Conocido.*

anormal Irregular, anómalo. ← *Normal.*

anormalidad Irregularidad, anomalía. ← *Normalidad.*

anotar Apuntar, comentar.

ansiar Desear, aspirar, anhelar, apetecer, codiciar, suspirar por. ← *Desdeñar, despreciar.*

ansiedad Ansia, agitación, intranquilidad, inquietud, impaciencia, angustia, congoja, zozobra, alarma. ← *Tranquilidad, serenidad, desinterés.*

antagonismo Rivalidad, oposición, contraposición, conflicto. ← *Acuerdo, concordia.*

antagonista Rival, contrario, enemigo, adversario. ← *Colaborador, compañero.*

antaño Antiguamente, en otro tiempo, mucho tiempo ha.

A antártico Austral, meridional. ← *Ártico.*

ante Delante de, en presencia de.

antecámara Antesala.

antecedente Precedente, anterior. ← *Siguiente.* || Dato, noticia, referencia, informe.

anteceder Preceder. ← *Seguir.*

antecesores Predecesores, antepasados, abuelos, ascendientes, progenitores, mayores, padres. ← *Sucesores.*

antedicho Dicho, predicho, nombrado, citado, mencionado, referido.

antediluviano Remoto, antiquísimo, prehistórico, primitivo. ← *Actual, contemporáneo.*

antemano (de) Anticipadamente, por anticipado, por adelantado, previamente. ← *Posteriormente, después.*

anteojo Catalejo, binóculo, prismáticos.

anteojos Gafas, lentes, antiparras, monóculo.

antepasados Antecesores, ascendientes, abuelos progenitores, mayores, padres, ← *Descendientes.*

anteponer Preferir.

anterior Precedente, antecedente, previo ← *Posterior.*

antes Anteriormente, con antelación, con anticipación, con anterioridad, previamente. ← *Después.*

antesala Antecámara.

anticipación Antelación, adelanto, anticipo. ← *Retraso.*

anticipar Adelantar, avanzar, aventajar, tomar o coger la delantera. ← *Retrasar, diferir, trasnochar.* || Anteponer, preferir. || Prestar, dar a cuenta.

anticipo Adelanto, anticipación, avance. ← *Atraso.*

anticuado Caducado, viejo, antiguo. ← *Actual, moderno, novedoso.*

antifaz Máscara, careta.

antigualla Vejestorio.

antigüedad Ancianidad, vejez, vetustez. ← *Actualidad, modernidad.* || Prehistoria, tiempos inmemoriales, primitivos o históricos.

antiguo Viejo, añejo, añoso, vetusto, arcaico, remoto, pretérito, pasado. ← *Moderno, actual.*

antiparras Anteojos, gafas, lentes.

antipatía Ojeriza, manía, tirria, hincha, aversión, repugnancia, repulsión, animosidad, aborrecimiento, rabia, odio. ← *Simpatía, inclinación, afecto.*

antítesis Oposición, contraste, contradicción. ← *Concordancia.*

antitético Opuesto, contrario, contradictorio. ← *Concorde.*

antojarse Pensar, imaginarse. || Sospecharse, temerse.

antojo Capricho, fantasía, deseo, gusto.

antología Selección.

antónimo Contrario, opuesto. ← *Sinónimo.*

antropófago Caníbal.

anual Añal, añejo.

anudar Atar, amarrar, ligar, enlazar. ← *Desanudar.*

anular Suprimir, abolir, invalidar, cancelar, deshacer, desautorizar, borrar. ← *Validar.*

anunciar Hacer saber, avisar, notificar, informar, advertir, prevenir, pronosticar, presagiar.

anuncio Aviso, noticia, advertencia, manifiesto. || Pronóstico, presagio, augurio, predicción.

anverso Cara. ← *Reverso.*

añadido Postizo.

añadidura Complemento, añadido. ← *Merma.*

añadir Sumar, adicionar, agregar, incorporar, incrementar, aumentar. ← *Quitar, restar, deducir.*

añejo Añoso, viejo, antiguo, vetusto. ← *Nuevo, reciente.*

añicos Pedazos, trizas.

añil Índigo.

año Añada.

añoranza Nostalgia, morriña.

apacentar Pastorear.

apacible Suave, agradable, placentero, sosegado, tranquilo, manso, pacífico, reposado. ← *Desapacible, iracundo.*

apaciguar Pacificar, calmar, tranquilizar, sosegar, aquietar, serenar. ← *Excitar, enconar.*

apadrinar Patrocinar, proteger. ← *Desentenderse.*

apagado Débil, mortecino, descolorido, mate. ← *Vivo, brillante.* || Apocado, tímido, gris. ← *Brillante.*

apagar Extinguir, sofocar, amortiguar, debilitar, apl car, contener. ← *Encender, avivar, excitar.*

apalear Aporrear, bastonear. || Palear.

apañado Hábil, mañoso, diestro. ← *Desmañado.*

apañar Arreglar, remendar,

reparar, componer, aderezar, ataviar. ← *Estropear.*

apañarse Ingeniarse, arreglarse.

apaño Compostura, remiendo. || Maña, habilidad, destreza. ← *Torpeza, desmaña.*

aparador Escaparate.

aparato Máquina, instrumento, artefacto.

aparatoso Ostentoso, pomposo. ← *Sencillo.*

aparcar Estacionarse. ← *Desaparcar.*

aparecer Mostrarse, surgir, brotar, salir, asomar, manifestarse. ← *Desaparecer.*

aparejar Preparar, prevenir, disponer. ← *Desaparejar.*

aparejo Utensilios, herramientas, instrumental.

aparentar Simular, fingir.

aparente Fingido, ficto, artificial, supuesto, simulado, postizo. ← *Real, verdadero.* || Visible, manifiesto, evidente, patente. ← *Escondido.*

aparición Fantasma, espectro, visión, aparecido.

apariencia Aspecto, forma, figura. || Ficción, simulación.

apartado Alejado, retirado, distante, lejano, remoto. ← *Próximo, cercano.* || Párrafo, división, capítulo.

apartar Alejar, retirar, desviar, quitar. ← *Arrimar, acercar.* || Disuadir, distraer. ← *Empujar.* || Poner aparte, seleccionar, escoger.

aparte Separadamente, por separado. ← *Junto, adjunto.*

apasionado Entusiasta, fanático, ardoroso, caluroso, violento. ← *Frío, indiferente.*

apasionante Emocionante, excitante, palpitante, patético, conmovedor, enloquecedor. ← *Insulso, desanimador.*

apasionar Excitar, entusiasmar, exaltar, emocionar, trastornar, aficionar. ← *Desinteresar, desengañar.*

apasionarse Morir de, arder, palpitar, prendarse, encapricharse, enamorarse. ← *Desentenderse, desengañarse.*

apático Indolente, dejado. ← *Sensible, activo.*

apeadero Parador, estación.

apear Sujetar, frenar. || Disuadir, apartar, desviar.

apearse Desmontar, descabalgar, bajar. ← *Montar, subir.*

apechugar Cargar.

apedazar Remendar, apañar.

apedrear Lapidar.

apego Afición, inclinación, afecto, cariño. ← *Despego, desvío.*

apelación Reclamación, consulta, recurso, solicitación.

apelar Recurrir, acudir.

apelotonamiento Concurrencia, torbellino, tropel, afluencia.

apolotonar Amontonar, acumular, atiborrar, apiñar.

apellidar Llamar, denominar, nombrar.

apellido Sobrenombre, apodo, nombre.

apenar Apesadumbrar, acongojar, desolar, desconsolar, atormentar,

mortificar, angustiar. ← *Alegrar, confortar.*

apenarse Entristecerse, afectarse, ensombrecerse, partírsele el alma, pasar las penas del purgatorio, cubrírsele el corazón.

apenas Escasamente, casi no. || Luego que, al punto que.

apéndice Prolongación, suplemento, agregado.

apercibir Prevenir, disponer, preparar, aparejar. || Amonestar, advertir, avisar, prevenir.

apergaminado Pergaminoso. || Enjuto, seco, delgado. ← *Gordo, lleno.*

aperitivo Vermut, bíter.

apertura Inauguración, comienzo, principio. ← *Clausura.*

apesadumbrar Apenar, acongojar. ← *Alegrar, confortar.*

apestar Heder, oler mal. ← *Oler bien.* || Fastidiar, cansar, molestar.

apestoso Hediondo, fétido, ← *Oloroso, aromático.* || Fastidioso, molesto, insoportable.

apetecer Desear, querer, ambicionar, codiciar, ansiar.

apetencia Apetito.

apetito Apetencia, gana, hambre, gazuza, voracidad. ← *Inapetencia.* || Deseo, inclinación.

apetitoso Gustoso, sabroso, rico, delicado. ← *Repugnante.*

apiadarse Compadecerse, condolerse, dolerse, tener misericordia, tener compasión.

apilar Amontonar, acumular, juntar, apiñar. ← *Esparcir, desperdigar.*

A

apiñado Apretado.

apiñar Apilar. ‖ Estrechar, apretar, agrupar, arrimar. ← Disgregar.

apiñarse Hacer corro, arremolinarse.

apisonar Aplastar, pisonear, apretar.

aplacar Amansar, pacificar, suavizar, calmar, sosegar, aquietar, moderar, mitigar. ← Irritar, excitar.

aplanamiento Abatimiento, extenuación, decaimiento, desaliento, aniquilamiento. ← Euforia, vigor.

aplanar Allanar, explanar, igualar. ‖ Abatir, extenuar, debilitar, aniquilar, desalentar. ← Vigorizar.

aplastar Chafar, comprimir, estrujar, despachurrar.

aplaudir Aprobar, alabar, loar, elogiar, celebrar, ponderar. ← Abuchear, patear.

aplauso Palmas, ovación, aprobación, alabanza, elogio. ← Abucheo, chifla, reprobación.

aplazamiento Prórroga, suspensión, demora, retardo, retraso. ← Anticipación.

aplazar Prorrogar, suspender, demorar, retardar, retrasar. ← Anticipar.

aplicación Superposición, adaptación. ‖ Esmero, cuidado, atención, perseverancia, asiduidad, estudio. ← Desaplicación, negligencia.

aplicado Esmerado, cuidadoso, atento, perseverante, asiduo, estudioso. ←, Desaplicado.

aplicar Superponer, adaptar. ‖ Destinar, adjudicar, atribuir, imputar, achacar.

aplicarse Esmerarse, perseverar, estudiar, atender. ← Desaplicarse, distraerse, desentenderse.

aplomo Seguridad, gravedad, serenidad, seriedad. ← Vacilación, turbación.

apocado Tímido, corto, encogido, medroso, cobarde. ← Desenvuelto, resuelto, osado.

apocamiento Timidez, encogimiento. ← Desenvoltura, decisión, osadía.

apocar Minorar, aminorar, acortar, achicar, reducir, limitar. ← Aumentar.

apocarse Achicarse, acoquinarse, amedrentarse, rebajarse, abatirse. ← Crecerse.

apoderado Representante, administrador, procurador, encargado, tutor.

apoderarse Adueñarse, apropiarse, tomar, coger, ocupar, dominar, usurpar. ← Desposeerse, ceder, renunciar.

apodo Mote, alias, sobrenombre, seudónimo

apogeo Auge, plenitud, esplendor, magnificencia, cumbre. ← Ruina, decadencia.

apología Elogio, alabanza, ← Diatriba, crítica, acusación.

aporrear Apalear, varear, bastonear, golpear. ‖ Machacar, molestar, importunar.

aportar Llevar, aducir, proporcionar, dar. ← Sacar. ‖ Arribar, llegar. ← Zarpar.

aposentar Hospedar, alojar, albergar.

aposento Estancia, cuarto, habitación, pieza.

aposta Adrede, intenciona-damente, deliberadamente, exprofeso, de propósito. ← Indeliberadamente.

apostar Situar, colocar, emboscar. ‖ Jugar.

apóstol Propagador, propagandista.

apostrofar Achacar, acusar.

apostura Gentileza, gallardía, garbo. ← Desgaire.

apoteosis Exaltación, ensalzamiento, glorificación. ← Condenación.

apoyar Descansar, estribar. ‖ Confirmar, sostener, autorizar, secundar, favorecer, ayudar, amparar, proteger patrocinar. ← Combatir, atacar.

apoyo Sostén, soporte, sustentáculo. ‖ Favor, ayuda, amparo, protección, defensa, auxilio patrocinio. ← Oposición, resistencia.

apreciable Estimable. ← Despreciable. ‖ Importante. ← Inapreciable, despreciable.

apreciación Evaluación, valoración.

apreciado Preciado, estimado, querido, amado. ← Menospreciado, despreciado.

apreciar Estimar, tasar, evaluar, valorar. ‖ Considerar, estimar. ← Despreciar.

aprecio Estimación, estima, consideración, cariño, afecto. ← Desprecio.

apremiante Urgente. ← Diferible.

apremiar Urgir, apurar.

apremio Urgencia, necesidad.

aprender Instruirse, ejercitarse, ilustrarse, estudiar. ← Desaprender, olvidar.

aprendiz Principiante, aspirante. ← Maestro.

aprendizaje Noviciado.

aprensión Escrúpulo, recelo, temor, desconfianza, prejuicio. ← Despreocupación, seguridad.

aprensivo Escrupuloso, receloso, temeroso. ← Despreocupado.

apresar Aprehender, capturar, prender, aprisionar. ← Soltar, libertar.

apresuramiento Prisa, precipitación. ← Cachaza, lentitud.

apresurar Acelerar, activar, avivar, aligerar, precipitar. ← Entretener, diferir, retardar.

apretar Estrechar, comprimir, estrujar, prensar, oprimir, ceñir, apretujar, tupir. ← Aflojar. ‖ Apremiar, incitar, acosar, importunar, oprimir.

apretón Apretadura. ‖ Aprieto.

apretujar Comprimir, apretar, oprimir.

aprieto Apretón, apuro, conflicto, compromiso, necesidad, ahogo, brete.

aprisa De prisa, rápidamente, aceleradamente. ← Despacio.

aprisionar Asir, coger, atar, sujetar, prender, apresar, capturar, encarcelar. ← Soltar, libertar.

aprobación Asentimiento, conformidad, visto bueno, consentimiento. ← Desaprobación, reprobación, denegación.

aprobar Dar por bueno, asentir, admitir, consentir, conformarse. ← Desaprobar, reprobar, suspender.

apropiación Incautación,

confiscación. ← Renuncia.

apropiado Adecuado, propio, idóneo, acomodado, oportuno, conveniente. ← Inadecuado, impropio.

apropiar Adecuar, acomodar, adaptar, ajustar, aplicar.

apropiarse Apoderarse, adueñarse, tomar, coger, usurpar. ← Desproveerse, ceder.

aprovechable Utilizable, útil, servible. ← Desaprovechable.

aprovechado Aplicado, estudioso, diligente. ← Desaprovechar.

aprovecharse Prevalerse, disfrutar. ← Derperdiciar.

aprovisionamiento Abastecimiento, avituallamiento, suministro.

aproximadamente Poco más o menos, próximamente. ← Exactamente.

aproximar Acercar, arrimar, juntar, avecinar. ← Alejar, apartar.

aptitud Suficiencia, disposición, competencia, capacidad, idoneidad. ← Ineptitud.

apto Suficiente, dispuesto, competente, capaz, idóneo, útil. ← Inepto.

apuesta Posta, envite, jugada.

apuesto Gallardo, gentil, airoso, arrogante, galán. ← Desgarbado.

apuntador Traspunte. ‖ Soplón.

apuntalar Afirmar, asegurar, apoyar, consolidar, sostener.

apuntar Anotar, asentar, señalar. ‖ Insinuar, indicar. ‖ Soplar, sugerir.

apunte Nota, croquis, tanteo, esbozo, boceto, bosquejo.

apuñalar Acuchillar, acribillar, coser a puñaladas.

apurado Apretado, difícil, peligroso, arduo. ← Leve, fácil. ‖ Acongojado, necesitado, escaso, pobre. ← Descansado, holgado. ‖ Exacto, preciso. ← Aproximado.

apurar Acabar, agotar, consumir. ‖ Activar, apresurar, acelerar, apretar, apremiar. ‖ Afligir. ← Aliviar, confortar.

apuro Aprieto, conflicto, compromiso, brete, necesidad, escasez.

aquejar Afligir, apenar, acongojar, apesadumbrar. ← Confortar, consolar.

aquí Acá. ← Allí.

aquietar Sosegar, apaciguar, pacificar, tranquilizar, calmar, serenar. ← Inquietar, excitar.

aquilón Viento norte, cierzo, bóreas, tramontana. ← Noto, viento sur.

ara Altar.

arado Reja, aladro.

arador Labrador, campesino.

arandela Corona, anilla, platillo, volandera, herrón.

arañar Rasguñar, rascar, escarbar.

arañazo Rasguño, arpadura, rasponazo.

arar Labrar.

arbitraje Juicio, dictamen, decisión.

arbitrar Juzgar, dictaminar.

árbitro Juez, regulador, componedor.

árbol Arbolete, arbolejo, arbolillo, arbusto, arbolito. ‖ Eje, palo, asta.

A

A

arbolar Enarbolar, izar, levantar. ← *Bajar, arriar.*

arboleda Bosque, boscaje, floresta, espesura, selva.

arca Caja, cofre, baúl.

arcada Arco, bóveda.

arcaico Antiguo, viejo, añoso, añejo, anticuado, primitivo. ← *Reciente, moderno.*

arcilla Marga, greda, calamita, caolín.

arco Bóveda, curvatura, curva, aro.

archidiócesis Arzobispado, arquidiócesis.

archivo Registro, cedulario.

arder Quemarse, estar encendido. ← *Estar apagado.*

ardid Maña, treta, artificio, astucia, estratagema.

ardiente Ardoroso, candente, incandescente, hirviente, abrasador. ← *Helado.* ‖ Fervoroso, fogoso, apasionado. ← *Glacial, frío, flemático.*

ardimiento Ardor, brío, vigor, valor, valentía, intrepidez. ← *Temor, miedo.*

ardor Viveza, entusiasmo, actividad, calor, pasión. ← *Frialdad, apatía.*

ardoroso Ardiente, encendido. ← *Apagado.* ‖ Ardiente, fogoso, entusiasta, apasionado, impetuoso, vigoroso. ← *Frío.*

arduo Difícil, apurado, espinoso, dificultoso, trabajoso. ← *Cómodo, fácil.*

área Superficie, extensión.

arena Campo, plaza, estadio, ruedo, redondel.

arenga Parlamento, discurso, oración, perorata.

arenoso Granuloso, polvoroso.

argamasa Mezcla, mortero.

argentado Plateado.

argolla Aro, asidero. ‖ Brazalete.

argumentar Razonar, discutir, replicar, objetar, contradecir, impugnar, refutar.

argumento Razonamiento.‖ Indicio, señal, prueba, razón, demostración. ‖ Asunto, trama, tema.

aria Romanza, canción, cavatina.

aridez Sequedad, enjutez, infecundidad. ← *Humedad, fertilidad, fecundidad.*

árido Seco, enjuto, estéril, infecundo, improductivo. ←*Húmedo, fértil, fecundo.* ‖ Aburrido, fastidioso, cansado, monótono. ← *Ameno, placentero, atractivo.*

ario indoeuropeo.

arisco Áspero, huraño, huidizo, hosco, esquivo, intratable, bravío. ← *Sociable, cordial, afable.*

arista Borde, esquina, canto.

aristocracia Nobleza. ← *Plebe.*

aristócrata Patricio, noble, de sangre azul, distinguido.

aristocrático Fino, noble, distinguido, encopetado, ← *Plebeyo.*

arma Artefacto, instrumento. ‖ Ejército. ‖ Boca de fuego.

armada Escuadra, flota, marina.

armadura Armazón, montura, esqueleto. ‖ Arnés.

armar Amartillar, montar, disponer. ← *Desarmar.* ‖ Mover, promover.

armario Guardarropa, ropero, alacena.

armarse Proveerse.

armas Blasón, escudo.

armatoste Trasto, cachivache.

armazón Armadura, esqueleto, montura, andamio, andamiaje.

armisticio Suspensión de hostilidades, tregua, paz. ←*Declaración de guerra.*

armonía Harmonía, consonancia, concordia, paz, amistad. ← *Discordancia, disonancia, discordia.*

armonioso Musical, melodioso, ameno, agradable, grato. ← *Disonante, inarmónico.*

armonizar Acordar, amigar, avenir, concertar, pactar. ← *Desarmonizar, enemistar.*

arnés Armadura. ‖ Arreos, guarniciones.

aro Anillo. ‖ Servilletero.

aroma Perfume, fragancia, buen olor, esencia. ← *Fetidez, mal olor.*

aromático Aromoso, perfumado, fragante, oloroso, odorífero, balsámico.

aromatizar Perfumar, embalsamar.

arpía Harpía, furia, basilisco, bruja.

arquear Encorvar, combar, doblar. ← *Enderezar.*

arquetipo Modelo, prototipo, ejemplar.

arrabal Afueras, suburbio. ← *Centro.*

arraigar Prender, agarrar, enraizar. ‖ Enraizar, establecerse, radicarse. ← *Desarraigarse.*

arrancar Desarraigar, extirpar, extraer, quitar, sacar, arrebatar. ← *Plantar.* ‖ Proceder, provenir, originarse ← *Terminar.*

arranque Impulso, arrebato, rapto, pronto, crisis.

‖ Ocurrencia, salida. ‖ Origen, principio. ← Término.

arrapiezo Rapaz, mocoso, chicuelo, muchacho, chaval.

arrasar Allanar, asolar, devastar, arruinar, destruir, talar. ← Construir.

arrastrado Desastrado, mísero, pobre, pícaro, bribón, tunante, pillo. ‖ Duro, fatigoso, trabajoso. ← Cómodo, regalado.

arrastrar Tirar, transportar, acarrear, conducir, remolcar.

arrastre Acarreo, conducción, transporte.

arrear Espolear. ← Enfrenar. ‖ Darse prisa, despachar, apresurarse. ← Roncear.

arrebatado Impetuoso, precipitado, violento, inconsiderado. ← Cauteloso, apacible. ‖ Encendido, colorado.

arrebatar Arrancar, conquistar, quitar, tomar. ← Ceder, devolver. ‖ Cautivar, encontrar, embelesar, atraer. ← Repugnar.

arrebatarse Enfurecerse, irritarse, encolerizarse. ← Sosegarse, calmarse.

arrebato Arranque, rapto, crisis, enfurecimiento, furor, ira, cólera.

arreciar Aumentar, crecer, redoblar, intensificarse, apretar. ← Amainar.

arrecife Escollo, banco.

arreglado Moderado, ordenado, metódico, cuidadoso. ← Desarreglado. ‖ Compuesto, aliñado, aderezado. ← Desarreglado, desaliñado.

arreglar Componer, reparar, apañar, remendar, aliñar,

aderezar, ataviar. ← Estropear, desaliñar. ‖ Ordenar, componer, clasificar. ← Desordenar. ‖ Ajustar, sujetar, conformar, supeditar. ← Desajustar. ‖ Concertar, convenir, conciliar.

arreglo Orden, acomodo, concierto, avenencia, convenio, compostura.

arremangarse Remangarse, subirse, levantarse. ← Bajarse.

arremeter Embestir, acometer, arrojarse, atacar, cerrar, agredir, abalanzarse. ← Huir, evitar.

arremetida Embestida, acometida, ataque, agresión. ← Fuga.

arrendador Locador, casero, colono, rentero. ‖ Arrendatario.

arrendamiento Arriendo, alquiler, inquilinato, renta, locación.

arrendar Alquilar. ← Desarrendar.

arrendatario Locatario, inquilino.

arrepentido Compungido, pesaroso. ← Impenitente, recalcitrante.

arrepentimiento Remordimiento, sentimiento, dolor, pesar, contrición. ← Impenitencia.

arrepentirse Dolerse, apesararse, apesadumbrarse, lamentar, llorar, deplorar, sentirlo. ← Alegrarse, complacerse.

arrestar Detener, prender, apresar. ← Soltar.

arresto Detención, prendimiento.

arrestos Atrevimiento, arrojo, denuedo, osadía, audacia, coraje, intrepidez, brío, resolución, valor,

agallas. ← Temor, pusilanimidad.

arriar Bajar, soltar, largar, aflojar. ← Izar, cargar,

arriba A lo alto, en lo alto, hacia lo alto, en la parte alta.

arriesgado Aventurado, peligroso, imprudente, expuesto. ← Seguro. ‖ Atrevido, osado, temerario, arrojado, audaz, arriscado. ← Cauteloso, temeroso.

arriesgar Arriscar, exponer, aventurar.

arriesgarse Atreverse, osar, decidirse, aventurarse.

arrimar Acercar, juntar, aproximar, unir, adosar. ← Apartar, separar, alejar. ‖ Arrinconar, dejar de lado, abandonar. ‖ Dar, pegar.

arrimarse Apoyarse, acogerse, ampararse.

arrinconado Desatendido, olvidado, postergado, abandonar. ‖ Dar, pegar.

arrinconar Desechar, arrumbar, desatender, acorralar.

arrinconarse Aislarse, retirarse, retraerse.

arriscado Arriesgado, atrevido, resuelto, osado, arrojado, audaz, temerario. ← Cauteloso, temeroso.

arriscar Arriesgar, aventurar, exponer.

arrodillarse Postrarse, hincarse, ponerse, de rodillas, ponerse de hinojos.

arrogancia Altanería, altivez, orgullo, soberbia, desprecio, desdén, engreimiento. ← Modestia, humildad. ‖ Gallardía, apostura, brío, bravosidad. ← Sencillez, timidez.

A **arrogante** Altanero, altivo, orgulloso, soberbio, imperioso, despreciativo, desdeñoso, engreído. ← *Modesto, humilde.* ‖ Gallardo, airoso, opuesto, brioso, jactancioso. ← *Sencillo.*

arrojar Lanzar, tirar, disparar, proyectar, echar, despedir. ← *Parar, recoger.* ‖ Vomitar, provocar.

arrojarse Abalanzarse, arremeter, acometer, atacar, agredir, embestir. ← *Echarse atrás, retroceder.* ‖ Precipitarse, despeñarse, tirarse.

arrojo Resolución, intrepidez, osadía, audacia, atrevimiento, valor, coraje. ← *Pusilanimidad.*

arrollar Derrotar, desbaratar, vender, batir, destrozar, aniquilar. ‖ Atropellar.

arropar Abrigar, tapar, cubrir. ← *Desarropar.*

arroyo Riachuelo, ribera.

arruga Pliegue, rugosidad, pata de gallo.

arrugar Plegar, surcar, estriar, contraer, encoger, marchitar, magullar.

arruinar Demoler, destruir, devastar, arrasar, asolar, aniquilar. ← *Construir.* ‖ Empobrecer, desangrar. ← *Enriquecer.*

arruinarse Hundirse.

arrullar Adormecer, adormir. ‖ Enamorar.

arrullo Canto, gorjeo, susurro.

arsenal Depósito, almacén, parque. ‖ Cúmulo, conjunto, montón.

arte Habilidad, destreza, ingenio, industria, maestría, maña. ← *Inhabilidad.* ‖ Oficio, profesión.

artefacto Máquina, aparato, instrumento.

arteria Vaso, vena. ‖ Vía, calle.

artesanía Artesanado, menestralía.

artesano Menestral, artífice.

ártico Norte, septentrional, boreal. ← *Antártico.*

articulación Coyuntura, juntura, junta. ‖ Pronunciación.

articular Unir, enlazar. ← *Desarticular.* ‖ Pronunciar.

artículo Nudillo. ‖ Apartado, título, división, capítulo.

artífice Autor, creador, artista, artesano.

artificial Postizo, falso, ficticio, fingido. ← *Natural, auténtico.*

artificioso Ingenioso, habilidoso, complicado, disimulado, astuto, cauteloso, engañoso. ← *Sencillo, natural, leal.*

artimaña Artificio, trampa, ardid, treta, engaño.

artista Artífice, actor, ejecutante, comediante.

arzobispado Archidiócesis.

arzobispal Metropolitano.

asa Asidero, agarradero, empuñadura.

asalariado Pagado, asoldado, mercenario.

asaltar Acometer, agredir, embestir, atracar. ‖ Sobrevenir, acudir.

asalto Acometida, arremetida, embestida, salteamiento, atraco.

asamblea Congreso, reunión, junta.

asar Tostar.

ascendencia Linaje, alcurnia, estirpe, antepasados, prosapia. ← *Descendencia.*

arcender Subir, elevarse. ← *Descender.* ‖ Montar, sumar. ‖ Adelantar, promover. ← *Relegar.*

ascendientes Antecesores, antepasados, mayores, abuelos, padres, progenitores. ← *Descendientes.*

ascensión Subida, elevación. ← *Descensión, descenso.*

ascenso Adelanto, promoción. ← *Descenso, degradación.*

ascensor Montacargas.

asco Repugnancia, aversión, repulsión, náuseas. ← *Atracción.*

aseado Limpio, curioso, cuidadoso, pulcro. ← *Sucio.*

asear Limpiar, lavar, componer. ← *Desasear.*

asearse Lavarse, componerse, arreglarse, adornarse. ← *Desasearse.*

asechar Insidiar, tender un lazo, espiar.

asediar Sitiar, bloquear, cercar. ‖ Acosar, importunar, molestar.

asedio Sitio, bloqueo, cerco.

asegurar Afirmar, aseverar, certificar, cerciorar, confirmar, ratificar, garantizar. ← *Negar.* ‖ Afianzar, consolidar, fijar. ← *Conmover.*

asemejarse Parecerse, semejar, tirar a, salir a. ← *Diferenciarse.*

asentaderas Posaderas, nalgas

asentado Sentado, juicioso, reflexivo, serio. ← *Irreflexivo.* ‖ Estable, permanente, fijo. ← *Inestable, móvil.*

asentar Afirmar, asegurar, afianzar. ← *Solevantar.* ‖ Anotar, inscribir. ‖ Allanar, alisar, apisonar.

asentarse Establecerse, instalarse, detenerse, posarse.

asentimiento Aprobación, beneplácito, consentimiento, permiso, venia. ← *Disentimiento.*

asentir Aprobar, afirmar, consentir, convenir. ← *Disentir.*

aseo Limpieza, curiosidad, pulcritud, esmero, cuidado. ← *Desaseo.*

asepsia Desinfección, limpieza. ← *Sepsia, infección, putrefacción.*

asequible Accesible, alcanzable.

asesinato Homicidio, crimen, atentado.

asesino Criminal, homicida, matador.

asesor Consejero, consultor. ‖ Consultivo.

asesorar Aconsejar, informar.

asesorarse Consultar, aconsejarse.

asestar Apuntar, dirigir, descargar, disparar.

aseveración Afirmación, confirmación, ratificación. ← *Negación.*

aseverar Afirmar, asegurar, confirmar, ratificar. ← *Negar.*

asfixia Ahogamiento, ahogo, sofocación, opresión, estrangulación, agobio. ← *Respiro.*

asfixiar Ahogar, sofocar.

así De esta suerte, de esta forma. ‖ Por lo cual, por lo que, en consecuencia.

asidero Asa, agarradero. ‖ Ocasión, pretexto, pie.

asiduo Continuo, perseverante, frecuente, persistente. ← *Intermitente.*

asiento Silla, butaca, localidad. ‖ Anotación, par-

tida. ‖ Sitio, lugar, sede, domicilio. ‖ Poso. ‖ Cordura, madurez, juicio, prudencia.

asignación Sueldo, salario, retribución, remuneración, honorarios.

asignar Señalar, fijar, destinar.

asignatura Materia, disciplina.

asilo Refugio, retiro, seguro, hospicio. ‖ Amparo, protección, favor.

asimilación Provecho, aprovechamiento, digestión, nutrición.

asimilar Equiparar, igualar, asemejar, comparar, relacionar.

asimismo Igualmente, también, del mismo modo. ← *Tampoco.*

asir Coger, agarrar, prender, tomar. ← *Desasir.*

asistencia Ayuda, socorro, auxilio, apoyo, cooperación, favor. ← *Abandono.* ‖ Concurrencia, concurso, afluencia.

asistente Suplente, auxiliar, ayudante, ‖ Criado, ordenanza.

asistentes Concurrencia, asistencia, presentes, circunstantes, público, auditorio, concurso, espectadores, sala.

asistir Socorrer, cuidar, ayudar, auxiliar, apoyar, cooperar. ← *Abandonar.* ‖ Concurrir, presenciar, estar presente, hallarse presente. ← *Hallarse ausente.*

asmático Jadeante, tosigoso, anhelante.

asno Burro, borrico, pollino, rucio, jumento. ‖ Corto, rudo, ignorante, necio. ← *Lince.*

asociación Agrupación sociedad, campaña, entidad, institución, corporación, cooperativa, comunidad.

asociado Socio, miembro, consocio.

asociar Juntar, unir, aliar, federar, coligar, hermanar, solidarizar, incorporar. ← *Disociar, separar.*

asolar Arrasar, devastar, destruir, arruinar. ← *Reconstruir.*

asomar Mostrarse, aparecer.

asombradizo Espantadizo.

asombrar Sorprender, pasmar, aturdir, admirar, maravillar, suspender, espantar, asustar.

asombro Sorpresa, pasmo, aturdimiento, admiración, maravilla, espanto, susto.

asombroso Admirable, pasmoso, maravilloso, sorprendente. ‖ Estupendo, portentoso, prodigioso.

asordar Ensordecer.

aspaviento Demostración, ademán, gesto.

aspecto Apariencia, aire, semblante, presencia, facha, porte, pinta, planta, cariz.

aspereza Rugosidad. ← *Llanura, suavidad, lisura.* ‖ Rudeza, desabrimiento, dureza, brusquedad, rigidez, rigor, ← *Suavidad, afabilidad.*

áspero Rugoso, escabroso, 'carrasposo. ← *Suave, liso, llano.* ‖ Rudo, desabrido, bronco, duro, brusco, hosco, rígido, riguroso. ← *Suave, afable.*

aspiración Deseo, anhelo, pretensión, ambición, ansia.

aspirante Pretendiente, candidato, solicitante.

aspirar Pretender, desear,

A

A

anhelar, ambicionar, ansiar. ← *Rehusar.* || Inspirar. ← *Espirar, impeler.*

asqueroso Repugnante, nauseabundo, repulsivo, repelente, sucio. ← *Atractivo, limpio.*

asta Cuerno, fuste, palo, mango, lanza, pica.

asterisco Estrellita.

astilla Fragmento, partícula.

astillero Atarazana.

astro Estrella, lucero, cuerpo celeste.

astrólogo Adivino, planetista.

astronauta Cosmonauta.

astucia Sagacidad, sutileza, picardía, perspicacia. ← *Simpleza, ingenuidad.* || Ardid, treta, añagaza, artimaña, estratagema.

astuto Sagaz, sutil, perspicaz, cuco, pícaro, zorro. ← *Simple, ingenuo.*

asumir Aceptar, tomar, cargar con. ← *Rehusar.*

asunción Elevación, exaltación.

asunto Tema, cuestión, materia, objeto, particular, negocio, argumento, trama, sujeto, cosa.

asustadizo Espantadizo, asombradizo, miedoso. ← *Impávido, valeroso.*

asustar Espantar, atemorizar, intimidar, amedrentar, acorbardar. ← *Tranquilizar, animar.*

atacar Acometer, agredir, embestir, arremeter, asaltar, cerrar, impugnar, combatir. ← *Defender.*

atadura Vínculo, lazo, enlace, ligadura, unión.

atajar Contener, detener, cortar, para, interrumpir, paralizar. ← *Estimular.*

atalaya Vigía, torre. || Vigía, centinela, escucha.

atañer Concernir, afectar, tocar, pertenecer, corresponder.

ataque Acometida, agresión embestida, arremetida, asalto, embate, impugnación. ← *Defensa.*

atar Amarrar, liar, ligar, anudar, encadenar, sujetar, juntar, unir. ← *Desatar.*

atarazana Astillero, arsenal.

atardecer Crepúsculo, anochecer. ← *Amanecer.*

atareado Ocupado, agobiado. ← *Ocioso.*

atarearse Ocuparse, ajetrearse, agobiarse, abrumarse, acalorarse. ← *Vagar, desentenderse.*

atascadero Atolladero, atranco.

atascar Tapar, cerrar, atorar, atrancar, obstruir. ← *Desatascar.*

atasco Atranco, obstrucción, estorbo, impedimento.

ataúd Caja, féretro.

ataviar Adornar, componer, engalanar, hermosear. ← *Desataviar.*

atavío Adorno, compostura, vestido, atuendo.

atemorizar Intimidar, amedrentar, acobardar, asustar, espantar, acoquinar, aterrar. ← *Animar, envalentonar.*

atención Miramiento, cuidado, vigilancia, solicitud, esmero. ← *Desatención, distracción.* || Consideración, cortesía, urbanidad, cortesanía. ← *Desatención, descortesía.*

atenciones Ocupaciones, negocios, quehaceres, trabajos.

atender Escuchar, oír, fijarse, cuidar, vigilar. ← *Desatender.*

atenerse Acomodarse, sujetarse, ajustarse, amoldarse, remitirse.

atentado Tentativa, ataque, crimen, delito.

atentar Delinquir, infringir, contravenir, burlar, transgredir, vulnerar, violar. ← *Obedecer.*

atento Aplicado, cuidadoso, concienzudo, esmerado, estudioso. ← *Desatento, distraído.* || Fino, cortés, comedido, solícito, considerado, respetuoso. ← *Desatento, descortés.*

atenuar Aminorar, amortiguar. ← *Acentuar.*

aterrador Espantoso, horrible, terrible, horripilante.

aterrar Aterrorizar, horripilar, espantar, horrorizar, acobardar.

aterrizar Aterrar, tomar tierra, descender, bajar.

atesorar Acumular, amontonar, almacenar, ahorrar, guardar, economizar, amasar. ← *Dilapidar*

atestación Testificación, testimonio.

atestar Atestiguar, testificar, testimoniar. || Rellenar, atiborrar. ← *Vaciar.*

atestiguar Atestar, testificar, testimoniar.

atiborrar Llenar, rellenar, atestar, atarugar. ← *Vaciar.*

atiborrarse Atracarse, hartarse. ← *Evacuar.*

atinar Adivinar, acertar, hallar, encontrar. ← *Errar*

atisbar Mirar, observar, acechar, vigilar, espiar.

atisbo Vislumbre, indicio, señal.

atizar Avivar, despabilar

fomentar, estimular, excitar. ← *Sofocar, aplacar.* || Dar, p·opinar, pegar.

atleta Combatiente, púgil, gladiador, corredor. || Hércules, sansón, toro.

atolondrado Irreflexivo, ligero, precipitado,. imprudente, alocado, distraído, aturdido. ← *Juicioso,*

atolondramiento Precipitación, irreflexión, distracción, aturdimiento. ← *Serenidad, juicio.*

atolondrar Aturdir, atontar. ← *Despabilar.*

atolladero Atascadero, atranco.

átomo Partícula.

atónito Estupefacto, pasmado, suspenso, asombrado, maravillado, turulato, patitieso. ← *Impertérrito.*

átono Inacentuado, débil. ← *Tónico.*

atontar Atolondrar, aturdir, entontecer. ← *Despertar, despabilar.*

atorar Atascar, obstruir, obturar, cegar. ← *Desatascar.*

atormentado Lloroso, contrito, tristón.

atormentar Torturar, martirizar, afligir, apenar, disgustar, acongojar. ← *Acariciar, confortar, consolar.*

atornillar Enroscar.

atosigar Envenenar, apurar, apremiar, abrumar, agobiar, oprimir, fatigar. ← *Aliviar, descansar.*

atracador Salteador.

atracar Abordar. || Asaltar, saltear, atacar, agredir.

atracarse Atiborrarse, henchirse, hartarse, saciarse. ← *Evacuar.*

atractivo Gracia, seducción, encanto, hechizo, gancho,

aliciente, cebo. || Atrayente, seductor, encantador. ← *Repelente.*

atraer Captar, seducir, cautivar, encantar. ← *Repeler.* || Provocar, causar, ocasionar, motivar.

atragantarse Atascarse, obstruirse.

atrancar Atascar, cegar, obstruir, obturar, tapar, atorar. ← *Desatrancar.*

atranco Atasco, obstrucción.

atrapar Conseguir, pillar, coger, obtener, pescar, cazar. ← *Soltar.* || Engañar, engatusar.

atrás Detrás, a las espaldas. || Antes, lejos, anteriormente.

atrasado Anticuado, viejo, rutinario. || Empeñado, entrampado, alcanzado, moroso.

atrasar Retrasar, retardar, demorar, rezagar. ← *Adelanto, anticipo.*

atravesar Cruzar, pasar, traspasar.

atreverse Arriesgarse, osar, arriscarse, aventurarse.

atrevido Audaz, osado, arrojado, arriscado, arriesgado, temerario. ← *Temeroso, cauteloso.* || Insolente, descarado, desvergonzado, fresco, descocado. ← *Prudente, correcto, comedido.*

atrevimiento Audacia, osadía, arrojo, valor, temeridad. ← *Cautela, temor.* || Insolencia, descaro, desvergüenza, frescura, desfachatez, cara. ← *Prudencia, corrección, comedimiento.*

atribución Atributo, señalamiento, aplicación, asignación.

atribuciones Facultades, poderes, carta blanca.

atribuir Asignar, aplicar, achacar, imputar, colgar.

atribuirse Arrogarse, apropiarse, usurpar. ← *Renunciar.*

atributo Propiedad, cualidad. || Símbolo, emblema.

atrincherarse Fortificarse, parapetarse, cubrirse, resguardarse, protegerse, defenderse. ← *Salir al descubierto.*

atrio Porche. || Vestíbulo.

atrocidad Barbaridad, crueldad, inhumanidad, enormidad, exceso, temeridad. || Necedad, burrada.

atrofiarse Decaer, anquilosarse, inutilizarse.

atropellar Arrollar, derribar, empujar, ultrajar, agraviar.

atroz Fiero, cruel, bárbaro, inhumano, enorme, grave, desmesurado.

atuendo Atavío, vestido, indumentaria.

aturdido Atolondrado, precipitado, ligero, irreflexivo, atropellado, imprudente. ← *Sereno, juicioso.*

aturdimiento Atolondramiento, precipitación, irreflexión, aturrullamiento. || Turbación. ← *Serenidad.*

aturdir Atolondrar, turbar, atontar. || Admirar, asombrar, sorprender. || Consternar, perturbar. ← *Serenar.*

aturrullar Desconcertar, atolondrar, aturdir. ← *Serenar, tranquilizar.*

audacia Osadía, atrevimiento, intrepidez, arrojo, valor, coraje, temeridad. ←

A

A

Pusilanimidad. || Desvergüenza, descaro, desfachatez, cara. ← *Prudencia, comedimiento.*

audaz Osado, atrevido, arrojado, intrépido, valiente, arriesgado. ← *Pusilánime.* || Desvergonzado, descarado, insolente. ← *Prudente, comedido..*

audición Sesión, lectura, concierto.

audiencia Tribunal, sala.

auditor Oyente. || Juez, informante.

auditorio Oyentes, público, concurrencia.

auge Elevación, prosperidad, apogeo, esplendor, plenitud, culminación. ← *Ruina, decadencia, ocaso.*

augur Adivino, oráculo, vaticinador.

augurar Vaticinar, presagiar, pronosticar, predecir, profetizar, adivinar.

augurio Vaticinio, presagio, pronóstico, predicción, profecía.

augusto Honorable, venerable, majestuoso, respetable. || *Payaso, tonto.*

aula Clase.

aullar Bramar, ulular, gruñir, ladrar, roncar.

aullido Ladrido, gruñido, bramido.

aumentar Acrecentar, sumar, añadir, agrandar, engrandecer, ampliar, elevar, adicionar, crecer, exagerar, hinchar, sobrealzar, engordar, agigantar. ← *Disminuir, decrecer, reducir.*

aumento Incremento, acrecentamiento, crecimiento. ← *Disminución.*

aun Hasta, incluso.

aún Todavía.

aunque Si bien, por más que.

aupar Encaramar, levantar, subir, upar.

áureo Aurífero. || Resplandeciente, brillante, dorado, rutilo.

aureola Corona, diadema. || Gloria, fama, celebridad, renombre.

aurora Alba, amanecer, orto, crepúsculo matutino. ← *Ocaso.*

ausencia Separación, alejamiento. ← *Proximidad.* || Falta, defecto, privación, carencia, omisión. ← *Presencia.*

ausentarse Separarse, alejarse, marchar, salir, partir, irse, tomar el portante.

austeridad Severidad, rigor, rigidez, dureza, aspereza. ← *Blandicia, blandura, indulgencia.*

austero Severo, rígido, riguroso, duro, áspero. ← *Blando, indulgente.*

auténtico Verdadero, cierto, seguro, real, puro, legítimo, castizo, acreditado, legalizado, autorizado, fidedigno. ← *Falso, falsificado, apócrifo.*

auto Drama. || Acto, hecho. || Automóvil, coche.

autobiografía Memorias, confesiones.

automático Maquinal, inconsciente. ← *Consciente.*

automóvil Auto, coche.

autonomía Independencia, libertad, autogobierno. ← *Sujeción, dependencia.*

autopsia Disección.

autor Creador, padre, causante, inventor, escritor.

autoridad Poder, mando, imperio, dominio, facul-

tad, potestad, jurisdicción. || Crédito, fe, prestigio.

autoritario Arbitrario, imperioso. ← *Humilde, dócil.*

autorización Permiso, consentimiento, venia, aprobación. ← *Desautorización.*

autorizar Permitir, consentir, conceder, acceder, aprobar, facultar. ← *Desautorizar.*

auxiliar Socorrer, ayudar, favorecer, amparar, secundar, apoyar. ← *Perjudicar, dañar.* || Ayudante, agregado, cooperador, complementario.

auxilio Socorro, asistencia, ayuda, protección, amparo, apoyo, favor, concurso ← *Daño.*

aval Garantía.

avance Adelanto, progreso, marcha. ← *Retroceso.* || Anticipo, adelanto.

avance Adelante.

avanzada Avanzadilla, descubierta, vanguardia.

avanzar Adelantar, progresar, prosperar. ← *Retroceder.*

avaricia Codicia, avidez, tacañería, ruindad, mezquindad, miseria. ← *Largueza, prodigalidad, generosidad.*

avaro Avaricioso, avariento, codicioso, tacaño, ruin, mezquino, miserable, roñoso, sórdido, agarrado. ← *Pródigo, generoso.*

avasallar Dominar, someter, señorear, sujetar, subyugar. ← *Liberar, emancipar.*

avecinarse Acercarse, aproximarse. ← *Alejarse.* || Avecindarse, domiciliarse, establecerse, residir. ←

Marchar, ausentarse, emigrar.

avenencia Concierto, convenio, acuerdo, arreglo, conciliación. || Armonía, unión, concordia, compenetración, conformidad. ← *Desavenencia.*

avenida Riada, crecida, inundación, desbordamiento. || Vía, paseo, bulevar, rambla.

avenirse Congeniar, entenderse. ← *Discrepar.* || Entenderse, arreglarse, conciliar, concertar, conformarse, prestarse. ← *Resistirse.* || Amoldarse, resignarse.

aventajar Exceder, superar, sobrepujar, pasar, adelantar. ← *Ir a la zaga.*

aventura Suceso, hecho, acaecimiento, episodio, ocurrencia, incidencia, accidente, andanza, hazaña. || Casualidad, azar. || Riesgo, empresa, intriga, correría, peligro.

aventurado Arriesgado, peligroso, expuesto, azaroso. ← *Seguro.*

aventurar Arriesgar, exponer.

aventurarse Atreverse, osar, arriesgarse, exponerse.

avergonzar Abochornar, sofocar, sonrojar, ruborizar, correr. ← *Enorgullecer.*

avería Desperfecto, deterioro, daño, detrimento.

averiguación Investigación, indagación, pesquisa, busca.

averiguar Indagar, inquirir, investigar, buscar.

aversión Antipatía, repulsión, repugnancia, oposición, odio. ← *Inclinación, simpatía.*

avezado Hecho, ducho, curtido, acostumbrado. ← *Novato.*

aviación Aeronáutica.

aviador Piloto, aeronauta.

avidez Codicia, ansia, voracidad. ← *Saciedad.*

ávido Codicioso, ansioso, insaciable, voraz. ← *Harto.*

avinagrarse Torcerse, volverse, agriarse, acedarse. ← *Dulcificarse.*

avión Aeroplano, bimotor, trimotor, cuatrimotor, avioneta, hidroavión, reactor, aparato.

avisado Despierto, sagaz, listo, perspicaz, prudente, previsor, advertido, precavido cauteloso, astuto. ← *Torpe, simple, imprudente.*

avisar Advertir, prevenir, notificar, anunciar, participar, informar, comunicar, noticiar, enterar, amonestar, aconsejar.

aviso Indicación, noticia, anuncio, nota, advertencia, observación, consejo. || Cuidado, prudencia, preaución, discreción, prevención, cautela. ← *Descuido, imprudencia.*

avispado Listo, despierto, vivo, agudo. ← *Obtuso, torpe*

avituallar Proveer, abastecer, surtir, suministrar.

avivar Acelerar, apresurar, excitar, animar, reanimar, atizar, despabilar. ← *Frenar, entretener, apagar.*

axila Sobaco.

axioma Principio, sentencia.

ayer Antes, anteriormente, tiempo pasado, no ha mucho.

ayo Preceptor, custodio.

ayuda Auxilio, socorro, asistencia, amparo, cooperación, apoyo, favor, protección. ← *Estorbo, daño.*

ayudante Auxiliar, agregado, cooperador, colaborador.

ayudar Auxiliar, socorrer, asistir, amparar, proteger, cooperar, secundar, apoyar, favorecer. ← *Estorbar, perjudicar.*

ayunar Privarse, abstenerse, retenerse. ← *Hartarse, henchirse.*

ayuno En ayunas, ignorante, inadvertido. ← *Enterado.* || Dieta, abstinencia. ← *Intemperancia.*

ayuntamiento Municipio, concejo, consistorio.

azabache Ámbar negro.

azada Azadón, zapapico, ligón.

azafata Camarera.

azar Acaso, casualidad, eventualidad.

azaroso Aventurado, arriesgado, expuesto, peligroso. ← *Seguro*

azorar Sobresaltar, espantar, conturbar, aturdir, azarar. ← *Tranquilizar.*

azotaina Zurra, vapuleo, zurribanda.

azotar Fustigar, golpear, vapulear, zurrar, mosquear.

azote Golpe, palo, latigazo. || Calamidad, plaga, desgracia, castigo.

azotea Terrado, terraza, aljarafe.

azucarar Endulzar, dulcificar. ← *Acibarar.*

azul Azur, azulado.

azulejo Ladrillo vidriado.

azuzar Achuchar, incitar, excitar, estimular, instigar, irritar. ← *Frenar.*

B

baba Saliva.

babia (estar en) Abstraerse, vagar, pensar en las musarañas. ← *Estar atento.*

babosa Limaza, limaco.

bacanal Orgía, desenfreno.

bacía Vasija, jofaina.

bacilo Bacteria.

bacteria Microorganismo, microbio, bacilo, virus.

báculo Bastón, palo, cayado, || Soporte, apoyo, arrimo, consuelo.

bache Hoyo, socavón. || Laguna.

bagaje Equipaje, bultos, impedimenta.

bagatela Minucia, menudencia, miseria, insignificancia.

bahía Ensenada, golfo.

bailar Danzar.

bailarín Danzarín, danzante, bailador, saltarín.

bailarina Danzarina.

baile Danza.

baja Descenso, disminución, decadencia, merma, pérdida, quebranto, bajón, caída. ← *Alza, aumento, auge.*

bajada Descenso. ← *Subida.*

bajamar Reflujo.

bajar Descender, menguar, disminuir, decrecer, decaer, rebajar abaratar. ← *Subir.* || Apearse, descender, desmontar, descabalgar. ← *Montar.*

bajel Buque, nave, barco, navío, nao.

bajeza Vileza, ruindad, indignidad, envilecimiento, degradación, servilismo. ← *Nobleza, dignidad.*

bajo Pequeño, chico, menudo, corto de talla. ← *Alto.* || Vulgar, plebeyo, innoble, indigno, despreciable, vil, ruin, rastrero, abyecto. ← *Noble, digno.* || Descolorido, apagado, mortecino, deslustrado. ← *Vivo, brillante.* || Humilde, abatido. ← *Enérgico.* || Bajío, banco, escollo, rompiente, sirte, arrecife. || Grave. ← *Agudo.* || Debajo de. ← *Sobre, encima de.*

bajón Caída, baja, descenso, disminución, merma. ← *Subida vertical.*

bala Proyectil. || Fardo, paca, bulto.

balance Balanceo, vaivén. || Arqueo, confrontación.

balancear Columpiar, mecer, oscilar. || Dudar, vacilar.

balanceo Balance, vaivén, oscilación, contoneo.

balancín Mecedora.

balaustrada Baranda.

balbucear Balbucir, mascullar, barbotar, farfullar, tartamudear.

balcón Miranda. || Balaustrada, veranda.

balneario Baños.

balompié Fútbol.

balón Pelota, esférico, parche.

balsámico Aromático, fragante. ← *Hediondo.*

banana Plátano.

bancarrota Quiebra, desastre, ruina, hundimiento.

banda Lado, costado. || Partida, bandada, cuadrilla, pandilla, facción. || Cinta, paja, tira.

bandera Pabellón, insignia, enseña, estandarte, pendón.

bandidaje Bandolerismo.

bandido Bandolero, malhechor, salteador, atracador, ladrón.

bando Banda, partido, cuadrilla, tropa, grupo, pandilla. || Edicto, mandato.

bandolero Bandido, salteador.

banqueta Taburete, banquillo, escabel, escaño.

banquete Festín, ágape, convite, comilona, tragantona.

bañar Sumergir, mojar, humedecer, untar.

baño Inmersión, sumersión, remojón. || Bañera, pila,

tina, bañadera. || Capa, mano.

baños Balneario.

bar Taberna, cafetería. || Barra.

baraja Naipes.

barajar Mezclar, entremezclar, revolver, confundir. ← *Ordenar*.

baranda Barandilla, balaustrada, antepecho.

baratija Chuchería, chisme.

barato Económico, módico, bajo, rebajado, de ocasión, a buen precio, regalado, tirado. ← *Caro*. || Fácil, asequible.

barba Perilla, barbilla.

barbaridad Crueldad, atrocidad, inhumanidad, enormidad, exceso, disparate, temeridad.

barbarie Salvajismo, incultura, cerrilidad, rusticidad. ← *Civilización*. || Ferocidad, fiereza, crueldad, inhumanidad. ← *Piedad*.

bárbaro Atroz, cruel, inhumano, feroz. ← *Humano*. || Salvaje, inculto, grosero, tosco, cerril. ← *Civilizado*. || Temerario, imprudente, extraordinario.

barbero Peluquero, fígaro.

barbián Gallardo, arriscado, desenvuelto. ← *Tímido*.

barbilampiño Imberbe. ← *Peludo, barbudo*.

barbilindo Galancete, bien parecido.

barbilla Mentón, perilla.

barbudo Barboso, barbado, barbón, barbiespeso, cerrado de barba. ← *Barbilampiño*.

barca Lancha, bote, canoa, chalana, chalupa.

barcaza Lanchón, gabarra barcón.

barco Buque, bajel, nave, nao, navío, vapor.

barítono Grave, llano.

barnizar Embarnizar.

barra Lingote. || Barrote, tranca, palanca. || Banco, bajo. || Eje.

barrabasada Barbaridad, disparate, desatino, despropósito, travesura, gamberrada.

barraca Chabola, choza, tugurio.

barranco Barranca, quebrada, torrentera, cañón, despeñadero, precipicio.

barreño Artesa, jofaina, terrizo.

barrer Escobar, limpiar, desembarazar, apartar, dispersar, expulsar, arrollar.

barrera Valla, cerca, muro, obstáculo, impedimento.

barricada Parapeto, reparo.

barriga Vientre, abdomen, panza, tripa, bandullo.

barril Cuba, tonel, bota, barrica.

barrio Arrabal, suburbio, cuartel, distrito.

barro Cieno, lodo, fango. || Suche.

barroco Recargado, pomposo.

barrote Barra, travesaño, palo, larguero.

bártulos Trastos, cachivaches, enseres, utensilios.

barullo Confusión, desorden, desbarajuste, lío. ← *Orden*.

basamento Base, basa, pedestal.

basar Fundar, apoyar, asentar, fundamentar, cimentar.

base Basamento, basa, fundamento, cimiento, apo-

yo, asiento, pie, pedestal, soporte, sostén, zócalo. || Principio, origen, raíz, ley.

bastante Suficiente, asaz, harto.

bastar Ser suficiente. || Abundar.

bastardilla Cursiva.

bastardo Ilegítimo, natural. ← *Legítimo*. || Vil, infame, bajo, falso. ← *Noble*.

bastidor Armazón, chasis.

basto Tosco, grosero, burdo, ordinario, chanflón, rudo. ← *Fino*.

bastón Vara, garrote, palo, cayado, bordón, báculo.

bastonazo Trancazo, estacazo, garrotazo.

basura Suciedad, inmundicia, porquería, barreduras.

bata Guardapolvo, quimono, batín.

batacazo Porrazo, trastazo, costalada.

batalla Combate, lid, pelea, lucha, contienda, encuentro, acción, escaramuza, choque.

batallador Belicoso, guerrero, luchador. ← *Pacífico*.

batallar Pelear, luchar, reñir, lidiar, contender, disputar, debatir, pugnar, porfiar. ← *Rendirse, ceder*.

batallón Escuadrón.

batelero Barquero, lanchero, remero.

batería Fila, hilera, conjunto, grupo. || Brecha.

batida Reconocimiento, exploración.

batín Bata.

batir Golpear, percutir, derrotar, vencer.

batirse Combatir, luchar, pelear, batallar, lidiar.

baúl Cofre, arca, mundo.

B

bautismo Bautizo, cristianismo.

bautizar Cristianar. || Denominar, llamar, calificar.

bautizo Bautismo.

bayoneta Machete.

bazar Mercado, comercio.

beata Santa, devota.

beatificación Canonización, santificación.

beatificar Venerar, reverenciar.

beatitud Bienaventuranza, gozo, felicidad, bienestar, contento, satisfacción, dicha. ← *Pena, infelicidad.*

beato Feliz, bienaventurado. || Santurrón.

bebé Nene, crío.

beber Sorber, absorber, tragar, refrescar, trincar, echar un trago, abrevarse. || Brindar.

bebida Poción, brebaje.

bebido Alegre, borracho, ebrio, embriagado, beodo. ← *Sereno.*

becerro Torillo, novillo.

bedel Portero, ordenanza.

beduino Árabe, tuareg.

beldad Belleza, hermosura. ← *Fealdad, monstruo.*

belén Nacimiento.

bélico Guerrero, belicoso, marcial.

belicoso Guerrero, bélico, marcial, batallador, agresivo. ← *Pacífico.*

bellaco Perverso, malo, ruin, villano, pícaro, bribón, pillo, tuno, tunante, bergante, astuto, zorro. ← *Bueno, cándido.*

belleza Hermosura beldad, lindeza, guapura, preciosidad. ← *Fealdad.*

bello Hermoso, lindo, bonito, precioso, agraciado, agradable, coqueto, delicado, elegante, encantador, escultural, espléndi-do, exquisito, fino, gentil, gracioso, grato, ideal, maravilloso, mono, primoroso, pulcro, sereno, puro, soberbio, guapo, beldad, galán, majo. ← *Feo.*

bencina Esencia, gasolina, carburante.

bendecir Alabar, ensalzar. ← *Maldecir.* || Consagrar.

bendición Favor, gracia, prosperidad, abundancia. || Invocación. || Consagración, imposición de manos.

bendito Santo, bienaventurado. || Dichoso, feliz. ← *Infeliz.* || Sencillo, corto de alcances. ← *Listo.*

benefactor Bienhechor.

beneficencia Benevolencia, merced, caridad, favor, atención. ← *Desatención.* || Humanidad, misericordia. ← *Inhumanidad.*

beneficiar Favorecer, hacer bien, aprovechar, utilizar, mejorar, bonificar. ← *Perjudicar.*

beneficio Favor, gracia, merced, servicio, bien. ← *Perjuicio.* || Utilidad, provecho, fruto, ganancia, rendimiento. ← *Pérdida.*

beneficioso Útil, provechoso, productivo, fructuoso, lucrativo, benéfico. ← *Perjudicial.*

benéfico Beneficioso, bienhechor. ← *Maléfico.*

benemérito Estimable, honorable, meritorio, digno. ← *Despreciable.*

beneplácito Conformidad, visto bueno, aprobación, consentimiento, asentimiento, permiso, venia, autorización. ← *Disconformidad.*

benevolencia Benignidad, simpatía, clemencia, indulgencia, generosidad, magnanimidad, bondad, liberalidad, buena voluntad. ← *Malevolencia.*

benévolo Benigno, bondadoso, indulgente, clemente, humano, complaciente, afable. ← *Malévolo.*

benignidad Bondad, dulzura, piedad, benevolencia, dulcedumbre, mansedumbre, humanidad. ← *Malignidad.*

benigno Benévolo, bondadoso, compasivo, piadoso, afable humano. ← *Maligno.* || Templado, suave, dulce, apacible. ← *Riguroso.*

benjamín Pequeño, menor.

bermejo Rojizo, rubio.

berrear Gritar, chillar.

berrinche Rabieta, pataleta, enojo, enfado, rabia, furor, cólera.

besar Rozar, tocar.

bestia Animal, bruto, irracional. || Caballería. || Bárbaro, bruto, ignorante.

bestial Animal, brutal, ferocidad, barbaridad, animalada.

biblia Escritura, Sagrada Escritura, Libros Sagrados.

biblioteca Librería. || Colección.

bicicleta Biciclo, velocípedo.

bicho Bicha, animal, sabandija.

bien Utilidad, beneficio, provecho, merced, favor. ← *Mal, perjuicio.* || Muy, mucho, bastantemente. ← *Poco.* || En verdad, seguramente, a maravilla. || Con gusto, de buena ga-

B

na, sí. ‖ Ya, ora. ‖ Con razón, justamente.

bienaventurado Beato, santo. ‖ Feliz, dichoso, incauto, sencillote, simple. ← Malicioso.

bienaventuranza Gloria, vida eterna, cielo, beatitud, felicidad, dicha. ← Malaventuranza.

bienes Fortuna, caudal, hacienda, capital, riqueza.

bienestar Comodidad regalo, satisfacción, abundancia, vida holgada. ← Pobreza.

bienhechor Benefactor, amparador, favorecedor, protector.

bienvenida Bienllegada. ‖ Saludo, salva, buena acogida.

bifurcación Desvío, derivación. ← Unión.

bifurcarse Separarse, dividirse, divergir, desviarse. ← Unirse, confluir.

bigote Mostacho, bozo.

bilis Hiel, cólera, amargura, aspereza, irritabilidad. ← Dulzura.

billete Entrada, localidad, asiento, boleto, suerte. ‖ Carta.

billetero Cartera, monedero.

biombo Mampara.

biografía Vida, semblanza, hechos, carrera.

birria Facha, adefesio, mamarracho.

bis Segunda vez, repetición.

bisexual Hermafrodita.

bisílabo Disílabo.

bisoño Inexperto, nuevo, novel, novato. ← Veterano, ducho.

bisturí Lanceta.

bizco Ojituerto, atravesado, estrábico.

bizcochería Pastelería.

blanco Albo, cándido. ← Negro. ‖ Diana.

blancura Blancor, albura, albor, candor. ← Negrura.

blandir Agitar, mover, arbolar, enarbolar, levantar, balancear. ‖ Amenazar.

blando Tierno, muelle. ← Hecho. ‖ Suave, flojo, fofo, fonje, blandujo, blanduzco, blandengue. ← Duro. ‖ Dulce apacible, benigno, apacible, agradable. ← Duro, áspero. ‖ Cobarde, afeminado, inconsistente, tímido. ← Riguroso, valiente.

blandura Dulzura, benignidad, afabilidad, suavidad, templanza delicadeza, mansedumbre. ← Dureza, severidad, aspereza. ‖ Flojedad, indolencia, abandono, pereza, lentitud, inconsistencia. ← Actividad, diligencia. ‖ Blandicia.

blanquear Blanquecer, emblanquecer, armiñar. ← Ennegrecer. ‖ Enlucir. ‖ Lavar, limpiar, jabonar. ‖ Relucir, destacar.

blasfemar Maldecir, renegar, jurar, pestar, echar pestes.

blasfemia Maldición reniego, juramento, taco.

blasón Heráldica. ‖ Escudo, armas, timbre.

bledo Comino, pito.

blindar Acorazar.

bloquear Sitiar, asediar, cercar, rodear, incomunicar. ← Desbloquear.

blusa Marinera, camisón.

bobada Bobería, necedad, tontería, tontada, majadería, simpleza.

bobina Carrete, canilla.

bobo Alcornoque, asno,

aturdido, bestia, bestión, bestezuela, bobalicón, bobarrón, cándido, estúpido, idiota, ignorante, imbécil, inculto, ingenuo, inocente, lelo, majadero, mameluco, memo, mochuelo, necio, obtuso, palurdo, papanatas, pasmado, pasmarote, pasmón, primo, rústico, simple, simplón, tontaina, tonto, torpe, zopenco, zoquete, bobo de Coria, pedazo de alcornoque. ← Listo, vivo, avispado.

boca Embocadura, abertura, agujero, entrada, salida. ‖ Rostro, pico hocico, jeta.

bocadillo Emparedado, *sandwich.

bocado Mordisco, dentellada, mordedura. ‖ Tentempié, refrigerio.

boceto Esbozo, bosquejo, diseño, croquis, apunte, anotación, nota, borrón, mancha.

bocina Cuerno, trompeta.

bochorno Sonrojo, vergüenza, rubor, sofocón. ‖ Calor. ← Helor.

boda Matrimonio, casamiento, unión, enlace, nupcias, desposorios.

bodega Despensa. ‖ Silo, granero. ‖ Bodegón, taberna.

bodegón Bodega, taberna, tasca. ‖ Naturaleza muerta.

bofetada Bofetón, cachete, sopapo, soplamocos, manotazo, guantada, guantazo, torta, tortazo.

boga Fama, aceptación, favor, reputación, moda, auge, prosperidad. ← Desuso.

bola Bulo, mentira, embus-

B

te, engaño, trola. ← *Verdad.*

boletín Revista, gaceta.

boleto Billete, entrada, localidad, asiento, resguardo, número, *ticket.

bolsa Bolsillo, bolso, talega, sobre, morral, macuto, zurrón.

bomba Proyectil, granada.

bombilla Lámpara.

bombardear Bombear, cañonear, martillear, hostigar.

bombón Chocolatín.

bombona Vasija, garrafa, botella.

bonachón Buenazo, bonazo, bondadoso, sencillo, cándido, confiado, crédulo. ← *Malicioso.*

bonanza Calma, serenidad, tranquilidad. ← *Tempestad.*

bondad Benignidad, benevolencia, humanidad, abnegación, clemencia, mansedumbre, misericordia, piedad, caridad, generosidad, magnanimidad. ← *Maldad, perversidad.*

bondadoso Benigno, benévolo, indulgente, humano, afable, apacible, afectuoso. ← *Malévolo, perverso.*

bonete Gorro.

bonificación Abono, rebaja, descuento, beneficio, mejora. ← *Recargo.*

bonito Lindo, agraciado, gracioso, guapo, hermoso, bello. ← *Feúcho.*

boquerón Anchoa.

boquete Agujero, abertura, brecha, rotura.

bordar Embellecer, adornar, pulir, perfilar. ‖ Labrar, ribetear.

borde Orilla, margen, canto, extremo.

bordear Serpentear, zigzaguear. ‖ Cambiar, virar.

bordón Bastón. ‖ Verso.

boreal Ártico, septentrional. ← *Austral, meridional.*

borra Pelusa, vello. ‖ Lana.

borrachera Borrachez, curda, ebriedad, embriaguez, emborrachamiento, mona, pítima, trompa, turca.

borracho Alcohólico, alcoholizado, alegre, alumbrado, bebido, beodo, borrachín, cuba, ebrio, emborrachado, embriagado. ← *Sereno.*

borrar Tachar, desvanecer, esfumar.

borrasca Tormenta, tempestad, temporal. ← *Bonanza.*

borrascoso Tormentoso, tempestuoso, turbulento, desenfrenado, desordenado. ← *Bonancible, apacible, plácido.*

borrego Cordero.

borricada Animalada, asnada.

borrico Asno, burro, pollino, jumento. ‖ Necio, torpe, ignorante, asno. ← *Lince.*

borrón Mancha, tacha, defecto, imperfección, mancilla, deshonra.

borroso Confuso, nebuloso. ← *Diáfano.*

bosque Floresta, espesura, selva, arboleda, boscaje, parque.

bosquejo Esbozo, boceto, diseño, croquis, apunte, nota, esqueleto.

bota Barrica, barril, tonel, cuba.

botánica Fitología.

botar Saltar, brincar.

bote Barca, lancha, batel.

botella Ampolla, frasco, garrafa, casco.

botica Farmacia.

boticario Farmacéutico, atriaquero.

botijo Cántaro

botín Presa, trofeo, despojos. ‖ Botina, bota.

bóveda Cripta.

bóveda celeste Firmamento, cielo.

boxeador Púgil.

boya Señal.

braga Calzón, calza, pantalón.

bramar Roncar, gritar, tronar, mugir.

bramido Mugido. ‖ Rugido, fragor.

branquias Agallas.

brasero Hogar, fuego. ‖ Incendio.

bravata Fanfarronada, bravuconada, amenaza.

braveza Bravura, fiereza, violencia, ímpetu, furor. ← *Placidez.*

bravío Agreste, silvestre, áspero, fragoso, escabroso, bravo, fiero, salvaje. ← *Cultivado, doméstico, manso.*

bravo Valiente, animoso, esforzado, bizarro, valeroso, bravío. ← *Temeroso, manso.*

bravosidad Gallardía.

bravucón Fanfarrón, valentón, chulo.

brazalete Pulsera.

brazo Miembro, extremidad, articulación. ‖ Protector, valedor. ‖ Clase, estamento.

brebaje Bebida, poción.

brecha Boquete, rotura, abertura.

breve Corto, conciso, sumario. ← *Largo.*

brevedad Cortedad, concisión. ‖ Prontitud, ligereza.

breviario Compendio.

bribón Pícaro, pillo, bellaco, tuno, canalla.

bribonada Picardía, pillada, bellaquería, tunantada, canallada.

brillante Reluciente, radiante, luminoso, lustroso, fulgurante, resplandeciente, refulgente, centelleante. ← *Mate.* ‖ Sobresaliente, espléndido, lucido. ← *Gris.*

brillantez Brillo, fulgor, resplandor, lustre. ← *Matidez.* ‖ Lucimiento.

brillar Relucir, lucir, fulgurar, resplandecer, relumbrar, centellear, chispear. ‖ Sobresalir, descollar, lucir.

brillo Brillantez, lustre, resplandor, centelleo. ‖ Lucimiento, realce, fama, gloria.

brincar Saltar, botar.

brinco Salto, bote, cabriola.

brío Fuerza, valor, espíritu, ánimo, esfuerzo, garbo, gallardía. ← *Decaimiento.*

brisa Airecillo.

británico Britano, inglés.

brizna Algo, un poco.

brocha Pincel.

broche Hebilla, pasador, prendedero.

broma Guasa, chunga, burla, chasco, chiste. ‖ Alboroto, algazara, diversión, bulla, jarana, gresca.

bromear Embromar guasearse, burlarse, divertirse.

bromista Guasón, burlón. ← *Serio, grave.*

bronca Pendencia, riña, trifulca, zipizape, pelotera, alboroto, jarana, gresca. ‖ Regañina, reprimenda, represión. ← *Pláceme.*

brotar Nacer, germinar, manar, salir, surgir.

brote Yema, pimpollo, renuevo, retoño.

brujería Encantamiento, hechizo, magia.

brujo Hechicero, mago.

brújula Aguja de marear, compás.

bruma Niebla, neblina, boira.

brumoso Nebuloso, oscuro, confuso, incomprensible. ← *Diáfano.*

bruno Negro, oscuro, moreno.

bruñir Gratar, pulir, enlucir, lustrar, abrillantar.

brusco Súbito, repentino, imprevisto. ← *Lento.* ‖ Áspero, desapacible, descortés, grosero. ← *Apacible, cortés.*

brutal Bestial, feroz, bárbaro, salvaje. ← *Humano.* ‖ Colosal, fenomenal, enorme, extraordinario, formidable, bestial.

brutalidad Bestialidad, ferocidad, salvajismo, grosería. ← *Humanidad.*

bruto Animal, bestia, necio, torpe, grosero, tosco, rudo, incapaz, vicioso, desenfrenado. ← *Persona.*

bucanero Filibustero, pirata, corsario.

bucear Sumergirse. ← *Emerger.* ‖ Investigar, tantear, explorar.

bucle Rizo, sortija.

bucólico Pastoril, pastoral, campestre.

buche Estómago, papo.

buenamente Voluntariamente, fácilmente.

bueno Virtuoso, benigno, benévolo, humano, clemente, misericordioso, compasivo, caritativo, generoso, magnánimo, bondadoso. ← *Malo.* ‖ Útil, provechoso, conveniente, servible, utilizable. ← *Malo, inoportuno.* ‖ Sano, robusto, curado. ‖ Agradable, divertido, gustoso. ← *Malo, desagradable.*

bufanda Tapaboca, tapabocas.

bufete Escritorio. ‖ Oficina, despacho.

bufón Juglar.

buhardilla Boardilla, bohardilla, desván.

búho Lechuza.

bujía Vela, candela.

bula Privilegio, gracia, beneficio, excepción, concesión, favor.

bulbo Cebolla, cabeza.

bulo Bola, mentira, embuste, engaño, trola, paparrucha, patraña. ← *Verdad.*

bulto Fardo, paca, bala, lío. ‖ Volumen, tamaño.

bulla Gritería, algazara, vocerío, bullicio. ← *Silencio, calma.*

bullicio Bulla, algazara, vocerío, gritería. ← *Silencio.*

bullicioso Ruidoso, estrepitoso. ← *Silencioso.* ‖ Inquieto, desasosegado, alborotador, vivo, juguetón, alegre. ← *Quieto, sosegado.*

bullir Hervir, agitarse, menearse.

buñuelo Disparate, chapucería.

buque Barco, bajel, nave, navío, vapor, embarcación.

burbuja Pompa, ampolla.

burbujear Hervir, gorgotear, espumar.

burdo Basto, grosero, tosco. ← *Refinado.*

B

B

burgo Pueblo, aldea, villorrio.

burgués Ciudadano, habitante. || Pudiente, arreglado, acomodado. ← *Proletario.* || Propietario, dueño, amo, patrón.

burla Brega, broma, bromazo, bronca, bufonada, cachondeo, camelo, camama, chasco, chiste, chunga, engaño, escarnio, guasa, inocentada, mofa, novatada, picardía, ridiculez. ← *Respeto, veneración.*

burlar Chasquear, escarnecer, embaucar, engatusar, engañar, desairar, jugar, torear, zumbar. ← *Ser leal, ser honesto.* || Escapar, eludir, evitar, regatear. ← *Afrontar.* || Frustrar, malograr. ← *Lograr.*

burlarse Mofarse, pitorrearse, reírse, bufonearse, cachondearse, chungarse, dar la castaña, dejar con un palmo de narices, tomar el pelo, pegársela.

burlesco Festivo, cómico, jocoso, bufo. ← *Serio.*

burlón Guasón, zumbón, bromista, socarrón. ← *Grave, serio.*

burrada Necedad, tontería, disparate, desatino, dislate.

burro Asno, borrico, pollino, jumento, rucio. || Necio, tonto, torpe, ignorante, zote. ← *Lince.*

busca Búsqueda, buscada, rebusca, indagación, investigación.

buscar Inquirir, investigar, indagar, averiguar, rebuscar.

búsqueda Busca, rebusca, indagación, perquisición.

butaca Sillón, asiento, localidad, silla.

butifarra Embuchado, embutido, morcilla.

C

cabal Completo, íntegro, entero, exacto, justo, recto, honrado. ← *Parcial, inexacto, torcido.*

cabalgadura Caballería, montura.

cabalgar Montar.

cabalgata Desfile.

caballar Caballuno, hípico, ecuestre.

caballerete Lechuguino, petimetre, presumido.

caballería Cabalgadura, montura, bestia.

caballeriza Cuadra.

caballero Jinete, montado, jockey. ‖ Noble, hidalgo, señor. ← *Villano.*

caballerosidad Nobleza, generosidad, hidalguía, lealtad, dignidad, quijotismo.

caballeroso Noble, leal, generoso, espléndido, digno. ← *Bellaco.*

caballitos Tiovivo.

caballo Corcel, potro, alazán, jaco, jamelgo, penco, caballería.

caballuno Caballar.

cabaña Choza, barraca, chabola.

cabeceo Traqueteo, balanceo, vaivén.

cabecera Cabezal.

cabellera Melena.

cabello Pelo.

caber Coger.

cabeza Testa. ‖ Inteligencia, talento, capacidad, seso, cerebro, juicio. ‖ Jefe, superior, director. ‖ Res. ‖ Persona, individuo.

cabezal Almohada, cabecera, larguero.

cabezazo Testarazo, topetada, morrada.

cabezota Cabezón, cabezudo, testarudo, terco, obstinado, tozudo. ← *Condescendiente, flexible.*

cabida Capacidad, espacio, extensión.

cabina Barquilla.

cabizbajo Cabizcaído, abatido, triste, aturdido.

cable Maroma, cuerda, cabo.

cabo Punta, extremo, extremidad, fin, remate. ‖ Lengua de tierra. ‖ Cuerda.

cabrío Cabruno.

cabriola Pirueta, brinco, salto, voltereta.

cabruno Cabrío.

cacao Chocolate.

cacarear Cloquear. ‖ Exagerar, ponderar.

cacerola Olla, pote, puchero.

cacique Amo, dueño, señor. ‖ Déspota, tirano.

caco Ladrón, ratero.

cacofonía Discordancia.

cacharro Cachivache, bártulo, trasto, utensilio, vasija.

cachaza Calma, flema, lentitud, pachorra, apatía. ← *Ímpetu, vehemencia.*

cachazudo Calmoso, lento, flemático, tardo, apático. ← *Impetuoso, vehemente.*

cachear Registrar.

cachete Bofetada, bofetón, tortazo. ‖ Carrillo.

cachimba Cachimbo, pipa.

cachiporra Porra.

cachivaches Trastos, bártulos, enseres.

cacho Pedazo, trozo, porción, fragmento, partícula.

cachorro Cría, hijuelo.

cada Todo.

cadalso Patíbulo, suplicio, horca, tablado.

cadáver Difunto, muerto, restos.

cadena Esclavitud, sujeción. ‖ Serie, sucesión, continuación, sarta.

cadera Anca.

caducar Extinguirse, anularse, envejecer, chochear, arruinarse. ← *Entrar en vigor, lozanear.*

caducidad Expiración, término, cesación. ← *Validez.*

caduco Decrépito, viejo, perecedero, pasajero, efí-

C

mero, fugaz. ← *Lozano, perenne.*

caduquez Decrepitud, vejez, ancianidad, decadencia. ← *Lozanía.*

caer Desplomarse, derrumbarse, bajar, descender, declinar, decaer. ← *Levantarse.* || Abatirse, sucumbir, perecer, morir. || Desprenderse. ← *Brotar.*

cafre Cruel, bárbaro, bruto.

caída Desplome, derrumbe, bajada, descenso, declive, decadencia. ← *Ascensión, subida.* || Falta, lapso.

caído Desfallecido, débil, flojo, decaído, abatido, vencido, rendido, muerto.

caja Arca, cofre, cajón, ataúd.

cajero Pagador, tesorero.

cajón Caja.

calabecear Suspender, catear.

calabaza Suspenso, cate.

calabozo Celda, mazmorra.

calamar Chipirón.

calambre Rampa, garrampa, contractura.

calamidad Desastre, azote, plaga, desgracia, infortunio. ← *Fortuna, ventura.*

calamitoso Funesto, perjudicial, desastroso, desgraciado, infortunado. ← *Venturoso.*

cálamo Caña.

calandria Alandro.

calaña Ralea, índole, calidad, categoría.

calar Perforar, atravesar, penetrar, conocer, descubrir, comprender, adivinar. || Mojar, empapar. ← *Secar.*

calavera Perdido, vicioso, mujeriego.

calcar Copiar, reproducir. || Imitar, plagiar, fusilar.

calceta Media.

calco Copia, reproducción, imitación.

calcular Contar, computar. || Conjeturar, suponer, creer, deducir.

cálculo Cuenta, cómputo. || Conjetura, suposición.

caldas Termas.

caldear Calentar.

caldera Caldero.

calderilla Perras, suelto.

caldo Calducho, salsa, cocido.

calendario Almanaque.

calentador Braserillo, escalfador.

calentar Caldear. || Azotar, golpear.

calentarse Acalorarse, irritarse, enfadarse. ← *Enfriarse, aplacarse.*

calentura Fiebre, décimas, temperatura. ← *Hipotermia.*

calenturiento Febril, febricitante, caliente. ← *Frío.*

calibre Diámetro, anchura. || Dimensión, tamaño, formato, talla.

calidad Clase, categoría, índole.

calidez Calor, ardor.

cálido Caliente, caluroso, caldeado.

caliente Candente, ardiente, rojo, ígneo. ← *Frío* || Cálido.

calificación Título, apelativo, nota, epíteto.

calificado Autorizado, competente, capaz, entendido. ← *Descalificado.*

calificar Cualificar, tener por, conceptuar, llamar, bautizar, considerar, adjetivar.

calificativo Epíteto, adjetivo, nombre, título.

cáliz Copa, vaso.

calma Tranquilidad, sosiego, paz, reposo, serenidad, placidez. ← *Agitación.* || Lentitud, flema, apatía, cachaza. ← *Ímpetu, marejada.*

calmante Sedante, tranquilizante, narcótico. ← *Excitante, estimulante.*

calmar Sosegar, tranquilizar, apaciguar, serenar, pacificar, adormecer, acallar, dulcificar, mitigar, suavizar. ← *Excitar.* || Abonanzar, mejorar, amainar, serenarse. ← *Arreciar.*

calmoso Cachazudo, flemático, lento, apático, indolente.

calor Ardor, actividad, viveza, entusiasmo, energía. ← *Frialdad.*

calumnia Impostura, falso testimonio, acusación falsa, difamación, murmuración, chisme. ← *Encomio.*

calumniar Infamar, difamar, desacreditar, murmurar, chismear. ← *Encomiar.*

caluroso Caloroso, caliente, cálido, ardiente, vivo. ← *Frío.*

calvario Cruz, martirio, tormento, penalidades, amarguras.

calvicie Pelona, peladera.

calvo Mocho, pelado.

calza Media.

calzada Camino.

calzado Zapatos, alpargatas, botas.

calzar Asegurar. ← *Descalzar.*

calzas Calzones, pantalones, bragas.

calzonazos Bragazas.

callado Silencioso, reservado, discreto, taciturno. ← *Hablador, locuaz.*

callar Enmudecer, silenciar, reservar, omitir. ← *Hablar.*

calle Vía.

callejear Vagabundear, pasear, vagar.

callejón sin salida Dificultad.

callista Pedicuro.

callo Callosidad, dureza.

cama Lecho, tálamo, litera, catre, camastro.

cámara Sala, salón, aposento, habitación.

camarada Compañero, compadre.

camarera Criada, doncella, muchacha, moza, azafata.

camarero Mozo, criado, servidor, ayuda de cámara.

camarín Tocador, vestuario.

camastro Lecho.

cambiar Mudar, variar, alterar, transformar, metamorfosear, transmutar, convertir, transfigurar, modificar. ← *Permanecer, subsistir, mantenerse.* || Canjear.

cambio Variación, muda, alteración, transformación, metamorfosis, transmutación, conversión, transfiguración, modificación, mutación, mudanza, traslado. ← *Invariación.*

camelar Seducir, engatusar. || Galantear, conquistar, enamorar.

camilla Andas.

camillero Sanitario.

caminante Viandante, viajero, excursionista.

caminar Andar, marchar. ← *Pararse.*

caminata Jornada, andada, excursión, viaje, paseo.

camino Vía, carrera, senda, sendero, vereda, atajo, carretera, cañada, pista, ruta, calzada. || Medio, manera, modo, procedimiento. || Viaje.

camioneta · Furgoneta.

camisa Camisola, blusa.

camorra Riña, pelea, disputa.

camorrista Pendenciero, reñidor.

campamento Campo, acantonamiento, vivaque, vivac.

campana Campanilla, esquila, cencerro.

campanario Campanil.

campanada Campanazo. || Novedad, noticia.

campaneo Tañido, repique.

campanilla Címbalo, esquila, cencerro.

campante Ufano, satisfecho, contento, alegre. ← *Desalentado.*

campanudo Retumbante, altisonante, rimbombante, hinchado. ← *Llano, natural.*

campaña Campo. || Acción, gestión, plan, ejercicio.

campear Pacer, verdear.

campechano Franco, llano, sencillo, afable, alegre, jovial. ← *Engreído, afectado, taciturno.*

campeón Vencedor. || Defensor, paladín.

campeonato Certamen, contienda, lucha.

campesino Agricultor, labrador, aldeano, lugareño, rústico, paleto. || Campestre, agreste, rural, rústico. ← *Urbano, ciudadano.*

campestre Campesino, agreste, silvestre.

campiña Campo, campaña.

campo Campiña, sembrados, cultivos, campaña, cancha. || Campamento. || Terreno, esfera, ámbito. || Estadio.

campo de aviación Aeropuerto, aeródromo.

camposanto Cementerio, necrópolis.

can Perro, chucho.

canal Caño, canalón, reguera, canalizo, acequia, conducto. || Estrecho. || Estría.

canaladura Moldura, ranura.

canalizar Desaguar, avenar.

canalón Canal, caño, tubería, canaleta.

canalla Bandido, pillo, pícaro, bribón, bellaco, miserable, sinvergüenza. || Gentuza chusma, populacho. ← *Flor y nata.*

canapé Diván, sofá.

canasta Cesto.

canastilla Ajuar, equipo.

cancel Antepuerta. || Biombo, mampara, persiana.

cancela Verja.

cancelar Anular, abolir, suprimir, extinguir, liquidar, borrar.

cáncer Tumor maligno, epitelioma.

canción Aire, tonada, tonadilla, aria, romanza.

cancha Frontón, patio, campo.

canchal Pedregal.

candela Vela, bujía.

candelabro Candelero, lámpara, araña.

candelero Candelabro, candil.

candente Incandescente, ígneo. || Apasionante, actualísimo. ← *Frío.*

candidato Aspirante, solicitante, pretendiente.

candidez Candor, ingenuidad, simplicidad, inocencia, sencillez. ← *Malicia.*

C **cándido** Candoroso, ingenuo, simple, inocente, incauto, sencillo. ← *Malicioso.* || Blanco. ← *Negro.*

candil Lámpara, candelero.

candileja Luz, foco.

candor Candidez, ingenuidad, inocencia, sencillez, simplicidad. ← *Malicia.* || Blancor, blancura. ← *Negrura.*

candoroso Cándido, ingenuo, inocente, sencillo, simple. ← *Malicioso.*

canela Finura, exquisitez, delicadeza, primorosidad. ← *Rusticidad, ordinariez.*

canguelo Medrana, miedo. ← *Valentía, agallas.*

caníbal Antropófago. || Cruel, sanguinario, feroz, salvaje. ← *Clemente, civilizado.*

canijo Enclenque, flaco, enteco, débil, enfermizo. ← *Robusto.*

canino Perruno. || Colmillo, columelar.

canje Cambio, trueque.

canjear Cambiar, trocar, permutar.

cano Blanco, blanquecino. || Encanecido, viejo, anciano.

canoa Bote, embarcación, falúa.

canon Regla, precepto, norma. || Censo, tarifa.

canonizar Beatificar, santificar.

canoso Entrecano.

cansado Agotado, extenuado, fatigado, exánime. ← *Enérgico, activo.* || Molesto, fastidioso, chinchoso. ← *Agradable.*

cansancio Fatiga, lasitud, agotamiento, extenuación, hastío, fastidio, aburrimiento, tedio. ← *Vi-*

gor, interés, entusiasmo.

cansar Fatigar, agotar, extenuar, hastiar, fastidiar, aburrir, hartar, molestar, incomodar importunar. ← *Descansar, vigorizar, interesar, divertir, entusiasmar.*

cansino Lento, cansado, perezoso. ← *Ágil, vivor.*

cantante Cantor.

cantar Copla, canción.

cántaro Botijo.

cantera Pedrera.

cantero Picapedrero, pedrero.

cantidad Cuantidad, cuantía.

cantilena Cantinela, cantar, copla.

cantina Bar, fonda, taberna.

cantinela Cantilena.

cantizal Canchal, pedregal.

canto Orilla, borde, margen, esquina. || Piedra, guijarro.

cantón Región, país.

cantor Cantante.

canturrear Tararear.

caña Tallo, palo. || Fuste. || Aguardiente.

cañada Barranco.

cañaveral Cañal, cañizal, cañedo.

cañita Cánula.

cañizal Cañaveral.

caño Tubo.

cañón Pieza, obús, boca de fuego. || Tubo.

cañón Desfiladero, garganta. || Camino.

cañonazo Tiro, descarga, chupinazo, estruendo.

cañonear Martillear, batir.

cañutero Canutero, alfiletero.

caos Confusión, desorden.

capa Baño, mano. || Máscara, velo, cubierta. || Capote.

capacidad Cabida. || Aptitud, talento, inteligencia, condiciones, competencia. ← *Incapacidad.*

capacitar Habilitar, hacer apto. ← *Incapacitar.*

capar Castrar, esterilizar, mutilar.

caparazón Concha, cubierta, corteza, defensa. || Armazón, esqueleto, osamenta.

capataz Caporal, mayoral, encargado.

capaz Suficiente, grande, espacioso, extenso, vasto. || Apto, suficiente, inteligente, hábil, competente. ← *Incapaz.*

capcioso Artificioso. ← *Franco.*

capellán Clérigo, cura, páter, sacerdote.

caperuza Capucha, capuz.

capilla Iglesia, oratorio.

capilla ardiente Cámara mortuoria.

capirote Caperuza, cucurucho. || Capota, cubierta.

capital Hacienda, bienes caudal, dinero, fortuna. || Esencial, principal, fundamental, primordial básico. ← *Mínimo, insignificante.*

capitán Oficial, caudillo.

capitanear Conducir, acaudillar, dirigir, mandar, guiar, comandar.

capitulación Pacto, ajuste, convenio, rendición, entrega.

capitular Pactar, concertar, ajustar, convenir, ceder, transigir, rendirse, entregarse.

capítulo División, apartado, subdivisión.

capón Castrado.

caporal Cabo. || Encargado.

capota Cubierta.

capote Capa, gabán, abrigo.

capricho Antojo, veleidad, gusto, deseo, fantasía, humorada.

caprichoso Antojadizo, variable, voluble, tornadizo, fantasioso. ← *Consecuentemente, constante, lógico.*

cápsula Envoltura, envoltorio, cartucho.

captar Atraer, conquistar, lograr, conseguir. ← *Rechazar.*

captarse Atraerse, conseguir, lograr, alcanzar. ← *Perder.*

captura Presa, caza.

capturar Prender, apresar, aprisionar, cautivar, cazar, detener, arrestar, aprehender. ← *Libertar, soltar.*

capucha Caperuza, capuz.

capuchón Capa, dominó.

cara Rostro, faz, fisonomía, semblante, catadura. || Anverso, recto. ← *Cruz, dorso.*

carabina Fusil. || Acompañante, institutriz.

caracol Rizo, espiral. || Caracola, concha.

carácter Genio, índole, natural, temple, condición, personalidad. || Energía, firmeza, entereza, voluntad, severidad, rigidez.

característica Particularidad, peculiaridad, singularidad, propiedad, distinción.

característico Peculiar, propio, típico, particular distintivo, singular. ← *Genérico.*

caracterizar Definir, distinguir, calificar, identificar.

caradura Descarado. ← *Vergonzoso.*

carambola Chiripa, suerte, casualidad. || Enredo, embuste, trampa.

carantoña Halago, caricia, zalamería, mimo, coba, lagotería.

carantoñas Gatería, lisonjas, coba, agasajos, fiestas.

carátula Carantoña careta, máscara, mascarilla.

caravana Romería, tropel, multitud. || Remolque.

carbón Hulla, antracita, coque.

carbonífero Carbonoso.

carbonilla Cisco, orujo.

carburante Gasolina, bencina, gasoil, fuel.

carcaj Aljaba.

carcajada Risotada.

carcamal Vejestorio, carraca.

cárcel Prisión, mazmorra, penal, correccional, penitenciaría.

carcelero Guardián, guarda, portero, alcaide, grillero.

carcoma Coso.

carcomer Roer, consumir.

carda Cardencha, carduzar.

cardenal Purpurado.

cárdeno Violáceo amoratado, lívido.

cardinal Principal fundamental, esencial, capital. ← *Accesorio.*

cardizal Cardal.

carear Enfrentar, encarar. || Confrontar, comparar.

carecer Estar desprovisto, estar falto. ← *Tener, poseer.*

carencia Falta, privación, ausencia, defecto. ← *Posesión, abundancia, presencia.*

carente Falto, desprovisto. ← *Provisto.*

carestía Escasez, penuria, falta. ← *Abundancia.*

careta Máscara, antifaz.

carga Peso. || Impuesto, tributo, contribución. || Obligación, cuidado, penalidad, cruz. || Acometida, arremetida, embestida, ataque. ← *Retroceso, retirada.*

cargamento Carretada, carga, fardaje, flete.

cargante Pesado, fastidioso, latoso, molesto, impertinente, irritante, enojoso. ← *Ameno, divertido.*

cargar Apoyar. ← *Descargar.* || Apechugar, ← *Descargarse.* || Acometer, arremeter, atacar, embestir. ← *Retroceder, retirarse.* || Fastidiar, molestar, importunar, irritar, enojar. ← *Divertir.* || Colgar, achacar, atribuir.

cargo Dignidad, empleo, destino, puesto, plaza. || Cuidado, dirección, custodia, obligación, cuenta. || Acusación, imputación, falta. ← *Descargo.*

cariarse Corroerse.

caricato Payaso, bufo, caricatura.

caricatura Parodia, ridiculización, exageración.

caricia Cariño, mimo, fiesta, halago, zalamería, carantoña.

caridad Amor, misericordia, piedad, compasión, altruismo ← *Envidia, odio.*

caries Picadura.

carilla Página, hoja, plana.

cariño Afecto, ternura, amor, afición, apego, inclinación, simpatía. ← *Malquerencia, aversión.* || Caricia, mimo, fiesta, halago.

C

cariñoso Tierno, amoroso, mimoso, benévolo, afectuoso. ← *Desabrido*.

caritativo Compasivo, misericordioso, generoso. ← *Despiadado, egoísta*.

cariz Aspecto, perspectiva.

carmesí Escarlata, rojo, grana.

carmín Grana.

carnada Cebo.

carnadura Robustez, musculatura.

carnal Sensual, lujurioso. ← *Espiritual*.

carnavalada Mascarada. || Burla.

carne Chicha.

carnero Morueco.

carnet Libreta, cuaderno.

carnicería Destrozo, mortandad, matanza, degollina.

carnicero Carnívoro. || Cruel, sanguinario.

carnívoro Carnicero.

carnosidad Carnecilla, verruga.

caro Querido, amado. ← *Aborrecido*. || Costoso, dispendioso. ← *Barato*.

carpanta Hambre canina, gazuza. ← *Desgana*.

carpeta Cubierta, forro. || Cartapacio, vade, cartera.

carraca Vejestorio, carcamal.

carraspear Toser, esgarrar.

carraspera Tos, carraspeo. || Ronquera, afonía.

carrera Estudios, profesión, prosperidad, fortuna. || Curso, recorrido, trayecto, camino.

carreta Carro.

carretada Carretonada, carga, cargamento, viaje.

carrete Bobina, canilla.

carretear Acarrear, transportar, conducir, cargar.

carretero Carrero.

carretilla Carretón.

carricoche Carromato, coche, carro.

carril Rodera, carrilera. || Surco, huella. || Raíl, riel, corredera.

carrillo Moflete, cachete, mejilla.

carrilludo Cachetudo, mejilludo.

carro Carruaje, carreta, carromato. || Osa Mayor.

carromato Carro, carricoche, armatoste, carraca.

carroña Podredumbre, cadáver.

carruaje Coche, vehículo.

carta Misiva, epístola, esquela, escrito, pliego. || Naipe.

cartabón Escuadra.

cataginés Cartaginense, púnico.

cartapacio Carpeta, cuaderno.

cartearse Escribirse, corresponderse.

cartel Anuncio, publicación.

carteo Correspondencia.

cartera Billetero, tarjetero, vade.

carterista Ladrón.

cartílago Ternilla.

cartilla Abecedario, silabario. || Libreta, cuaderno.

cartuchera Canana.

cartucho Carga. || Tubo, envoltorio, cucurucho.

casa Domicilio, morada, mansión, vivienda, habitación, hogar, lares. || Familia, estirpe, linaje.

casaca Capote, pelliza.

casadero Núbil.

casamiento Matrimonio, unión, enlace, desposorios, bodas, nupcias, casorio.

casar Unir, juntar, encajar, ajustar. ← *Desunir, desencajar*.

casarse Matrimoniarse.

casca Corteza, cáscara.

cascabel Campanilla, cencerro.

cascabelero Sonajero.

cascada Salto de agua, catarata.

cascado Decrépito achacoso, gastado, quebradizo. ← *Lozano*.

cascajo Cascote.

cascanueces Cascapiñones.

cascar Rajar, abrir, agrietar, romper. || Pegar, zurrar, golpear.

cáscara Casca, corteza, monda, piel, cascarón.

cascarrabias Paparrabias, pulguillas. ← *Manso, tranquilo*.

casco Cabeza, cráneo. || Yelmo. || Botella. || Pezuña.

cascote Casco, fragmento, canto, esquirla. || Escombro. || Metralla.

casería Alquería, villoría, caserío, granja.

caserna Fortificación, cuartel.

casero Doméstico, familiar. || Propietario, dueño, arrendador.

casi Cerca de, poco menos de, poco más o menos, con poca diferencia, con corta diferencia, aproximadamente.

casilla División, compartimiento.

casino Círculo, club, centro, sociedad.

caso Suceso, acontecimiento, ocurrencia, ocasión, circunstancia, incidente, peripecia.

casorio Casamiento.

casquero Trapero.

casquete Bonete, gorra.

casta Generación, raza, clase, linaje.

castañetazo Castañetada. ||

Chisquido, crujido, estallido.

castañear Tiritar.

castaño *Marrón.

castellano Señor, alcaide.

castidad Honestidad, pureza, virginidad. ← Lujuria.

castigar Penar, sancionar. ← Premiar, perdonar. || Mortificar, afligir, molestar. ← Aliviar.

castigo Pena, sanción, corrección, correctivo, condena. ← Premio, perdón.

castillo Alcázar, alcazaba, ciudadela, fuerte, fortaleza. || Celdilla.

castizo Puro, correcto. ← Impuro, bárbaro.

casto Honesto, puro, púdico, pudoroso. ← Lujurioso.

castrar Capar.

castrense Militar.

casual Fortuito, eventual, inopinado. ← Seguro, habitual, lógico.

casualidad Acaso, azar, eventualidad, fortuna, suerte, chiripa, chamba. ← Certidumbre, lógica.

cataclismo Catástrofe, desastre.

catacumbas Subterráneo.

catador Saboreador, degustador, catavinos.

catadura Pinta, facha, traza, semblante, aspecto.

catálogo Repertorio, lista, registro, inventario, índice, cuadro.

cataplasma Emplasto, emoliente.

catar Gustar, probar.

catarata Cascada, salto de agua.

catarro Resfriado.

catástrofe Cataclismo, desastre.

cátedra Asiento, púlpito,

aula. || Materia, asignatura.

catedrático Profesor.

categoría Condición, clase, jerarquía.

categórico Absoluto, terminante, decisivo, rotundo, preciso. ← Dubitativo, vago.

catequizar Iniciar, instruir. || Persuadir, convencer, convertir.

cateto Palurdo, paleto, ignorante, rústico. ← Listo, despejado.

católico Universal, ecuménico.

cauce Lecho, madre.

caucho Goma.

caudal Dinero, capital, bienes, fortuna. || Cantidad, copia, abundancia.

caudillaje Jefatura, caciquismo, tiranía.

caudillo Jefe.

causa Motivo, origen, razón, principio, fundamento, fuente, móvil. ← Efecto. || Proceso, pleito.

causa (a) Con motivo, por, por razón, a consecuencia.

causar Producir, originar, ocasionar, provocar, determinar, motivar. ← Evitar.

cautela Precaución, reserva, circunspección, desconfianza, astucia. ← Ligereza, descuido, confianza.

cautivar Apresar, aprisionar, capturar, prender. Libertar. || Seducir, fascinar, captar, atraer. ← Repeler.

cautiverio Cautividad, esclavitud, prisión. ← Libertad.

cautivo Preso, prisionero, esclavo, sujeto. ← Libre.

cauto Circunspecto, preca-

vido, previsor, prudente, cauteloso, astuto. ← Incauto.

cava Foso, cueva. || Bodega, taberna.

cavar Excavar. || Ahondar, penetrar, profundizar.

caverna Antro, gruta, cueva.

cavernícola Troglodita. || Retrógrado, reaccionario.

cavidad Hueco, hoyo, concavidad, seno.

cavilar Rumiar, preocuparse, reflexionar, meditar, pensar.

caviloso Pensativo, preocupado, meditabundo. ← Despreocupado.

cayado Báculo.

caza Montería, cinegética. || Cacería, batida, ojeo, acecho.

cazador Montero.

cazadora Pelliza, chaquetilla.

cazalla Aguardiente.

cazar Atrapar, pillar, obtener, pescar, sorprender.

cazo Cucharón. || Perol, puchero.

cazoleta Depósito, hoyo.

cazuela Cacerola, tartera, tortera, paella.

cazurro Taciturno, callado, reservado. ← Charlatán.

cebar Sobrealimentar, engordar, alimentar.

cebo Carnada, carnaza. || Cebadura. || Cápsula, explotador, detonador. || aliciente, atractivo, tentación.

cebrado Rayado.

cecina Salazón.

ceder Dar, transferir, traspasar. ← Apropiarse. || Someterse, doblegarse, transigir, replegarse, cejar, aflojar, flaquear, retirarse. ← Resistir.

C

cédula Documento.

céfiro Brisa, airecillo. || Poniente, viento, oeste. ← *Euro.*

cegar Ofuscar, alucinar, deslumbrar.

ceguedad Ceguera, ofuscamiento, alucinación. ← *Clarividencia.*

cejar Ceder, flaquear, aflojar, recular, retroceder. ← *Resistir, avanzar.*

celada Emboscada, trampa. || Yelmo, casco.

celdilla Alvéolo, casilla.

celda Aposento, alcoba. || Calabozo. || Célula.

celebrar Alabar, aplaudir, elogiar, ensalzar, encarecer. ← *Denigrar, infamar.* || Festejar, solemnizar, conmemorar.

célebre Famoso, ilustre, renombrado, reputado, insigne, distinguido, memorable, glorioso. ← *Ignoto, oscuro.*

celebridad Fama, renombre, reputación, notoriedad, nombre. ← *Oscuridad.*

celeridad Rapidez, velocidad, prontitud, presteza, actividad, diligencia. ← *Lentitud.*

celestial Celeste, paradisíaco, divino, delicioso, perfecto, encantador. ← *Infernal.*

celestina Encubridora.

celo Cuidado, diligencia, esmero, interés, actividad, asiduidad, fervor, entusiasmo, devoción. ← *Descuido, negligencia, displicencia.*

celos Envidia, rivalidad, recelo, sospecha. ← *Satisfacción, confianza.*

celosía Enrejado, rejilla, persiana.

célula Celda, cavidad, seno, celdilla.

cementerio Camposanto, necrópolis.

cemento Argamasa.

cenacho Capazo, capacho, cesto.

cenador Glorieta.

cenegal Ciénaga, barrizal, fangal, atolladero, atascadero.

cencerro Esquila.

cenefa Ribete, fleco.

cenizas Escombros, residuos, restos, ruina.

cenobio Monasterio, convento, abadía.

cenobita Monje.

censo Tributo. || Empadronamiento.

censor Corrector, magistrado, examinador. || Criticón, censurador, murmurador.

censura Crítica, juicio, examen. || Corrección, reprobación, desaprobación. ← *Aprobación.* || Murmuración, crítica. ← *Alabanza.*

censurable Incalificable. ← *Elogiable.*

censurador Censor, murmurador, maldiciente. ← *Lisonjero.*

censurar Juzgar, criticar, dictaminar. || Corregir, tachar, borrar, suprimir. || Reprobar, condenar, desaprobar. ← *Aprobar.* || Murmurar. ← *Lisonjear.*

centella Rayo, chispa.

centelleante Vivo, brillante, resplandeciente, llameante, fulgurante, chispeante, delumbrante, deslumbrador, radioso, luminoso, espléndido. ← *Apagado.*

centellear Chispear, deste-

centelleo Chispeo, chisporroteo, brillo, fulgor, resplandor.

centena Centenar, ciento.

centenario Secular, centenar.

centinela Guardia, escucha.

centralismo Unitarismo, imperialismo. ← *Federalismo.*

centralizar Centrar, reunir, agrupar, concentrar. ← *Descentralizar, liberar, liberalizar.*

céntrico Central. ← *Periférico.* || Concurrido, frecuentado.

centro Núcleo, foco, corazón, ombligo. ← *Periferia.*

centuria Siglo.

ceñidor Cinturón, cinto.

ceñir Apretar, estrechar, oprimir, ajustar, rodear, cercar. ← *Desceñir.*

ceñirse Circunscribirse, amoldarse, ajustarse, limitarse, reducirse. ← *Exceder, extenderse, divagar.*

ceño Sobrecejo, gesto. || Cariz, aspecto.

ceñudo Cejijunto.

cepillo Limpiadera, escobilla.

cepo Celada, trampa, lazo, emboscada, acechanza, anzuelo.

ceporro Torpe, rudo.

cerámica Alfarería, tejería.

cerbatana Cañuto.

cerca Cercano, próximo, vecino, adyacente, contiguo, al lado.

cercado Recinto, coto. || Cerca, valla, muro, tapia, seto, vallado, estacada, palizada empalizada.

cercanía Proximidad, confinidad vecindad acceso. ← *Lejanía.*

cercanías Contornos, alrededores, inmediaciones, arrabales, proximidades, extrarradio.

cercano Próximo, inmediato, contiguo, limítrofe. ← *Lejano.*

cercar Rodear, circundar, ceñir, vallar, tapiar, murar. || Asediar, sitiar, bloquear.

cerciorar Asegurar, certificar, afirmar, confirmar. ← *Desmentir.*

cerco Sitio, asedio. || Aro, marco.

cerda Pelo, hebra, seda.

cerdo Puerco, gorrino, guarro, cochino, marrano.

cerdoso Cerdudo, velloso, áspero.

cerebro Seso. || Cabeza, inteligencia, talento, capacidad, juicio.

ceremonia Rito, pompa, aparato, solemnidad, cumplidos, cumplimiento.

ceremonial Formalidades, ritos, usos.

cerilla Cerillo, fósforo, mixto, velilla.

cerrado Hermético, oculto, oscuro. ← *Claro, patente.* || Nublado, cubierto, encapotado, nuboso. ← *Descubierto.* || Torpe, obtuso, negado. ← *Despierto.*

cerradura Cerraja, candado.

cerrar Tapar, cubrir, cegar. ← *Abrir.* || Cicatrizar, curar. || Clausurar. ← *Abrir, inaugurar.*

cerril Montaraz, bravío, indómito, arisco, huraño, rústico, grosero, tosco. ← *Civilizado, fino.*

cerro Alcor, collado, colina, montículo.

cerrojo Pestillo, candado, pasador, aldaba.

certamen Concurso.

certero Cierto, acertado, seguro. ← *Dudoso.* || Sabedor, bien dirigido, bien informado.

certeza Certidumbre, seguridad, evidencia, convicción, convencimiento. ← *Duda, incertidumbre.*

certificar Asegurar, aseverar, cerciorar, afirmar, confirmar, afianzar, responder, garantizar. ← *Desmentir.*

cerviz Cogote, nuca, pescuezo.

cesar Acabar, terminar, suspenderse, interrumpir, cejar. ← *Proseguir, continuar.*

cese Cesamiento, interrupción, discontinuación, paro. ← *Prosecución.* || Reposo, pausa, huelga.

cesión Renuncia, entrega, donación, traspaso, abandono. ← *Apropiación, usurpación.*

césped Hierba. || Prado, parterre.

cesta Cesto, panera.

cesto Canasta.

cesura Corte, pausa, reposo.

cetro Corona, diadema. || Reino, reinado, imperio, mando.

cicatriz Costurón.

cicatrizar Curar, cerrar.

cicerone Guía, intérprete.

ciclo Período, época. || Serie, conjunto.

ciclón Huracán.

ciego Invidente, obcecado, ofuscado, obnubilado, alucinado. ← *Vidente, clarividente.*

cielo Paraíso, gloria, bienaventuranza. ← *Infier-* no. || Atmósfera, firmamento.

ciempiés Escolopendra. || Disparate, desatino, barbaridad, galimatías.

ciénaga Cenagal, lodazal, fangal, atolladero, atascadero.

ciencia Conocimiento, saber, sapiencia, sabiduría, erudición, doctrina. ← *Ignorancia.*

cieno Lodo, fango, barro.

ciento Cien, centena, centenar.

cierre Clausura, oclusión. ← *Abertura, abrimiento.*

cierto Seguro, evidente, indudable, indiscutible, irrefutable, innegable, incontestable, inequívoco, real, manifiesto, claro, palpable, tangible, visible, limpio, histórico, admitido, demostrado, notorio, auténtico, claro, efectivo. ← *Incierto, dudoso.* || Alguien, alguno.

ciervo Venado.

cifra Número. || Clave.

cigarra Parlanchín, hablador, cotorra. ← *Silencioso.*

cigarrera Petaca, pitillera.

cigarrería Expendeduría.

cigarrillo Pitillo.

cigarro Puro.

cilindro Rodillo, tambor, rulo, rollo, eje.

cima Cumbre, culmen, cúspide, vértice. ← *Fondo.*

cimentar Recalzar. || Fundamentar, fundar, instituir, asentar, establecer, afirmar.

cimiento Fundamento, raíz, origen, principio. ← *Coronamiento, remate, fin.*

cincelar Grabar, labrar, esculpir, tallar.

cinematógrafo Cine, cine-

C

ma, pantalla, séptimo arte.

cínico Impúdico, desvergonzado, descarado. ← *Púdico, respetuoso.*

cinismo Impudicia, impudencia, impudor, desvergüenza, desfachatez, descaro. ← *Pudor, decencia, vergüenza, recato, respeto.*

cinta Banda, tira. || Película, film.

cinto Ceñido. || Cintura. || Cinturón.

cintura Cinto, talle.

cinturón Cinto, ceñidor, faja, correa.

circo Anfiteatro, pista, arena. || Gradería.

circuito Recinto. || Contorno.

circulación Tráfico, tránsito.

circular Circunferencial. || Redondo, curvo, curvado. || Orden, notificación, aviso. || Carta, noticia, boleto. || Transitar pasar, andar. deambular, recorrer. || Correr, divulgarse, propagarse, expandirse.

círculo Redondel. || Club, casino, centro, sociedad.

circuncidar Mutilar, cortar, retajar.

circundar Cercar, rodear, circuir, circunvalar.

circunferencia Círculo, ruedo, circuito.

circunscribir Limitar, restringir, ceñir, concretar, amoldar, ajustar. ← *Extender, ampliar.*

circunscripción Distrito, demarcación.

circunspección Precaución, reserva, cautela, prudencia. discreción, cordura, moderación, mesura, compostura, gravedad, serie-

dad, decoro. ← *Imprudencia, indiscreción, descomedimiento.*

circunspecto Cauto, prudente, discreto, reservado, cuerdo, mesurado, comedido, compuesto, grave, serio. ← *Imprudente, indiscreto, ligero.*

circunstancia Accidente, caso, acontecimiento, particularidad, pormenor, requisito.

circunvalar Cercar, circuir, circundir, rodear.

cirio Candela, vela, bujía.

cirujano Operador.

cisma Escisión, separación, rompimiento, discordia, desavenencia. ← *Unión.*

cita Mención, nota, referencia, alusión.

citación Notificación, requerimiento, mandato.

citado Susodicho, antedicho, nombrado, dicho, predicho.

citar Convocar, llamar. || Mencionar, nombrar, mentar, aludir, referirse, alegar, invocar. ← *Silenciar.*

ciudad Urbe, población.

ciudadano Urbano, cívico, civil.

ciudadela Fortificación, fortaleza.

cívico Civil, ciudadano, patriótico.

civil Ciudadano, cívico. || Cortés, urbano atento, sociable, afable. ← *Incivil.*

civilidad Honradez, urbanidad, cortesía. ← *Descortesía.*

civilización Cultura, progreso. ← *Barbarie.*

civilizado Culto, educado, cultivado, pulido, cortés, atento. ← *Desatento, descortés.*

civilizar Educar, ilustrar, formar, cultivar, mejorar.

civismo Civilidad, patriotismo, humanitarismo. ← *Incivilidad.*

cizaña Discordia, enemistad. ← *Concordia.*

clamar Pedir, reclamar, gritar, exclamar, lamentarse, quejarse, gemir.

clamor Grito, voz, queja, lamentación, lamento, gemido.

clamoreo Gritería, vocerío.

clan Tribu, familia, grupo, agrupación. || Banda, pandilla, hatajo.

clandestino Secreto, oculto, ilegal, prohibido. ← *Manifiesto, público.*

claraboya Tragaluz.

clarear Amanecer, alborear. ← *Oscurecer.* || Aclarar, despejarse, abrirse. ← *Oscurecerse.*

claridad Luz, luminosidad, transparencia, limpidez, blancura. ← *Oscuridad.* || Franqueza, sinceridad, llaneza. ← *Turbiedad.*

clarificar Iluminar, alumbrar. ← *Entenebrecer.* || Purificar, aclarar, filtrar, purgar, limpiar, depurar.

clarín Trompeta.

clarividencia Intuición, penetración, perspicacia, comprensión, sagacidad. ← *Obcecación.*

claro Luminoso, iluminado, transparente, diáfano, límpido, puro, cristalino. ← *Oscuro.* || Evidente, palpable, patente, manifiesto, visible. ← *Oscuro, incomprensible.* || Franco, sincero, abierto. ← *Turbio.* || Agudo, despierto, vivo, perspicaz. ← *Obtuso.* || Ilustre, insigne, esclarecido. || Despejado, sereno. ← *Cubierto, nuboso.*

clase Orden, género, condición, tipo, variedad, calidad, categoría, casta. ‖ Lección, asignatura. ‖ Aula.

clásico Principal, destacado, notable, conocido, leído, modélico.

clasificador Archivador.

clasificar Ordenar, encasillar, archivar.

claudicar Ceder, someterse, avenirse. ← *Insistir.* ‖ Cojear.

claustro Clausura, convento. ‖ Junta, cuerpo.

claúsula Disposición, condición. ‖ Proposición, frase, período.

clausura Claustro. ‖ Cierre, cerramiento. ← *Apertura.*

clausurar Cerrar. ← *Abrir, inagurar.*

clavado Fijo, exacto, puntual. ‖ Adecuado, proporcionado, a medida. ← *Inadecuado.*

clavar Hincar, hundir, plantar, fijar. ← *Desclavar.*

clavija Clavo, sujeción, seguro.

clavo Clavija, punta, tachuela. ‖ Pena, dolor, cuidado. ‖ Daño, perjuicio.

clemencia Indulgencia, misericordia, compasión, piedad. ← *Inclemencia, crueldad.*

clemente Indulgente, misericordioso, compasivo. ← *Inclemente, cruel, severo.*

clérigo Eclesiástico, sacerdote, cura, capellán.

clero Clerecía.

cliente Parroquiano, comprador. ← *Proveedor.*

clima Atmósfera, temperatura. ‖ País, región, comarca.

clínica Hospital, dispensario, sanatorio, consultorio.

cloaca Sumidero, alcantarilla.

cloroformizar Anestesiar.

cloroformo Anestésico.

club Sociedad, círculo, casino, asociación, centro.

clueca Llueca.

coadjutor Ayudante, vicario.

coagular Cuajar, solidificar, espesar.

coalición Alianza, liga, unión, confederación.

coartada Defensa, excusa, disculpa, exculpación.

coartar Limitar, restringir, sujetar. ← *Estimular, dejar libre.*

coba Pelotilla, jabón, adulación.

cobarde Gallina, temeroso, miedoso, tímido, encogido. ← *Valiente, arrojado.*

cobardía Pusilanimidad, miedo, temor, timidez. ← *Valentía.*

cobertera Tapadera.

cobertizo Tinglado, porche.

cobertura Cobija, cubierta.

cobija Cubierta, cobertura.

cobijarse Guarecerse, refugiarse, albergarse, ampararse.

cobijo Cobijamiento, protección, amparo. ‖ Hospedaje, albergue.

cobrar Percibir, recaudar, recibir. ← *Pagar.* ‖ Adquirir, recoger, cazar. ← *Soltar.*

cobro Cobranza, recaudo, recaudación, colecta. ← *Pago.*

cocer Cocinar, hervir, guisar, escalfar, calentar, asar, tostar, freír, recocer. ‖ Fermentar.

cocido Olla, pote, puchero.

cociente Razón, fracción.

cocinar Guisar, condimentar.

cóctel Combinado.

cochambroso Puerco, asqueroso, sucio. ← *Aseado, limpio.*

coche Carruaje, vehículo, automóvil.

cochinada Cochinería, guarrería, porquería, suciedad.

cochino Puerco, gorrino, marrano, cerdo, guarro. ‖ Sucio, desaseado, desaliñado. ← *Aseado, pulcro.*

codazo Advertencia, aviso.

codicia Avaricia, ambición, avidez. ← *Desprendimiento.*

codiciar Ambicionar, ansiar, apetecer, desear. ← *Despreciar, renunciar.*

codicioso Sediento, deseoso. ← *Desprendido.* ‖ Laborioso, trabajador, afanoso.

código Recopilación, reglamento, reglamentación. ‖ Ley.

coeficiente Factor, multiplicador.

coétaneo Contemporáneo.

cofradía Congregación, hermandad, gremio, corporación.

cofre Arca, caja, baúl.

cogedero Asa, mango, asidero.

coger Asir, agarrar, sujetar, tomar, atrapar, pillar, prender, alcanzar, empuñar, captar, capturar, pescar, cazar, pillar, hurtar, robar, arrebatar. ← *Soltar, dejar.* ‖ Recoger, recopilar, recolectar. ‖ Ocupar, caber, contener,

C

extenderse. ‖ Hallar, encontrar, sobrevenir, sorprender. ‖ Penetrar, descubrir, adivinar. ‖ Alcanzar, llegar.

cognoscible Conocible. ‖ Comprensible. ← *Incognoscible.*

cogote Nuca, pescuezo.

cohabitar Convivir.

cohesión Atracción, adherencia, adhesión, unión. ← *Incoherencia, inconsistencia.*

cohete Proyectil, bólido, volador.

cohibir Contener, sujetar, refrenar. ← *Estimular.*

coincidencia Encuentro, concurso, concurrencia. ← *Divergencia, contraste.*

coincidir Convenir, concordar, ajustarse, encajar. ← *Divergir, contrastar.*

cojín Almohadón colchoneta, almohadilla.

cojo Paticojo, pata.

cola Rabo. ‖ Final, fin, consecuencia. ← *Cabeza.*

cola Pega, pegadura, goma.

colaborar Contribuir, ayudar, cooperar, participar, auxiliar.

colada Lejía. ‖ Ropa blanca.

colador Coladero, cedazo, manga.

colapso Desmayo, síncope, patatús.

colar Filtrar, pasar. ‖ Blanquear, limpiar, purificar, lavar ‖ Beber.

colarse Meterse, pasar, infiltrarse, escaparse.

colcha Cubrecama, edredón.

colección Serie, biblioteca, conjunto.

coleccionar Seleccionar, recopilar, reunir, atesorar, guardar. ← *Desperdigar.*

colecta Recaudación.

colectividad Sociedad.

colectivo General, común.

colega Compañero.

colegial Escolar, educando, alumno.

colegio Comunidad, convento, reunión, sociedad, corporación, 'alumnado. ‖ Escuela, academia, seminario.

cólera Ira, rabia, furor, furia, irritación, enojo, enfado. ← *Calma, placidez.*

colérico Furioso, irritado, violento, irritable, dado al diablo. ← *Plácido, tranquilo.*

coleta Mechón, trenza.

colgajo Jirón, pingajo.

colgar Suspender, pender, ahorcar. ← *Descolgar.* ‖ Atribuir, cargar.

colilla Punta.

colina Alcor, collado, cerro, otero, montículo, loma.

coliseo Circo, teatro.

colisión Choque, encuentro, encontronazo, topetazo.

colmado Abundante, copioso, relleno, atestado, abarrotado completo. ← *Vacío, desprovisto.*‖ Figón. ‖ Tienda, droguería.

colmar Llenar, satisfacer. ← *Vaciar, defraudar.*

colmillo Canino.

colmo Culminación, límite, máximo, acabóse. ← *Mínimum.*

colocación Empleo, destino, cargo, puesto, plaza, ocupación. ‖ Posición, situación.

colocar Situar, poner, instalar. ← *Sacar, quitar.* ‖ Acomodar, emplear, des-

tinar, ocupar. ← *Despedir.*

color Tinte, tono, tonalidad, colorido.

colorado Rojo, encarnado.

colorante Pigmento, tinte, color.

colorar Teñir, colorir.

colorarse Encenderse, acalorarse.

colorear Pintar. ← *Decolorar.* ‖ Disfrazar. ← *Denunciar.* ‖ Alegar, pretextar.

colorido Color, coloreado, tinte.

colosal Extraordinario, enorme, inmenso, gigantesco, grandioso, formidable, estupendo, excelente. ← *Raquítico, mezquino.*

coloso Gigante, titán. ← *Pigmeo.*

columna Pilastra, pilar.

columpiar Balancear, mecer.

columpio Mecedora.

collado Colina, cerro, montículo. ‖ Collada, paso, puerto.

coma Sopor, letargo, modorra.

comadrona Matrona, partera.

comandante Jefe, caudillo, conductor.

comarca País, región, territorio.

combate Batalla, acción, pelea, lucha, lid, refriega.

combatiente Soldado, contendiente.

combatir Luchar, pelear, lidiar, contender. ‖ Contradecir, discutir. ← *Defender.*

combinación Mezcla, composición, grupo, unión. ‖ Arreglo, disposición, plan, sistema. ‖ Maquinación, maniobra.

combinar Componer, unir, hermanar, juntar, coordinar, disponer, arreglar, concertar. ← *Descomponer, desintegrar.*

combustible Inflamable.

combustión Abrasamiento, ardimiento, incineración.

comedero Pesebre. || Comedor.

comedia Drama. || Teatro. || Burla, ficción, farsa, enredo, fingimiento.

comediante Actor, cómico, artista.

comedido Moderado, mesurado, circunspecto, discreto, considerado, cortés, atento. ← *Descomedido, descortés.*

comedimiento Cortesía, urbanidad, cortesanía, discreción, mesura, moderación, circunspección. ← *Atrevimiento.*

comedirse Arreglarse, contenerse, moderarse.

comedor Comedero, refectorio, fonda, restaurante, bodegón, cantina, merendero.

comensal Huésped, invitado, convidado.

comentador Intérprete.

comentar Explicar, interpretar.

comentario Explicación, interpretación, nota.

comenzar Empezar, principiar, iniciar, emprender, entablar. ← *Terminar, acabar.*

comer Tomar, tragar, engullir, devorar, zampar. ← *Ayunar.* || Gastar, derrochar. || Roer, corroer, consumir, gastar, desgastar.

comercial Mercantil, mercante.

comerciante Negociante,

mercader, traficante, tratante.

comerciar Negociar, traficar, mercadear, tratar, especular.

comercio Negocio, tráfico, especulación, trato. || Tienda, almacén, establecimiento. || Trato.

comestible Alimento, vitualla.

comestible Víveres, avíos, provisión.

cometer Caer, incurrir.

cometido Comisión, encargo misión encomienda.

comicidad Jocosidad, gracia, bufonería.

cómico Divertido, gracioso, risible, jocoso, bufo. ← *Trágico.* || Comediante, artista.

comida Almuerzo. || Pitanza, alimento, comilona, banquete.

comienzo Principio, empiece, inicio, preámbulo, preliminar, preludio, nacimiento, iniciación, origen, partida, entrada, encabezamiento. ← *Final, fin, término.*

comilón Tragón, zampón, glotón, zampatortas. ← *Sobrio.*

comilona Guateque, festín, banquete, cuchipanda, tragantona.

comino Bledo, pito.

comisario Delegado, mandatario, ejecutor.

comisión Cometido, encargo, mandato, misión, mensaje. || Junta, comité, delegación.

comité Comisión, junta, delegación.

comitiva Acompañamiento, séquito, cortejo, escolta.

como Así que. || En calidad de. || A manera de,

a modo de. || Así, tal, tan, tanto. || En virtud de que, por qué. || De modo que, a fin de que.

comodidad Bienestar, holgura, conveniencia, facilidad, ventaja, utilidad. ← *Incomodidad.*

cómodo Holgado, fácil, agradable, favorable, conveniente, ventajoso, útil, acomodado. ← *Incómodo.*

comodón Holgachón. ← *Austero.*

compacto Denso, macizo, espeso, consistente, apretado, apiñado. ←*Poroso, esponjoso.*

compadecerse Condolerse, dolerse, apiadarse, tener lástima, tener compasión, tener conmiseración.

compadre Compinche, compañero, camarada.

compaginar Armonizar, conjugar, concordar, corresponder. ← *Discordar.* || Ajustar. ← *Descompaginar.*

compañera Esposa, mujer.

compañerismo Camaradería, armonía.

compañero Colega, compadre, camarada, compinche, socio, consocio.

compañía Sociedad, empresa, asociación. || Acompañamiento, séquito, comitiva, cortejo.

comparación Confrontación. || Símil, imagen, metáfora.

comparar Confrontar, equiparar.

comparecer Presentarse, personarse, acudir. ← *Desaparecer, ausentarse.*

comparsa Extra. || Séquito, comitiva, acompañamiento, cohorte.

C

compartimiento División, casilla.

compartir Repartir, partir, dividir, distribuir, comunicar.

compás Ritmo, movimiento. || Regla, medida, norma, cadencia.

compasión Piedad, misericordia, caridad, conmiseración, lástima. ← *Crueldad, desprecio, dureza.*

compasivo Caritativo, misericordioso. ← *Cruel, duro.*

compenetrarse Identificarse, coincidir, entenderse, ser afín. ← *Discrepar.*

compensación Indemnización, equilibrio, equivalencia, nivelación. ← *Desnivelación.*

compensar Indemnizar, equilibrar, nivelar, contrapesar. ← *Desequilibrar, desnivelar.*

competencia Aptitud, habilidad, capacidad, suficiencia, disposición. ← *Incompetencia.*

competente Apto, idóneo, hábil, capaz, entendido, suficiente, dispuesto. ← *Incompetente.*

competición Contienda, disputa, lucha, competencia, partido.

competidor Rival, contendiente, contrincante, adversario. ← *Compañero.*

competir Contender, rivalizar.

compinche Compadre, compañero, camarada.

complacencia Satisfacción, agrado, placer, contento, alegría. ← *Contrariedad.*

complacer Satisfacer, agradar, placer, gustar, contentar, alegrar. ← *Contrariar.*

complaciente Condescendiente, servicial, obsequioso, atento. ← *Desatento.*

complemento Suplemento, terminación.

completar Adjuntar, añadir, acabar, perfeccionar, atar cabos, enterar.

completo Entero íntegro, acabado, perfecto, cumplido, total, pleno, lleno. ← *Incompleto, parcial.*

complicación Dificultad, tropiezo, enredo, lío, confusión. ← *Simplificación.*

complicado Enmarañado, enredado, dificultoso, difícil, complejo, múltiple. ← *Sencillo, simple, fácil.*

complicar Dificultar, obstaculizar, enredar, entorpecer, interponer. ← *Simplificar.*

complicarse Confundirse, liarse, embrollarse enredarse, enredarse la madeja.

cómplice Colaborador, partícipe.

complot Conspiración, conjura, conjuración, confabulación, trama, intriga.

componer Arreglar, acomodar, remendar, restaurar. ← *Estropear.* || Ataviar, adornar. || Constituir, formar. ← *Descomponer.*

comportamiento Conducta.

comportarse Portarse, conducirse, proceder.

composición Obra, poema, música. || Galeradas, compaginación.

compostura Arreglo, remiendo, reparación, restauración. || Mesura, modestia, decoro, pudor, decencia ← *Descompostu-*

ra, descaro. || Aseo. ← *Descompostura.*

compra Adquisición. ← *Venta.*

comprador Adquisidor, parroquiano, cliente. ← *Vendedor.*

comprar Adquirir. ← *Vender.* || Sobornar.

comprender Abarcar, abrazar, contener, encerrar, incluir. ← *Excluir.* || Entender, alcanzar.

comprensión Inteligencia, talento, penetración, agudeza, alcances, juicio, entendimiento.

comprimir Apretar, prensar, estrujar, oprimir, contener, sujetar. ← *Aflojar, desahogar.*

comprobar Verificar, asegurarse, confirmar.

comprometer Exponer, arriesgar.

comprometerse Obligarse, empeñarse, ligarse, prometer. ← *Desligarse.*

comprometido Espinoso, delicado, difícil, dificultoso. ← *Fácil.* || Responsable.

compromiso Apuro, conflicto, embarazo, aprieto, dificultad. || Obligación, deber, empeño. || Convenio, pacto, acuerdo, ajuste.

compuesto Mezcla, composición, complejo. || Complejo, múltiple. ← *Simple.* || Arreglado, aliñado, adornado. ← *Descompuesto, desarreglado.* || Mesurado, comedido. ← *Descompuesto.*

compungido Arrepentido, pesaroso, afligido. ← *Impenitente, despreocupado.*

común Genérico, general, universal, corriente, usual, frecuente, ordinario, vulgar, basto. ← *Propio, específico, fino.*

comunicación Escrito, comunicado. || Trato, correspondencia, relación. ← *Incomunicación.*

comunicado Comunicación, parte.

comunicar Manifestar, anunciar, participar, notificar, noticiar, avisar, informar, dar parte, poner en conocimiento. || Propagar, difundir. ← *Retener.*

comunicativo Expansivo, locuaz, sociable, tratable, afable. ← *Reservado, callado.*

comunidad Corporación, congregación, asociación.

comunión Participación.

con En compañía de, al mismo tiempo.

concavidad Cavidad, cuenco, hueco. ← *Convexidad.*

concebir Comprender, entender, penetrar, alcanzar. || Imaginar, idear, pensar, proyectar, crear.

conceder Otorgar, dar, conferir, asignar. ← *Denegar.* || Admitir, reconocer, convenir, asentir. ← *Refutar.*

concejal Regidor.

concejo Ayuntamiento, municipio.

concentrar Centralizar, reunir, condensar. ← *Descentralizar, diluir.*

concertar Ajustar, tratar, pactar, acordar, convenir. ← *Romper.*

concesión Privilegio, gracia, licencia, permiso. ← *Denegación, prohibición.*

conciencia Responsabilidad, escrúpulo, cuidado, atención.

concienzudo Cuidadoso, esmerado, curioso, estudioso, aplicado. ← *Negligente, descuidado.*

conciliación Armonía, aveveniencia. arreglo. || Concordancia, similitud, semejanza, connencia, reconciliación.

conciliar Armonizar, ajustar, concordar, pacificar.

conciliarse Ganarse, atraerse. ← *Perderse.*

concilio Asamblea, congreso, junta, reunión.

conciso Breve, sobrio, lacónico. ← *Prolijo.*

conclusión Final, fin, término, terminación. ← *Comienzo, inicio.* || Consecuencia, deducción, resultado, resolución.

concordancia Conformidad, acuerdo, armonía. ← *Discordancia.*

concordar Concertar, convenir. ← *Discordar.*

concorde Acorde. ← *Discorde.*

concordia Conformidad, armonía, unión, compenetración, paz, amistad, hermandad. ← *Discordia.* || Acuerdo, avenencia, convenio, pacto.

concretar Precisar, abreviar, resumir, reducir. ← *Desarrollar, ampliar, divagar.*

concretarse Limitarse, ceñirse, reducirse. ← *Extenderse.*

concreto Preciso, determinado, fijo, delimitado.

concurrencia Público, espectadores, auditorio, asistencia.

concurrente Oyente, asistente, espectador.

concurrido Animado.

concurrir Asistir, reunirse,

juntarse. || Coincidir, converger. ← *Divergir.*

concurso Certamen.

concha Caparazón, valva, cubierta.

condecoración Distinción, galardón, honor.

condenación Reprobación, desaprobación, condena, pena, sanción. ← *Absolución, aprobación.*

condenado Reo.

condenar Desaprobar, penar, sancionar, castigar. ← *Absolver.*

condensador Acumulador.

condensar Concentrar, espesar, comprimir. ← *Resumir, abreviar, dilatarse.*

condición Clase, categoría.

condimentar Sazonar, aliñar, guisar.

condiscípulo Discípulo, alumno, compañero.

condolerse Compadecerse, ← *Alegrarse.*

conducción Acarreo, transporte. || Dirección, administración, manejo, gobierno.

conducir Llevar, transportar, dirigir, guiar, regir, administrar, gobernar.

conducirse Comportarse, portarse, actuar.

conducta Comportamiento, proceder, obra.

conducto Conducción, tubo, canal, vía, camino.

conductor Piloto, guía, lazarillo, cochero, auriga, carrero, carretero, maquinista, timonel, chófer. || Jefe, director, instigador. ||Conducto.

conectar Unir, enlazar, empalmar. ← *Desconectar.*

conejera Conejar, madriguera, guarida, cueva.

conejo Gazapo.

conexión Enlace, relación,

C

C

unión, encadenamiento, acoplamiento, trabazón, empalme. ← *Desconexión.*

conexo Trabado, unido, ligado.

confabulación Conspiración, conjuración, complot, maquinación, intriga.

confabularse Conspirar, tramar, conjurarse, intrigar.

confección Fabricación, ejecución, realización.

confeccionar Hacer, acabar, realizar, preparar, elaborar, fabricar, federación, coalición, convenio.

confederarse Aliarse, unirse, federarse, coligarse. ← *Separarse, emanciparse.*

conferencia Conversación, coloquio, disertación, charla, lección.

conferenciante Discursante, orador.

conferenciar Parlamentar, conversar, platicar, deliberar, entrevistarse.

confesar Declarar, reconocer, manifestar, admitir, aceptar, conceder, convenir. ← *Ocultar, negar, silenciar.*

confesión Confidencia, declaración.

confesor Director espiritual. || Confidente.

confiado Crédulo, cándido, candoroso, incauto, imprevisor, descuidado, ingenuo, sencillo. ← *Desconfiado.*

confianza Esperanza, seguridad, tranquilidad, fe. ← *Desconfianza.* || Familiaridad, intimidad, libertad, llaneza, franque-

za. ← *Empacho, embarazo.*

confiar Esperar, fiar, fiarse, abandonarse. ← *Desconfiar.* || Encargar, encomendar, delegar, depositar, entregar.

confidencia Comunicación, revelación, secreto.

confidente Íntimo. || Espía, soplón.

confín Límite, término, frontera, linde, lindero, raya, divisoria.

confines Límites, lindes, extremidad, fin, barrera.

confirmar Corroborar, ratificar, reafirmar, afirmar, asegurar, aseverar. ← *Desmentir, rectificar.*

confiscación Incautación, retención, apropiación. ← *Restituir.*

confitar Endulzar, azucarar.

confitera Bombonera.

confitería Pastelería, dulcería, repostería .

conflicto Apuro, aprieto, compromiso, dificultad, peligro, pugna, lucha, combate.

confluir Concurrir converger, juntarse, reunirse, afluir. ← *Dispersarse, difluir.*

conformarse Resignarse, avenirse, acomodarse, adaptarse, amoldarse, prestarse. ← *Resistirse, rebelarse.*

conformidad Paciencia. ← *Contrariedad.* || Acuerdo, aprobación, consentimiento. ← *Disconformidad.*

confort Comodidad.

confrontar Comparar, || Coincidir, avenirse. ← *Diferir, discrepar.*

confundir Mezclar, enredar, desordenar, embrollar,

perturbar, trastocar, equivocar. ← *Distinguir.* || Avergonzar, turbar, desconcertar. ← *Exaltar, halagar.*

confusión Mezcla, enredo, desorden, embrollo, perturbación, desbarajuste, equivocación, error. ← *Distinción, claridad.* || Duda, vacilación, desconcierto, turbación, vergüenza, bochorno, humillación. ← *Seguridad, tranquilidad.*

confuso Mezclado, revuelto, desordenado, embrollado, dudoso, oscuro. ← *Claro, distinto.* || Confundido, desconcertado, turbado, avergonzado, abochornado. ← *Sereno, tranquilo, seguro.*

congelación Congelamiento, heladura, helamiento, enfriamiento. ← *Torrefacción, calentamiento.*

congelar Helar. ← *Fundir.*

congeniar Avenirse, entenderse, coincidir. ← *Discrepar, discordar.*

congestión Abundancia, exceso, acumulación. || Apoplejía.

congoja Angustia, inquietud, pena, desconsuelo. ← *Satisfacción, placer, alegría.*

congregación Comunidad.

congregar Reunir, juntar, agrupar, convocar. ← *Disgregar.*

congreso Asamblea, reunión, junta.

conjunción Unión, enlace, coincidencia. ← *Disyunción.*

conjunto Unido, junto, mezclado. ← *Separado.* || Reunión, compuesto, combinación.

conjurarse Conspirar, intrigar.

conmemoración Memoria, recuerdo, celebración, festividad, aniversario.

conmovedor Emocionante, enternecedor, sentimental, impresionante. ← *Hilarante, ridículo.*

conmover Sacudir, agitar, perturbar, alterar, emocionar, enternecer, impresionar. ← *Tranquilizar, serenar.*

conocedor Práctico, experimentado, experto. ← *Ignorante, lego.* ‖ Informado, enterado. ← *Desconocedor.*

conocer Saber, entender, comprender, percibir, advertir, notar, observar, darse cuenta. ← *Desconocer, ignorar.*

conocible Comprensible. ← *Incognoscible.*

conocido Famoso, renombrado, acreditado, celebrado, distinguido. ← *Desconocido, anónimo, oscuro.*

conocimiento Entendimiento, inteligencia, razón ← *Desconocimiento.*

conquistar Tomar, ocupar, adueñarse, apoderarse. ← *Perder.* ‖ Seducir, persuadir, convencer, convertir, atraerse, ganarse. ← *Perderse.* ‖ Galantear, camelar, seducir.

consagrar Dedicar, destinar.

consagrarse Entregarse.

consciente Cuidadoso, responsable, honrado, honesto. ← *Descuidado, irresponsable.*

consecuencia Derivación, resultado, producto, resultas. ← *Causa.*

conseguir Alcanzar, lograr, obtener, adquirir, sacar, ganar. ← *Perder.*

consejero Guía, maestro.

consejo advertencia, aviso, indicación, parecer. ‖ Junta, reunión.

consentido Mimado, malcriado.

consentimiento Permiso, autorización, licencia, asentimiento. ← *Denegación, disentimiento.*

consentir Permitir, autorizar, acceder, admitir, tolerar, mimar, malcriar, viciar. ← *Denegar, resistirse, corregir.*

conserje Portero, ordenanza, mayordomo.

conservar Salvaguardar, cuidar, mantener, guardar, retener, continuar, seguir. ← *Deteriorar, tirar, abandonar.*

considerable Cuantioso, grande, numeroso, importante. ← *Insignificante.*

consideración Respeto, miramiento, aprecio, estima. ← *Desprecio.* ‖ Atención, estudio. ‖ Importancia.

considerado Respetado, estimado, apreciado. ← *Despreciado.* ‖ Mirado, atento, respetuoso. ← *Desconsiderado.*

considerar Pensar, meditar, examinar, mirar, pesar. ‖ Tener por, estimar, juzgar. ‖ Respetar. ← *Menospreciar.*

consiguiente (por) Por ello, por lo tanto, así pues.

consiliario Consejero.

consistir Residir.

consolación Alivio, atenuación, aligeramiento, consuelo, suavización. ← *Exacerbación, desazón.*

consolador Consolante, reconfortante.

consolar Animar, reanimar, calmar, tranquilizar.

consonante Acorde.

conspiración Conjuración, complot.

conspirar Conjurarse, tramar, intrigar.

constancia Tenacidad, tesón, fidelidad. ← *Inconstancia, volubilidad.*

constante Tenaz, fiel, firme, incesante, continuo, invariable, durable, duradero. ← *Inconstante, variable.*

constar Componerse, consistir, contener.

constipado Resfriado.

constiparse Acatarrarse, resfriarse.

constitución Complexión, naturaleza.

constituir Formar, componer. ‖ Establecer, instituir, fundar. ← *Disolver.*

construcción Obra, edificio. ‖ Aparato, dispositivo, armazón.

constructor Maestro de obras, arquitecto, aparejador.

construir Edificar, levantar, obrar, fabricar, montar. ← *Destruir.*

consuelo Alivio, descanso, calmante, alegría, gozo. ← *Desconsuelo, desolación.*

consulta Consejo, opinión. ‖ Conferencia, junta, examen.

consultar Aconsejarse. ‖ Estudiar, examinar, tratar.

consultor Asesor, consejero.

consultorio Dispensario, clínica. ‖ Bufete, despacho.

consumición Consumo, gasto.

consumido Flaco, extenuado, débil, debilitado. ←

C

Fuerte. || Apurado, afligido.

consumidor Cliente, comprador.

consumir Gastar, desgastar, apurar, agotar, acabar, extinguir, destruir. ← Conservar, restaurar.

consumo Gasto, consumición.

contable Contador, tenedor de libros.

contacto Tacto, empalme. || Relación, acercamiento, amistad.

contado Escaso, señalado, determinado. ← Frecuente, indeterminado.

contador Contable, tenedor de libros.

contagiar Contaminar, pegar, infectar. || Viciar, corromper.

contagio Infección, contaminación.

contagioso Pegadizo, vicioso, infeccioso.

contaminar Contagiar.

contar Narrar, relatar. || Enumerar.

contemplar Considerar, examinar, mirar, meditar, admirar. || Mimar, complacer.

contemporáneo Simultáneo. || Actual.

contener Moderar, dominar, sujetar, refrenar, vencer. ← Desatar, dar rienda suelta. || Abarcar, comprender, encerrar, contar, poseer.

contenerse Reportarse, frenarse, moderarse. ← Desenfrenarse.

contentar Satisfacer, complacer, agradar. ← Descontentar, disgustar.

contento Contentamiento, satisfacción, alegría, júbilo, alborozo, regocijo,

placer. ← Descontento, disgusto. || Satisfecho, complacido, encantado. ← Descontento, disgustado.

contestación Respuesta.

contestar Responder, replicar.

contienda Pelea, riña, lucha, disputa, competición.

contigüidad Cercanía, vecindad, inmediación. ← Lejanía.

contiguo Inmediato, junto, lindante. ← Separado, apartado.

continuación Prolongación. ← Interrupción.

continuar Proseguir, seguir, permanecer, durar, prolongar, alargar. ← Interrumpir.

continuidad Encadenamiento, continuación, persistencia. ← Discontinuidad, solución de continuidad.

continuo Incesante, constante, persistente, ininterrumpido, asiduo, perenne, perpetuo. ← Discontinuo, intermitente.

contorno Perfil.

contornos Alrededores, inmediaciones, cercanías, proximidades, afueras. ← Centro.

contrabajo Violón.

contrabando Fraude.

contradecir Discutir, replicar, desmentir, objetar. ← Confirmar.

contradicción Réplica, objeción. ← Confirmación. || Contrariedad, oposición. || Contrasentido. ← Concordancia.

contradictorio Contrario, opuesto, contrapuesto. ← Concorde, conforme.

contrahecho Jorobado, mal-

hecho, deforme. || Tullido.

contramaestre Capataz, encargado.

contraorden Desmandamiento.

contrapelo (a) Al revés, en sentido contrario.

contrario Opuesto, adverso, antónimo, contradictorio. ← Coincidente, sinónimo. || Adversario, antagonista, rival, enemigo.

contraseña Consigna.

contraste Diferencia, desemejanza, desigualdad. ← Parangón, semejanza.

contratar Ajustar, convenir, comerciar, acordar, negociar, pactar. ← Rescindir, cancelar.

contratiempo Percance, contrariedad, accidente, dificultad, obstáculo.

contratista Empresario, maestro de obras.

contrato Pacto, acuerdo, compromiso.

contribución Impuesto, tributo, carga. || Colaboración, aportación, ayuda.

contribuir Colaborar, asistir, ayudar, auxiliar.

contrición Arrepentimiento, remordimiento, dolor, sentimiento, pesar. ← Impenitencia.

contrincante Competidor, rival, adversario, contrario. ← Compañero.

control Examen, inspección, vigilancia.

controlar Comprobar, vigilar, verificar, inspeccionar, examinar. ← Pasar por alto, hacer la vista gorda.

convalecencia Recobramiento, mejoría, recuperación.

convalecer Recobrarse, mejorar, recuperarse, cobrar ánimos, salir del peligro. ← *Empeorar.*

convencer Persuadir, conquistar, convertir.

conveniente Util, provechoso, beneficioso, ventajoso, oportuno, acomodado, adecuado, decente, propio, propiorcionado. ← *Inconveniente, perjucial.*

convenio Pacto, ajusté, acuerdo, compromiso, arreglo, tratado, contrato.

convenir Admitir, aceptar, reconocer, coincidir, acordar, pactar, quedar, ajustar. ‖ Importar, corresponder, encajar. ‖ Acudir, juntarse ← *Dispersarse.*

convento Monasterio.

conversación Diálogo, charla, entrevista, conferencia.

conversar Hablar, dialogar, charlar, entrevistarse, conferenciar.

conversión Cambio, transformación. ‖ Enmienda, corrección. ← *Perversión.*

convertir Cambiar, transformar, mudar. ‖ Conquistar, convencer, persuadir.

convertirse Enmendarse, corregirse. ← *Apostatar, pervertirse.*

convidado Huésped, comensal, invitado.

convidar Invitar, mover, atraer, llamar, ofrecer.

convincente contundente, terminante, persuasivo, decisivo. ← *Discutible, disuasivo.*

convite Banquete, comilona. ‖ Invitación.

convivir Cohabitar.

convocar Citar, llamar, congregar.

convocatoria Llamamiento, llamada, cita, orden, edicto, aviso.

convoy Acompañamiento, escolta.

copa Cáliz, vaso. ‖ Premio, galardón.

copia Calco, reproducción, duplicado, traslado, trasunto. ‖ Imitación. ← *Original.* ‖ Abundancia, riqueza. ← *Escasez.*

copiar Calcar, reproducir, transcribir, trasladar. ‖ Falsificar, imitar. ← *Crear, inventar, imaginar.*

copioso Abundante, cuantioso, numeroso, considerable. ← *Escaso.*

copla Estrofa.

coqueta Presumida, vanidosa, muñeca.

coquetería Galanteo. ‖ Seducción, gracia, encanto, provocación.

coquetón Gracioso, atractivo, bonito, agradable. ‖ Guapo.

coraje Valor, esfuerzo, arrojo, audacia, intrepidez. ← *Miedo.* ‖ Enojo, irritación, ira, cólera, furia, rabia. ← *Calma, serenidad.*

coral Coro, orfeón.

coraza Armadura. ‖ Blindaje.

corazón Ánimo, espíritu, valor. ‖ Sentimientos, sensibilidad. ‖ Interior, centro. ← *Periferia, exterior.*

corazonada Presentimiento, impulso, arranque.

corbata Pajarita.

cordel Cuerda.

cordero Borrego.

cordero divino Jesucristo.

cordial Cariñoso, afectuo-

so, franco, sencillo, amable, hospitalario. ← *Huraño.* ‖ Reconfortante.

cordialidad Afecto, amabilidad, franqueza, sencillez, sinceridad. ← *Frialdad.*

cordillera Cadena de montañas, sierra.

cordón Trencilla

cornada Puntazo.

cornamenta Asta.

corneta Clarín, cuerno, trompeta. ‖ Abanderado, alférez.

cornisa Coronamiento, remate.

coro Coral, orfeón.

corona Diadema, aureola. ‖ Reino, monarquía. ‖ Premio, recompensa, honor, gloria. ‖ Coronilla.

coronar Sacramentar, ungir, ceñir, consagrar. ‖ Finalizar, rematar, completar, realizar, cumplir.

coronilla Corona.

corpulencia Grandeza, magnitud, mole, grosor, solidez, volumen. ← *Delgadez.*

corpulento Grande, gordo, grueso, voluminoso.

corral Establo, redil.

correa Tirante. ‖ Cinturón.

correaje Bandolera.

corrección Enmienda, rectificación, modificación, retoque, mejora. ‖ Cortesía, discreción. ← *Incorrección.* ‖ Pena, corrección, castigo. ← *Premio.*

correccional Internado. ‖ Reformatorio, asilo.

correcto Puro, justo, cabal, exacto. fiel. ← *Incorrecto.* ‖ Cortés, discreto. ← *Incorrecto, descortés.*

corredor Pasillo, pasadizo.

corregir Enmendar, retocar,

rectificar, modificar, salvar. ← *Corromper.* ‖ Moderar, suavizar. ← *Excitar, castigar.*

correo Servicio postal, comunicación. ‖ Correspondencia. ‖ Mensajero, cartero, estafeta.

correr Apresurarse, precipitarse, trotar, galopar, volar. ‖ Transcurrir, pasar. ‖ Huir, escapar. ‖ Recorrer, andar, viajar. ‖ Deslizarse, resbalar.

correspondencia Correo. ‖ Relación, conformidad, proporción.

corresponder Tocar, pertenecer, concernir, afectar. ‖ Recompensar, agradecer, pagar, compensar.

correspondiente Proporcionado, conveniente, adecuado, oportuno. ‖ Corresponsal.

corretear Viltrotear, callejear, vagar, zanganear, gallofear, mangonear. ‖ Correr, andar, recorrer.

corrida Becerrada.

corriente Común, ordinario, habitual, sabido, acostumbrado, frecuente. ← *Desusado.* ‖ Fácil. ← *Dificultoso.* ‖ Presente, actual.

corro Rueda, círculo, reunión.

corro (hacer) Apiñarse, juntarse.

corromper Descomponer, pudrir, dañar. ← *Conservar.* ‖ Viciar, pervertir, seducir, sobornar.

corrompido Putrefacto, vitrefacto, viciado. ‖ Perverso, vicioso.

corrosivo Ácido, destructivo. ← *Constructivo.*

corrupción Descomposición, putrefacción. ← *Conser-*

vación. ‖ Perversión, vicio, soborno. ← *Integridad.*

corsario Pirata, filibustero, bucanero.

corsé Faja.

cortado Ajustado, acomodado, proporcionado. ‖ Parado, desconcertado, turbado. ← *Desenvuelto.*

cortadura Grieta, abertura, hendidura. ‖ Corte.

cortante Tajante, agudo, afilado. ‖ Brusco, autoritario.

cortaplumas Navaja, cuchillo, cortalápices.

cortar Dividir, separar, tajar, recortar, guillotinar. ← *Pegar, unir.* ‖ Suspender, detener. ← *Continuar, enlazar.* ‖ Atravesar, surcar.

cortarse Desconcertarse, aturdirse, confundirse. ‖ Cuajar.

corte Filo. ‖ Cortadura, tajo.

corte Séquito, comitiva, cortejo, acompañamiento.

corte (hacer la) Cortejar.

cortejar Galantear, enamorar, hacer la corte.

cortés Educado, atento, amable, fino. ← *Descortés, mal educado.*

cortesía Finura, amabilidad, atención. ← *Descortesía.* ‖ Cumplido, obsequio, regalo.

corteza Cáscara, costra, envoltura.

cortijo Granja, rancho.

cortina Cortinilla, cortinaje, colgadura, tapiz.

cortinilla Visillo, cortina.

corto Breve. ← *Largo.* ‖ Escaso, pequeño, chico, miserable, mezquino, pobre, insuficiente. ← *Lar-*

go. ‖ Vergonzoso, encogido, tímido, torpe, inculto. ← *Listo, agudo.*

cosa Cuerpo.

coscorrón Topetazo, topetón, cabezazo.

cosecha Recolección, recogida.

cosechar Recoger, recolectar.

coser Descoser. ‖ Pegar, unir, juntar. ← *Separar.*

cosmonauta Astronauta.

costa Litoral, costera, ribera, orilla.

costa (a toda) Cueste lo que cueste, a cualquier precio, sin parar en gastos, sea como sea.

costado Lado.

costar Valer, ascender a, salir a, salir por.

coste Valor, gasto, precio.

costilla Chuleta.

costoso Caro, trabajoso, difícil. ← *Barato, fácil.*

costra Corteza, capa.

costumbre Hábito, uso, práctica.

costura Cosido, labor. ‖ Confección, corte.

costurera Zurcidora. ‖ Sastra, modista.

cotorra Papagayo. ‖ Urraca. ‖ Parlanchín, charlatán.

cráneo Calavera.

cráter Boca, orificio.

creación Universo, mundo. ‖ Fundación.

creador Autor, padre, inventor, productor, fundador.

crear Hacer, inventar, fundar, establecer, producir, componer. ← *Exterminar.*

crecer Aumentar, desarrollarse, elevarse, subir, adelantar.

crecida Subida, aumento,

riada, inundación. ← *Descenso.*

crecido Alto, desarrollado, grande, numeroso, importante. ← *Bajo, reducido.*

crecimiento Desarrollo, aumento.

credo Doctrina.

creencia Convencimiento, opinión, confianza, fe. ‖ Religión, secta.

creer Pensar, juzgar, entender, considerar, opinar, presumir, suponer, imaginar, figurarse. ← *Negar.* ‖ Tener fe, dar por cierto, confiar. ← *Desconfiar, dudar.*

creíble Posible, probable, ← *Increíble.*

crema Pasta.

crepúsculo Atardecer, anochecer. ← *Alba, aurora.*

cresta Penacho, moño. ‖ Pico, cumbre, cima.

cretino Necio, atontado, alelado, tonto, zoquete. ← *Listo, inteligente.*

creyente Religioso. ← *Incrédulo.*

criada Sirvienta, muchacha, chica, camarera, doncella.

criadero Vivero, semillero.

criado Sirviente, servidor, doméstico, mozo.

criador Productor.

crianza Amamantamiento. ‖ Educación, cortesía.

criar Amamantar. ‖ Crear, producir, originar, ocasionar. ‖ Alimentar; cuidar, educar, dirigir, enseñar, instruir.

crimen Delito, atentado, falta, pecado. ‖ Homicidio, asesinato.

criminal Delincuente, malhechor, culpable. ‖ Homicida, matador, asesino.

crio Criatura, bebé, nene, niño, chiquillo.

crisma (romper la) Descalabrar.

cristal Vidrio. ‖ Espejo.

cristalino Transparente, claro. ← *Turbio.*

cristiano Bautizado, católico, romano. ‖ Creyente, nazareno, fiel. ‖ Prójimo, hermano.

Cristo Jesucristo. ‖ Crucifijo.

crítica Opinión, examen, murmuración. ← *Aprobación, defensa, elogio.*

criticar Juzgar, examinar, murmurar. ← *Aprobar, defender, elogiar.*

crítico Juez.

criticón Murmurador.

cromo Estampa.

cronista Historiador. ‖ Periodista, corresponsal.

cruce Encrucijada, cruzamiento, crucero.

crucificar Sacrificar, molestar, fastidiar incomodar.

crudo Verde, tierno. ‖ Indigesto, cruel, despiadado, riguroso. ← *Suave.* ‖ Chulo.

cruel Bárbaro, inhumano, despiadado, desalmado, sanguinario, feroz, brutal, salvaje, atroz, fiero, bestial. ← *Compasivo, misericordioso.* ‖ Duro, riguroso, crudo, violento, doloroso, angustioso. ← *Suave, dulce.*

crueldad Ferocidad, barbarie, brutalidad, salvajismo. ← *Piedad, compasión, misericordia.* ‖ Dureza, violencia. ← *Suavidad.*

crujido Chasquido, ruido.

crujir Rechinar.

cruzada Expedición, campaña, lucha.

cruzamiento Cruce.

cruzar Atravesar, pasar.

cuaderno Libreta, cartapacio, carnet.

cuadra Caballería, establo.

cuadrado Rectangular.

cuadrilla Pandilla.

cuadro Marco. ‖ Pintura. ‖ Escena, espectáculo.

cuando En el momento que, en el tiempo que, en el punto que. ‖ En qué tiempo. ‖ Puesto que. ‖ Aunque.

cuantioso Numeroso, abundante, copioso, grande, considerable. ← *Exiguo, escaso.*

cuanto Todo lo que. ‖ En qué manera, en qué grado.

cuartel Acuartelamiento, alojamiento, caserna. ‖ Distrito, barrio. ‖ División, sección, parte.

cuarto Aposento, habitación, pieza, estancia, cámara.

cuartos Dinero.

cuartucho Tugurio, cuchitril, desván.

cuba Barril, tonel, bocoy.

cubierta Cobertura, cobijo, tejado, toldo, capota, revestimiento. ‖ Capa, pretexto, disfraz.

cuierto Tapado, abrigado. ← *Descubierto.* ‖ Servicio. ‖ Plato, bandeja. ‖ Minuta, menú, platos.

cubil Guarida, albergue, cueva.

cubrecama Sobrecama, colcha.

cubrir Ocultar, tapar, vestir, recubrir, disimular, disfrazar, encubrir. ← *Descubrir, revelar, denunciar.* ‖ Proteger, defender, asegurar. ‖ Tachar.

cubrirse Resguardarse.

cuca Guano, oruga.

cucaracha Escarabajo, bicho.

cuclillas (en) Agachado.

cuco Cuclillo. ‖ Mono, bonito, lindo, pulido. ← *Soso, feo.*

cucurucho Envoltorio. ‖ Capirote.

cuchichear Susurrar, murmurar, hablar entre dientes.

cuchicheo Secreteo, susurro, murmullo, balbuceo. ‖ Hablilla, murmuración, chismorreo.

cuchilla Cuchillo, hoja, guillotina. ‖ Espada.

cuchillada Navajazo, tajo, corte.

cuchillo Navaja, cortaplumas, cortalápices.

cuchillo (pasar a) Degollar, matar.

cuchitril Pocilga.

cuello Pescuezo, gollete, garganta.

cuenca Órbita, cavidad. ‖ Valle. ‖ Zona, región.

cuenta Cálculo. ‖ Factura, nota, cargo. ‖ Razón, explicación, satisfacción. ‖ Cargo, cuidado, obligación.

cuestista Chismoso, correveidile.

cuento Fábula, historieta, relato, narración. ‖ paparrucha, enredo, embuste, bulo. ← *Verdad.*

cuerda Soga, cabo, cordel.

cuerdo Juicioso, prudente, sesudo, sensato, formal. ← *Loco, alocado, insensato.*

cuerno Asta, antena.

cuero Piel, pellejo.

cuerpo Tronco. ‖ Espesor, consistencia, grosor, densidad, tamaño.

cuesta Pendiente, subida, rampa.

cuestión Asunto, tema, materia, objeto, punto, particular. ‖ Discusión, debate, disputa. ← *Acuerdo.*

cueva Caverna, gruta, antro, guarida.

cuidado Solicitud, atención, esmero, pulcritud. ← *Descuido, negligencia.* ‖ Cautela, vigilancia, prudencia, recelo, temor. ← *Despreocupación.* ‖ Inquietud.

cuidado (sin) A la bartola, negligentemente.

cuidadoso Atento, aplicado, esmerado, vigilante, exacto, minucioso, escrupuloso, ordenado, diligente, concienzudo. ← *Descuidado.*

cuidar Atender, velar por, vigilar, esmerarse, asistir. ← *Descuidar, desatender.* ‖ Conservar, mantener, guardar.

culebra Serpiente.

culminante Dominante, elevado. ← *Ínfimo.* ‖ Superior, principal, sobresaliente.

culo Nalgas, posaderas.

culpa Delito, pecado, falta.

culpable Reo, delincuente, pecador. ← *Inocente.*

culpar Acusar, inculpar, achacar. ← *Exculpar.*

cultivable Arable, labradero. ← *Yermo.*

cultivador Agricultor, labrador, agrícola, colono.

cultivar Labrar, laborar, arar. ‖ Estudiar, ejercitarse, practicar, desarrollar, mantener.

cultivo Labor, labranza, sembrado.

culto Instruido, ilustrado,

cultivado, civilizado, educado. ← *Inculto.* ‖ Homenaje, reverencia, devoción, veneración, adoración, servicio. ← *Desprecio.*

cultura Ilustración, instrucción, saber, civilización, educación. ← *Incultura, barbarie.*

cumbre Cima, cúspide. ← *Fondo.*

cumpleaños Aniversario.

cumplido Correcto, cortés, atento, fino, amable. ← *Mezquino, incompleto, incorrecto, desatento.* ‖ Cumplimiento, obsequio, cortesía, ceremonia. ← *Desplante.*

cumplidor Exacto, puntual, diligente, aplicado, disciplinado. ← *Descuidado.*

cumplimiento Ejecución, realización. ← *Incumplimiento.*

cumplir Realizar, ejecutar, efectuar, verificar, obedecer. ← *Incumplir, desobedecer.* ‖ Licenciarse, finalizar.

cuna Origen, principio, comienzo, familia, patria.

cuneta Zanja, canal, desaguadero.

cuñado Hermano político.

cuota Contribución, censo.

cupo Cuota, asignación.

cúpula Bóveda.

cura Párroco, sacerdote, eclesiástico, clérigo, padre.

curación Cura, restablecimiento, salud, recobramiento.

curandero Matasanos, charlatán.

curar Sanar. ← *Enfermar.* ‖ Atender, remediar. ‖ Curtir. ‖ Ahumar.

curiosear Fisgar, fisgonear,

husmear, espiar, rebuscar, investigar, averiguar, indagar.

curiosidad Afición, manía, pasión, capricho, antojo, ← *Indiferencia.* ‖ Indiscreción, impertinencia, espionaje.

curioso Indagador, averiguador, observador, aficionado, apasionado. ← *Indiferente.* ‖ Fisgón, entrometido, indiscreto, espía. ‖ Interesante, nota-

ble, raro, extraño. ←

cursar Seguir, estudiar. ‖ Dar curso.

tice.

cursi Ridículo, chillón, afectado, pedante, pretensioso, presumido. ← *Elegante, natural.*

curso Carrera, recorrido, camino, transcurso, paso, corriente. ‖ Trámite, giro.

curtir Adobar. ‖ Acostumbrar, endurecer, adiestrar, ejercitar.

curva Rodeo. ← *Recta.*

curvado Curvo, do, redondo.

curvo Bombeado, arqueado, redondo.

cúspide Cima, cumbre, vértice. *Anodino.*

custodiado A buen recaudo.

custodiar Velar, guardar, proteger, conservar, defender, escoltar, vigilar. ← *Descuidar, abandonar.*

cutis Epidermis, piel.

C

CH

chabacanería Vulgaridad, ordinariez. ← *Finura, delicadeza.*

chabacano Grosero, ordinario, vulgar, basto, soez. ← *Fino, refinado.*

chacha Tata, niñera.

cháchara Charla, palique, parloteo, verborrea.

chafar Aplastar, arrugar, deslucir, marchitar.

chal Pañuelo, manteleta, mantón.

chalado Chiflado, alelado, tocado, majareta. ← *Cuerdo.*

chalar Alelar, enloquecer.

chalarse Chiflarse, enamorarse, derretirse.

chalet Villa, hotelito.

chalupa Bote, lancha, canoa, embarcación.

chamba Chiripa, suerte, azar, casualidad.

chambelán Gentilhombre.

chanclo Sandalia.

chanchullo Trampa, **enredo**, pastel.

chantaje Timo.

chapa Hoja, lámina.

chapado Chapeado, laminado.

chaparrón Chubasco, aguacero.

chapucear Remendar.

chapucería Remiendo, buñuelo, pegote, pifia, imperfección, torpeza.

chapucero Remendón. ← *Esmerado, cuidadoso, cuidado.*

chapuzón Zambullida, buceo, baño.

chaqueta Americana.

chaquetilla Cazadora.

chaquetón Pelliza, zamarra.

charca Balsa, charco.

charco Hoyo, charca. || Mar, océano.

charcutería Repostería.

charla Parloteo, conversación, disertación, coloquio.

charlar Hablar, conversar, parlotear, parlar. ← *Callar.*

charlatán Hablador, parlanchín, locuaz, cotorra. ← *Callado.* || Embaucador, impostor, farsante, embustero, ← *Formal.*

charlatanería Palabrería, verborrea, palabreo. ← *Silencio, discreción.*

chasco Burla, broma, engaño. || Decepción, desencanto, desilusión, desengaño.

chasquido Estallido, crujido, restallido.

chato Romo, aplastado.

chaval Muchacho, rapaz, mozalbete, mozo.

cheque Talón, libranza.

chico Niño, muchacho, criatura. || Pequeño, bajo, corto, reducido. ← *Grande.*

chicuelo Arrapiezo, rapaz.

chichón Hinchazón, bulto.

chiflado Chalado, alelado, tocado, majareta. ← *Cuerdo.* || Enamorado.

chifladura Manía, capricho, fantasía, locura.

chiflarse Alelarse, guillarse, perder el seso. || Enamorarse.

chillar Gritar, vociferar. || Rechinar.

chillido Grito, alarido, rugido, bramido, clamor, queja.

chillón Gritón, chillador. || Agudo, penetrante. ← *Bajo, suave.* || Detonante, recargado, estridente. ← *Discreto.*

chimenea Hogar, fogón.

china Canto, piedrecita.

chinchar Importunar, incomodar, fastidiar, molestar. ← *Ayudar, distraer.* || Matar.

chinche Molesto, latoso, inoportuno, impertinente. ← *Discreto, ameno.*

chiquillada Travesura, niñada.

chiquillo Niño, chicuelo, muchacho, criatura, nene, bebé, crío.

chiripa Chamba, suerte, casualidad.

chirriar Rechinar, chillar.

chisme Chismería, cuento, historia, historieta, murmuración, habladuría, lío, embuste, enredo, invención, mentira.

chismorrear Chismear, cotillear, murmurar, criticar.

chismoso Murmurador, enredador, lioso, maldiciente, cuentista. ← *Veraz, formal.*

chispa Centella, rayo, relámpago, chispazo, descarga. || Ingenio, gracia, agudeza, viveza. || Partícula, gota, átomo, pizca, miaja.

chispazo Destello.

chispear Relucir, refulgir, brillar. || Gotear, caer cuatro gotas.

chiste Agudeza, ocurrencia, gracia.

chistoso Gracioso, ocurrente, agudo, ingenioso. ← *Soso, zonzo.*

chita Astrágalo. || Taba.

chito o chitón ¡A callar! ¡Silencio! ¡Chis!

chivato Soplón, delator, acusón, acusica.

chivo Cabritillo, cabrito, chivato.

chocante Raro, extraño, curioso, sorprendente, inesperado. ←*Corriente, vulgar.*

chocar Topar, encontrarse, tropezar, dar. || Extrañar, sorprender, admirar, contrastar. ← *Concordar.* || Pelear, reñir, disputar.

chocolate Cacao.

chocolatín Bombón.

chófer Conductor, automovilista, mecánico.

choque Topetazo, encontronazo, encontrón, encuentro, colisión. || Pelea, riña, disputa.

chorrear Fluir, brotar, caer.

chorro Caño, surtidor, hilo.

choza Cabaña, barraca.

chubasco Chaparrón, aguacero.

chubasquero Impermeable, gabardina.

chuchería Fruslería, bujería, baratija, friolera.

chucho Perro, can.

chuleta Costilla. || Bofetada.

chulo Fanfarrón, valentón, rufián.

chunga Guasa, broma.

chupado Extenuado, flaco, delgado, consumido. ← *Rollizo.*

chupar Sorber, absorber, mamar.

chupatintas Escribiente, oficinista.

chupón Secante.

CH

D

daga Puñal.

damisela Doncella, damita. ‖ Cortesana.

danza Baile.

danzante Danzarín, bailarín.

danzar Bailar.

danzarín Danzante.

danzarina Bailarina.

dañar Damnificar, perjudicar, estropear, deteriorar, malear. ← *Beneficiar.*

dañino Nocivo, perjudicial, dañoso, malo, pernicioso. ← *Beneficioso.*

daño Perjuicio, lesión, mal, deterioro, desperfecto. ← *Beneficio.*

dañoso Dañino, perjudicial, nocivo, malo, pernicioso. ← *Beneficioso.*

dar Donar, regalar, entregar, ceder, otorgar, conceder, facilitar, proporcionar. ← *Quitar.* ‖ Producir. ‖ Aplicar. ‖ Caer, topar, chocar, pegar, incurrir. ‖ Acertar, adivinar, atinar. ← *Errar.* ‖ Administrar, suministrar, propinar, proporcionar, proveer, nutrir, presentar. ‖ Encararse, orientarse, mirar.

dardo Venablo, jabalina.

darse Entregarse, rendirse, ceder. ← *Resistir.*

data Fecha.

dato Detalle, nota, documento, testimonio.

debajo Abajo. ← *Encima.* ‖ Bajo. ← *Sobre.*

debate Discusión, disputa. ← *Acuerdo.*

debatir Discutir, controvertir, disputar, contender, altercar. ← *Acordar.*

deber Obligación, misión, responsabilidad. ← *Derecho.* ‖ Haber de, tener que, estar obligado.

débil Endeble, flaco, flojo, decaído, desfallecido, debilitado, enclenque, canijo, exánime. ← *Fuerte, robusto, vigoroso, enérgico.*

debilidad Flaqueza, flojedad, decaimiento, desfallecimiento, extenuación. ← *Fuerza, vigor, energía, robustez.*

debilitar Extenuar, disminuir, apagar, ablandar, atenuar, suavizar, marchitar, amortiguar, limar. ← *Envigorecer.*

debilitarse Flojear, flaquear, desfallecer, decaer, aflojar, consumirse, desmejorarse, aplanarse, agotarse, no poderse tener, desgastarse. ← *Robustecerse.*

década Decenio.

decadencia Decaimiento,

declinación, descenso, decrepitud. ← *Auge.*

decapitar Descabezar, degollar, guillotinar.

decena Diez.

decencia Honestidad, modestia, moderación, decoro, dignidad. ← *Indecencia.*

decenio Década.

decente Honesto, modesto, decoroso, digno. ← *Indecente.*

decepción Desengaño, desilusión, chasco. ← *Ilusión.*

decidido Resuelto, osado, emprendedor. ← *Indeciso, apocado.*

decidir Resolver, determinar, disponer. ← *Titubear.*

decir Hablar, manifestar, pronunciar, articular, explicar, referir, contar, declarar, indicar, expresar, dictar, detallar, informar, exponer, señalar, enumerar, mencionar, observar, anunciar, nombrar, apuntar, concretar, insinuar, indicar, soltar, cantar, repetir, recalcar, subrayar, considerar, fijar, revelar. ← *Callar.* ‖ Opinar, proponer, sostener, afirmar, asegurar. ← *Negar, dudar.* ‖ Denotar, mostrar, representar. || Estar escrito, citar, contener.

decisión Resolución, determinación, disposición. || Firmeza, energía, resolución. ← *Indecisión.*

decisivo Definitivo. ← *Dudoso, provisional.* || Crucial.

declaración Exposición, revelación, manifestación, confesión, proposición, afirmación, explicación, confesión. ← *Ocultación, silencio.* || Testimonio.

declarar Manifestar, explicar, exponer, decir. ← *Callar, ocultar.* || Atestiguar. || Resolver, proclamar, decidir.

decoración Adorno, embellecimiento. || Decorado.

decorado Decoración.

decorar Adornar, ornamentar.

decreto Orden, bando. || Determinación, resolución, decisión.

dedicación Ofrecimiento, consagración, dedicatoria, homenaje, conmemoración.

dedicar Consagrar, ofrecer, ofrendar. || Destinar, emplear, ocupar, asignar.

dedicarse Entregarse.

dedicatoria Dedicación.

dedos (chuparse los) Relamerse.

defecto Deficiencia, imperfección, falta, tacha, vicio. ← *Exceso, cualidad.*

defectuoso Imperfecto, incompleto, insuficiente, cojo, incorrecto, mediano, regular, malo. ← *Perfecto, bueno.*

defender Amparar, proteger, resguardar, sostener, pugnar. || Disculpar, excusar. ← *Acusar.*

defensa Amparo, protección, apoyo, auxilio. ← *Ataque, impugnación.* || Disculpa. ← *Acusación.*

defensor Campeón, protector, abogado. ← *Acusador.*

deficiencia Defecto, falta, imperfección, insuficiencia. ← *Suficiencia, perfección.*

deficiente Incompleto, imperfecto, insuficiente, defectuoso. ← *Perfecto.*

definición Descripción, explicación, exposición, || Decisión, declaración.

definir Explicar, fijar, determinar.

definitivo Decisivo, indiscutible. ← *Provisional.*

deformación Desfiguración, deformidad, imperfección. ← *Perfección.*

deformar Desfigurar.

deforme Desfigurado, desproporcionado, contrahecho, monstruoso. ← *Perfecto, hermoso, apuesto.*

defraudar Estafar, quitar, engañar, usurpar. ← *Restituir.* || Malograr.

defunción Muerte, fallecimiento. ← *Nacimiento.*

degollar Decapitar, descabezar, guillotinar.

dejadez Abandono, descuido, pereza. ← *Esmero, diligencia.*

dejado Abandonado, descuidado, perezoso. ← *Esmerado, diligente.* || Desaseado, desaliñado, sucio. ← *Pulcro.*

dejar Abandonar, soltar, desamparar, ceder, cejar, desechar, rechazar, apartar, renunciar, plantar, arrinconar, separarse, desertar, desistir, sacrificar, dimitir, abdicar, darse de

baja. ← *Adoptar, tomar, unirse.* || Marcharse, partir, irse, apartarse, ausentarse. ← *Permanecer, quedarse.* || Encargar, encomendar, designar, confiar, nombrar. || Transmitir. ← *Desheredar.* || Desprenderse, despojarse, dar, ceder. ← *Retener, mantener.* || Consentir, permitir, tolerar, sufrir. ← *Oponerse.* || Olvidar. || Aplazar. ← *Anticipar.*

delante Enfrente. || A la vista, en presencia de. || A la cabeza de.

delantera Frente. || Adelanto.

delantera (coger o tomar la) Anticiparse, adelantar, aventajar.

delatar Acusar, denunciar, revelar, descubrir, soplar, chivatar, chivatear.

delegado Representante, encargado.

deleitar Agradar, encantar, complacer, gustar. ← *Enojar, molestar.*

deleite Placer, goce, delicia, gusto, encanto, complacencia. ← *Molestia, disgusto.*

delgadez Flaqueza, flacura, adelgazamiento. ← *Gordura.*

delgado Flaco, seco, adelgazado, consumido, chupado, demacrado, depauperado, descarnado enflaquecido, esmirriado, esquelético, fideo, frágil, ← *Obeso, gordo, grueso.*

deliberadamente Premeditadamente, adrede, aposta, intencionadamente, ex profeso, de propósito, a sabiendas. ← *Indeliberadamente.*

deliberar Premeditar, refle-

D

D xionar, meditar, || Discutir, debatir.

delicadeza Finura, suavidad, atención, tacto, tiento, miramiento, cortesía, ternura. ← *Indelicadeza.* || Primor, fineza, cuidado. ← *Descuido, tosquedad.*

delicado Fino, atento, mirado, suave, cortés, tierno. ← *Desconsiderado.* || Enfermizo, enclenque, débil. ← *Robusto.* || Sabroso, rico, apetitoso. ← Desaborido, repugnante. || Fino, primoroso. ← *Tosco, basto.* || Débil, frágil, quebradizo. ← *Sólido.* || Quisquilloso. || Difícil, expuesto, arriesgado. ← *Corriente, fácil.*

delicia Deleite, placer, goce, encanto, complacencia, gusto, agrado. ← *Sufrimiento, molestia, fastidio.*

delicioso Placentero, encantador, maravilloso, agradable. ← *Penoso, áspero, desagradable.*

delincuente Malhechor, criminal.

delirar Desvariar, disparatar, desatinar. ← *Razonar.* || Soñar, ilusionarse.

delirio Alucinación, enajenación, perturbación, frenesí, desvarío, disparate, desatino. || Fantasía, ilusión.

delito Culpa, crimen, falta.

demanda Petición, solicitación, ruego, súplica. || Pedido. ← *Oferta.*

demarcar Delimitar, fijar, señalar.

demasiado Excesivo, sobrado. ← *Insuficiente, poco.* || Excesivamente. ← *Insuficientemente.*

demencia Locura, chifladura. ← *Cordura, sano, juicioso.*

demente Loco, anormal, chiflado. ← *Cuerdo.*

demoníaco Diabólico, satánico, perverso. ← *Angelical.*

demonio Diablo. ← *Ángel.*

demora Retraso, tardanza, aplazamiento. ← *Adelanto anticipación.*

demorar Retrasar, retardar, aplazar. ← *Adelantar, anticipar.*

demorarse Entretenerse, pararse. ← *Apresurarse, seguir.*

demostración Manifestación, exhibición, presentación. ← *Ocultación.* || Explicación, ilustración. || Prueba, testimonio,

demostrar Probar, justificar, mostrar.

denominar Llamar, nombrar, designar.

densidad Condensación.

denso Compacto, macizo, apiñado, apretado, tupido, espeso. ← *Fofo, hueco, fluido.* || Pesado. ← *Leve.*

dentellada Colmillada, mordisco, mordedura.

dentro En el interior de, al interior, en, adentro. ← *Fuera.*

dentista Odontólogo, sacamuelas.

denuncia Acusación, soplo, información, noticia.

denunciar Delatar, acusar, revelar, descubrir.

depuración Purificación, limpieza. ← *Corrupción.*

depurado Puro, limpio. ← *Impuro.*

depurar Purificar, perfeccionar, sublimar. ← *Impurificar, corromper.*

derecha Diestra. ← *Izquierda.*

derecho Recto, seguido, directo, vertical, erguido. ← *Torcido.* || Facultad, opción, libertad, justicia. ← *Deber.* || Anverso, cara, recto. ← *Revés.*

derechos Tributo, impuestos.

derechura Rectitud, equidad, igualdad.

deriva Desvío.

deriva (a la) Abandonado, desamparado, desorientado. || Al garete.

derivación Consecuencia, deducción.

derivar Proceder, originarse, deducirse, seguirse, nacer. || Desviarse.

derramar Verter, esparcir, desembocar, desaguar, desbordar.

derrame Derramamiento, desbordamiento. || Pérdida, dispersión.

derredor Contorno, rededor.

derretir Fundir, liquidar. ← *Solidificar.*

derretirse Deshacerse, impacientarse, inquietarse.

derribar Tumbar, tirar, desmontar, derruir, derrumbar, hundir, arruinar. ← *Levantar, edificar.*

derribo Hundimiento, desplome, ruina, destrucción. ← *Construcción.*

derrochar Malgastar, despilfarrar, desperdiciar, desaprovechar. ← *Ahorrar, escatimar, aprovechar.*

derroche Despilfarro, gasto. ← *Ahorro, economía, mezquindad.*

derrota Vencimiento, descalabro, fracaso, paliza, desastre. ← *Victoria, éxito.*

derrotado Andrajoso, pobre, harapiento.

derrotar Vencer, batir, destrozar, rendir.

derruir Derribar, derrumbar, arruinar, destrozar. ← *Edificar, reconstruir.*

derrumbamiento Derrumbe, desmoronamiento, desplome, fracaso, alud, desprendimiento.

derrumbar Precipitar, despeñar, derruir, arruinar, caerse, desplomarse. ← *Levantar, reconstruir.*

desabotonar Desabrochar.

desabrigado Desamparado, desvalido, indefenso.

desabrigar Destapar, desarropar.

desabrigo Desamparo, abandono, desvalimiento.

desabrochar Desabotonar, abrir, aflojar.

desabrocharse Abrirse.

desacertar Errar, equivocarse, desatinar. ← *Acertar.*

desacierto Error, equivocación, torpeza, disparate, desatino, dislate. ← *Acierto.*

desacomodar Desemplear, desocupar, destituir.

desaconsejar Apartar, desengañar. ← *Aconsejar, persuadir.*

desacordar Desentonar, desafinar, discordar, falsear.

desacorde Disconforme, discordante, desavenido, desafinado, desentonado. ← *Acorde, afinado.*

desacostumbrado Insólito, desusado, extraño, nuevo, raro. ← *Acostumbrado, corriente.*

desacostumbrar Deshabituar. ← *Acostumbrar, habituar.*

desacuerdo Disconformi-

dad, desunión, discordia. ← *Acuerdo.*

desafiar Retar, provocar, competir, rivalizar, afrontar.

desafinar Desentonar, disonar. ← *Afinar.*

desafío Reto, provocación, duelo, rivalidad, competencia.

desaforado Desmesurado, desmedido, enorme, descomunal. ← *Mesurado.*

desafortunado Desventurado, desdichado, infeliz, desgraciado. ← *Afortunado, feliz.*

desagradable Ingrato, molesto, enojoso, fastidioso, enfadoso. ← *Agradable, placentero.*

desagradar Disgustar, molestar, enfadar, enojar, fastidiar. ← *Agradar, complacer.*

desagradecido Ingrato, olvidadizo. ← *Agradecido.*

desagradecimiento Ingratitud, desconocimiento, olvido. ← *Agradecimiento.*

desagrado Descontento, disgusto, fastidio, enojo, molestia, enfado. ← *Agrado.*

desaguadero Escurridero, escorredero, tragadero, alcantarilla, desagüe.

desaguar Desembocar, derramar, verter, vaciar, secar.

desagüe Desaguadero, desembocadura, salida.

desahogado Atrevido, desvergonzado. ← *Encogido, comedido.* || Desembarazado, despejado, libre, amplio, espacioso. ← *Reducido.* || Aliviado, descansado, acomodado. ← *Ahogado, atosigado, entrampado.*

desahogar Aliviar, consolar, aligerar, descargar. ← *Atosigar.*

desahogarse Desfogarse, expansionarse, abrirse, desembuchar. ← *Contenerse.* || Recobrarse, repararse, reponerse. ← *Ahogarse, desfallecer.*

desahogo Libertad, holgura, desenvoltura. ← *Estrechez.* || Alivio, descanso, reposo, tranquilidad, consuelo. ← *Ahogo, desfallecimiento, congoja.* || Expansión. ← *Contención.*

desahuciar Lanzar, expulsar, despedir.

desaire Descortesía, chasco, desdén, desprecio, grosería. ← *Atención, delicadeza.*

desalentar Desanimar, descorazonar, abatir, atemorizar, acobardar. ← *Alentar.*

desaliento Desánimo, abatimiento, decaimiento. ← *Aliento.*

desaliñado Descuidado, desarreglado, abandonado, desascado, dejado, gorrino, harapiento. ← *Cuidado, elegante.*

desaliñar Deteriorar, descomponer, desarreglar, desordenar, estropear.

desaliño Desaseo, descuido, abandono, dejadez. ← *Pulcritud.*

desalmado Cruel, inhumano, despiadado, bárbaro, salvaje. ← *Compasivo, humano.*

desalojar Echar, sacar, lanzar, expulsar ← *Alojar.* || Dejar, irse, desalquilar, marcharse, abandonar. ← *Ocupar.*

desamparado Abandonado,

D solo, huérfano, solitario. ← *Amparado, poblado.*

desamparar Abandonar, dejar, desatender, descuidar. ← *Amparar.*

desamparo Desabrigo, desatención, abandono, aislamiento, soledad. ← *Ayuda, amparo.*

desangrar Sangrar.

desanimar Desalentar, descorazonar, abatir, atemorizar, acobardar. ← *Animar.*

desánimo Desaliento, abatimiento, decaimiento. ← *Ánimo.*

desaparecer Ocultarse, esconderse, perderse, desvanecer, huir. ← *Aparecer, comparecer.*

desaparición Desaparecimiento, desvanecimiento, ocultación. ← *Aparición.* || Cesación, fin, acabamiento. || Muerte, pérdida.

desaprobación Crítica, reproche, reprimenda. ← *Aprobación, aplauso.* || Disconformidad. ← *Consentimiento.*

desaprobar Reprobar, condenar. ← *Aprobar.*

desaprovechamiento Deterioro, desperdicio, derroche. ← *Aprovechamiento, utilización.*

desaprovechar Desperdiciar, malgastar, derrochar. ← *Aprovechar.*

desarmado Indefenso.

desarmar Desmontar, descomponer. ← *Armar.*

desarme Desarmamiento.

desarreglado Desordenado.

desarreglar Desordenar, trastornar, perturbar, alterar, descomponer, desorganizar. ← *Arreglar, ordenar.*

desarreglo Desorden, trastorno, desconcierto, confusión, desorganización. ← *Orden, concierto.*

desarrollar Desenrollar, desplegar, expansionar, perfeccionar, ampliar, extenderse, explicar. ← *Enrollar, reducir, limitar.*

desarrollarse Crecer, aumentar, progresar, adelantar, perfeccionarse. ← *Decrecer.*

desarrollo Crecimiento, progreso, adelanto, aumento, desenvolvimiento, amplitud. ← *Reducción, retroceso.*

desarropar Destapar, desabrigar. ← *Arropar.*

desaseado Sucio, desaliñado, descuidado, dejado. ← *Aseado.*

desaseo Suciedad, desaliño, descuido, dejadez. ← *Aseo.*

desasir Soltar, desprender, desatar. ← *Asir.*

desastrado Andrajoso, harapiento. ← *Atildado.* || Desgraciado, infeliz, desastroso. ← *Fausto, afortunado.*

desastre Ruina, catástrofe, asolamiento, calamidad, derrota.

desastroso Ruinoso, calamitoso, catastrófico, asolador, desgraciado, terrible, desastrado, infeliz. ← *Beneficioso, feliz, afortunado.*

desatar Desligar, deshacer, desenlazar, soltar. ← *Atar.*

desatarse Desencadenarse, descomedirse, excederse. ← *Contenerse.*

desatención Descortesía, incorrección, desaire, grosería. ← *Atención, deli-*

cadeza. || Distracción. ← *Atención.*

desatender Descuidar, abandonar, desasistir, olvidar, desestimar. ← *Atender.*

desatento Descortés, inconsiderado, grosero, desconsiderado, irrespetuoso. ← *Atento, cortés.* || *Distraído, descuidado.* ← *Atento.*

desatinado Disparatado, descabellado, desatentado, absurdo. ← *Sensato, razonable.*

desatinar Disparatar, desacertar. ← *Razonar.*

desatino Disparate, despropósito, desacierto, locura. ← *Acierto.*

desavenencia Desunión, discordia, desacuerdo, disconformidad. ← *Avenencia.*

desayuno Almuerzo.

desbandada Huida, escapada, abandono, derrota, descalabro, estampida, desastre.

desbandada (a la) Dispersamente, en tropel, confusamente, desordenadamente.

desbandarse Dispersarse, desperdigarse, huir, desordenarse, desparramarse. ← *Concentrarse.*

desbarajuste Desorden, desconcierto, desarreglo, confusión, desorganización. ← *Orden, concierto.*

desbaratamiento Confusión desbarajuste, descomposición, desarreglo, desorganización, alteración. ← *Ordenación.*

desbaratar Deshacer, descomponer, desordenar desconcertar, trastornar,

D

arruinar. ← *Componer, ordenar, arreglar.*

desbocarse Dispararse, embravecerse.

desbordamiento Inundación, riada, crecida. || Desenfreno, desencadenamiento. ← *Contención.*

desbordarse Derramarse, rebosar, salirse, dispersarse. || Desmandarse, desencadenarse, desenfrenarse.

descabellado Desatinado, disparatado, desacertado, absurdo. ← *Juicioso, acertado.*

descabellar Desmelenar, despeinar. ← *Peinar.*

descalabrar Maltratar, lastimar, lesionar, herir, perjudicar, dañar, romper la crisma, abrir la cabeza.

descalabro Contratiempo, desgracia, daño, pérdida, derrota.

descalificar Desautorizar. ← *Autorizar.*

descaminar Desencaminar.

descamisado Desarrapado, harapiento, miserable, pobre. ← *Elegante, rico.*

descampado Descubierto, despejado, desembarazado, libre.

descansado Calmo, calmado.

descansar Reposar, yacer, dormir, aliviarse, tranquilizarse, sosegarse, respirar. ← *Cansarse, fatigarse.* || Apoyarse.

descansillo Descanso, rellano.

descanso Reposo, respiro, sosiego, tranquilidad, desahogo, alivio. ← *Trabajo, fatiga, inquietud.*

descarado Desvergonzado, atrevido, insolente, des-

lenguado. ← *Respetuoso vergonzoso.*

descararse Atreverse, desvergonzarse, desbocarse, insolentarse, desmandarse, cantarlas claras. ← *Retenerse, comedirse.*

descarga Desembarco. || Aligeramiento. || Fuego, cañonazo, disparo.

descargar Disparar. || Desembarazar, aliviar, aligerar. || Desembarcar.

descaro Desvergüenza, desfachatez, atrevimiento, osadía. ← *Comedimiento.*

descarriar Desencaminar, desviar, distraer, extraviar. ← *Encaminar, convertir.*

descartar Quitar, suprimir, eliminar, prescindir. ← *Aceptar, tener en cuenta.*

descendencia Sucesión, hijos. ← *Ascendencia, ascendientes.*

descender Bajar, caer. ← *Ascender.* || Disminuir. ← *Ascender, aumentar.* || Rebajarse. ← *Progresar.* || Proceder, derivar, provenir.

descendiente Hijo, sucesor. ← *Ascendiente.*

descenso Bajada, caída, decadencia, declinación, degradación. || Subida, ascenso.

descifrar Interpretar, desentrañar, averiguar, comprender, penetrar, adivinar, acertar, leer.

desclavar Arrancar. ← *Clavar.*

descolgar Bajar, apear.

descolorido Blanquecino, lívido, pálido, incoloro. ← *Atezado, rubicundo, coloreado.*

descollar Sobresalir, resal-

tar, despuntar, distinguirse.

descomponer Desarreglar, desarticular, deshacer, desordenar, desbaratar, trastornar. ← *Componer, arreglar, ordenar.*

descomponerse Pudrirse, corromperse. || Alterarse, indisponerse, desbaratarse, desquiciarse. ← *Tranquilizarse, sosegarse.*

descomposición Corrupción, putrefacción.

descompuesto Alterado, putrefacto, podrido. ← *Sano.*

descomunal Enorme, desproporcionado, monstruoso, extraordinario, gigantesco. ← *Diminuto, microscópico.*

desconcertar Turbar, alterar, desorientar, confundir, desordenar, desbaratar. ← *Tranquilizar, serenar, orientar, concertar.*

desconcierto Desarreglo, desorden, desorganización, confusión, desavenencia, desacuerdo. ← *Concierto, orden, acuerdo.*

desconectar Interrumpir, sacar el contacto. ← *Conectar, unir.*

desconexión Desunión, inconexión, falta de contacto.

desconfiado Receloso, malicioso, mal pensado, suspicaz, incrédulo, cauto, previsor. ← *Confiado.*

desconfianza Recelo, prevención, suspicacia, malicia, temor, inseguridad, intranquilidad, desesperanza, incredulidad. ← *Confianza.*

D

desconocer Ignorar. ←
Conocer, saber.

desconocido Ignorado, anónimo, oscuro. ← *Conocido.*

desconocimiento Ignorancia, inconsciencia. ←
Saber, conocimiento.

desconsideración Ligereza, atolondramiento, desatención, irreflexión. ←
Atención, respeto.

desonsolado Triste, doliente, angustiado, inconsolable, cabi. bajo, melancólico. ← *Resignado, contento, alegre.*

desconsolar Entristecer, afligir, desalentar, apesadumbrar, acongojar, abatir, desolar, desesperar. ← *Alegrar, alentar.*

desconsuelo Pena, pesar, tristeza, amargura, angustia, desolación. ←
Consuelo.

descontar Rebajar, restar, quitar, reducir, disminuir. ← *Añadir, aumentar, sumar.*

descontentar Disgustar, desagradar, enfadar, impacientar, desazonar. ←
Satisfacer.

descontento Disgustado, quejoso, insatisfecho. ←
Contento. ‖ Disgusto, insatisfacción, desagrado, enfado, enojo, irritación. ← *Contento, satisfacción, júbilo.*

descorazonar Desanimar, desalentar, abatir, atemorizar, acobardar. ← *Animar.*

descorchar Destapar, destaponar.

descortés Desatento, desconsiderado, mal educado, grosero. ← *Cortés.*

descortesía Desatención,

desconsideración, grosería, desabrimiento. ←
Cortesía.

descoser Desatar, soltar, deshacer. ← *Coser.*

descoyuntar Desencajar, desquiciar. ← *Articular, encajar.*

describir Trazar, dibujar, pintar, reseñar, explicar, especificar, definir.

descripción Explicación, reseña, detalle.

descuartizar Despedazar, destrozar, dividir, partir.

descubierta (a la) Expuestamente, sin guardarse, a banderas desplegadas. ←
Ocultamente.

descubridor Inventor, explorador.

descubrimiento Hallazgo, invención.

descubrir Hallar, encontrar, inventar. ‖ Destapar, desnudar. ← *Cubrir.* ‖ Revelar, manifestar, denunciar. ← *Ocultar.*

descuento Rebaja, disminución. ← *Plus.*

descuidado Dejado, abandonado. ← *Cuidadoso, concienzudo.* ‖ Desaliñado, desaseado, dejado. ←
Cuidadoso. ‖ Desprevenido. ← *Prevenido, preparado.*

descuidar Desatender, olvidar, abandonar, dejar. ← *Cuidar.*

descuido Olvido, inadvertencia, abandono, dejadez. ← *Cuidado.* ‖ Falta, tropiezo.

desdén Menosprecio, desprecio, desconsideración, desatención, indiferencia. ← *Estimación, respeto, interés.*

desdeñar Menospreciar, despreciar, desechar, de-

sairar. ← *Estimar, respetar.*

desdeñoso Orgulloso, despreciativo, arrogante, indiferente. ← *Modesto.*

desdicha Desgracia, infortunio, desventura, infelicidad. ← *Dicha.*

desdichado Desgraciado, desventurado, infeliz, mísero. ← *Dichoso.*

desdoblar Extender, desplegar. ← *Doblar.* ‖ Separar. ← *Juntar.*

desear Querer, aspirar a, anhelar, ansiar, suspirar por, soñar, ambicionar, codiciar, antojarse, pretender. ← *Repugnar, repeler, rehusar, rechazar, despreciar.*

desecar Desencharcar. ←
Anegar.

desechar Excluir, apartar, separar, rechazar, desestimar, despreciar, menospreciar, desdeñar. ←
Aprovechar, estimar.

desembarazado Despejado, libre, desocupado, desahogado. ← *Ocupado.*

desembarazar Despejar, desocupar, escampar, limpiar, separar. ← *Taponar.*

desembarazado Desenvoltura, soltura, desparpajo. ← *Embarazo, encogimiento.*

desembarcadero Puerto, muelle, fondeadero.

desembarcar Desalojar, bajar.

desembocadura Estuario, delta, barra.

desembocar Desaguar, derramar, verter, salir, dar a, ir a parar.

desembuchar Desahogarse, declarar, confesar, cantar. ← *Callar, silenciar*

D

desempaquetar Desempacar, desenvolver, deshacer, desligar, desatar, desliar. ← *Envolver.*

desempeñar Rescatar, libertar. ‖ Ejecutar, realizar, cumplir, hacer, llenar, cumplimentar, ejercer, ocupar.

desencadenarse Desatarse, desenfrenarse. ← *Contenerse.*

desencajar Desajustar, desquiciar, desmontar, dislocar. ← *Encajar.*

desencaminar Descaminar, descarriar, desviar. ← *Encaminar, convertir.*

desencantar Desengañar.

desencanto Desengaño, desilusión, chasco, decepción. ← *Encanto.*

desenfadar Desenojar, aplacar, sosegar, apaciguar, calmar. ← *Enconar, atosigar.*

desenfrenarse Desatarse, desencadenarse, desmandarse, excederse. ← *Dominarse.*

desenganchar Soltar, desencadenar, desprender, separar. ← *Enganchar.*

desengañar Desencantar, desalentar, decepcionar, desilusionar, abrir los ojos, quitar la venda de los ojos. ← *Ilusionar.*

desengaño Desilusión, desencanto, decepción, chasco. ← *Engaño, ilusión, error.*

desenlace Solución, resolución, desenredo, conclusión, final. ← *Enredo.*

desenlazar Desatar, soltar, desasir. ‖ Resolver, solucionar.

desenmarañar Desenredar, aclarar. ← *Enmarañar.*

desenmascarar Descubrir, destapar, desencaperuzar, sacar la careta. ← *Tapar, cubrir, esconder.*

desenrollar Desplegar, desarrollar, extender. ← *Enrollar.*

desenroscar Desatornillar.

desentenderse Prescindir, guardarse, despreocuparse, hacerse el sueco. ← *Preocuparse.*

desenterrar Exhumar. ← *Enterrar.*

desentonar Desafinar, disonar, discordar, contrastar. ← *Entonar, concertar.*

desentono Desentonación, desafinación, gallo. ‖ Descompostura, insolencia.

desenvainar Desnudar, sacar, tirar.

desenvoltura Desenfado, desparpajo, desembarazo, soltura, descaro, desvergüenza, desfachatez. ← *Encogimiento.*

desenvolver Desarrollar, extender, desenrollar, desplegar, desdoblar, abrir, estirar. ← *Encoger, envolver, recoger.*

deseo Aspiración, anhelo, afán, ansia, sueño, apetito, gana, antojo, ambición. ← *Aversión.*

desequilibrado Perturbado, maniático, chiflado, chalado. ← *Equilibrado, sensato.*

desertor Prófugo.

desesperación Desespero, desesperanza, abatimiento, desaliento. ← *Esperanza.*

desesperar Desesperanzarse, desconfiar. ← *Esperar, confiar, tener fe.* ‖ Impacientar, irritar, enojar. ← *Sosegar.*

desfachatez Desvergüenza, descaro, frescura, desahogo, osadía, atrevimiento. ← *Prudencia.*

desfallecer Flaquear, debilitarse, flojear, desmayarse, desanimarse, desalentarse. ← *Reanimarse, vigorizarse, recobrarse.*

desfallecimiento Debilidad, decaimiento, desánimo, desaliento, desmayo, abatimiento. ← *Restablecimiento, robustecimiento.*

desfavorable Contrario, adverso, hostil, perjudicial. ← *Favorable.*

desfigurar Falsear, enmascarar, disfrazar, fingir.

desfiladero Puerto, paso, cañada, cañón.

desfilar Marchar, pasar, maniobrar.

desfile Revista, parada.

desgana Indiferencia, fastidio. ← *Interés, energía.*

desgarbado Rasgar, romper, despedazar.

desgarro Rotura, rompimiento, desgarrón, rasgadura.

desgarrón Rasgón, siete, rotura, jirón.

desgastado Usado, gastado.

desgastar Comer, consumir, morder, adelgazar.

desgracia Desdicha, desventura, infelicidad, adversidad, fatalidad, · contratiempo percance, accidente. ← *Dicha, fortuna, suerte.*

desgraciado Desdichado, desventurado, infeliz, desafortunado, miserable, mísero. ← *Afortunado, feliz.*

desgraciar Malograr, estropear, echar a perder.

desguazar Desbastar. ‖

D

Deshacer, desmontar, desarmar.

deshabitado Inhabitado, solitario, abandonado, vacío, despoblado, desierto. ← *Habitado, poblado.*

deshabituar Desacostumbrar.

deshacer Anular, suprimir, dispersar, desarmar, desbaratar, desmontar, desencajar, desorganizar, descomponer, desordenar, despedazar, dividir, separar, partir, romper, desmoronar, desconcertar, destrozar, desgastar. ← *Hacer, montar, construir.* ‖ Derrotar, quebrantar. ‖ Derretir, liquidar, disolver.

deshacerse Desvanecerse, esfumarse, desfigurarse, dañarse, estropearse. ‖ Impacientarse, consumirse, inquietarse, afligirse. ‖ Enflaquecer, extremarse. ← *Rehacerse.* ‖ Perecer, morirse, ansiar, pirrarse.

desharrapado Desarrapado, andrajoso, harapiento, roto, desandrajado, desastrado. ← *Elegante.*

desheredar Privar.

deshinchar Desinflar.

deshincharse Rebajarse, reducirse. ← *Hincharse.*

deshonestidad Indecencia, impureza, inmoralidad, torpeza. ← *Honestidad.*

deshonesto Desvergonzado, indecente, impuro, torpe, indecoroso. ← *Honesto.*

deshonor Deshonra, afrenta, vileza, infamia, ruindad, mancha, ultraje. ← *Honor, honra.*

deshonrar Deshonorar, afrentar, ultrajar, difa-

mar, infamar. ← *Honrar, respetar.*

desidia Abandono dejadez, descuido, pereza. ← *Celo, diligencia.*

desidioso Descuidado, desaliñado, perezoso. ← *Diligente, cuidadoso.*

desierto Despoblado, deshabitado, solitario, abandonado. ← *Poblado, populoso.* ‖ Estepa, sabana.

designación Nombramiento.

designar Indicar, señalar, nombrar, destinar, elegir.

desigual Diferente, dispar, vario, distinto, diverso. ← *Igual.* ‖ Variable, mudable, caprichoso. ← *Constante, igual.* ‖ Quebrado, áspero. ← *Llano.*

desigualdad Desemejanza, disparidad, diferencia. ← *Igualdad, semejanza.* ‖ Altibajos, irregularidad.

desilusión Desengaño, desencanto, decepción, chasco, desesperanza. ← *Ilusión.*

desilusionar Desengañar, decepcionar. ← *Ilusionar.*

desinfección Limpieza.

desinfectante Antiséptico.

desinfectar Purificar.

desinflar Deshinchar.

desintegrar Descomponer, desmembrar. ← *Integrar.*

desinterés Desprendimiento, generosidad, despego. ← *Interés, egoísmo.*

desinteresado Desprendido, generoso. ← *Interesado.*

desinteresarse Desentenderse.

desistimiento Renuncia, abandono. ← *Aceptación, ratificación.*

desistir Renunciar, abando-

nar, cesar. ← *Perseverar.*

desleal Infiel, traidor. ← *Leal.*

deslealtad Infidelidad, perfidia, traición. ← *Lealtad.*

desligar Desatar, desenlazar, deshacer, soltar. ← *Ligar, sujetar.*

desliz Resbalón. ‖ Descuido, ligereza, falta, tropiezo, caída, error.

deslizar Correr, rodar.

deslizarse Resbalar, escurrirse, escabullirse, escaparse.

deslucido Deslustrado, desgraciado.

deslumbramiento Ceguera, encegamiento, pasmo.

deslumbrar Cegar, ilusionar, seducir, engañar.

desmandarse Propasarse, excederse. ← *Comedirse.* ‖ Desobedecer, rebelarse.

desmayar Acobardarse, desalentarse, desanimarse, desfallecer, descorazonarse. ← *Envalentonarse.*

desmayarse Desvanecerse, perder el sentido, accidentarse. ← *Recobrarse.*

desmayo Desfallecimiento, desvanecimiento, accidente, síncope.

desmejora Pérdida. ← *Mejora.*

desmejorar Deslustrar, deteriorar, enfermar, perder, decaer. ← *Mejorar.*

desmemoriado Olvidadizo, distraído.

desmenuzar Desmigajar, picar, triturar.

desmesurado Desmedido, desproporcionado, excesivo, enorme. ← *Mesurado, moderado.*

desmentir Contradecir, re-

futar, negar, denegar. ←
Confirmar. ‖ Disimular,
disfrazar.
desmesurarse Excederse,
atreverse, insolentarse.
← *Respetar.*
desmirriado Desmedrado.
desmontar Apearse, descabalgar, bajarse. ← *Mon-
tar.* ‖ Desarmar, descom-
poner, desarticular. ←
Montar.
desmoralizar Desorientar,
desconcertar, desanimar,
abatir, desalentar. ←
Animar.
desmoronarse Arruinarse,
deshacerse, caerse, des-
truirse, venirse abajo.
desnaturalizado Ingrato, inhumano, cruel.
desnivel Desigualdad, desproporción, pendiente,
rampa, altibajo. ← *Igualdad, ras.*
desnudarse Desvertirse,
despojarse. ← *Vestirse.*
desnudez Desabrigo, pobreza, privación, falta,
escasez. ← *Riqueza,
abrigo.*
desnudo En cueros. ←
Vestido. ‖ Remangado,
descubierto, escotado,
descalzo. ‖ Falto, des-
pojado, desprovisto, cal-
vo, desmantelado, liso,
escaso, pobre, privado,
faltado. ← *Rico, abun-
dante, equipado.* ‖ Míse-
ro, pobre. ← *Rico.*
desnutrido Extenuado, escuálido, débil. ← *Oron-
do, sano.*
desobedecer Desmandarse,
rebelarse. ← *Obedecer.*
desobediencia Insubordinación, indisciplina, rebeldía, rebelión. ← *Acata-
miento, obediencia.*
desobediente Desmandado,

insubordinado, rebelde.
← *Obediente.*
desocupación Inacción,
inactividad, paro. ← *Ac-
tividad, ocupación.*
desocupado Parado, cesante. ← *Ocupado.* ‖ Vacío,
desembarazado. ← *Ocu-
pado, lleno.*
desocupar Desembarazar,
vaciar, evacuar. ← *Ocu-
par.*
desolado Dolorido, triste,
← *Alegre.* ‖ Estéril, de-
vastado, asolado, arruinado, saqueado. ← *Exu-
berante, lleno de vida.*
desolar Destruir, asolar. ‖
Afligir, entristecer, desconsolar, angustiar, acongojar. ← *Animar alegrar.*
desollar Despellejar.
desorbitar Desencajar. ‖
Exagerar.
desorden Desarreglo, desconcierto, desorganiza-
ción, desbarajuste, tras-
torno. ← *Orden.* ‖ Tu-
multo, motín, alboroto.
desordenado Confuso, desconcertado, alterado, de-
sarreglado, turbulento,
descompuesto. ← *Orde-
nado, arreglado.* ‖ Desenfrenado.
desordenar Desorganizar,
trastornar, desarreglar,
desconcertar, desbaratar,
← *Ordenar.*
desorganizar Desordenar.
desorientar Extraviar, despistar, confundir, turbar,
desconcertar. ← *Orien-
tar.*
despabilado Despierto, despejado, listo, vivo, ad-
vertido, avisado, agudo.
← *Torpe.*
despabilar Espabilar. ←
Apagar. ‖ Diligenciar,
despachar, adelantar,

apremiar. ‖ Despertar, **D**
avispar, avivar.
despabilarse Desvelarse, espantar el sueño, estar ojo
avizor.
despacio Lentamente, poco
a poco. ← *Aprisa.*
despachar Vender, expender. ‖ Enviar, remitir,
mandar. ‖ Despedir,
echar. ‖ Abreviar, acti-
var, apresurarse, acelerar.
← *Entretener.*
despacho Venta, salida. ‖
Oficina, bufete, estudio.
despampanante Desconcer-
tante, estupendo, maravi-
lloso, asombroso, sor-
prendente, portentoso, fenomenal, extraordinario.
← *Usual, corriente, ano-
dino.*
desparpajo Desembarazo,
desenvoltura. ← *Encogi-
miento.*
desparramado Abierto, ancho, amplio, espacioso.
← *Encogido.*
desparramar Esparcir, extender, desperdigar. ←
Recoger, acumular.
despavorido Aterrado, ho-
rrorizado, espantado,
asustado, atemorizado.
← *Impávido.*
despedazar Destrozar, descuartizar, deshacer, des-
garrar.
despedida Despido, partida,
adiós. ← *Acogida, reci-
bimiento.*
despedir Arrojar, lanzar,
disparar, soltar, echar,
desprender, esparcir, di-
fundir. ‖ Despachar,
echar, expulsar. ← *Ad-
mitir.*
despedirse Decir adiós.
despegar Desprender, desunir, separar, apartar.
← *Pegar.* ‖ Levantar el

D vuelo, elevarse. ← *Aterrizar.*

despeinar Desmelenar, desgreñar. ← *Peinar.*

despejado Despierto, despabilado, suelto, vivo, listo, inteligente. ← *Cerrado.* ‖ Desembarazado, libre, desocupado, espacioso. ← *Obstruido.* ‖ Sereno, claro. ← *Cubierto.*

despejar Desembarazar, desocupar. ← *Obstruir.* ‖ Serenarse, aclararse. ← *Cubrirse.*

despellejar Desollar.

despensa Repostería, fresquera. ‖ Alacena. ‖ Provisión, víveres.

despeñadero Precipicio, derrumbadero, barranco.

despeñar Precipitar, arrojar.

despeñarse Desenfrenarse. ← *Contenerse, dominarse.*

despeño Caída. ‖ Ruina, perdición.

desperdiciar Desaprovechar, derrochar, malgastar, despilfarrar. ← *Aprovechar, explotar.*

desperdicio Residuo, resto, sobra, sobrante, exceso, escombro, piltrafas, broza.

desperdigar Desparramar, esparcir, dispersar. ← *Reunir, acumular.*

desperfecto Deterioro, avería, daño.

despertador Avisador, aviso, estímulo.

despertar Desadormecer, desvelar. ← *Adormecer.* ‖ Excitar, mover, incitar. ← *Acallar.*

despiadado Cruel, inhumano, impío. ← *Compasivo.*

despierto Despejado, despabilado, avisado, advertido, listo, vivo. ← *Tardo, torpe.*

despilfarrador Derrochador, malgastador, desperdiciador, pródigo, bolsa rota. ← *Ahorrador, economizador.*

despilfarrar Derrochar, malgastar, desperdiciar, prodigar. ← *Ahorrar aprovechar.*

despilfarro Derroche, malgasto. ← *Ahorro, economía.*

despintar Decolorar, descolorar, desteñir. ← *Pintar.*

despistar Desorientar, descaminar, extraviar. ← *Encaminar, orientar.*

desplazar Desalojar.

desplazarse Declinar, desviarse, inclinarse. ‖ Desencajarse.

desplegar Desdoblar, extender, desenrollar. ← *Plegar.*

desplomarse Caer, derrumbarse, hundirse, arruinarse. ← *Levantarse.*

desplome Hundimiento, caída, derrumbamiento, desmoronamiento, despeño, desprendimiento.

desplumar Pelar, despojar, arruinar, desollar, despellejar, estafar, robar.

despoblado Deshabitado, inhabitado, solitario, desierto, abandonado. ← *Poblado.*

despoblar Deshabitar, desguarnecer, despojar, abandonar. ← *Poblar, ocupar.*

despojar Quitar, robar, saquear, desposeer. ← *Restituir.*

despojarse Desprenderse, renunciar. ← *Apropiarse.* ‖ Desnudarse, desvestirse. ← *Vestirse.*

despojo Presa, botín.

despojos Restos, sobras, residuos, desperdicios.

desposar Esposar. ‖ Casar.

desposarse Aliarse, unirse, enlazarse. ‖ Prometerse, contraer esponsales. ‖ Casarse, contraer matrimonio, contraer nupcias. ← *Separarse, divorciarse.*

desposeer Despojar, quitar, usurpar, robar. ← *Restituir.*

déspota Tirano, opresor, dictador.

despótico Tiránico, dictatorial, abusivo, injusto. ← *Democrático, legal, justo, benigno.*

despotismo Tiranía, absolutismo, dictadura, opresión. ← *Democracia.*

despreciable Aborrecible, depravado, abyecto, vil, indigno, bajo, rastrero, ruin miserable. ← *Noble.*

despreciar Desdeñar, menospreciar, desechar, desairar, denigrar. ← *Apreciar, respetar.*

despreciativo Despectivo, desdeñoso. ← *Ponderativo.*

desprecio Desdén, menosprecio, desaire. ← *Aprecio, estimación.*

desprender Separar, soltar, desgajar, despegar, desunir, desasir. ← *Pegar, unir.*

desprenderse Despojarse, renunciar. ← *Apoderarse.* ‖ Derivarse, deducirse.

desprendido Generoso, desinteresado, liberal. ← *Agarrado.*

desprendimiento Generosidad, desinterés, liberalidad, largueza. ← *Codicia, roñería.*

despreocupado Calmoso, tranquilo, fresco, frescales, frío. ← *Inquieto, nervioso.*

despreocuparse Desentenderse, desdecirse, tumbarse a la bartola. ← *Inquietarse.*

desprestigiar Desacreditar, difamar, denigrar. ← *Afamar, acreditar.*

desprevenido Descuidado, imprevisor. ← *Prevenido.*

desproporción Desmesura, disconformidad. ← *Mesura, proporción.*

desproporcionado Discordante, desmesurado, desigual. ← *Justo, proporcionado, armónico.*

desproveer Despojar, desposeer, desplumar, privar, quitar, pelar, confiscar. *Dar, entregar, proveer.*

desprovisto Falto, privado. ← *Provisto.*

después Posteriormente, luego, más tarde, ulteriormente, seguidamente, a continuación, detrás. ← *Antes.*

despuntar Descollar, sobresalir, destacarse, distinguirse.

desquiciar Desencajar, desajustar, desmontar, desarticular, descoyuntar, descomponer. ← *Ajustar, encajar.*

desquitar Reintegrar, recobrar.

desquitarse Vengarse.

desquite Venganza.

destacamento Pelotón, patrulla, avanzada.

destacar Separar, desgajar, desprender, apartar. ‖ Recalcar, subrayar, ha-

cer hincapié, poner de relieve.

destacarse Resaltar, descollar, despuntar, distinguirse, sobresalir.

destapar Abrir, destaponar, descubrir. ← *Tapar.*

destartalado Desordenado, descompuesto, ruinoso.

destellar Centellear, fulgurar, chispear, relumbrar, resplandecer, brillar.

destello Centelleo, ráfaga, reflejo, rayo, chispa.

destemplado Desequilibrado, trastornado, alterado, desconsiderado, intemperante. ← *Sereno, comedido.* ‖ Desafinado.

destemplanza Intemperie. ‖ Desorden, exceso. ‖ Perturbación, alteración. ‖ Destemple.

destemplar Desentonar, desafinar, desconcertar, desarreglar, alterar. ← *Templar.*

destemple Destemplanza, desafinación, desentono, disonancia. ‖ Alteración, desconcierto. ‖ Perturbación, trastorno.

desteñir Despintar, decolorar, descolorar. ← *Teñir.*

desterrar Proscribir, exiliar, expulsar, deportar. ← *Repatriar.*

destierro Exilio, proscripción, deportación. ← *Repatriación.*

destilar Filtrar, extraer, condensar.

destinar Dedicar, emplear, ocupar, consagrar.

destino Fin, finalidad, dirección. ‖ Sino, fortuna, suerte.

destitución Degradación, deposición, relevo, despido, jubilación, relevación. ← *Nombramiento.*

destituir Deponer, desposeer, privar. ← *Nombrar, rehabilitar.*

destornillador Desquiciado, alocado, atolondrado, precipitado, chiflado, loco. ← *Sentado, sesudo, cuerdo.*

destreza Habilidad, maña, soltura, agilidad, pericia, maestría, arte, primor. ← *Torpeza.*

destripar Despanzurrar, despachurrar, reventar.

destronar Derrocar, deponer.

destrozar Despedazar, romper, descuartizar, destruir. ← *Componer.* ‖ Derrotar, batir, arrollar, deshacer, desbaratar.

destrozo Estrago, estropicio, rotura, quebradura, quebrantamiento, destrucción, descalabro. ‖ Escabechina, mortandad, carnicería.

destrucción Ruina, desolación, devastación, asolación, aniquilación. ← *Construcción.*

destructor Torpedero.

destruir Arruinar, asolar, devastar, arrasar, aniquilar, demoler, derrocar, talar, abatir, derribar, desmantelar, deshacer, desbaratar, arrollar, romper, minar, volar, desmoronar, descomponer, desentablar, anular, extinguir, borrar, exterminar, reducir a cenizas, hacer trizas, echar a pique, abrir brecha, no dejar piedra sobre piedra, echar por tierra. ← *Construir, edificar, levantar, erigir, hacer.* ‖ Inutilizar, eliminar.

desunido Desavenido, dis-

D

conforme, desacorde, discorde, separado, solo, libre, suelto. ← *Unido, enlazado, trabado.*

desunión División, ruptura, separación, disconformidad, inconexión, oposición, aislamiento, desconexión, apartamiento, abandono, disociación, desmembración, desvinculación, desconcierto. ← *Unión, acorde, vinculación.* ‖ Discordia, desavenencia, desacuerdo, discrepancia, divergencia, enemistad. ← *Amistad, avenencia.*

desunir Separar, apartar, alejar, divorciar, dividir, descomponer, desarticular, desmembrar, disgregar, disociar, desconectar, aislar, deshacer. ← *Unir.* ‖ Indisponer enemistar, desavenir. ← *Avenir, amigar.*

desusado Desacostumbrado, inusitado, insólito, extraordinario. ← *Usado, corriente, habitual.*

desusar Desacostumbrar, olvidarse.

desuso Olvido, cesación, prescripción.

desvalido Desamparado, abandonado, huérfano. ← *Protegido.*

desvalijamiento Robo, despojo, saqueo, hurto.

desvalijar Robar, saltear, despojar, saquear.

desvalimiento Desamparo, desabrigo, abandono, aislamiento.

desvalorización Depreciación, baja. ← *Revalorización, aumento.*

desvalorizar Rebajar.

desvalorizarse Bajar, depreciarse.

desván Buhardilla, guardilla, camarachón.

desvanecer Esfumar, disipar, borrar, atenuar.

desvanecerse Disiparse, evaporarse, esfumarse, desaparecer. ‖ Desmayarse, perder el sentido. ← *Recobrarse.*

desvanecido Borroso, confuso, esfumado, disipado, evaporado. ‖ Desmayado, mareado, accidentado.

desvanecimiento Vahído, desmayo, desfallecimiento.

desvariar Delirio, disparate, dislate. ← *Razonamiento.*

desventaja Inferioridad, menoscabo, inconveniente. ← *Ventajoso.*

desventura Desgracia, desdicha, infortunio, infelicidad, adversidad, fatalidad. ← *Ventura.*

desventurado Desgraciado, desdichado, infortunado, desafortunado, infeliz, miserable. ← *Venturoso.*

desvergonzado Sinvergüenza, impúdico, descarado, insolente, deslenguado, atrevido, fresco. ← *Vergonzoso, honrado, honesto.*

desvergonzarse Insolentarse, descararse.

desvergüenza Sinvergüencería, descaro, isolencia, cara dura, audacia, osadía, desfachatez, frescura, atrevimiento. ← *Vergüenza, prudencia, honestidad.*

desvestir Desnudar, desabrigar. ← *Vestir, cubrir.*

desvestirse Desnudarse, despojarse. ← *Vestirse.*

desviación Desvío, bifurcación, extravío, descamino, descarrío, apartamiento, separación, torcimiento, virada. ‖ Torcedura, dislocación, distensión.

desviar Descaminar, desencaminar, extraviar, apartar, separar, disuadir. ← *Encaminar, enderezar, persuadir.*

desvío Desviación, bifurcación.

desvivirse Afanarse, inquietarse, desvelarse, esforzarse, matarse.

detallado Circunstanciado, minucioso, pródigo. ← *Sumario, suscinto.*

detalle Pormenor, porción, parcela, fragmento, elemento, enumeración, exposición, particularidad. ← *Generalidad.*

detallista Comerciante, tendero, mercader.

detención Parada, alto. ‖ Arresto, prendimiento.

detener Parar, atajar, suspender, estancar, retener, frenar. ← *Impulsar.* ‖ hender, aprisionar, coger. ← *Libertar.*

detenerse Retardarse, retratarse, demorarse, tardar, pararse.

detenido Apocado, indeciso, embarazado. ‖ Preso.

detenimiento Detención, esmero, cuidado. ← *Precipitación.*

deteriorar Estropear, averiar, dañar. ← *Reparar.*

deterioro Desperfecto, detrimento, perjuicio, avería, daño.

determinación Resolución, decisión, disposición.

determinar Resolver, decidir, disponer, prescribir. ‖ Señalar, fijar, precisar, delimitar.

detestable Abominable, aborrecible, odioso, infame, pésimo. ← *Admirable.*

detestar Aborrecer, abominar, odiar. ← *Admirar, amar.*

detonación Estampido, tiro, disparo.

detonador Detonante.

detonar Estallar, explotar, tronar.

detrás Tras. ← *Delante.*

deuda Adeudo, obligación, compromiso.

deudo Pariente, allegado.

devastación Destrucción, ruina, asolamiento, desolación.

devastar Asolar, arruinar, destruir, arrasar.

devoción Piedad, fervor, unción. ‖ Veneración, respeto, reverencia, predilección, afecto, afición, inclinación. ← *Hostilidad, desprecio.*

devocionario Libro de misa, libro santo.

devolución Remisión.

devolver Restituir, reintegrar, reponer. ← *Retener.*

devorar Engullir, tragar, zampar, comer. ‖ Consumir, destruir.

devota Beata.

devoto Piadoso, religioso. ← *Impío.* ‖ Apegado, admirador, entusiasta, partidario, aficionado. ← *Hostil, enemigo.*

día Jornada. ‖ Alborada, alba, aurora, madrugada. ‖ Luz, claridad. ‖ Fecha, época.

diablo Demonio, diantre, Satanás, Lucifer, Belce-

bú, Luzbel, Pero Botero. ‖ Tentador, enemigo, ángel malo, espíritu maligno, espíritu del mal, genio infernal, ángel de las tinieblas, ángel caído, rey del infierno. ‖ Travieso, diablillo. ‖ Audaz, astuto, sagaz, vivo, mañoso, sutil. ‖ Feo.

diablura Chiquillada, travesura, imprudencia, irreflexión, atrevimiento.

diabólico Demoníaco, satánico, infernal, perverso. ← *Angelical.*

diácono Levita.

diadema Corona, aureola.

diafragma Membrana.

diagnosticar Analizar, determinar.

dianóstico Dictamen, juicio, opinión.

diagonal Oblicuo.

dialéctica Lógica. ‖ Razonamiento.

dialogar Conversar, coloquiar, platicar, hablar.

diálogo Conversación, coloquio, plática.

diana Blanco. ‖ Señal, advertencia.

diantre Diablo, demonio.

diario Cotidiano, cuotidiano, jornalero. ‖ Periódico.

diarrea Cólico.

días Vida.

dibujar Diseñar, delinear, trazar.

dibujo Croquis, diseño, apunte, bosquejo, esquema, trazo, esbozo, imagen, silueta, caricatura, figura.

dicción Pronunciación. ‖ Vocablo, palabra, voz, expresión, término.

diccionario Vocabulario, léxico, glosario, enciclopedia.

dictador Tirano, déspota.

dictadura Cesarismo, tiranía, despotismo, 'mazorca. ← *Democracia.*

dictamen Informe, juicio, parecer, opinión, diagnóstico.

dictar Inspirar, sugerir.

dictaminar Informar, opinar, diagnosticar.

dictatorial Despótico, autoritario.

dicha Felicidad, ventura, fortuna, suerte, prosperidad, bienestar, beatitud, bienaventuranza. ← *Desdicha.*

dicho Susodicho, antedicho, citado, referido, mencionado, repetido. ‖ Proverbio, refrán, sentencia, donaire, chiste, ocurrencia.

dichoso Feliz, afortunado, venturoso, bienaventurado. ← *Desdichado.*

diente Punta saliente.

diestro Derecho. ← *Siniestro.* ‖ Hábil, mañoso, experto, versado, perito. ← *Torpe, desmañado.*

dieta Régimen, privación. ‖ Congreso, junta, reunión.

dietas Honorarios, indemnización, retribución.

dietario Agenda, calendario.

diez Deca. ‖ Deci. ‖ Decenio, década. ‖ Décimo.

difamación Maledicencia, calumnia, infamación, denigración, murmuración. ← *Apología.*

difamador Maldiciente, murmurador, denigrador, calumniador.

difamar Desacreditar, denigrar, calumniar, infamar, ← *Elogiar.*

diferencia Desigualdad, diversidad, desemejanza, disimilitud, disparidad, dis-

D

crepancia, divergencia, disentimiento, desavenencia. ← *Igualdad, coincidencia, acuerdo.* ||·Resta, residuo, resto. ← *Suma.*

diferenciar Separar, distinguir.

diferenciarse Distinguirse, diferir, discrepar, distar. ← *Asemejarse, parecerse.*

diferente Distinto, diverso, desigual, desemejante, divergente. ← *Igual, semejante.*

diferir Distinguirse, diferenciarse, discrepar. ← *Coincidir, parecerse.*

difícil Dificultoso, arduo, penoso, trabajoso, laborioso, embarazoso, espinoso, peliagudo, endiablado. ← *Fácil.*

dificultad Apuro, atascadero, atascamiento, atasco, atolladero, atranco, barrera, complicación contrariedad, conflicto, contratiempo, duda, embarazo, engorro, embrollo, estorbo, entorpecimiento, hueso, inconveniente, impedimento, molestia, óbice, objeción, obstrucción, obstáculo, oposición, jeroglífico, pega, problema, reparo, rémora, traba, tropiezo. ← *Facilidad.*

dificultar Embarazar estorbar, entorpecer, complicar. ← *Facilitar.*

dificultoso Difícil.

difuminar Esfumar.

difundir Extender, esparcir, divulgar, propagar. ← *Contener, ocultar.*

difunto Cadáver, muerto, finado.

difusión Propagación, expansión, extensión, diseminación, proliferación. ← *Limitación.*

difuso Ancho, extenso, amplio, dilatado, prolijo. ← *Limitado, concreto.*

digerir Asimilar, absorber. || Meditar, madurar, reflexionar.

digital Dactilar. || Dedalera.

dignarse Servirse, condescender, acceder.

dignidad Decoro, decencia, gravedad, integridad, excelencia. ← *Indignidad, vileza.*

dignificar Alabar, honorar, realzar. ← *Denigrar.*

digno Merecedor, acreedor. ← *Indigno.* || Decoroso, decente, grave, íntegro. ← *Indigno, vil.*

dilatación Ampliación, aumento, hinchazón, acrecentamiento. || Diástole.

dilatado Extendido, ancho, vasto, grande, prolijo, ampliar, prorrogar. ← *Restringir, reducir, acortar, abreviar.*

dilema Alternativa, conflicto, contradicción, problema.

diligencia Actividad, rapidez, prontitud. ← *Indolente, perezoso.* || Atento, cuidadoso, celoso, aplicado, esmerado. ← *Negligente.*

diluir Desleír, disolver. ← *Concentrar.*

diluviar Abrirse las cataratas del cielo.

diluyente Diluente, disolvente.

dimensión Tamaño, magnitud, medida, extensión, volumen, capacidad, calibre.

diminuto Chiquitín, chiquirritín, minúsculo, pequeñín, pequeño, microscópico. ← *Grande.*

dimisión Renuncia, cesión, abdicación.

dimitir Renunciar, abandonar, rehusar, abdicar. ← *Tomar posesión.*

dinámico Móvil, rápido, activo, diligente, enérgico. ← *Estático, parado, indolente.*

dinastía Raza, familia.

dineral Dinerada, fortuna.

dinero Plata, efectivo, metálico, moneda, fondos, el vil metal, numisma, oro, caudal, bienes, capital, hacienda, fortuna, pasta, cuartos, perras, parnés, dinerillo, real.

dintel Lintel. || Umbral.

diócesis Obispado, sede.

Dios Señor, Padre, Creador, Providencia, Ser Supremo, Sumo Hacedor, Divinidad, Altísimo, Jehová.

Dios (hijo de) Jesucristo.

diosa Deesa, diva.

diploma Nombramiento. || Credencial, título, autorización.

diplomacia Tacto, tiento, habilidad, sagacidad, astucia. ← *Rudeza, brusquedad, inhabilidad.*

diplomático Hábil, sagaz, disimulado. ← *Rudo, brusco, inhábil.*

diputado Enviado, legado, delegado, embajador, representante, regidor.

diputar Delegar, encargar.

dique Malecón.

dirección Gobierno, gestión, administración, gerencia, mando, jefatura. || Sentido, rumbo, camino, derrotero. || Señas, domicilio.

directo Recto, seguido, derecho. ← *Indirecto.*

director Rector, gerente, directivo, dirigente, jefe, regente.

dirigente Regente, cabecilla, *líder, caudillo, cacique.

dirigir Guiar, orientar, encaminar, conducir, enderezar. || Gobernar, administrar, regir, regentar, regentar, mandar.

disciplina Subordinación, orden, obediencia. ← *Indisciplina* || Doctrina, enseñanza ciencia.

disciplinado Cumplidor, sumiso, dócil.

disciplinar Instruir, enseñar, aleccionar. || Azotar. || Someter, subyugar, dominar, doblegar. ← *Liberar.*

disciplinario Reformatorio, correccional.

discípulo Alumno, colegial, escolar, estudiante.

disco Rodaja.

disconforme Discrepante, discorde, inconforme, inconciliable, malavenido. ← *Acorde.*

disconformidad Desacuerdo, discordancia. ← *Conformidad.*

discontinuidad Discontinuación.

discontinuo Intermitente, irregular, interrumpido, inconstante. ← *Continuo.*

discordancia Desacuerdo, disconformidad. ← *Concordancia.*

discordante Disonante, contrario, opuesto, desproporcionado. ← *Acorde, armónico.*

discordia Desavenencia, división, desunión, desacuerdo, divergencia. ← *Concordia.*

discreción Prudencia, sensatez, moderación, mesu-

ra, cordura. ← *Indiscreción.*

discrepar Disentir, divergir, discordar. ← *Coincidir.*

discreto Prudente, sensato, juicioso, moderado, cuerdo. ← *Indiscreto.*

disculpa Descargo, defensa, justificación, excusa, pretexto. ← *Inculpación, acusación.*

disculpar Defender, excusar, justificar, absolver, perdonar. ← *Inculpar.*

disculparse Pretextar, justificarse. ← *Confesar, reconocer.*

discurrir Reflexionar, pensar, razonar, meditar. || Suponer, calcular, idear, inventar. || Andar caminar, correr, fluir.

discurso Parlamento. || Transcurso, curso.

discusión Examen, estudio, debate, polémica, disputa.

discutible Cuestionable, contestable, dudoso, problemático. ← *Indiscutible.*

discutir Examinar, estudiar, razonar, debatir, disputar.

diseñar Dibujar, trazar.

diseño Dibujo.

disertación Conferencia, lección, charla.

disfraz Máscara, simulación, fingimiento, ocultación, pretexto.

disfrazar Enmascarar, encubrir, desfigurar, simular, disimular.

disfrutar Gozar, alegrarse, regocijarse, complacerse, divertirse. ← *Hostiarse, aburrirse.* || Aprovecharse, gozar de, percibir, utilizar.

disgregar Desagregar, de-

sunir, separar, dispersar. ← *Congregar, asociar, unir.*

disgustado Enojado, malhumorado. || Apesadumbrado, quejoso. || Soso, insípido.

disgustar Desagradar, molestar, incomodar, contrariar, enojar, engañar, repugnar. ← *Afligir, apenar, amargar.* ← *Alegrar.*

disgusto Desagrado, molestia, contrariedad, enojo, enfado, fastidio, asco, repugnancia. ← *Gusto.* || Aflicción, pena, pesar, pesadumbre, inquietud, angustia. ← *Gusto, alegría.*

disimulación Disimulo, fingimiento, simulación. ← *Realidad, descubrimiento.*

disimulado Falso, hipócrita, fingido, engañoso. ← *Franco.*

disimular Encubrir, ocultar, tapar, disfrazar, desfigurar, vestir, fingir. ← *Revelar, sincerarse.* || Tolerar, permitir, perdonar. ← *Reprochar, reprender.*

disimulo Fingimiento. ← *Franqueza.*

dislocar Desarticular, desencajar, desquiciar. ← *Articular, encajar.*

disminución Descenso, baja, reducción. ← *Aumento.*

disminuir Decrecer, bajar, rebajar, abreviar, acortar, reducir, descender. ← *Aumentar.*

disolver Diluir, deshacer. ← *Concentrar.* || Separar, disgregar, dispersar, desunir, deshacer, aniquilar. ← *Concentrar, constituir*

dispar Diferente, desigual, otro. ← *Parejo, igual.*

D

disparar Arrojar, lanzar, despedir, tirar, descargar.

disparatado Absurdo, irracional, descabellado, desatinado, desmesurado. ← *Razonable.*

disparar Desatinar, delirar, desvariar. ← *Razonar,* acertar.

disparate Absurdo, desatino, dislate, atrocidad, barbaridad. ← *Acierto.*

disparidad Desigualdad, diferencia, discrepancia, desemejanza. ← *Paridad, igualdad, semejanza.*

disparo Tiro, detonación, estampido.

dispensa Inmunidad, exención.

dispensar Dar, conceder, otorgar. ← *Denegar.* || Eximir, excusar, absolver, disculpar, perdonar. ← *Obligar, condenar.*

dispensario Clínica, casa de socorro.

dispersar Diseminar, esparcir, desperdigar, desparramar. ← *Agrupar.* || Ahuyentar.

dispersión Diseminación, disgregación, separación. || Fuga.

disperso Desparramado, diseminado, separado. ← *Unido.*

disponer Ordenar, arreglar, aderezar, colocar, preparar. || Determinar, resolver, decidir, ordenar, mandar.

disponible Utilizable, aprovechable.

disposición Colocación, ordenación, arreglo, distribución. || Resolución, determinación, decisión, orden, mandato, precepto. || Aptitud, suficiencia, capacidad, soltura, hábili-

dad, talento, ingenio. ← *Ineptitud, incapacidad.*

dispositivo Mecanismo, instalación, ingenio.

dispuesto Apto, suficiente, capaz, hábil, despejado, vivo, listo, inteligente. ← *Inepto, incapaz.*

disputa Altercado, contienda, querella, cuestión, polémica, discusión.

disputable Discutible, problemático, controvertible. ← *Indiscutible, cierto, evidente.*

disputar Altercar, contender, cuestionar, querellarse, discutir. ← *Avenirse.*

distancia Intervalo, trecho, espacio, alcance.

distante Lejos, lejano, remoto, alejado, apartado. ← *Próximo.*

distender Dislocar, torcer.

distensión Torcedura, esguince.

distinción Honor, honra. prerrogativa, privilegio. Elegancia, finura. ← *Chabacanería.* || Claridad, precisión, exactitud. ← *Indistinción.* || Precisión.

distinguido Elegante, fino, notable, ilustre, principal, señalado. ← *Chabacano, vulgar, insignificante.*

distinguir Diferenciar, especificar, separar, discernir. ← *Confundir.* || Divisar, percibir.

distinguirse Caracterizarse, destacarse, descollar, despuntar, resaltar, señalarse, sobresalir.

distintivo Insignia, divisa, señal, marca.

distinto Diferente, diverso. ← *Idéntico.*

distracción Entretenimiento, esparcimiento, diversión, pasatiempo, recreo. || Ol-

vido, inadvertencia, descuido.

distraer Divertir, entretener, recrear, solazar. ← *Hastiar.* || Desviar, descarriar. ← *Encaminar.*

distraído Bobo. || Desatento, olvidadizo, descuidado, atolondrado. ← *Cuidadoso, atento.*

distribución Reparto, repartición, división, partición. ← *Recogida.*

distribuir Repartir, dividir, partir. ← *Recoger.*

distrito Territorio, departamento, jurisdicción, demarcación, subdivisión.

disturbar Alterar, alborotar, trastornar.

disturbio Tumulto, desorden, perturbación, alboroto, revuelta, motín.

disuelto Diluido, licuado, deshecho. ← *Sólido.*

divagar Errar, vagar. || Andarse por las ramas, perderse, extraviarse.

diván Sofá, canapé.

diversidad Variedad, disparidad, diferencia, desigualdad. ← *Unidad, coincidencia.*

diversión Distracción, entretenimiento, pasatiempo, recreo, esparcimiento. ← *Fastidio.*

diverso Diferente, distinto, dispar. ← *Igual.*

diversos Diferente, distinto, dispar. ← *Igual.*

diversos Varios, muchos, más de cuatro.

divertido Alegre, festivo, entretenido, distraído, regocijado, jovial. ← *Aburrido.*

divertimiento Recreación, diversión, juego, placer, distracción, pasatiempo.

divertir Recrear, entretener,

distraer. ← *Fastidiar, aburrir.*

dividendo Renta, interés.

dividido Partido, inciso, quebrado. ← *Entero, íntegro.*

dividir Partir, fraccionar, distribuir, repartir. ← *Multiplicar, recoger, juntar.* ‖ Desunir, enemistar, indisponer. ← *Unir, reconciliar.*

divinidad Dios, deidad. ‖ Beldad, preciosidad, primor, hermosura.

divinizar Deificar, glorificar. ← *Condenar.*

divino Celestial, perfecto, adorable, excelente, admirable, delicioso. ← *Infernal, horrendo, pésimo.*

divisar Distinguir, ver, entrever, vislumbrar.

división Partición, distribución, reparto, repartición. ← *Multiplicación, acumulación.* ‖ Desunión, discordia, desavenencia. ← *Unión, concordia.*

divisor Denominador, factor.

divisorio Limítrofe, fronterizo. ← *Separado, alejado.*

divulgado De boca en boca, en boca de todos.

divulgar Difundir, vulgarizar, publicar, propagar, esparcir, vulgar.

doblado Doble. ‖ Disimulado, fingido. ‖ Quebrado, desigual.

doblar Duplicar. ← *Partir.* ‖ Plegar. ← *Desdoblar.* ‖ Encorvar, arquear, torcer, doblegar. ← *Enderezar.*

doble Duplo. ‖ Par, pareja. Copia. ‖ Repetición. ‖ Simulado, fingido. ← *Recto, honesto.*

doblegar Doblar, torcer, encorvar, curvar, plegar, arquear, flexionar. ‖ Obligar, reducir, someter, hacer desistir.

doblegarse Doblarse, plegarse, someterse, ceder, ablandarse. ← *Resistir.*

doce Duodécimo, doceno, dozavo, docena.

doceno Duodécimo.

dócil Obediente, sumiso, suave, dulce. ← *Indócil, manso, fácil, apacible, revoltoso.*

docilidad Dulzura, obediencia, sumisión, disciplina, suavidad. ← *Indocilidad, desobediencia.*

docto Sabio, instruido, ilustrado, entendido. ← *Indocto.*

doctor Profesor, catedrático. ‖ Médico.

doctrina Enseñanza, ciencia, materia. ‖ Opinión.

doctrinador Maestro, catequista.

doctrinar Enseñar, instruir, educar.

documentación Credenciales, documentos.

documentado Probado.

documentar Probar, justificar. ‖ Informar, poner al corriente, educar.

documento Testimonio, prueba, título.

dogma Verdad revelada, artículo de fe.

dolencia Indisposición, afección, enfermedad, padecimiento, mal.

doler Padecer.

dolerse Arrepentirse, lamentar. ‖ Lamentarse, quejarse. ‖ Compadecerse, apiadarse. ‖ Sentirse, escocerse.

doliente Enfermo. ← *Sano.* ‖ Dolorido, apenado, afli-

gido, desconsolado. ← *Contento.*

dolor Pena, pesar, sufrimiento, tormento, desconsuelo, angustia, tristeza. ← *Gozo.*

dolorido Doliente, apenado, afligido, triste, desconsolado. ← *Contento.*

doloroso Penoso, angustioso, lastimoso, lamentable. ← *Gozoso.*

domador Adiestrador, picador, desbravador.

domar Domesticar, amansar, amaestrar, desembravecer.

domesticar Domar, desembravecer, amansar, amaestrar.

doméstico Manso. ‖ Sirviente, servidor, criado, mozo.

domicilio Casa, morada, residencia. ‖ Señas, dirección.

dominar Contener, señorear, sujetar, someter, avasallar. ← *Obedecer.* ‖ Predominar, descollar, sobresalir.

domingo Fiesta, festividad.

dominguero Festivo.

dominio Superioridad, autoridad, imperio, poder, predominio. ← *Sujeción.* ‖ Propiedad, pertenencia, señorío, soberanía, imperio.

don Regalo, presente, ofrenda. ‖ Gracia, habilidad, talento, cualidad, dotes.

donación Don, donativo, regalo, obsequio.

doncel Paje.

doncella Virgen. ‖ Camarera, criada.

dondequiera Doquiera.

dormilón Perezoso, gandul, lirón.

D

D **dormilona** Butaca, gandula.
dormir Descansar, reposar, dormitar. ← *Velar.* ‖ Pernoctar.
dormirse Adormecerse, adormilarse, amodorrarse, entumecerse. ← *Despertarse.* ‖ Descuidarse, abandonarse, confiarse. ← *Velar.*
dormitar Dormir, adormecerse.
dorso Espalda, revés, reverso, envés, cruz. ← *Cara.*
dos Segundo.
dosis Cantidad, porción, toma.
dotación Asignación, sueldo, salario. ‖ Tripulación, personal.
dotar Dar, conceder, asignar. ‖ Adornar. ‖ Donar, ceder, proporcionar. ← *Despojar.*
dote Caudal, asignación.
dotes Cualidades, talento, don, prendas.
droga Mejunje, ingrediente, potingue, medicamento, remedio.
droguería Colmado.
ducha Chorrada.
duda Incertidumbre, irresolución, vacilación, indeci-

sión. ← *Certeza.* ‖ Escrúpulo, sospecha, desconfianza. ← *Seguridad, confianza.* ‖ Problema, cuestión, pega.
dudar Vacilar, titubear. ← *Estar seguro.*
dudoso Incierto, inseguro, problemático, sospechoso, discutible, cuestionable, contestable. ← *Cierto.* ‖ Vacilante, indeciso. ← *Seguro, decidido, confiado.*
duelo Desafío, encuentro, combate. ‖ Dolor, pena, desconsuelo, compasión. ← *Gozo.*
duende Fantasma, espíritu, espectro, gnomo.
dueña Acompañante, dama de honor, señorita de compañía. ‖ Señora, ama.
dueño Señor, amo, propietario, patrón, patrono, empresario.
dulce Suave, agradable, deleitoso, placentero. ← *Amargo.* ‖ Bondadoso, complaciente, dócil, indulgente. ← *Amargado, desabrido.*
dulcería Confitería, pastelería, repostería.
dulcificar Endulzar, suavi-

zar, calmar, apaciguar. ← *Amargar.*
dulzura Dulzor, suavidad, deleite, placer. ← *Amargor.* ‖ Bondad, suavidad, mansedumbre, docilidad. ← *Amargura, desabrimiento.*
duna Montículo, arenas.
duodécimo Doceno. ‖ Dozavo.
durable Duradero, estable.
duración Durabilidad, perpetuidad. ‖ Persistencia, permanencia.
duradero Durable, estable, persistente, permanente, perdurable, perpetuo. ← *Pasajero.*
durante Mientras.
durar Persistir, continuar, permanecer, perdurar, vivir. ← *Pasar, cesar.*
dureza Solidez, resistencia. ← *Blandura.* ‖ Severidad, rudeza, rigor, violencia. ← *Suavidad.*
duro Resistente, fuerte. ← *Blando* ‖ Severo, exigente, rudo, riguroso, violento, cruel, despiadado. ← *Blando.* ‖ Penoso, fatigoso, cansado, trabajoso. ← *Leve.* ‖ Ofensivo injurioso. ← *Suave.*

E

ebanista Mueblista.

ebrio Borracho, embriagado, bebido. ← *Sereno.*

ebullición Hervor. ← *Congelación.*

eclesiástico Clérigo, sacerdote, cura.

eclipse Ocultación, oscurecimiento. || Privación, interceptación. || Desaparición, ausencia, evasión.

eco Resonancia, repercusión, retintín.

economía Ahorro, reserva. || Escasez, miseria. ←*Derroche.*

económico Barato, módico, ← *Caro.* || Monetario. || Ahorrador. ← *Despilfarrador.*

economizar Ahorrar, reservar, guardar. ← *Prodigar.*

ecuestre Hípico, equino.

echar Arrojar, tirar, lanzar. ← *Recibir.* || Despedir, expulsar. ← *Inhalar.* || Deponer, destituir. ← *Nombrar, encargar.* || Brotar, salir. || Poner, aplicar. || Imponer, cargar. || Atribuir. || Inclinar, recostar. ← *Enderezar.* || Dar, entregar, repartir. ← *Recoger.* || Hacer, formar. || Prevenir, avisar. || Representar, ejecutar. || Decir,

pronunciar. || Arruinar, derribar.

echarse Acostarse, tumbarse, tenderse. ← *Levantarse, incorporarse.* || Abalanzarse, arrojarse, precipitarse.

edad Años. || Época, tiempo.

edición Publicación.

edificación Edificio, construcción, obra.

edificar Construir, erigir, levantar, alzar, obrar.← *Derribar.* || Dar buen ejemplo. ← *Escandalizar.*

edificio Construcción, obra, fábrica.

editar Publicar, imprimir.

editor Librero, impresor.

edredón Almohadón, colcha, cobertor.

educación Enseñanza, instrucción, adoctrinamiento. || Crianza, cortesía. ← *Ineducación.*

educar Enseñar, dirigir, encaminar, instruir, adoctrinar. || Afinar, perfeccionar, desarrollar.

efecto Resultado, producto. ← *Causa.* || Impresión, emoción, sensación.

efectuar Realizar, ejecutar, hacer, verificar, llevar a cabo o a efecto, cumplir.

eficacia Actividad, energía,

poder, virtud, validez. ← *Ineficacia.*

eficaz Activo, fuerte, enérgico, poderoso, válido. ← *Ineficaz.*

egoísmo Amor propio, comodidad. ← *Altruismo.*

egoísta Personal, interesado, utilitario. ← *Altruista.*

eje Barra, árbol, cigüeñal, espárrago.

ejecución Cumplimiento, efectuación, realización, factura, interpretación, práctica, curso, marcha.

ejecutar Realizar, efectuar, verificar, hacer, cumplir. || Ajusticiar.

ejemplar Modélico. ← *Escandaloso.*

ejemplo Modelo, norma, muestra, regla, tipo.

ejercer Desempeñar, practicar, ejercitar, actuar, cultivar.

ejercicio Práctica, ocupación, acción, movimiento. ← *Inacción, reposo.*

ejercitar Ejercer. || Adiestrar, amaestrar, instruir, entrenar.

ejercitarse Adiestrarse, practicar, entrenarse.

ejército Milicia, tropa, hueste, fuerza armada.

elaborar Preparar, madurar, confeccionar, traba-

E

jar, fabricar, producir, hacer.

elástico Flexible. || Ajustable.

elección Opción.

electricidad Corriente (eléctrica), fluido (eléctrico).

elegancia Distinción, gusto, delicadeza, donaire, gracia. ← *Inelegancia, cursilería.*

elegante Gallardo, gracioso, airoso, distinguido, esbelto, pisaverde, *dandi. ← *Adán, desastrado.* || Figurín, coqueta, presumida.

elegido Predestinado, predilecto, preferido. ←*Condenado.*

elegir Escoger, designar, preferir, seleccionar. ← *Descartar.*

elemental Primordial, fundamental, básico, primario. || Sencillo, fácil, conocido. ← *Complicado.*

elemento Cuerpo simple, principio, parte, pieza.

elementos Principios. || Medios, recursos.

elevación Altura, prominencia, altitud. ← *Depresión.* || Exaltación, enaltecimiento. ← *Rebajamiento, humillación.*

elevado Alto, prominente. ← *Bajo, llano.* || Noble, sublime. ← *Bajo, ruin.* || Subido, crecido, singular, señalado.

elevar Alzar, levantar, erigir, construir, edificar.← *Derribar.* || Realzar, enaltecer, engrandecer, ennoblecer. ← *Rebajar.* || Aumentar, subir. ← *Bajar.*

elevarse Transportarse, remontarse.

eliminar Suprimir, quitar, descartar, excluir.

elixir Licor, brebaje. || Medicamento, remedio.

elocuencia Palabra, persuasión.

elocuente Persuasivo, conmovedor. || Expresivo, significativo. ← *Enigmático.*

elogiar Alabar, aclamar, acrecer, aplaudir, aprobar, alzar, levantar, elevar enaltecer, bendecir, celebrar, cantar, ensalzar, engrandecer, ennoblecer, endiosar, exaltar, glorificar, honorificar, honrificar, loar, realzar, proclamar, poner en las nubes, dar bombo, decir mil bienes, dar jabón, dar coba. ← *Vituperar.*

elogio Alabanza, aplauso, glorificación, aclamación, cumplido, cumplimiento, celebración, engrandecimiento, enaltecimiento, oración, loa, exaltación. ← *Vituperio.*

eludir Esquivar, evitar, evadir, sortear, soslayar. ← *Afrontar.*

emanación Irradiación.

emanar Proceder, provenir, nacer, originarse, derivarse.

emancipación Independencia, libertad.← *Opresión, sujeción.*

emancipado Independiente, libre. ← *Sujeto, esclavo.*

emancipar Independizar, libertar. ← *Sujetar, someter, vincular.*

embadurnar Untar, pintarrajear, ensuciar.

embajada Misión, legación, comisión, mensaje.

embajador Enviado, emisario, legado, mensajero, representante, agente, diplomático.

embalar Envasar, empaquetar. ← *Desembalar.*

embaldosado Pavimento.

embaldosar Enladrillar, pavimentar, enlosar.

embalsamar Perfumar, aromatizar.

embalsar Encharcar, estancar.

embalse Pantano, rebalsa.

embarazador Penoso, estorbador, difícil.

embarazar Estorbar, dificultar, entorpecer, incomodar, molestar, obstruir, trabar, parar. ← *Ayudar, facilitar, desembarazar.*

embarazo Estorbo, impedimento, engorro, dificultad, obstáculo, entorpecimiento, molestia. ← *Ayuda.* || Encogimiento, timidez. ← *Desembarazo.*

embarazoso Estorboso, estorbador, dificultoso, difícil, incómodo. ← *Soportable, llevadero.*

embarcación Barco, nave.

embargo (sin) No obstante, con todo, a pesar de ello.

embarrancar Encallar, varar. ← *Desembarrancar.*

embaucador Engañador, farsante, charlatán, embustero, impostor.

embaucar Engañar, seducir, engatusar.

embellecer Hermosear, adornar. ← *Afear.*

embestida Acometida, arremetida, ataque.

embestir Acometer, arremeter, atacar, cerrar, abalanzarse. ← *Huir, esquivar.*

emblanquecer Blanquear. ← *Ennegrecer.*

emblema Símbolo, representación, lema, escudo.

embobado Maravillado, pasmado, atónito, absorto, admirado, aturdido, turulato.

embocadura Abertura, boca. || Boquilla.

embolsar Recibir, meter, cobrar, guardar.

emborrachar Embriagar. || Atontar, perturbar, marear, adormecer, aturdir.

emborracharse Embriagarse, alegrarse, amonarse, beber, tomarse del vino, empinar el codo, pillar una curda.

emboscada Celada, encerrona, trampa, lazo.

emboscarse Esconderse, ocultarse, resguardarse, abrigarse.

embotellar Envasar. || Inmovilizar.

embravecer Encolerizar, enfurecer, irritar. ← Aplacar, amansar.

embriagado Borracho, ebrio, bebido.

embriagador Enloquecedor, encantador, seductor.

embriagar Emborrachar, marear, perturbar, atontar, aturdir. || Arrebatar, cautivar.

embriagarse Emborracharse, alegrarse. ← Desembriagarse.

embriaguez Borrachera.

embrollar Enredar, enmarañar, confundir, revolver. ← Desembrollar.

embrollo Enredo, maraña, lío, confusión. ← Orden. || Embuste, mentira, invención. ← Verdad.

embrollón Embrollador, quisquilloso.

embrujar Hechizar, encantar.

embrujo Hechizo, fascinación, encanto.

embrutecerse Animalizarse, abandonarse.

embrutecido Estúpido, imbécil, tonto.

embuchado Embutido.

embuchar Embutir.

embuste Mentira, bola, paparruchada, invención, embrollo, engaño, farsa. ← Verdad.

embustero Mentiroso, engañador, farsante. ← Veraz.

embutido Embuchado.

embutir Rellenar, atiborrar, apretar, llenar, embuchar. || Incrustar, encajar.

emergencia Suceso, accidente, ocurrencia.

emerger Sobresalir, surgir.

emigración Migración, éxodo.

eminencia Altura, elevación, prominencia. ← Depresión. || Excelencia, grandeza. ← Insignificancia.

eminente Alto, elevado, prominente. ← Bajo, hondo. || Superior, distinguido, notable, ilustre, excelente. ← Insignificante.

emisario Mensajero, enviado, correo.

emisión Manifestación, producción, difusión. || Lanzamiento.

emitir Desprender, irradiar, despedir, arrojar, difundir. ← Absorber. || Manifestar, expresar. ← Reservarse.

emoción Agitación, impresión, turbación, enternecimiento, exaltación.

emocionar Alterar conmover, turbar, agitar, alarmar, sobreexcitar, enternecer.

empachado Harto.

empachar Estorbar. || Hartar, indigestar.

empacharse Indigestarse.

empacho Indigestión.

empadronar Inscribir.

empalagar Cansar, fastidiar, aburrir. ← Deleitar, complacer.

empalago Empalagamiento, aburrimiento, hastío, enfado. ← Diversión.

empalagoso Dulzarrón, dulzón. || Pegajoso, fastidioso, sobón. ← Esquivo, huraño.

empalizada Estacada.

empalmar Unir, enlazar, conectar. ← Separar, cortar, desconectar.

empalme Empalmadura, unión, enlace.

empañado Deslustrado, descolorido, desteñido, mate, pálido, oscuro, sucio. ← Limpio, pulido.

empañar Enturbiar, oscurecer, deslucir, ensuciar, manchar, desacreditar. ← Clarificar.

empapado Mojado, inundado, húmedo.

empapamiento Remojón, mojadura.

empapar Impregnar. ← Exprimir.

empapelar Envolver.

empaquetar Embalar, envolver. ← Desempaquetar.

emparedado Bocadillo, *sandwich.

emparentado Relacionado.

empatar Igualar.

empedrar Adoquinar, enlosar. ← Desempedrar.

empeñar Dejar en prenda.

empeñarse Endeudarse. || Emperrarse, encapricharse. ← Ceder.

empeño Tesón, obstinación, capricho. || Afán,

E

E

ansia, anhelo. ← *Indiferencia.*

empeorar Empeorarse, agravarse, declinar. ← *Mejorar.*

empequeñecer Reducir. ← *Agrandar.*

emperador César, soberano, zar.

emperrarse Obstinarse, empeñarse, encapricharse. ← *Allanarse.*

empezar Comenzar, iniciarse, principiar, emprender, nacer. ← *Terminar.*

empinado Alto, elevado. ← *Bajo.*

empinar Levantar, alzar, elevar, erguir. ← *Bajar.*

empleado Funcionario, dependiente.

emplear Ocupar, destinar, colocar. || Utilizar, usar, valerse, servirse, aplicar. || Consumir, gastar.

empleo Destino, colocación, cargo, puesto, ocupación, acomodo. || Utilización, uso, aplicación.

empolvar Empolvorar.

empollar Estudiar.

emporio Ciudad, mercado, civilización.

emprender Comenzar, empezar, iniciar, principiar. ← *Finalizar.*

empresa Proyecto, intento. || Sociedad, compañía.

emprésito Préstamo.

empujar Impulsar, incitar, estimular, excitar. ← *Contener, sujetar, disuadir.*

empuje Impulso, fuerza. || Ímpetu, resolución, osadía, brío.

empujón Empellón.

empuñadura Pomo, puño. || Manubrio, mango.

empuñar Coger, asir, apretar.

enaltecer Ensalzar, exaltar, engrandecer, elevar, realzar, honrar, elogiar, alabar. ← *Rebajar.*

enaltecimiento Elevación, exaltación, ensalzamiento, alabanza, elogio. ← *Rebajamiento, humillación.*

enamorar Galantear, cortejar, conquistar, seducir.

enamorarse Prendarse, encariñarse, aficionarse.

enano Pigmeo, liliputiense.

enarbolar Izar, levantar. ← *Bajar, arriar.*

encabezamiento Principio, comienzo. ← *Final, apostilla.*

encabezar Iniciar, principiar, comenzar. ← *Acabar.*

encabritarse Alzar, empinarse.

encadenamiento Enlace, engranaje, conexión, relación, unión.

encadenar Inmovilizar, amarrar, sujetar, atar, aprisionar, esclavizar. ← *Soltar, liberar.* || Enlazar, unir, trabar, relacionar. ← *Desligar.*

encajado Embutido.

encajar Ajustar, embutir, incrustar, introducir. ← *Desencajar.* || Ajustar, entrar.

encajonar Encerrar, empaquetar, comprimir, prensar, atiborrar.

encajonarse Estrecharse.

encallar Embarrancar, varar, atollarse, atascarse. ← *Poner a flote.*

encaminar Dirigir, guiar, orientar, encarrilar, conducir, enderezar. ← *Desencaminar.*

encantado Ensimismado, absorto, distraído, en las nubes.

encantador Seductor, atrayente, hechicero, cautivador, fascinador, simpático, agradable. ← *Repugnante.* || Mago, hechicero.

encantamiento Encanto. || Hechizo, sortilegio, filtro, magia, conjuro.

encantar Complacer, seducir, fascinar, cautivar, extasiar, hechizar, embrujar. ← *Desencantar, disgustar, repeler.*

encanto Encantamiento, hechizo, embrujo, magia, sortilegio, seducción, fascinación, delicia. ← *Horror.*

encañizada Cañal, atajadizo.

encañonar Apuntar, encarar, dirigir.

encapricharse Obstinarse, emperrarse, empeñarse, prendarse, aficionarse, metérselo en la cabeza. ← *Despegarse.*

encaramar Levantar, aupar, subir, alzar, elevar.

encaramarse Trepar, subirse, escalar. ← *Descolgarse.*

encarar Apuntar, asestar, dirigir, encañonar. || Enfrentar.

encarcelar Aprisionar, encerrar, enrejar, enjaular, recluir, poner a la sombra, enchiquerar. ← *Libertar.*

encargado Representante, delegado, sustituto, comisionado.

encargar Encomendar, confiar, recomendar, prevenir. || Pedir. ← *Servir.*

encargo Mandato, recado, cometido, misión. || Recomendación. || Cargo, empleo.

encariñarse Aficionarse, prendarse, enamorarse, ← *Desinteresarse.*

encarnado Rojo, colorado.

encarnar Personificar, representar, simbolizar.

encarnizado Reñido, duro, sangriento.

encarnizamiento Crueldad, ferocidad. ← *Misericordia.*

encarnizarse Ensañarse.

encasquillarse Atascarse, obstruirse.

encendedor Mechero.

encender Pegar fuego, inflamar, incendiar. ←*Apagar.* || Inflamar, excitar, irritar, entusiamar. ← *Aplacar.*

encendido Candente, incandescente, al rojo. ←*Apagado.*

encendimiento Luz, combustión, inflamación, fuego. || Ardor.

encerado Pizarra, tablero.

encerrar Incluir, contener, comprender, abarcar. ← *Excluir.* || Recluir, meter, internar, aprisionar, enclaustrar, enceldar, enjaular, encarcelar, embotellar. ← *Libertar, soltar, sacar.*

encerrona Emboscada, celada, trampa.

enciclopedia Diccionario.

encierro Reclusión, prisión, calabozo, clausura, retiro, aislamiento.

encima Sobre. ← *Debajo.* || Además.

encina Alcornoque.

enclenque Enfermizo, achacoso, débil, endeble, raquítico. ← *Robusto.*

encoger Arrugar, fruncir, recoger, meter, contraer, plegar. || Disminuir, acortar, estrechar.

encogerse Contraerse, acortarse. ← *Dilatarse.* || Acobardarse, apocarse, amilanarse. ← *Crecerse, envalentonarse.*

encolerizar Enfurecer, irritar, sulfurar, enojar. ← *Aplacar.*

encomendar Confiar, encargar, recomendar.

encomienda Encargo, recomendación, comisión.

encontrar Hallar, topar, dar con, tropezar, descubrir. ←. *Perder.*

encontrarse Hallarse, concurrir. ← *Separarse.* || Chocar, oponerse. ←*Avenirse.* || Estar.

encontronazo Encontrón, topetazo, choque.

encorvar Doblar, arquear, torcer. ← *Enderezar.*

encrespado Embravecido, enfurecido, encolerizado.

encrespar Rizar. || Erizar. || Irritar, enfadar.

encresparse Alborotarse, picarse, levantarse, embravecerse.

encrucijada Cruce.

encuadernar Componer, arreglar.

encubridor Ocultador, cómplice.

encubrir Ocultar, esconder, tapar, disimular. ← *Revelar.*

encuentro Descubrimiento, hallazgo. || Choque, topetazo, encontronazo, tope, tropiezo. || Oposición, pugna. || Refriega, competición, lucha.

encharcar Inundar, empantanar, estancar. ← *Desecar.*

enchufar Conectar, acoplar. ← *Desenchufar.*

endemoniado Poseído, energúmeno.

enderezado Tieso, recto, erecto, derecho.

enderezar Rectificar. ←*Torcer.* || Encaminar, dirigir, guiar, encarrilar. ← *Torcer, desviar.* || Erguir, levantar, alzar. ← *Bajar.*

endeudarse Empeñarse.

endiablado Endemoniado, dificilísimo, bárbaro, extraordinario. ← *Corriente, fácil, sencillo.*

endiablar Corromper, dañar. || Endemoniar.

endomingarse Engalanarse, emperifollarse, embellecerse.

endulzar Suavizar, dulcificar, azucarar. ← *Amargar.*

endurecer Robustecer, fortalecer. ← *Ablandar.*

endurecido Indiferente. || Resistente, duro. || Hecho, avezado, empedernido.

endurecimiento Tenacidad, dureza.

enemiga Enemistad, inquina, odio. ← *Afecto, simpatía.*

enemigo Contrario, adversario, opuesto, hostil. ← *Amigo.* || Demonio, diablo.

enemistad Odio, rivalidad. ← *Amistad.*

enemistar Indisponer, desavenir, dividir. ← *Amistar, reconciliar.*

energía Vigor, fuerza, potencia, poder. ← *Flaqueza.* || Fortaleza, voluntad, tesón; actividad, eficacia. ←*Debilidad.*

enérgico Vigoroso, poderoso, fuerte. ← *Flaco.* || Eficaz, activo, tenaz, firme. ← *Débil.*

energúmeno Endemoniado, exaltado, frenético, albo-

E

E

rotado, furioso, cascarrabias, rabioso.

enfadar Enojar, irritar, molestar, incomodar, desagradar, disgustar. ← Contentar, complacer.

enfado Enojo, ira, irritación, desagrado, disgusto, molestia. ← Contento, satisfacción.

enfadoso Enojoso, fastidioso, pesado, molesto, desagradable, engorroso. ← Placentero.

enfangar Ensuciar, manchar.

enfermar Indisponerse, caer enfermo, hacer o guardar cama.

enfermedad Mal, dolencia, padecimiento, achaque, indisposición.

enfermero Practicante.

enfermizo Débil, achacoso, enclenque, canijo. ← Sano, robusto. ‖ Malsano. ← Sano, moral.

enfilar Ensartar, enhebrar. ← Desenhebrar.

enflaquecer Adelgazar, afilarse. ← Engordar. ‖ Debilitar, extenuar. ← Fortalecer.

enflaquecimiento Adelgazamiento, delgadez, flacura.

enfocar Orientar, dirigir, apuntar, acertar.

enfrentar Enfrontar, oponer, hacer cara.

enfrentarse Hacer frente, afrontar, oponerse, contraponerse. ← Rehuir.

enfriar Resfriar, refrescar. ← Calentar.

enfundar Encamisar. ‖ Llenar.

enfurecer Irritar, sulfurar, encolerizar, exasperar, enojar. ← Aplacar, apaciguar.

enfurecerse Alborotarse,

alterarse, encresparse. ← Amainar.

enfurruñarse Irritarse, molestarse, arrebatarse, acalorarse. ‖ Nublarse.

engalanar Adornar, ataviar, componer, hermosear. ← Desadornar, afear.

enganchar Enlazar, asir, agarrar, colgar. ← Desenganchar. ‖ Alistar, reclutar.

engañabobos Engañador, embaucador.

engañar Burlar, embaucar, embromar, engatusar, abusar, camelar, dársela, pegársela, mentir, dar gato por liebre. ‖ Entretener, distraer, divertir.

engañarse Equivocarse, caer en el lazo o en la trampa, hacerse ilusiones, errar. ← Estar en lo cierto.

engaño Mentira, burla ardid, celada, disimulo, embuste, engañifa, encerrona, engatusamiento, equivocación, estafa, falsedad, falsificación, farsa, fraude, inocentada, ilusión, trampa, trapacería, treta, red.

engañoso Mentiroso, embustero, aparente, irreal, seductor. ← Veraz, cierto, real.

engatusar Engañar, embaucar, camelar.

engendrar Originar, ocasionar, causar, producir, provocar.

englobar Incluir, comprender, encerrar, reunir.

engomar Encolar, pegar.

engordar Engrosar, ponerse gordo, cobrar carnes. ← Adelgazar.

engorro Estorbo, dificultad, impedimento, embarazo,

entorpecimiento, obstáculo, molestia.

engranaje Encadenamiento, enlace.

engrandecer Aumentar, acrecentar, ampliar, agrandar, desarrollar. ← Empequeñecer. ‖ Elevar, enaltecer, ennoblecer. ← Rebajar.

engrandecimiento Crecimiento, aumento. ‖ Elogio, ensalzamiento. ‖ Exageración.

engrasar Untar. ← Desengrasar.

engrescar Enredar, excitar.

engrosar Aumentar. ← Disminuir. ‖ Engordar. ← Adelgazar.

engrudo Cola.

engullidor Glotón.

engullir Tragar, ingerir. ← Arrojar, vomitar.

enigma Misterio, secreto. ‖ Adivinanza, acertijo.

enigmático Misterioso, oscuro, incomprensible, inexplicable, secreto, oculto. ← Claro, comprensible.

enjabonar Jabonar. ‖ Adular.

enjambre Muchedumbre, multitud, grupo, rebaño, tropa, banda, hormiguero.

enjaular Encerrar, encarcelar, enceldar, aprisionar. ← Liberar.

enlace Encadenamiento, conexión, atadura, relación, reunión, soldadura, engranaje. ‖ Matrimonio, unión, alianza, sutura, parentesco.

enladrillar Ladrillar, enlosar, embaldosar, pavimentar.

enlazado Conexo.

enlazar Unir, relacionar,

encadenar, juntar, empalmar, entrelazar, trabar, ligar, acoplar, engranar, liar, empalmar. || Casar, emparentar, relacionar.

enloquecer Chiflar, chalar, sacar de quicio, trastornar. || Trastornarse, trastocarse, grillarse, perder la razón, perder el seso, perder la chaveta, volverse loco, perder el juicio.

enmascarar Disfrazar, ocultar, disimular. ← Desenmascarar.

enmendar Corregir, remediar, rectificar, reparar, reformar, retocar, modificar.

enmienda Rectificación, corrección, retoque, remiendo, enmendadura. || Premio, recompensa. || Reparación, compensación.

enmudecer Callar, guardar silencio. ← Hablar.

ennoblecer Enaltecer, exaltar. ← Envilecer.

enojar Irritar, encolerizar, sulfurar, enfurecer, exasperar, enfadar, molestar, incomodar, disgustar, desagradar. ← Contentar.

enojo Irritación, ira, cólera, furor, exasperación, coraje, enfado, desagrado, disgusto. ← Contento.

enojoso Enfadoso, molesto, fastidioso, pesado, desagradable. ← Placentero, agradable.

enorgullecerse Presumir, envanecerse. ← Avergonzarse.

enorme Desmesurado, desmedido, excesivo, extraordinario, gigantesco, colosal, bestial. ← Minúsculo.

enormidad Atrocidad, barbaridad, disparate, desatino.

enredado Confuso, revuelto, mezclado, revesado, enmarañado, enrevesado, complicado, liado. || Difícil. ← Fácil.

enredador Embrollón, lioso, embarullador, chismoso, cuentero, travieso.

enredar Embrollar, confundir, entrometerse. ← Desenredar.

enredarse Enzarzarse, liarse, mezclarse, comprometerse.

enredo Embrollo. || Chisme, cuento, lío, embuste, mentira, intriga.

enriquecer Adornar. ← Empobrecer.

enriquecerse Prosperar, progresar, florecer. ← Empobrecerse.

enrojecer Enrojar, empurpurarse. || Sonrojarse, ruborizarse, abochornarse, encenderse.

enrollar Arrollar. ← Desenrollar.

enronquecimiento Afonía, ronquera, carraspera.

enroscar Atornillar, retorcer.

ensalzar Elogiar, alabar, loar, celebrar. || Exaltar, engrandecer, enaltecer, glorificar. ← Rebajar.

ensanchar Extender, ampliar, agrandar. ← Estrechar, reducir.

ensanche Ampliación, engrandecimiento, extensión.

ensañarse Encarnizarse.

ensartar Enfilar.

ensayar Probar, experimentar, reconocer, examinar. || Adiestrar, entrenar, ejercitar, tratar, procurar, probar.

ensayo Prueba, experimento, experiencia, reconocimiento, examen. || Adiestramiento, entreno, ejercicio. || Intento, tentativa, prueba. || Estudio.

enseña Insignia, estandarte, bandera.

enseñanza Instrucción, educación, doctrina. || Ejemplo, advertencia, consejo.

enseñar Instruir, aleccionar, adoctrinar, educar. || Mostrar, indicar, exponer. ← Ocultar.

ensimismado Pensativo, cabizbajo, meditabundo, abstraído, absorto, embebido, distraído. ← Atento.

ensimismarse Reconcentrarse, abstraerse, absorberse.

ensombrecer Oscurecer, anublar. ← Iluminar. || Entristecer, afligir. ← Alegrar.

ensordecedor Sonoro, ruidoso, estrepitoso, aturdidor, chillón. ← Apagado.

ensordecer Asordar, aturdir. || Enmudecer, callar.

ensuciar Manchar, empañar, deslucir, tiznar. ← Limpiar.

entablar Comenzar, empezar, trabar, emprender, preparar, disponer. ← Concluir.

entender Comprender, penetrar, saber, concebir. || Pensar, creer, juzgar.

entendido Sabio, capaz, hábil, experto. ← Ignorante.

entendimiento Inteligencia, intelecto, razón, talento.

enterar Informar, instruir, contar, orientar, iniciar. ← Ocultar.

E

enternecer Emocionar, conmover, ablandar.

enternecerse Compadecerse.

entero Cabal, completo, total, exacto. ← *Incompleto*. || Recto, justo, firme, enérgico, fuerte. ← *Torcido*. || Sano, fuerte, robusto. ← *Canijo*.

enterrador Sepulturero.

enterramiento Entierro, sepelio. || Sepultura, sepulcro.

enterrar Sepultar. ← *Desenterrar*.

entierro Enterramiento, sepelio. ← *Exhumación*.

entonación Entono, tono, modulación, afinación.

entonar Cantar, afinar, acordar, concertar. ← *Desentonar*.

entonces En aquel tiempo, a la sazón. || Así pues, en tal caso.

entono Entonación.

entornar Entreabrir, juntar. || Inclinar, ladear.

entorpecer Embarazar, estorbar, dificultar, retardar, obstruir, impedir. ← *Ayudar, facilitar*. || Turbar, atontar. ← *Estimular*.

entorpecimiento Estorbo, obstáculo, dificultad, retraso, impedimento. ← *Ayuda, facilidad*.

entrada Acceso, puerta, paso. ← *Salida*. || Billete.

entrar Penetrar, meterse, introducirse. ← *Salir*. || Desembocar, desaguar. || Encajar, meterse, introducirse, caber. || Ingresar. || Empezar, comenzar, iniciar. ← *Terminar*.

entre En medio de, dentro, a través de.

entreabrir Entornar, separar.

entreacto Intermedio, descanso, intervalo.

entrecruzar Cruzar, entrelazar.

entrega Rendición, capitulación. || Consagración, dedicación, aplicación.

entregar Dar, facilitar, poner en manos. ← *Arrebatar*.

entregarse Abandonarse, darse. ← *Dominarse*. || Someterse, rendirse. ← *Resistir*. || Consagrarse, dedicarse, aplicarse. ← *Desentenderse*.

entrelazar Entretejer, entrecruzar, enlazar. ← *Desenlazar*.

entrenarse Ejercitarse, adiestrarse, practicar, ensayar, habituarse.

entretanto Mientras.

entretejer Entrelazar, enlazar, entrecruzar. ← *Destejer*. || Incluir, mezclar, intercalar.

entretener Distraer, divertir, recrear. ← *Aburrir*. || Retardar, demorar. ← *Despachar*.

entretenimiento Distracción, diversión, esparcimiento, pasatiempo, recreo.

entrever Vislumbrar, divisar.

entrevista Conversación, conferencia.

entrevistar Interviuar, interrogar.

entrevistarse Conferenciar, reunirse.

entristecer Apesadumbrar, apenar, afligir. ← *Alegrar*.

entrometerse Entremeterse, inmiscuirse, meterse, mezclarse, intervenir.

entrometido Entremetido.

entrometimiento Entremetimiento.

entumecer 'Engarrotar.

entumecerse Entorpecerse. ← *Desentumecerse*.

entumecido Tieso, helado, congelado. ← *Ágil, desentumecido*.

enturbiar Empañar, ensuciar, oscurecer. ← *Clarificar*.

entusiasmar Arrebatar, apasionar, encantar, embriagar, transportar, conmover.

entusiasmo Admiración, exaltación, pasión, fervor, frenesí. ← *Indiferencia*.

entusiasta Admirador, devoto, incondicional, apasionado. ← *Frío, indiferente*.

enumeración Enunciación, catalogación. || Cuenta, lista. || Detalle.

enumerar Contar, relacionar.

enunciación Enunciado, manifestación, mención, discurso, explicación.

enunciar Expresar, mencionar, citar, exponer, manifestar.

envainar Enfundar, envolver.

envalentonar Esforzar, animar.

envalentonarse Fanfarronear, tomar agallas.

envanecerse Engreírse, ufanarse, hincharse, pavonearse, vanagloriarse, alabarse. ← *Avergonzarse*.

envasar Embotellar, embotijar, enlatar, llenar.

envase Embotellado. || Bote, recipiente, vasija, lata, caja, estuche.

envejecer Encanecer, caducar. ← Rejuvenecerse.

envejecido Viejo, caduco, acabado, chocho. ← Rejuvenecido. || Estropeado.

envenenar Intoxicar, corromper. ← Desemponzoñar. || Agriar, irritar. ← Dulcificar, paliar.

envés Revés, reverso, dorso. ← Cara.

enviado Mensajero, legado, delegado, diputado, embajador, misionero, recadero, cosario, mandadero, ordenanza, emisario.

enviar Mandar, remitir, expedir. ← Recibir.

envidia Celos. ← Caridad.

envidiable Deseable, apetecible. ← Aborrecible.

envidiar Codiciar, desear, apetecer.

envidioso Celoso, deseoso, ávido, sediento, hambriento, ambicioso.

envilecer Humillar, mancillar, manchar, ensuciar, degradar, deshonrar, rebajar. ← Ennoblecer.

envilecerse Deshonestarse, encanallarse. ← Regenerarse.

envío Remesa, expedición.

envoltorio Lío, bulto, fardo, paquete.

envoltura Cubierta, cobertura, casquete, corteza, cáscara, piel, recubrimiento, vestidura, revestimiento, estuche, embalaje.

envolver Liar, cubrir, empaquetar, ceñir, rodear. ← Desenvolver. || Mezclar, enredar, comprometer.

epidemia Peste, plaga.

episodio Incidente, aventura, suceso.

epístola Carta.

época Era, tiempo, período, temporada, estación.

equidistante Paralelo.

equilibrado Sensato, prudente. || Igualado.

equilibrar Compensar, nivelar, contrarrestar. ← Desequilibrar.

equilibrio Proporción, igualdad, mesura. ← Desequilibrio.

equilibrista Acróbata, trapecista.

equipado Provisto.

equipaje Bagaje, bultos.

equipar Proveer, guarnecer.

equipo Equipaje, bagaje. || Grupo. || Vestuario, indumentaria, ropa.

equivalencia Igualdad. ← Desigualdad.

equivalente Parejo, igual, parecido.

equivaler Igualar.

equivocación Error, falta, errata, confusión, desacierto, desatino.

equivocado Inexacto, erróneo, falso. ← Acertado.

equivocarse Confundirse, engañarse, errar. ← Estar en lo cierto.

era Tiempo, época, período.

erguido Derecho, tieso, enderezado. ← Abatido.

erguir Levantar, enderezar, alzar. ← Bajar.

erigir Fundar, instituir, establecer, levantar, alzar, elevar, construir, edificar.

erizado Espinoso, tieso. ← Ondulado. || Plagado, cubierto, lleno.

erizar Levantar. || Colmar, llenar.

ermitaño Eremita, anacoreta, solitario.

erosión Corrosión, desgaste, frotamiento, roce.

errabundo Errante.

errado Equivocado, engañado. ← Cierto.

errante Errabundo, vagabundo, nómada, ambulante. ← Estable, fijo, sedentario.

errar Equivocarse, engañarse, desacertar, fallar, faltar. ← Acertar. || Vagar. ← estarse.

errata Equivocación, error.

erróneo Equivocado, errado, desacertado, inexacto, falso. ← Acertado.

error Falta, desacierto, desatino, equivocación, incorrección, confusión, inexactitud, desliz, pifia, plancha, coladura. ← Acierto.

esbeltez Gentileza, garbo, elegancia.

esbelto Airoso, gallardo, alto.

escabechar Adobar. || Matar, destripar. || Suspender.

escabeche Adobo.

escabechina Destrozo, degollina, estrago, riza, mortandad.

escabrosidad Aspereza, dureza, desigualdad.

escabroso Fragoso, quebrado, desigual, áspero, dificultoso, duro. ← Llano, fácil. || Peligroso, inconveniente, libre. ← Sano, claro.

escabullirse Escurrirse, escaparse, huir, desaparecer, esfumarse. ← Comparecer.

escarchar Malograr, estropear, romper, hacer añicos.

escala Escalera. || Comparación, proporción, tamaño. || Grado, graduación. || Puerto.

escalar Trepar, subir.

E

escaldado Abrasado. ‖ Escarmentado.

escaldar Abrasar, cocer, caldear, quemar.

escaldarse Escocer.

escalera Escalinata, gradería.

escalfador Braserillo, calentador.

escalfar Cocer, calentar, escaldar.

escalinata Escalera, gradería.

escalofrío Estremecimiento, espeluzno, carne de gallina.

escalón Grada, peldaño.

escamarse Maliciar, sospechar, desconfiar. ← *Confiar*.

escampado Descampado, despejado, raso, llano, descubierto. ← *Cubierto*.

escamotear Robar, quitar, ocultar.

escampar Despejar, desembarazar.

escamparse Despejarse, aclararse. ← *Cubrirse*.

escandalizar Chillar, gritar, alborotar.

escandalizarse Enojarse, irritarse, encolerizarse.

escándalo Alboroto, tumulto, inquietud, vocerío, gritería, bullicio, gresca, jarana. ‖ *Silencio*. ‖ Desenfreno, desvergüenza, mal ejemplo. ‖ Asombro, pasmo, admiración.

escandaloso Ruidoso, revoltoso, inquieto, bullicioso, perturbador. ← *Quieto*. ‖ Vergonzoso, repugnante. ← *Morigerado*. ‖ Extraordinario, exorbitante.

escapar Huir, fugarse, escabullirse, escurrirse, desaparecer, esfumarse, evi-

tar, esquivar, librarse. ← *Acudir*.

escaparate Armario, aparador. ‖ Exposición, parada, muestra.

escapatoria Huida, fuga, salida, escape, excusa, evasiva, recurso, pretexto.

escape Fuga, salida, huida, escapada. ‖ Llave.

escaramuza Encuentro, acción.

escarbar Arañar, rascar.

escarlata Carmesí, grana, rojo.

escarmentar Corregir, castigar, desengañar.

escarmiento Castigo, pena, corrección. ‖ Desengaño.

escarpado Acantilado, vertical. ← *Llano*.

escasez Tacañería, pobreza, miseria. ← *Largueza*. ‖ Pobreza, poquedad, insuficiencia, necesidad, falta, penuria. ← *Abundancia*.

escaso Corto, limitado, poco, pobre, insuficiente, necesitado, incompleto, falto. ← *Abundante*. ‖ Mezquino, tacaño. ← *Largo*.

escena Escenario, teatro, tablas.

escénico Teatral.

escéptico Desconfiado, incrédulo, indiferente. ← *Creyente, crédulo*.

esclarecer Iluminar, ilustrar, explicar, aclarar. ← *Confundir*. ‖ Ilustrar. ← *Envilecer*.

esclavitud Servidumbre, sujeción. ← *Libertad*.

esclavo Siervo. ← *Libre*.

escobilla Cepillo.

escocer Picar, quemar.

escocerse Dolerse, sentirse, enojarse, picarse.

escoger Elegir, seleccionar, preferir, apartar.

escogido Selecto, excelente, superior, exquisito, perfecto, elegido. ← *Común*.

escolar Colegial, estudiante, alumno, discípulo, educando.

escolta Acompañamiento, cortejo, custodia, convoy.

escoltar Custodiar, guardar, acompañar.

escollera Rompeolas, muelle.

escollo Dificultad, obstáculo, tropiezo, riesgo, peligro.

escombros Ruinas, restos, residuos.

esconder Ocultar, encubrir, encerrar, contener. ← *Mostrar, exhibir*.

escondido Oculto, invisible, disimulado, secreto, misterioso. ← *Aparente, visible*.

escondite Escondrijo.

escozor Picor, comezón, picazón.

escribiente Copista, calígrafo, secretario, mecanógrafo, oficinista.

escribir Redactar, componer. ‖ Apuntar, anotar, copiar.

escrito Carta, documento, manuscrito. ‖ Obra, texto. ‖ Solicitación.

escritor Literato, autor, prosista.

escritorio Escribanía. ‖ Despacho, oficina, bufete. ‖ Pupitre.

escritura Escrito, copia. ‖ Instrumento o documento público.

escrúpulo Exactitud, precisión, esmero. ← *Incuria*. ‖ Duda, temor.

escrupulosidad Miramiento, reparo, delicadeza, menudencia, exactitud, precisión.

escrupuloso Meticuloso, minucioso, esmerado, concienzudo, cuidadoso, exacto, puntual, preciso. ← *Desidioso.* ‖ Delicado, receloso.

escuadra Cartabón. ‖ Cuadrilla. ‖ Flota.

escuadrilla Flotilla.

escuadrón Batallón

escucha Escuchado:, escuchante. ‖ Centinela, guardia.

escuchar Oír, atender, prestar atención.

escudero Paje, sirviente, asistente.

escudo Amparo, defensa, protección.

escudriñar Rebuscar, investigar, examinar.

escuela Colegio, parvulario, academia.

esculpir Labrar, tallar, modelar, grabar.

escurrirse Gotear, chorrear, ← *Empaparse.* ‖ Deslizarse, resbalar. ‖ Escabullirse, escaparse, huir. ← *Comparecer.*

escultor Estatuario.

escultura Estatua, figura. ‖ Relieve.

escurridizo Resbaladizo, deslizable.

escurrir Apurar. ‖ Deslizar, destilar, gotear, chorrear, secar.

esencia Perfume, extracto, aroma.

esencial Fundamental, principal, obligatorio, inevitable indispensable, serio, grave, importante, permanente, necesario.

esfera Globo, bola. ‖ Firmamento, cielo. ‖ Círculo.

esforzado Animoso, valeroso, valiente.

esforzarse Afanarse, luchar, batallar, procurar. ← *Desistir.*

esfuerzo Ánimo, valor, brío, aliento.

esfumarse Desvanecerse, evaporarse, desaparecer, escabullirse. ← *Aparecer.*

eslabón Anillo.

esmaltar Pintar, adornar, ornar, guarnecer.

esmerar Pulir, limpiar, cuidar.

esmalte Barniz. ‖ Lustre, esplendor, adorno.

esmerarse Extremarse, afanarse, desvivirse, desvelarse.

esmero Cuidado, pulcritud, solicitud, atención. ← *Descuido.*

espaciado Separado. ← *Junto.*

espacio Intervalo, claro, distancia.

espacioso Vasto, amplio, extenso, capaz, ancho. ← *Reducido.*

espada Hoja, estoque.

espadín Florete.

espalda Dorso, costillas, envés. ← *Cara.*

espaldar Respaldar.

espaldilla Paletilla, escápula, omóplato.

espantadizo Asombradizo, asustadizo, pusilánime, cobarde, miedoso. ← *Intrépido.*

espantajo Espantapájaros. ‖ Esperpento.

espantapájaros Espantajo.

espantar Asustar, atemorizar, amedrentar, acobardar, aterrar. ‖ Ahuyentar, echar, alejar, apartar. ← *Atraer.*

espantarse Admirarse, maravillarse, asombrarse, pasmarse.

espanto Susto, sobresalto, temor, miedo, terror, pavor, horror, pánico.

espantoso Terrible, aterrador, terrorífico, horrible, horroroso. ← *Atractivo.*

esparcido Separado, dividido, desparramado, suelto, flotante.

esparcimiento Entretenimiento, recreo, distracción, pasatiempo, diversión.

esparcir Diseminar, desperdigar, desparramar, sembrar, dispersar, extender, separar, espaciar. ← *Agrupar, concentrar.* ‖ Divulgar, propagar, publicar, propalar, difundir. ← *Ocultar.*

esparcirse Distraerse, recrearse, entretenerse, divertirse.

espasmo Pasmo, convulsión, contracción, contorsión, sacudida.

espatarrarse Despatarrarse.

especia Droga.

especial Singular, particular, peculiar, específico, propio, adecuado, a propósito. ← *General, ordinario.*

especialidad Singularidad, particularidad, peculiaridad.

especie Clave, variedad, tipo, grupo, género.

especificar Detallar, precisar.

específico Especial, típico, distinto. ‖ Medicamento.

espécimen Modelo, muestra, señal.

espectáculo Función, representación. ‖ Visión, panorama, contemplación.

espectadores Concurrentes,

E

E público, presentes, concurrencia, concurso.

espectro Fantasma, visión, aparición.

especulación Negocio, comercio, lucro. ‖ Meditación, reflexión.

especulador Agiotador, estraperlista, negociante.

especular Meditar, reflexionar. ‖ Traficar, negociar, comerciar, lucrarse.

especulativo Teórico, racional. ← *Empírico.*

espejismo Ilusión.

espejo Ejemplo, modelo, retrato. ‖ Luna.

espeluznante Horrible, horrendo, horroroso, horripilante. ← *Fascinante.*

espera Expectativa, acecho.

esperanza Confianza, ilusión, creencia. ← *Desesperanza, desesperación.*

esperanzar Confortar, consolar, alentar, animar, reanimar, dar esperanza.

esperar Aguardar, confiar, creer. ← *Desesperar.*

espermatozoo Espermatozoide, zoospermo, espermatozoario.

esperpento Adefesio, espantajo.

espesar Condensar, concentrar. ← *Diluir.*

espeso Denso, condensado. ← *Fluido.* ‖ Apretado, tupido, cerrado, aglomerado, compacto, recio. ← *Ralo.* ‖ Pesado, impertinente.

espesor Grosor, grueso, densidad.

espesura Espesor, bosque, frondas, selva.

espía Espión, agente secreto, confidente, soplón, delator.

espiar Atisbar, acechar, observar, escuchar.

espigado Alto, crecido, medrado.

espigón Espolón, malecón, dique.

espina Púa, pincho, aguijón. ‖ Pesar, pena. ‖ Sospecha, recelo, escrúpulo.

espinazo Espina dorsal, columna vertebral, raquis.

espino Zarza.

espinoso Arduo, dificultoso, intrincado, comprometido, complicado, difícil. ← *Simple, llano, fácil.*

espiral Rizo, caracol.

espirar Exhalar. ‖ Alentar.

espiritoso Espirituoso, eficaz, vivo, animoso. ← *Desanimado.*

espíritu Alma, ánima, esencia. ‖ Ánimo, energía, aliento, valor, brío, vigor.

espiritual Anímico, psíquico. ← *Material.*

esplendente Resplandeciente, esplendoroso, brillante, reluciente, radiante, refulgente. ← *Oscuro, mate, apagado.*

esplendidez Magnificencia, ostentación, abundancia, generosidad. ← *Mezquindad.*

espléndido Magnífico, regio, suntuoso. ← *Modesto, humilde.* ‖ Generoso. ← *Mezquino.*

esplendor Resplandor, brillo, lustre, magnificencia, fama. ← *Oscuridad, modestia.*

esplendoroso Esplendente, brillante, fúlgido, luminoso, resplandeciente.

espliego Lavanda.

espolear Aguijonear, picar, pinchar, incitar, estimular, excitar, mover, animar. ← *Frenar, contener.*

espolón Garra, uña, contrafuerte.

esponjoso Poroso, hueco, fofo. ← *Macizo.*

espontáneo Natural, instintivo, automático, maquinal. ← *Deliberado.* ‖ Franco, natural, sencillo. ← *Afectado.* ‖ Voluntario, libre. ← *Forzado.*

esporádico Ocasional, aislado, suelto, excepcional, raro. ← *Frecuente, fijo.*

esposo-esposa Marido, mujer, cónyuge, consorte.

espuela Estímulo, aguijón. ← *Freno.* ‖ Espolón.

espuma Baba, esputo, salivazo. ‖ Efervescencia.

espumarajo Espumajo, salivazo, saliva, esputo, esculpinajo, escupitajo.

esputar Expectorar, escupir.

esqueje Tallo, vástago, brote.

esquela Carta, misiva, nota, tarjeta.

esquelético Flaco, delgado, demacrado, seco.

esqueleto Osamenta, armazón.

esquema Guión, sinopsis, croquis.

esquematizar Sintetizar.

esquilar Cortar.

esquina Ángulo, arista, cantón, chaflán, recodo.

esquinado Difícil, duro, áspero, intratable. ← *Accesible.*

esquinazo Esquina, cornija.

esquivar Evitar, eludir, rehuir, evadirse, soslayar, sortear, rehusar. ← *Afrontar.*

esquivez Desdén, desabrimiento, despego, aspereza. ← *Cordialidad.*

esquivo Huraño, huidizo, desdeñoso, frío, arisco,

despegado, áspero, hosco, desabrido. ← *Sociable, cordial, afable.*

estabilidad Duración, permanencia, firmeza, inmovilidad, equilibrio. ← *Inestabilidad.*

estabilizar Fijar.

estable Duradero, firme, permanente, durable, sólido. ← *Inestable.*

establecer Ordenar, decretar, mandar. || Fundar, instituir, instaurar, implantar, crear, erigir, instalar, fijar.

establecerse Instalarse, afincarse. ← *Irse, trasladarse, mudarse.*

establecimiento Institución, fundación, tienda, comercio, almacén, bazar, oficina, manufactura.

establo Caballeriza, cuadra, corte.

estaca Palo, garrote, tranca.

estacada Empalizada.

estacar Hincar, clavar, fijar. || Atar, ligar.

estacazo Porrazo, garrotazo, palo, bastonazo, trancazo, zurrido.

estación Temporada, época, tiempo. || Parada, apeadero.

estacionado Parado, inmóvil, fijo, quieto, firme, inerte, clavado. ← *Móvil.*

estacionar Asentar, colocar, situar.

estacionarse Estancarse, pararse, aparcar.

estacionario Detenido, parado, quieto.

estadio Estádium, campo, circuito.

estadista Político, gobernante, hombre de Estado.

estadounidense Norteamericano, yanqui.

estado Situación, disposición, condición, etapa, fase, circunstancia.

estafa Timo, engaño, fraude.

estafador Timador, tramposo.

estafar Engañar, embaucar, timar, trampear.

estafeta Correo, mensajero, enviado. || Puesto, oficina, despacho.

estallar Reventar.

estallido Explosión, reventón.

estambre Lana.

estamento Clase.

estampa Lámina, grabado. || Huella, señal, impresión, vestigio.

estampado Coloreado, dibujado.

estampar Imprimir, marcar.

estampida Carrera, desbandada.

estampido Detonación, disparo, tiro, explosión.

estampilla Sello, marca.

estampillar Marcar, señalar.

estancado Inmóvil, estacionario, parado, detenido. ← *Móvil.*

estancamiento Detención, parada.

estancar Detener, suspender, parar, atascar, paralizar. ← *Mover, estimular.*

estancia Aposento, sala, habitación, cámara, cuarto, pieza. || Detención, permanencia, residencia, morada.

estanco Expendeduría. || Depósito, archivo.

estandarte Pendón, enseña, insignia, bandera.

estanque Lago, laguna,

pantano, alberca, charca.

estante Anaquel.

estantería Estante, repisa, anaquel, anaquelería, escaparate, armario.

estar Encontrarse, hallarse, permanecer, andar, vivir. ← *Faltar.*

estático Inmóvil, parado, quieto, fijo, inmutable. ← *Dinámico.*

estatua Escultura, figura, imagen.

estatuario Escultor.

estatura Talla, altura.

estatuto Ley, reglamento, reglas, ordenanzas.

este Oriente, levante. ← *Oeste.*

estela Señal, rastro, paso. || Cipo, mojón, pedestal, monumento.

estepa Llano, yermo.

estera Alfombra, tapete.

estéril Infecundo, improductivo, árido, infructuoso, vano, inútil, ineficaz. ← *Fecundo, fructuoso, útil.*

esterilidad Aridez. || Infecundidad, agotamiento, improductividad, ineficacia. ← *Fecundidad.*

esterilizar Desinfectar, neutralizar, purificar.

estético Artístico, bello, hermoso. ← *Antiestético.*

estiércol Excremento, abono.

estilete Estilo, punzón, puñal. || Sonda.

estilizar Simplificar, caracterizar.

estilo Modo, manera, forma, carácter, peculiaridad. || Uso, costumbre, práctica, moda. || Estilete, punzón.

estima Estimación, consideración, aprecio, respeto.

estimable Apreciable, con-

E

E

siderado. ← *Despreciable*.

estimación Estima, aprecio, consideración, respeto, cariño, afecto. ← *Desprecio*. ‖ Valoración, evaluación, tasación, apreciación.

estimado Querido, apreciado.

esitmar Evaluar, valorar, apreciar, tasar. ‖ Juzgar, reputar, creer, opinar, considerar, conceptuar. ‖ Apreciar, considerar, respetar. ← *Despreciar, desestimar*.

estimular Incitar, excitar, aguijonear, atizar, azuzar, instigar, empujar, exhortar, animar, alentar. ← *Contener, disuadir*.

estímulo Aliciente. ← *Freno*.

estío Verano. ← *Invierno*.

estirado Entonado, altanero, orgulloso. ← .*Llano, modesto*.

estirar Alargar, dilatar, prolongar, extender. ← *Encoger*.

estirón Tirón. ‖ Crecimiento.

estirpe Linaje, origen, ascendencia, alcurnia, casta.

estival Veraniego. ← *Invernal*.

estómago Buche, papo.

estorbar Embarazar, dificultar, entorpecer, impedir. ← *Ayudar*.

estorbo Obstáculo, engorro, embarazo, entorpecimiento, inconveniente, dificultad, molestia, rémora, tropiezo, impedimento. ← *Ayuda*.

estrado Tarima, tablado.

estrafalario Extravagante, estrambótico, ridículo,

raro, excéntrico. ← *Normal*.

estrago Ruina, destrucción, devastación, daño.

estrambótico Extravagante, excéntrico, raro. ← *Corriente, vulgar*.

estrangular Ahorcar, ahogar.

estraperlista Especulador.

estraperlo Especulación.

estratagema Ardid, astucia, artificio, treta, engaño, añagaza.

estrategia Destreza, pericia, habilidad, socaliña. ‖ Táctica, maniobra.

estratego General, militar.

estrato Capa, gaja, sedimento, poso.

estrechar Apretar, reducir, ceñir, oprimir, ajustar. ← *Ensanchar, aflojar*.

estrechez Estrechura, angostura. ← *Anchura*. ‖ Escasez, pobreza, privación, indigencia, miseria. ← *Holgura*.

estrecho Angosto, reducido, apretado, ceñido, ajustado. ← *Ancho, holgado*. ‖ Paso, canal.

estrechura Estrechez, angostura.

estrella Lucero. ‖ Destino, sino, hado, suerte, fortuna.

estrellar Arrojar, romper, despedazar.

estrellarse Fracasar, hundirse, hacerse añicos.

estremecer Conmover, sacudir, sobresaltar, agitar.

estremecerse Temblar, trepidar, tiritar, sobresaltarse, alterarse, conmoverse, ← *Tranquilizarse*.

estremecimiento Conmoción, sacudimiento, temblor, sobresalto.

estrenar Inaugurar. ‖ Co-

menzar, empezar, iniciar, debutar.

estreno Inauguración, apertura, debut.

estrépito Estruendo, fragor, ruido. ← *Silencio, sigilo*.

estrepitoso Estruendoso, ruidoso, fragoso. ‖ Ostentoso, espléndido, magnífico.

estribillo Bordón, repetición.

estribo Apoyo, sostén.

estricto Estrecho, ajustado, ceñido, preciso, exacto, riguroso, severo. ← *Amplio, difuso, flexible*.

estridente Chirriante, rechinante, chillón, destemplado, agrio, ruidoso, estruendoso. ← *Suave, armonioso, discreto*.

estrofa Copla.

estropajo Desecho, inutilidad. ‖ Incapaz, inútil. ← *Apto*. ‖ Fregador.

estropeado Inservible, tronado, inútil. ← *Útil, apto*.

estropear Escacharrar, deteriorar, averiar, dañar, echar a perder, malograr. ← *Reparar, apañar*. ‖ Maltratar, lastimar, lesionar, lisiar. ← *Curar*.

estropicio Destrozo.

estruendo Estrépito, fragor, ruido. ← *Silencio*. ‖ Pompa, aparato. ← *Discreción*.

estruendoso Fragoroso, ruidoso, estrepitoso. ← *Silencioso*.

estrujar Exprimir, prensar, comprimir, apretar. ← *Impregnar, hinchar*.

estuche Caja, cofrecillo.

estudiante Universitario, escolar, colegial, alumno, discípulo.

estudiar Aprender, aplicarse, instruirse, empollar, repasar, ejercitarse, cursar. ‖ Examinar, considerar, meditar, pensar.

estudio Investigación, análisis, examen, observación. ‖ Trabajo, ensayo, artículo, tratado, obra. ‖ Taller, despacho.

estudioso Investigador, trabajador, laborioso, aplicado, celoso, aprovechado. ← *Haragán.*

estufa Hogar, calentador, brasero, horno.

estufilla Braserillo.

estupefacción Estupor, pasmo, asombro, aturdimiento. ← *Impasibilidad.*

estupefacto Atónito, pasmado, suspenso, maravillado, patitieso, turulato, helado, asombrado, admirado. ← *Impertérrito, impasible.*

estupendo Admirable, asombroso, sorprendente, maravilloso, pasmoso, fabuloso, prodigioso, portentoso. ← *Horrible.*

estupidez Necedad, torpeza, tontería, bobería. ← *Inteligencia, listeza.*

estúpido Torpe, necio, tonto. ← *Avispado, listo.*

etapa Fase, estado, período.

eternidad Inmortalidad, perdurabilidad, perpetuidad. ← *Precariedad.*

eternizar Perpetuar, inmortalizar.

eterno Eternal, sempiterno, perdurable, perpetuo, inmortal, imperecedero. ← *Efímero.*

etiqueta Ceremonia, protocolo, ceremonial, ritual, gala. ‖ Rótulo.

evacuación Desocupo, desocupación, abandono, salida. ‖ Necesidad, expulsión, defecación, excrementos.

evacuar Desocupar, abandonar, dejar. ← *Ocupar.*

evadir Eludir, esquivar. ← *Afrontar.*

evadirse Escaparse, huir, fugarse, escabullirse. ← *Introducirse, comparecer.*

evangelizar Predicar, catequizar.

evaporar Vaporar, gasificar, evaporizar, vaporizar, volatilizar.

evaporarse Desvanecerse, disiparse, desaparecer, esfumarse, huir. ← *Aparecer.*

evasión Fuga, huida. ← *Comparecencia.*

evitar Impedir, precaver, prevenir. ← *Causar.* ‖ Eludir, esquivar, rehuir, sortear. ← *Afrontar.*

evolución Desarrollo, progresión, progreso, adelanto, avance. ← *Estancamiento, regresión.* ‖ Transformación, variación, cambio. ← *Inmutabilidad.* ‖ Maniobra, movimiento.

evolucionar Desenvolverse, progresar, desarrollarse, deshilvanarse, adelantar. ‖ Cambiar, mudar, transformarse, trastocarse, girar. ‖ Maniobrar, moverse, agitarse, desplegar.

exactamente Ni más ni menos, a pedir de boca, al pie de la letra, palabra por palabra, paso por paso, sin faltar ni una coma.

exactitud Precisión, fidelidad, veracidad, puntualidad, regularidad. ← *Inexactitud.*

exacto Preciso, cabal, jus-

to, fiel, verdadero, puntual, regular. ← *Inexacto.*

exageración Exceso. ← *Atenuación*

exagerar Abultar, inflar, hinchar, extremar, desorbitar. ← *Atenuar.*

exaltación Entusiasmo, pasión, fervor, excitación, sobreexcitación, frenesí. ← *Frialdad, indiferencia.*

exaltado Apasionado, fanático, entusiasta, rabioso. ← *Frío.*

exaltar Glorificar, enaltecer, ensalzar, realzar, elevar. ← *Rebajar.*

exaltarse Sobreexcitarse, acalorarse, excitarse, apasionarse, entusiasmarse. ← *Moderarse, calmarse.*

examen Estudio, observación, reconocimiento, análisis. ‖ Prueba.

examinar Estudiar, observar, reconocer, considerar, analizar, indagar. ‖ Probar, tantear.

exasperar Excitar, irritar, enfurecer, sulfurar, encolerizar, enojar. ← *Aplacar, calmar.*

excavación Socavación, vaciado, extracción, dragado, descalce. ‖ Socavón, hoyo, fosa, zanja, surco, hoya, hueco.

excavar Socavar, cavar, ahondar, escarbar, minar, dragar, profundizar, abrir, ahoyar, penetrar.

exceder Superar, aventajar, sobrepujar, pasar de, traspasar, rebasar.

excederse Propasarse, extralimitarse. ← *Contenerse, quedarse corto.*

excelencia Eminencia, alteza, magnificencia, gran-

E

E

diosidad, superioridad, elevación, grandeza, notabilidad, importancia, exquisitez. ← *Inferioridad, medianía, imperfección.*

excelente Superior, sobresaliente, óptimo, notable, excelso, exquisito, delicioso, delicado, agradable, deleitable, rico, primoroso, brillante, precioso, meritorio, super, superfino, soberbio, refinado, extra, perfecto, maravilloso, sin par, de marca mayor, bajado del cielo, de buena ley, de oro. ← *Inferior, pésimo, malo.*

excepción Exclusión, anomalía, singularidad, anormalidad, irregularidad, rareza, extrañeza, particularidad. ← *Normalidad.*

excepcional Extraordinario, insólito, desusado, raro. ← *Corriente, usual.*

excepto Salvo, descontado, fuera de, aparte, menos. ← *Más, además de.*

exceptuación Exclusión.

exceptuar Excluir, salvar, quitar, prescindir. ← *Incluir.*

excesivamente En demasía, en exceso, de lo lindo, en grado superlativo.

excesivo Demasiado, sobrado, desmedido, desmesurado, desproporcionado, enorme, exorbitante. ← *Insuficiente.*

exceso Sobra, sobrante. ← *Defecto, falta.* ‖ Demasía, desmán, abuso, atropello.

excitación Provocación, instigación, incitación, estímulo. ‖ Agitación, exal-

tación, nerviosismo, frenesí. ← *Calma, impasibilidad.*

excitar Mover, provocar, incitar, instigar, estimular, aguijonear. ← *Aplacar.*

excitarse Agitarse, exaltarse, acalorarse, apasionarse. ← *Moderarse, calmarse.*

exclamación Grito, voz, expresión, juramento, voto, taco.

exclamar Emitir, proferir, lanzar, prorrumpir, gritar.

exclamarse Lamentarse, protestar, quejarse.

excluir Descartar, exceptuar, apartar, separar, suprimir, eliminar. ← *Incluir.*

exclusión Eliminación, supresión, excepción, exceptuación, separación, destitución, omisión, salvedad.

excomulgar Descomulgar, fulminar.

excremento Deyecciones, heces, mierda.

excursión Viaje, caminata, paseo.

excusa Disculpa, descargo, efugio, pretexto.

excusado Exento, libre, privilegiado. ‖ Superfluo, inútil. ‖ Reservado, retrete, común, *wáter, aseo.

excusar Disculpar, justificar, defender, perdonar, exculpar. ← *Acusar.*

exento Desembarazado, libre, dispensado, franco. ← *Obligado.*

exhalar Emitir, desprender, despedir, irradiar, lanzar. ← *Absorber.*

exhausto Agotado, consu-

mida, apurado, extenuado. ← *Lozano.*

exhibición Manifestación, presentación, exposición, ostentación.

exhibir Mostrar, manifestar, presentar, exponer, ostentar. ← *Esconder.*

exhortación Invitación, consejo, ruego, incitación.

exhortar Invitar, aconsejar, rogar, incitar, alentar. ← *Desaconsejar.*

exigente Rígido, severo, duro, recto, escrupuloso, intolerante. ← *Blando, tolerante.*

exigir Reclamar, ordenar, mandar. ← *Renunciar.* ‖ Requerir, pedir, necesitar, precisar.

exilio Destierro, extrañamiento, deportación, expatriación.

existencia Vida, ser. ← *Inexistencia.*

existir Vivir, ser, subsistir.

éxito Suceso, resultado, fin, conclusión. ← *Inicio.* ‖ Triunfo, victoria, logro. ← *Fracaso.*

exorbitante Desorbitado, desmesurado, excesivo, exagerado, enorme. ← *Insuficiente, limitado.*

exótico Extraño, lejano, extranjero. ← *Indígena.*

expandir Extender, dilatar, difundir.

expansión Dilatación, extensión, crecimiento, desarrollo. ← *Compresión, reducción.* ‖ Desahogo, esparcimiento, distracción. ← *Contención.*

expansionarse Franquearse, confiarse, abrirse, desembuchar. ← *Contenerse.* ‖ Esparcirse, distraerse, recrearse.

expatriación Emigración,

destierro, exilio. ← *Repatriación.*

expectación Curiosidad, atención, afán. ‖ Expectativa.

expedición Facilidad, prontitud, velocidad, presteza, diligencia. ‖ Excursión, viaje, safari. ‖ Envío, remesa, facturación.

expedir Extender, despachar, cursar, enviar, remitir, facturar.

expensas Gastos, costas.

experiencia Ensayo, experimento, prueba, tentativa. ‖ Hábito, conocimiento, práctica, pericia, costumbre. ← *Inexperiencia.*

experimentado Práctico, adiestrado, ejercitado, versado, entendido, experto, ducho. ← *Novato, principiante, inexperto.*

experimental Práctico ← *Teórico.*

experimentar Probar, ensayar ‖ Notar, sentir, observar.

experimento Experiencia, ensayo, prueba, tentativa.

experto Experimentado, perito, entendido, conocedor, diestro, ducho, ejercitado, práctico, hábil, versado, adiestrado. ← *Inexperto, desconocedor.*

expiación Purificación, pena, castigo.

expiar Reparar, purgar, pagar.

explanada Llano, llanura, plano, extensión.

explanar Allanar, aplanar, igualar, nivelar.

explicación Aclaración, exposición, justificación, interpretación, comentario. ‖ Disculpa, satisfacción, justificación.

explicar Aclarar, exponer, justificar, interpretar, desarrollar. ‖ Enseñar.

explicarse Comprender, entender, concebir. ‖ Disculparse, justificarse.

explícito Expreso, claro, manifiesto. ← *Implícito, sobreentendido.*

explorador Descubridor, investigador. ‖ Reconocedor, batidor, avanzadilla. ‖ Excursionista, escultista.

explorar Reconocer, registrar, sondear, examinar, investigar.

explosión Estallido, reventón.

explosivo Detonante.

explotación Fabricación, industria, factoría, empresa.

explotar Aprovechar, utilizar.

exponer Exhibir, presentar, mostrar. ← *Ocultar.* ‖ Manifestar, declarar, expresar, explicar. ← *Callar.*

exportar Enviar, sacar.

exposición Exhibición, presentación, feria. ‖ Declaración, explicación.

expresado Indicado, mencionado, antedicho, susodicho, sobredicho.

expresamente Ex profeso, adrede, de propósito, a propósito, expreso.

expresar Exponer, declarar, decir, manifestar, significar, dar a entender, interpretar, representar.

expresarse Hablar. ← *Callar.*

expresión Locución, palabra, vocablo, término, voz, dicción, pronunciación.

expresivo Elocuente, grá-

fico, plástico. ← *Inexpresivo.*

exprimir Estrujar, prensar. ← *Impregnar.*

ex profeso Adrede, aposta, de propósito, de intento, intencionadamente, deliberadamente. ← *Indeliberadamente.*

expuesto Aventurado, arriesgado, peligroso. ← *Seguro.*

expulsar Arrojar, echar, despachar, despedir, lanzar, excluir, eliminar, desalojar, rechazar, destituir, desechar, desterrar, limpiar, alejar, espantar, deshauciar, poner de patitas en la calle, echar a la calle, noramala, enviar a paseo, enviar a freír espárragos, dar la lata. ← *Admitir.*

expulsión Exclusión, evacuación, destitución, desalojamiento, lanzamiento, deshaucio. ‖ Destierro.

expurgación Purificación, limpieza.

expurgar Purificar, limpiar.

exquisito Excelente, finísimo, primoroso, delicado, selecto, refinado. ← *Basto.*

extasiarse Embelesarse, encantarse.

éxtasis Enajenamiento, suspensión, transporte. ← *Horror.*

extender Desplegar, tender, desenvolver, desdoblar, desarrollar. ← *Recoger, plegar.* ‖ Aumentar, ampliar. ← *Reducir.* ‖ Difundir, divulgar, propagar, esparcir. ← *Reservar, ocultar.*

extensión Desarrollo, dilatación, desenvolvimiento, amplificación, propaga-

E

E

ción, ramificación, expansión. ← *Limitación.* ‖ Vastedad, amplitud.

extenso Vasto, dilatado, espacioso, amplio, largo, prolongado, prolijo. ← *Reducido, exiguo, corto.*

extenuación Debilitamiento, agotamiento. ← *Vigor, euforia.*

extenuado Agotado, anémico, desmirriado, enflaquecido, débil, escuálido. ← *Fuerte.*

extenuar Agotar, debilitar, ← *Fortalecer, reforzar.*

exterior Externo. ← *Interior.* ‖ Superficie, periferia, apariencia, aspecto, porte. ← *Interior.*

exterioridad Exterior, aspecto, apariencia, semblante, actitud, fachada, superficie.

exteriorizar Manifestar, descubrir, revelar, sacar.

exterminar Aniquilar, destruir, suprimir, extirpar. ← *Crear.*

exterminio Aniquilamiento, extinción, destrucción. ‖ Matanza, carnicería, escabechina.

externo Exterior.

extinguir Apagar, matar, acabar. ← *Encender.*

extinguirse Morir, expirar, cesar, acabar. ← *Nacer.*

extirpar Arrancar, extraer, suprimir.

extra Extraordinario, excelente, óptimo, inmejorable, superior. ← *Inferior, malo.*

extraer Sacar, separar, arrancar. ← *Introducir, clavar.*

extralimitarse Propasarse, excederse. ← *Limitarse, reprimirse.*

extranjero Forastero, extraño, exótico. ← *Indígena.*

extrañar Sorprender, admirar, asombrar, chocar.

extrañeza Admiración, sorpresa, asombro.

extraño Singular, raro, chocante, insólito, extravagante, extraordinario. ← *Normal, ordinario.* ‖ Ajeno, impropio. ← *Propio.* ‖ Extranjero. ← *Indígena.*

extraordinario Singular, insólito, inusitado, extraño, raro, excepcional, maravilloso, fabuloso, asombroso, sorprendente. ← *Ordinario, normal, insignificante.*

extravagancia Rareza, ex-

centricidad, originalidad, manía, ridiculez.

extravagante Raro, excéntrico, estrafalario, original, chocante, ridículo. ← *Ordinario, normal, corriente.*

extraviar Perder. ← *Hallar.*

extraviarse Desviarse, descaminarse, desorientarse, perderse, descarriarse, pervertirse. ← *Encaminarse, enderezarse.*

extravío Desorden, perdición, descarrío. ‖ Pérdida, abandono.

extremado Exagerado, excesivo, radical. ← *Moderado.*

extremidad Extremo, cabo, fin. ‖ Miembro.

extremo Extremidad, cabo, punta, fin, límite, término. ‖ Último, final.

extrínseco Exterior, externo, accidental. ← *Intrínseco.*

exuberancia Abundancia, plenitud, fertilidad, frondosidad, profusión, prodigalidad. ← *Escasez, mezquindad, esterilidad.*

exuberante Abundante, pródigo, fértil, frondoso, óptimo. ← *Escaso, mezquino, estéril.*

F

fábrica Manufactura, industria. ‖ Edificio, construcción.

fabricación Industria, producción, obtención, elaboración.

fabricante Manufacturador, industria, productor.

fabricar Manufacturar, elaborar, producir. ‖ Construir. ‖ Inventar, imaginar.

fábula Apólogo, cuento, ficción, mito, leyenda, invención. ← *Realidad*.

fabuloso Increíble, inverosímil, fantástico, excesivo, exagerado, prodigioso, extraordinario. ← *Común, ordinario*. ‖ Imaginario, ficticio, fingido, inventado, falso. ← *Real cierto*.

faceta Aspecto, cara.

fácil Hacedero, cómodo, sencillo, elemental, probable. ← *Difícil*. ‖ Dócil, manejable, tratable. ← *Difícil*.

facilidad Disposición, posibilidad, comodidad, desenvoltura, simplicidad, aptitud. ← *Dificultad*.

facilitar Simplificar, posibilitar, favorecer. ← *Dificultar*. ‖ Proporcionar, suministrar, procurar, entregar, dar, proveer.

fácilmente De carrera, sobre vías engrasadas. ← *Difícilmente*.

factible Posible, realizable, hacedero. ← *Irrealizable*.

factor Agente, elemento. ‖ Submúltiplo, multiplicador, coeficiente, divisor.

factoría Fábrica. ‖ Almacén, comercio, depósito.

factura Cuenta, nota, cargo.

facturar Anotar, registrar. ‖ Enviar, remitir, despachar.

facultad Capacidad, potencia, aptitud.

facha Pinta, aspecto, apariencia.

faena Trabajo, quehacer, ocupación, labor, tarea.

fajo Haz, mazo, atado.

falacia Fraude, engaño, mentira, falsedad. ← *Verdad*.

falange Legión, tropa, batallón.

falaz Embustero, engañador, falso. ← *Veraz, leal*.

falda Saya, faldón. ‖ Regazo.

falsear Falsificar, adulterar, desnaturalizar, corromper.

falsedad Mentira, engaño, impostura, falacia. ← *Verdad, autenticidad*.

falsificar Falsear, adulterar,

desnaturalizar, corromper, sofisticar.

falso Engañoso, fingido, ficticio, mentiroso, inexacto, erróneo, equivocado, arreglado, amañado, desfigurado, supuesto, disfrazado, artificial, simulado, imitado, inventado, infundado, contrahecho, ilegítimo, ilusorio, absurdo, apócrifo, plagiado, copiado, refrito, embustero, mentiroso, mendaz, falaz, aparente, equívoco, sofístico. ← *Cierto, verdadero, auténtico*. ‖ Traidor, felón, impostor, cobarde, perjuro. ← *Leal*.

falta Culpa, pecado, error, descuido, defecto, imperfección, deficiencia. ‖ Carestía, carencia, escasez, ausencia.

faltar Pecar. ‖ Acabarse, consumirse. ‖ Fallar.

falto Escaso, necesitado, desprovisto, carente, pobre. ← *Provisto*.

falúa Lancha, bote.

falla Defecto, falta. ‖ Rotura, hendidura. ‖ Hoguera, pira.

fallar Frustrarse, malograrse, fracasar, faltar, marrar, pifiar. ← *Resultar, tener éxito*.

fallecer Morir, expirar, pe-

F

recer, extinguirse, acabarse. ← *Nacer.*

fallecimiento Muerte, defunción, óbito, expiración.

fallo Sentencia, resolución, decisión, condena, laudo.

fama Nombre, renombre, son, voz, noticia, notoriedad, reputación, celebridad, gloria, auge, popularidad. ← *Oscuridad, descrédito.*

famélico Hambriento, comilón. ← *Harto.*

familia Parentela, progenie, gente. ‖ Linaje, estirpe, casta, raza, sangre, cepa. ‖ Descendencia, prole, hijos, sucesión.

familiar Pariente, deudo, afín, allegado. ← *Extraño.* ‖ Sencillo, corriente, natural, llano. ‖ Sabido, conocido.

familiaridad Llaneza, franqueza, confianza, intimidad, libertad. ← *Afectación, pompa.*

familiarizar Adaptar, acostumbrar, habituar, acomodar, franquear, intimar, relacionar.

famoso Renombrado, reputado, sonado, señalado, insigne, afamado, ilustre, glorioso, conocido, célebre, conspicuo, acreditado, notable. ← *Oscuro, ignorado.*

fanático Apasionado, exaltado, obcecado, intolerante, intransigente, celoso, ardiente, fogoso, ferviente, entusiasta. ← *Ponderado, equilibrado, frío.*

fanatismo Apasionamiento, exaltación, obcecación, intolerancia, intransigencia, celo, fogosidad, ardor, acaloramiento. ←

Ponderación, mesura, frialdad.

fanfarrón Farolero, bravucón, perdonavidas, valentón. ← *Modesto, humilde.*

fanfarrorear Bravear, guapear.

fanfarronería Fanfarria.

fangal Lodazal, barrizal, cenagal, ciénaga.

fango Lodo, barro, cieno.

fantasear Soñar, imaginar.

fantasía Imaginación, inventiva, figuración. ‖ Capricho, antojo, ficción, visión.

fantasioso Vano, presuntuoso, presumido, ostentoso, entonado, vanidoso. ← *Realista.*

fantasma Visión, aparición, espectro, sombra, espíritu, alma en pena.

fantástico Inverosímil, fabuloso, imaginario, irreal, increíble. ← *Real, cierto, verídico.* ‖ Fantasmagórico, fantasmal.

fantoche Títere, marioneta.

fardo Bulto, lío, fardel, atadijo.

farsa Comedia, drama. ‖ Enredo, ficción, patraña, fingimiento, jugarreta, trampa.

farsante Cómico, comediante. ‖ Embustero, mentiroso, tramposo, embaucador, engañador, hipócrita. ← *Cabal, veraz.*

fascículo Cuaderno.

fascinación Embrujo, hechizo. ‖ Engaño, alucinación, deslumbramiento, seducción. ← *Desilusión, desengaño.*

fascinar Embrujar. ‖ Encantar, embelesar, hechizar, deslumbrar, atraer, hipnotizar, alucinar, ofus-

car, seducir, engañar. ← *Repeler, desengañar, disgustar.*

fase Estado, período.

fastidiar Hastiar, molestar, enfadar, disgustar, cansar, aburrir, importunar, embarazar, hartar, asquear, jeringar, incomodar, dar jaqueca, enojar. ← *Agradar, deleitar, divertir.*

fastidioso Hastioso, molesto, enfadoso, latoso, cansado, aburrido, pesado, cargante, embarazoso, engorroso, importuno, insoportable, enervante. ← *Agradable, divertido, ameno.*

fastuoso Ostentoso, suntuoso, lujoso, espléndido, aparatoso, majestuoso, regio, vistoso, pomposo. ← *Sencillo, mísero, mezquino.*

fatal Inevitable, ineludible, irrevocable, irremediable, infalible. ← *Eludible, de fácil evitar.* ‖ Adverso, fatídico, funesto, nefasto, desdichado, desventurado, infeliz, negro. ← *Feliz, providencial.*

fatalidad Adversidad, desgracia, infelicidad, infortunio, desdicha, contratiempo, desventura, malaventura, cuita, aflicción, mala suerte, mala sombra. ← *Suerte, fortuna.*

fatalismo Pesimismo.

fatídico Fatal, adverso, funesto.

fatiga Ahogo, cansancio, agotamiento, molimiento, extenuación, agitación, sofocación, ajetreo, agobio. ← *Desahogo, ocio, reposo.*

fatigar Cansar, agotar, rendir, reventar, extenuar, deslomar, aplastar. ← *Reposar*. ‖ Molestar, importunar, aburrir, enojar.

fatigoso Fatigado, agitado. ‖ Cansado, trabajoso, penoso.

favor Ayuda, socorro, auxilio, amparo, protección, patrocinio. ← *Obstáculo, rechazo*. ‖ Beneficio, gracia, servicio, merced, cortesía, atención, fineza, agasajo, bien. ← *Disfavor, desaire*.

favorable Propicio, benévolo, benigno, acogedor.

favorecedor Amparador, defensor, protector, bienhechor, padrino, beneficiador.

favorecer Ayudar, socorrer, auxiliar, amparar, asistir, apoyar, sostener, defender, proteger, acoger. ← *Contrariar, obstaculizar, perjudicar*. ‖ Beneficiar, servir, otorgar.

favorito Estimado, preferido, mimado, distinguido. ← *Apartado, alejado, aburrido*. ‖ Privado, valido.

faz Rostro, cara, semblante, figura, rasgos, fisonomía, imagen. ‖ Anverso. ← *Reverso*.

fe Creencia, dogma, religión, credulidad, convicción. ← *Incredulidad*. ‖ Confianza, convencimiento. ‖ Seguridad, certificación, testimonio, palabra (de honor). ‖ Fidelidad, rectitud, lealtad, honradez.

fealdad Monstruosidad, deformidad. ← *Belleza*.

febril Inquieto, desasosega-do, agitado, intranquilo, atormentado, turbado. ← *Calmado, tranquilo, frío*. ‖ Ardoroso, calenturiento. ← *Álgido*.

fecundar Fertilizar. ← *Esterilizar*. ‖ Engendrar, preñar.

fecundidad Fertilidad, abundancia. riqueza. ← *Esterilidad, aridez*.

fecundo Prolífico. ← *Estéril*. ‖ Productivo, fértil, fructuoso, óptimo, abundante. ← *Infecundo, improductivo*.

fecha Data. ‖ Día, jornada. ‖ Tiempo, momento, término, vencimiento.

fechoría Maldad, atentado, malhecho, crimen, **mala** jugada, mala pasada, mala acción, trastada, travesura, picardía.

federación Confederación, liga, unión, asociación.

felicidad Dicha, ventura, beatitud, contento, satisfacción, bienestar, suerte, buena estrella. ← *Infelicidad, desventura*. ‖ Gusto, contento, júbilo, goce, placer, encanto, delicia, complacencia. ← *Disgusto, tristeza*.

felicitación Enhorabuena, congratulación, cumplimiento, cumplido, agasajo. ← *Condolencia, pésame*.

felicitar Cumplimentar, congratular, cumplir, dar las pascuas. ← *Compadecer*.

feligrés Parroquiano.

feliz Dichoso, venturoso, afortunado, fausto, encantado, radiante, campante, satisfecho, contento, alegre, boyante. ← *Infeliz, desventurado,* triste. ‖ Venturoso, esplendoroso, dorado. ← *Aciago, infausto*. ‖ Oportuno, acertado, eficaz, atinado, a propósito. ← *Inoportuno, impropio*.

femenino Débil, endeble, delicado, afeminado. ← *Viril, fuerte, austero*.

fenomenal Fenoménico. ‖ Asombroso, tremendo, extraordinario, sorprendente, desmesurado, descomunal, desmedido, maravilloso, colosal, prodigioso, portentoso, morrocotudo.

fenómeno Portento, maravilla, prodigio, rareza, coloso, apariencia, manifestación. ‖ Monstruo.

feo Feúco, feúcho, feote, mal parecido, malcarado, disforme, atroz, repugnante, repulsivo, asqueroso, horrible. ← *Bello*.

féretro Ataúd, caja (mortuoria).

feria Fiesta. ‖ Mercado, certamen, ferial.

ferocidad Fiereza, crueldad, barbarie, inhumanidad, salvajismo, encarnizamiento, atrocidad, brutalidad, violencia, salvajada.

feroz Fiero, cruel, inhumano, despiadado, salvaje, bárbaro, rudo, violento, agrio, montaraz, indómito. ← *Bondadoso, pacífico, humano*.

fértil Fecundo, productivo, óptimo, abundante, prolífico, fructífero, generoso, rico, copioso, inagotable. ← *Estéril, árido*.

fertilidad Fecundidad, abundancia, riqueza, producción. ← *Esterilidad, aridez*.

F fertilizar Fecundizar, abonar, estercolar, nitratar. ← *Esterilizar.*

ferviente Fervoroso, vehemente, efusivo, fogoso, ardiente, entusiasta, impetuoso, fanático, febril, devoto, piadoso. ← *Frío, impasible.*

fervor Ardor, fogosidad, pasión entusiasmo, excitación, celo, impetuosidad, intensidad, llama. ←*Frialdad.* ‖ Devoción, piedad. ← *Indiferencia, impiedad.*

festejar Agasajar, halagar, obsequiar, regalar. ‖ Cortejar, galantear, hacer la corte.

festejo Agasajo, halago, obsequio. ‖ Fiesta, festividad, regocijo, solemnidad, diversión. ‖ Galanteo, cortejo.

festín Banquete, convite, comilona, orgía.

festividad San o Santo. ‖ Fiesta, solemnidad, conmemoración, dedicación, celebración, día festivo.

fetiche Ídolo, amuleto, talismán, tótem.

fianza Garantía, depósito, prenda, aval.

fiar Garantizar, responder, asegurar. ‖ Confiar. ← *Desconfiar.*

ficción Fingimiento, disimulo, simulación, apariencia. ‖ Fábula, invención, cuento.

ficticio Fingido, falso, supuesto, inventado, imaginado, fabuloso. ← *Real.*

fichar Filiar, señalar, anotar.

fichero Archivador.

fidelidad Lealtad, devoción, apego. ← *Infidelidad,*

traición. ‖ Constancia, exactitud, puntualidad, escrupulosidad, probidad. ← *Irregularidad, irresponsabilidad.*

fiebre Calentura, temperatura. ← *Hipotermia.* ‖ Ardor, agitación, excitación, actividad. ← *Desánimo.*

fiel Leal, firme, constante, perseverante, invariable. ← *Infiel.* ‖ Exacto, verdadero, verídico, puntual, escrupuloso, probo. ← *Irregular.* ‖ Religioso, creyente, cristiano, católico.

fiera Bruto, salvaje.

fiereza Ferocidad, crueldad, saña, salvajismo.

fiero Cruel, sanguinario, brutal, feroz, salvaje, selvático, furioso, violento, bravío, indómito, indomable. ← *Tranquilo, apacible.* ‖ Feo, horroroso. ‖ Terrible, grande, desmesurado.

fiesta Festividad, conmemoración, solemnidad, vacación. ‖ Alegría, regocijo, diversión, placer. ‖ Chanza, broma, burla. ‖ Agasajo, halago, caricia, carantoña, adulación. ← *Desprecio, desaire.*

figura Efigie, imagen, forma, configuración, aspecto, apariencia, semblante. ‖ Cara, rostro, faz, fisonomía. ‖ Personaje, persona. ‖ Metáfora, tropo.

figurar Aparentar, fingir, suponer, simular, parecer. ‖ Distinguirse, destacarse, representar. ‖ Imaginar, creer, suponer, representar, delinear, dibujar.

figurativo Simbólico, representativo.

figurín Modelo, patrón, diseño.

fijar Hincar, clavar, asegurar, sujetar. ← *Soltar, aflojar.* ‖ Inmovilizar, estabilizar, establecer. ‖ Determinar, precisar, limitar, designar, señalar, concretar.

fijarse Atender, reparar, notar, darse cuenta.

fijeza Firmeza, seguridad, inalterabilidad. ‖ Persistencia, continuidad.

fijo Firme, asentado, seguro, permanente, clavado, inalterable, permanente, estable. ← *Móvil, variable.*

fila Hilera, cola, línea.

filete Listón. ‖ Bistec, solomillo.

filibustero Bucanero, corsario, pirata, contrabandista.

filigrana Delicadeza, primor, adorno. ‖ Marca, señal.

filo Corte, tajo, arista, borde.

filón Vena, veta. ‖ Negocio, ganga, mina, provecho.

filosofar Meditar, discurrir, reflexionar.

filosofía Sabiduría. ‖ Serenidad, fortaleza.

filósofo Sabio, pensador, prudente. ‖ Virtuoso, austero.

filtrar Pasar, destilar, colar.

filtro Filtrador. ‖ Destilador, manantial.

fin Término, acabamiento, conclusión, final, consumación, solución, desenlace, extremidad. ← *Principio, comienzo.* ‖

Extremo, punta, cabo, cola. ‖ Intención, intento, propósito, designio, mira, meta, objeto, finalidad.

final Fin, término.

finalidad Fin, intención, objetivo.

finalizar Terminar, concluir, acabar, rematar, consumar, dar fin, echar la llave. ‖ Extinguir, consumir.

finalmente Por último, en conclusión, por fin, al fin, en definitiva.

finca Propiedad, posesión.

fineza Atención, cortesía, delicadeza. ‖ Obsequio, regalo, presente.

fingido Aparente.

fingimiento Simulación, disimulación, engaño, hipocresía.

fingir Simular, aparentar, hacer creer, disimular, ocultar, disfrazar, cubrir, encubrir. ‖ Imaginar, suponer, inventar.

fino Delicado, puro, superior. ← *Grosero, ordinario.* ‖ Delgado, esbelto. ←*Pesado, gordo.* ‖ Cortés, cumplido, atento, educado. ← *Descortés, incivil.* ‖ Astuto, sagaz, diestro, penetrante. ← *Tardo.* ‖ Elegante, primoroso, precioso. ← *Basto, grosero.*

finura Delicadeza, primor, fineza, elegancia, excelencia. ← *Grosería, ordinariez.* ‖ Amabilidad, urbanidad, cortesía, atención. ← *Incivilidad.*

firma Nombre, rúbrica, signatura, sello. ‖ Nombre comercial, marca.

firmamento Cielo, bóveda celeste.

firmante Signatario, suscrito.

firmar Signar, suscribir, rubricar, certificar.

firme Estable, sólido, seguro, fijo, robusto. ← *Móvil, mutable, débil.* ‖ Constante, invariable, entero, inflexible, inconmovible, inquebrantable, resoluto, sereno, imperturbable. ← *Inestable.* ‖ Terreno, piso, suelo, afirmado.

firmeza Solidez, seguridad, fijeza, fortaleza. ← *Movilidad, debilidad.* ‖ Constancia, invariabilidad, entereza, tesón, serenidad, inflexibilidad, resolución. ← *Inestabilidad.*

fisgón Husmeador, curioso, entremetido.

físico Material, natural, real, corporal. ‖ Aspecto, faz, exterior, naturaleza.

flaco Delgado, magro, seco, enjuto, chupado, descarnado, desecado, esmirriado, esquelético, feble, fideo. ← *Gordo, obeso.* ‖ Flojo, endeble, desfallecido, depauperado, consumido, débil, desmejorado, enfermizo, canijo. ← *Fuerte, sano.*

flamante Lúcido, resplandeciente, reluciente, centelleante, chispeante, brillante. ← *Apagado.* ‖ Nuevo, fresco, reciente. ← *Viejo.*

flanco Ala, costado, lado, extremo. ‖ Cadera.

flaquear Debilitarse, aflojar, ceder, decaer, desmayar, desalentarse, desanimarse, flojear.

flaqueza Debilidad, delgadez, fragilidad, irresolu-

ción. ← *Vigor, energía.*

flecha Saeta, dardo.

flechar Seducir, enamorar, cautivar.

flechazo Golpe, herida. ‖ Enamoramiento, cautivamiento.

flequillo Fleco. ‖ Tupé.

flexible Dócil, manejable, doblegable. ← *Rígido, inflexible.* ‖ Acomodaticio, blando.

flexión Extensión, curvatura, arqueamiento, doblegamiento. ← *Rigidez.*

flojedad Flaqueza, debilidad, desaliento, decaimiento, desánimo, pereza, descuido. ← *Vigor, energía, fortaleza.*

flojo Suelto, libre. ← *Fijo, atado.* ‖ Perezoso, cobarde, pachucho. ← *Activo.*

floresta Bosque, selva, arboleda.

florete Espadín.

flota Escuadra, armada.

flotar Nadar, sostenerse, emerger. ← *Hundirse.*

fluir Correr, manar, escaparse, derramarse, brotar.

fofo Esponjoso, blando, ahuecado, muelle. ←*Consistente.*

fogata Fogarata, hoguera.

folio Hoja, página.

follaje Hojarasca, broza, fronda, espesura.

follón Gresca, tumulto, bronca, desbarajuste, zafarrancho, jarana.

fonda Posada, parador, mesón, hostería, hospedería, pensión, hotel, hostal, albergue, bodegón.

fondear Anclar, dar fondo, echar anclas. ‖ Tocar, hacer escala, amarrar. ‖ Examinar, registrar, inspeccionar.

F **fondo** Hondo, base. ← *Superficie.* ‖ Entrañas, manera, modo de ser, intimidad, interior. ‖ Profundidad, hondura, calado. ‖ Telón. ‖ Capital.

fonógrafo Gramófono, gramola, tocadiscos.

forajido Bandido, salteador, malvado, criminal.

forastero Extraño, ajeno, extranjero. ← *Compatriota, indígena.*

forma Apariencia, figura, hechura, aspecto, estampa, proporción. ← *Sustancia.* ‖ Tamaño, dimensiones. ‖ Formación, modo, manera, proceso. ‖ Conducta, método, sistema. ‖ Molde, modelo. ‖ Modales, conveniencia. ‖ Formato, tamaño.

formación Forma, creación, producción. ‖ Organización, disposición, cuadro, orden.

formal Serio, juicioso, puntual, exacto, escrupuloso, celoso, cabal, cumplidor. ← *Informal.*

formalidad Requisito fórmula procedimiento ceremonia, regla. ‖ Seriedad, compostura. ← *Ligereza.* ‖ Exactitud, puntualidad, fidelidad.

formar Moldear, fabricar, ordenar, organizar, crear. ← *Deformar, destruir.* ‖ Juntar, congregar, constituir, componer. ‖ Criar, educar, adiestrar, instruir.

formidable Espantoso, enorme, grande, colosal, gigantesco, excesivo, considerable, monstruoso, tremendo, imponente, horroroso. ← *Normal, placentero.*

fornido Fortachón, robusto, corpulento, recio, fuerte, forzudo, poderoso. ← *Débil.*

forraje Pasto, herbaje, heno.

forrar Cubrir, revestir, tapizar, guarnecer.

forro Entretela, funda. ‖ Envolvimiento, cubrimiento.

fortachón Fornido.

fortaleza Fuerza, vigor, potencia, resistencia, firmeza, energía, solidez, robustez. ← *Debilidad.* ‖ Recinto, fuerte, fortificación, castillo, ciudadela, posición, alcázar, torre, plaza fuerte.

fortificación Fortaleza. ‖ Defensa, posición, atrincheramiento, alambrada, fortín

fortificar Fortalecer. ← *Debilitar.* ‖ Reforzar, atrincherar, guarnecer, blindar, amurallar, acorazar, parapetar.

fortuna Azar, casualidad, suerte, destino, ventura. ‖ Hacienda, bienes, capital, dinero.

forzado Penado, presidiario, condenado.

forzar Violentar, obligar. ‖ Abusar. ‖ Conquistar, expugnar, tomar, ocupar.

forzoso Obligatorio, necesario, obligado, preciso, inexcusable, imprescindible, inevitable, fatal. ← *Libre.*

forzudo Fornido, robusto, hercúleo, vigoroso, corpulento, fortachón, imponente, musculoso, poderoso, membrudo, potente, recio. ← *Débil, enclenque.*

fosa Sepultura, huesa, hoyo, enterramiento. ‖ Cavidad.

fosforescencia Luminiscencia.

fósforo Cerilla.

foso Zanja, hoyo, cava, excavación.

fotografía Retrato.

fracasar Malograrse, fallar, naufragar, torcerse, irse abajo. ← *Triunfar, salir bien, resultar.*

fracaso Malogro, ruina, revés, descalabro, charco, negación. ← *Triunfo, éxito.* ‖ Fragor, estruendo.

frágil Quebradizo, rompible, delicado. ← *Fuerte.* ‖ Débil, endeble. ← *Robusto.* ‖ Perecedero. ← *Duradero.*

fragilidad Debilidad. ← *Resistencia.*

fragmento Fracción, parte, porción, división, trozo, pedazo, partícula, cacho, pieza.

fraile Fray, hermano, religioso, monje, siervo.

francés Franco.

franco Desprendido, noble, desinteresado, caritativo. ← *Avaro, mezquino.* ‖ Desembarazado, limpio.

franja Faja, lista, tira, borde.

franqueza Libertad. ← *Obligación.* ‖ Sinceridad, sencillez, naturalidad. ← *Hipocresía, disimulo.* ‖ Generosidad. ← *Avaricia, ruindad.*

frasco Envase.

frase Expresión, decir, dicho, oración.

fray Fraile.

frecuencia Repetición, sucesión. ← *Interrupción.*

frecuentar Soler, acostumbrar. ‖ Visitar, tratar.

frecuente Repetido, acostumbrado. ← *Extraño.* ‖ Habitual, común, ordinario, corriente, usual, natural. ← *Extraordinario.*

frecuentemente A menudo, a cada paso.

fregar Frotar, restregar. ‖ Lavar, limpiar.

fregona Criada.

frenar Moderar, parar, refrenar, sujetar, detener. ← *Acelerar.*

freno Bocado. ‖ Sujeción, moderación, tope. ← *Acicate.*

frente Testero, testera. ‖ Cara, faz. ‖ Delantera, cara, fachada. ← *Cruz, reverso.* ‖ Primera línea, primera fila. ← *Retaguardia.*

fresco Frío, helado. ← *Templado.* ‖ Reciente, nuevo, recién hecho. ← *Pasado.* ‖ Rollizo, sano, saludable. ← *Enfermizo.* Sereno, tranquilo. ← *Turbado, inquieto.* ‖ Desvergonzado, descarado, desfachatado, insolente, frescales. ← *Tímido, prudente.* ‖ Frescura.

frescura Frescor, fresco. ‖ lozanía. ‖ Desembarazo, desenfadado, desfachatez, atrevimiento, desvergüenza, insolencia. ← *Timidez, prudencia.* ‖ Descuido, abandono. ‖ Tranquilidad, serenidad, imperturbabilidad. ← *Turbación, inquietud.*

frialdad Frío, frigidez.

frigorífico Nevera.

frío Frialdad, frigidez, frescor, fresca, frescura. ← *Calor, ardencia.* ‖ Frígido, helado, congelado, glacial. ← *Caliente, caluroso, animado.* ‖ Indi-

ferente, impasible, tranquilo, sereno, imperturbable, insensible, despegado. ← *Ardoroso, atento.*

frondosidad Espesura, ramaje, hojarasca, follaje. ← *Calvero.*

frondoso Espeso, tupido, denso. ← *Vacío, calvo.*

frontera Confín, límite, linde, borde.

fronterizo Lindante, limítrofe, divisorio, contiguo. ← *Opuesto, lejano.*

fructífero Productivo, provechoso, beneficioso, valioso, útil, fértil. ← *Improductivo, nulo.*

fructificar Dar fruto.

frugal Parco, comedido, moderado, sobrio, mesurado. ← *Intemperante, goloso.*

frugalidad Parquedad, comedimiento, moderación, sobriedad, mesura. ← *Voracidad, intemperancia.*

fruto Fruta. ‖ Producto, resultado, obra, creación.

fuego Ignición, combustión, incandescencia, llama, lumbre, brasa. ‖ Incendio, hoguera. ‖ Hogar. ‖ Ardor, vivacidad, ímpetu, pasión. ‖ Disparo, estallido, bombardeo.

fuente Manantial, fontana, agua viva. ‖ Principio, origen, fundamento.

fuera Afuera.

fuera de Excepto, salvo.

fuera de que Además, aparte de que.

fuero Jurisdicción, ley. ‖ Privilegio.

fuerte Sólido, corpulento, duro, firme, fornido, forzudo, fortachón, hercúleo, imponente, macizo, membrudo, musculoso,

poderoso, potente, recio, resistente. ← *Débil, frágil.* ‖ Acentuado, tónico, agudo. ← *Átono.* ‖ Animoso, varonil, enérgico, firme, esforzado, invencible, tenaz, valiente. ← *Inconsistente, cobarde.* ‖ Fortificación, fortaleza.

fuerza Potencia, energía, vigor, fortaleza, vitalidad, poder, resistencia, firmeza, aguante, solidez, robustez, pujanza. ← *Debilidad.* ‖ Intensidad, ímpetu, impetuosidad, violencia, potencia. ← *Impotencia, inanición.* ‖ Autoridad, poder. ‖ Acción, energía, eficacia.

fuga Huida, evasión, escapada, escapatoria, salida, escape. ← *Detención, retención.*

fugarse Huir, escaparse, evadirse, largarse. ← *Presentarse, comparecer.*

fugaz Huidizo, fugitivo. ‖ Efímero, momentáneo, perecedero, breve, corto, pasajero. ← *Duradero.*

fulgente Resplandeciente, brillante, esplendente. ← *Apagado.*

fulgor Luz, claridad, brillo, brillantez, resplandor, esplendor, fulguración, rayo, chispa, destello, centelleo. ← *Oscuridad, tinieblas.*

fulgurar Brillar, resplandecer, chispear, centellear, fulgir.

fulminar Arrojar, lanzar, tronar.

funámbulo Equilibrista, volatinero.

función Espectáculo, diversión, fiesta, oficio, ejercicio, empleo, cargo, puesto.

funcionamiento Movimiento, marcha.

funcionar Andar, marchar, moverse, trabajar.

funcionario Empleado, oficial, oficinista.

funda Cubierta, bolsa, envoltura, vaina.

fundación Creación, institución, establecimiento, instauración.

fundamental Esencial, primordial, básico, cardinal, principal. ← *Accidental.*

fundamentar Cimentar, establecer, razonar.

fundamento Cimiento, apoyo, base, sostén. ‖ Razón, causa, motivo, pretexto. ‖ Origen, principio, raíz.

fundar Instituir, establecer, crear, implantar.

fundir Derretir, licuar, liquidar. ‖ Moldear, vaciar. ‖ Unir, fusionar. ← *Dividir.*

fúnebre Funerario, funeral. ‖ Luctuoso, lúgubre, sombrío, triste. ← *Fausto.* ‖ Tétrico, macabro.

funeral Funerario. ‖ Exequias, sufragio.

funerario Funeral.

funesto Luctuoso, nefasto, fúnebre, sombrío. ← *Fausto.* ‖ Desastroso, desgraciado, triste, doloroso. ← *Alegre.*

furia Violencia, impetuosidad, ímpetu, saña, frenesí, furor, arrebato, arranque, vehemencia. ← *Calma, placidez.* ‖ Prisa, velocidad, diligencia. ← *Calma.*

furibundo Colérico, airado, furioso, rabioso, delirante, energúmeno, arrebatado, fuera de sí, iracundo, frenético. ← *Plácido, tranquilo.*

furioso Furibundo, loco, desenfrenado, poseído, irritado. ← *Plácido, afable.* ‖ Violento, terrible, desencadenado, impetuoso. ← *Sereno, sosegado.*

furor Furia. ‖ Arrebato, transporte, delirio, sobreexcitación, exaltación. ← *Parsimonia.*

furtivamente Ocultamente, a escondidas, a hurto, a hurtadillas, bajo mano, por lo bajo.

furtivo Oculto, escondido, sigiloso. ← *Manifiesto.*

fusiforme Ahusado.

fusible Plomo.

fusil Mosquetón, carabina, boca de fuego (máuser, rémington, winchester, etc.).

fusilar Ejecutar, pasar por las armas. ‖ Plagiar, copiar.

fusión Licuación, fundición. ‖ Unión, mezcla, reunión, conciliación, reconciliación, unificación, compenetración. ← *Separación.*

fusionar Fundir, licuar. ‖ Unir, juntar, reunir, conciliar, unificar. ← *Separar.*

fuste Vara, palo, asta, madera.

fustigar Azotar, pegar, ‖ Censurar.

fútbol Balompié.

fútil Pequeño, frívolo, nimio, insustancial, vano, vacío, insignificante, superficial. ← *Sustancial, esencial.*

futuro Venidero, acaecedero. ← *Pasado, pretérito.* ‖ Porvenir, mañana, perspectiva, destino. ← *Pasado, ayer.*

G

gabán Abrigo, sobretodo, paletó.

gabardina Impermeable, trinchera.

gabinete Aposento, alcoba, salita. ‖ Ministerio, gobierno, cartera.

gaceta Periódico, diario, noticiero.

gacetilla Artículo.

gafa Grapa, enganche.

gafas Anteojos, antiparras, lentes, espejuelos.

gaita Chirimía.

gajes del oficio Perjuicios, sinsabores, molestias, incomodidades (del oficio o del empleo).

gala Vestido, adorno, ornato. ‖ Excelencia, preciosidad, admiración, joya, perla, alhaja. ← *Vergüenza.* ‖ Gallardía, alarde, ostentación, gracia.

galaico Gallego.

galán Galano. ‖ Adonis. ← *Picio.* ‖ Cortejador, pretendiente, novio. ‖ Actor, estrella.

galano Adornado, acicalado, compuesto, emperifollado, galán, elegante, gallardo, garrido, primoroso, pulcro, pulido, bonito. ← *Sencillo.*

galante Atento, obsequioso, amable, cortés, urbano, cortesano, devoto. ← *Des-*

cortés. ‖ Amoroso, amatorio.

galantear Enamorar, cortejar, hacer el amor, hacer la corte, rondar, festejar, pasear o rondar la calle, flirtear.

galanteo Enamoramiento, cortejo, festejo.

galantería Atención, cortesía, cortesanía, gentileza, delicadeza. ← *Desaire, grosería.* ‖ Gracia ‖ Piropo

galardón Premio, recompensa, remuneración, honra, distinción, *label.

galas Joyas, arreos.

galeón Bajel, galera.

galera Cárcel. ‖ Nave.

galería Mirador. ‖ Museo, exposición. ‖ Túnel.

galimatías Embrollo. ‖ Confusión, desorden. ← *Orden.*

galo Gálico, francés.

galón Cinta, trencilla. ‖ Insignia.

galope (a) A toda brida, a todo correr o meter.

gallego Galaico.

galleta Pasta, bizcocho. ‖ Bofetada, cachete.

gallina Pita, polla.

gallinero Corral.

gallo Destemple, desafinación. ‖ Mandamás, mandón, mangonero.

gana Hambre, apetito. ← *Desgana.* ‖ Deseo, afán, gusto, voluntad, ansia, avidez. ← *Desgana.*

ganado Rebaño, hatajo, manada.

ganancia Negocio, utilidad, provecho, rendimiento, fruto, producto, ganga, ingreso, ventaja. ← *Pérdida.*

ganar Lograr, adquirir, aumentar, sacar, reunir, obtener, percibir, cobrar. ← *Perder.* ‖ Conquistar, vencer, triunfar, aventajar, exceder, sobrepujar, superar, mejorar, traspasar. ← *Perder.* ‖ Tomar, dominar, captar, adquirir, conseguir. ← *Perder.* Alcanzar, llegar. ‖ Captarse, atraerse. ‖ Prosperar, subir, ascender, enriquecerse. ← *Descender.*

gandul Holgazán, haragán, perezoso, tumbón, ganso, vagabundo. ← *Trabajador, trafagón.*

gandulear Holgazanear, haraganear, vagabundear, tumbarse, matar el tiempo, mirar las musarañas. ← *Trabajar, atrafagar.*

gandulería Pereza, desidia, holganza, haraganería, holgazanería, **vagancia,**

G

ganga flojedad, vagabundeo. ← *Actividad, trabajo.*

ganga Ventaja.

ganoso Ávido, ansioso. ← *Desalentado.*

ganso Gandul.

garaje Cochera.

garantía Seguridad, protección. ‖ Fianza, prenda.

garantir o garantizar Responder, asegurar, fiar.

garganta Gorja, gola, gaznate. ‖ Cuello, gollete. ‖ Desfiladero, puerto.

garra Zarpa, mano.

garrafa Bombona.

garrafal Exorbitante, excesivo, enorme, monumental, colosal, descomunal, desmesurado, disparatado.

garrotazo Leñazo, trancazo, bastonazo, porrada, estacazo.

garrote Bastón, cayado, estaca, tranca, palo, vara.

gasolina Esencia, bencina.

gastador Malgastador, derrochador, disipador. ← *Avaro.*

gastar Consumir, desgastar, deteriorar, estropear, apurar, agotar. ← *Conservar.* ‖ Emplear, desembolsar, invertir, pagar, derrochar, dar aire, rascarse el bolsillo, echar la casa por la ventana. ← *Ahorrar, guardar.* ‖ Usar, llevar, ponerse. ← *Reservar.*

gasto Gastamiento, desembolso, consumo, coste, carga, expensas. ← *Ahorro.*

gato Minino.

gema Piedra preciosa.

gemelo Mellizo. ‖ Lentes, anteojos.

gemido Lamento, queja, quejido, clamor.

gemir Clamar, llorar, quejarse, lamentarse, plañir.

generación Sucesión, descendencia, prole.

general Común, corriente, usual, frecuente, global, total. ← *Particular, parcial.* ‖ Oficial general, estratega.

generalidad Mayoría, totalidad. ‖ Vaguedad.

generalizar Divulgar, publicar. ‖ Extender, ampliar.

género Grupo, clase. ‖ Modo, manera, naturaleza. ‖ Artículo, mercancía, ‖ Tela, tejido.

generosidad Nobleza, grandeza, bondad, benevolencia, desinterés, magnanimidad, esplendidez. ← *Avaricia, mezquindad.* ‖ Esfuerzo, valor, valentía.

generoso Noble, ilustre, magnífico. ‖ Magnánimo, pródigo, desprendido, desinteresado. ← *Avaro, mezquino.* ‖ Fértil, productivo, abundante. ← *Estéril.* ‖ Excelente, refinado.

genial Sobresaliente, excelente, distinguido. ← *Común, ínfimo.* ‖ Placentero, divertido, animado. ← *Aburrido.*

genialidad Singularidad, rareza.

genio Temperamento, carácter, condición, natural, temple. ‖ Humor, inclinación, tendencia. ‖ Disposición, aptitud, talento. ‖ Ingenio, saber, espíritu, imaginación, inteligencia, fantasía.

gente Gentío. ‖ Familia, parentela. ‖ Nación, pueblo. ‖ Tropa.

gentil Pagano, infiel. ←

Creyente. ‖ Galán, gracioso, apuesto airoso. ← *Descortés.*

gentileza Gracia, soltura, desembarazo, aire, gracia, nobleza. ← *Rudeza, villanía.* ‖ Gala. ‖ Urbanidad, cortesía, distinción.

gentío Gente, multitud, muchedumbre, concurrencia, aglomeración, afluencia.

gentuza Chusma.

genuflexión Arrodillamiento, arrodilladura, reverencia.

gerencia Dirección, administración.

gerente Director, apoderado, consejero.

germano Alemán.

gesta Hazaña, hecho, acción, heroicidad.

gesticulación Mueca, mímica.

gesticular Bracear.

gestión Administración, encargo. ‖ Solicitación, paso, visita, demanda, diligencia.

gestionar Intentar, procurar, resolver, tratar.

gesto Actitud, ademán, mueca, seña, movimiento. ‖ Cara, expresión, semblante.

gestor Administrador, procurador, agente.

giba Gibosidad, joroba, chepa. ‖ Molestia, incomodidad, fastidio.

gigante Titán, coloso. ← *Enano, pigmeo.* ‖ Gigantesco. ‖ Gigantón.

gigantesco Gigante, enorme, colosal, excesivo, desmesurado, gigánteo, formidable. ← *Enano.*

gimnasia Gimnástica.

gimnasio Instituto, liceo.

G

gimotear Lloriquear, hipar, gemir, sollozar, suspirar, 'gemiquear.

girar Voltear, rodar, remolinar, rodear, revolotear, circular, volver, moverse. ← *Seguir, estar.*

girarse Desviarse, torcerse..

giratorio Rotatorio, circulatorio.

giro Vuelta, rotación, viraje, rodeo, cerco. || Aspecto, cariz, dirección.

glacial Helado, frío. ← *Caliente, tórrido.* || Antipático. ← *Cordial, caturoso.*

glaciar Helero.

globo Esfera, bola. || Mundo, tierra.

gloria Bienaventuranza, cielo, paraíso, salvación. ← *Infierno.* || Fama, honor, reputación celebridad, renombre, notoriedad, crédito, honra, palma, alabanza. ← *Oscuridad.* || Gusto, placer, delicia, deleite. || Majestad, esplendor, magnificencia, grandeza, brillo.

glorificar Gloriar, alabar, ensalzar, honrar, enaltecer, exaltar, loar, celebrar. ← *Infamar, despreciar.*

glorioso Santo, bienaventurado. || Ilustre, célebre, famoso, eminente, renombrado, reputado. ← *Ignorado, vulgar.* || Presuntuoso, jactancioso, vanidoso, orgulloso. ← *Humilde.*

glotón Comilón, tragón, voraz, tragaldabas. ← *Desganado.*

glotonería Voracidad, gula, insaciabilidad, apetito, golosina.

gobernación Gobierno.

gobernador Director, administrador.

gobernar Dirigir, conducir, guiar, regir, administrar, cuidar, manejar, mandar.

gobierno Gobernación, dirección, mando, administración, régimen, manejo, conducción. || Ministerio, gabinete, poder, autoridad. || Timón.

goce Placer, delicia, deleite, voluptad, sensualidad. ← *Sufrimiento, dolor.* || Disfrute, uso, posesión.

golfo Pilluelo, vagabundo, pícaro.

golfo Bahía, cala, caleta, ensenada, estuario.

golosina Delicadeza, exquisitez. || Glotonería.

goloso Laminero, lameplatos. ← *Esquilimoso.*

golpazo Coscorrón, puñetazo, trastazo, porrazo, trancazo, batacazo, garrotazo, palo, cogotazo, mamporro, zarpazo.

golpe Choque, encuentro, colisión, sacudida, percusión, latido. || Golpazo.

golpear Herir, pegar, maltratar, apalear, azotar, menear, batir, percutir.

goma Cola, adhesivo. || Caucho.

gongorismo Culteranismo.

gordo Abultado, atocinado, adiposo, barrigón, barrigudo, botija, cebado, corpulento, cuadrado, gordezuelo, gordote, gordinflón, grueso, inflado, lleno, mofletudo, obeso, panzudo, pesado, rechoncho, redondo, regordete, robusto, rollizo, rubicundo, trípudo, ventrudo, voluminoso, como una bola. ← *Delgado.* || Craso, mantecoso. ← *Seco.*

Grueso, grande. ← *Pequeño.*

gordura Grosor, robustez, opulencia, obesidad, corpulencia. ← *Delgadez.*

gorra Gorro, cachucha.

gorra (de) De balde, de franco.

gorrino Cerdo, tocino, cochino, marrano.

gorro Gorra, cofia, casquete, tocado, birrete.

gorrón Gorrista, gorrero.

gotear Lloviznar, chispear. || Escurrir, chorrear.

gótico Ojival.

gozar Disfrutar, poseer, tener, utilizar, aprovechar. ← *Carecer.* || Regocijarse, recrearse, fruir, disfrutar, divertirse, complacerse. ← *Sufrir, padecer.*

gozo Complacencia, contento, placer, satisfacción, gusto, delicia, deleite, agrado, dicha ← *Disgusto.* || Alegría, júbilo, regocijo. ← *Tristeza.*

gozoso Alegre, contento, satisfecho, regocijado, complacido, placentero, jubiloso, deleitoso, encantado, divertido, jovial, feliz, radiante, transportado. ← *Triste, pesaroso.*

grabado Clisé, estampa, lámina, ilustración, cromo. || Litografía, fotograbado, huecograbado, aguafuerte.

grabador Tallador, tallista, esculpidor. || Litógrafo.

grabar Labrar, esculpir, cincelar, tallar. || Fijar, inculcar, imprimir.

gracia Merced, beneficio, favor, don, concesión. || Perdón, indulgencia, indulto, piedad, misericordia. || Benevolencia, amis-

G

tad, buen trato, afabilidad, agrado. ‖ Gallardía. ‖ Donaire, garbo, salero, chispa, encanto, coquetería. ‖ Chiste, agudeza, ocurrencia.

grácil Sutil, fino, delicado, gracioso, pequeño, tenue, delgado, primoroso. ← *Basto, tosco.*

gracioso Salado, saleroso, divertido, jocoso, agudo, festivo, chistoso, ocurrente. ← *Aburrido, pesado.* ‖ Agradable, atractivo, encantador, afable, simpático, agraciado, lindo, bonito, gentil. ← *Desgarbado.* ‖ Grácil, cómico.

grada Peldaño, escalón. ‖ Tarima.

gradación Sucesión, escala, serie, gama, progresión. ← *Interrupción.* ‖ Clímax.

gradería Escalinata, gradas.

gradual Escalonado, sucesivo, graduado, progresivo, paulatino. ← *Discontinuo.*

grafía Escritura.

gráfico Representación, esquema, dibujo, plan. ‖ Descriptivo, claro, expresivo.

granada Proyectil, obús.

grande Alto, amplio, bestial, colosal, considerable, crecido, descomunal, desmedido, desmesurado, elevado, enorme, espléndido, espacioso, estupendo, extenso, extremado, garrafal, gigantesco, gran, grandioso, ilimitado, imponente, importante, inconmensurable, infinito, ingente, inmenso, largo, magnífico, magno, mayúsculo, monumental, ostentoso, regio, sobresa-

liente, superlativo, vasto, voluminoso, sin límites. ← *Pequeño.* ‖ Magnate, noble.

grandeza Grandor, grandiosidad, extensión, grosor, corpulencia, amplitud, enormidad, potencia, importancia, intensidad, aparatosidad. ← *Pequeñez.* ‖ Esplendidez, magnificencia, superioridad, enaltecimiento. ← *Insignificancia.* ‖ Generosidad, nobleza, magnanimidad. ‖ Majestad, gloria, esplendor, poder, dignidad, honor.

grandilocuencia Altilocuencia.

grandiosidad Grandeza.

grandioso Grande.

granero Algorfa, silo, almiar, pósito, bodega.

granizo Piedra, pedrisco.

granja Cortijo, rancho, ranchería, alquería, villoría, mazada. ‖ Lechería.

grano Gránulo, granito, semilla.

granos Cereales.

granuja Pícaro, pillo, golfo, bribón.

granujería Granujada, golfería, bellaquería, bribonada, canallada.

grasa Gordura, sebo, lardo, manteca, tocino. ← *Magro.* ‖ Lubrificante.

graso Grasiento, pingüe, untuoso, seboso, pringoso, gordo, adiposo, aceitoso, mantecoso. ← *Magro.*

gratificación Remuneración, recompensa, premio, galardón, propina, aguinaldo, prima, retribución, paga.

gratificar Remunerar, recompensar, premiar, ga-

lardonar, retribuir, pagar.

gratis Gratuitamente, de balde. ← *Pagando.*

gratitud Reconocimiento, agradecimiento, correspondencia, obligación, recompensa. ← *Ingratitud.*

grato Agradable, gustoso, deleitoso, placentero, lisonjero, satisfactorio, amable, fácil, deseable, seductor. ← *Ingrato.*

grave Pesado, inerte. ← *Ligero.* ‖ Importante, considerable, capital, trascendental. ← *Baladí.* ‖ Arduo, difícil, imponente, enorme, recio, peligroso. ← *Fácil, cómodo, alegre, inverecundo.*

gravedad Pesadez, pesantez, peso. ← *Ligereza*

graznido Chillido, chirrido, grito.

gremio Junta, asociación, reunión, sindicato, corporación.

griego Heleno, helénico.

grieta Hendidura, hendedura, rendija, abertura raja, fisura, resquebrajadura, gotera.

grifo Llave, espita.

gritar Chillar, vociferar, vocear, baladrar, bramar. ‖ Silbar, protestar, abuchear, pitar.

gritería Alboroto, vocería.

grito Voz, clamor, chillido, baladro, alarido, **bramido**, vociferación, **queja**, lamento, exclamación.

grosería Desatención, **descortesía**, incorrección, **inconveniencia**, indecencia, descaro, ordinariez, rudeza, patanería, ignorancia. ← *Delicadeza.*

grosero Ordinario, tosco, rudo, rústico, patán, vulgar, bajo. ← *Educado.*

fino. ‖ Desatento, descortés, incivil, irrespetuoso, insolente, incorrecto, impertinente, inculto, indecoroso. ← *Cortés, respetuoso.*

rosor Espesor, grueso, cuerpo, volumen, bulto, mole, corpulencia, grandeza.

rotesco Ridículo, extravagante, raro, caricaturesco, chocante, bufón, burlesco, risible. ← *Serio, conveniente.* ‖ Irregular, desmesurado, desproporcionado.

rueso Gordo, corpulento, abultado. ← *Flaco.* ‖ Grosor, volumen, cuerpo. ‖ Grande, alto, amplio. ← *Pequeño.*

rumo Coágulo.

ruñir Bufar, roncar, refunfuñar, murmurar, respingar. ‖ Chirriar, rechinar.

ruñón Regañón, refunfuñador, protestón, murmurador, rezongón, descontento.

rupo Conjunto, conglomerado, montón, apiñamiento, reunión, colección, masa, rebaño, hatajo, corro.

ruta Caverna, cueva, antro.

guantada, guantazo Manotada, manotazo, bofetada.

guante Manopla.

guante (poner como un) Suavizar, ablandar. ‖ Castigar, reprender.

guapo Bello. bien parecido, agraciado, elegante, hermoso, lindo, soberbio. ← *Feo.* ‖ Galano.

guarda Guardián. ‖ Tutela. ‖ Observancia, cumpli-

miento. ‖ Guarnición, defensa, guardamano.

guardabrisa Parabrisa.

guardagujas 'Cambiador.

guardameta Portero.

guardapolvo Bata. ‖ Sobradillo.

guardar Cuidar, custodiar, vigilar, conservar, tener, velar, preservar, proteger, defender. entretener. ← *Abandonar.* ‖ Observar, cumplir, respetar, acatar, obedecer. ← *Infringir.* ‖ Retener, conservar, albergar.

guardarse Prevenirse, reservarse, recelarse.

guardarropa Armario, ropero.

guardarropía Vestuario, *atrezzo.

guardia Defensa, custodia, amparo, protección, asistencia, honor, honra. ‖ Policía. ‖ Escolta, patrulla, presidio. ‖ Centinela, escucha, vigía, guardián.

guardián Guarda, guardia, vigilante, custodio, carcelero, conserje.

guarecer Acoger, abrigar, cobijar, refugiar, defender, amparar, aislar, socorrer, albergar. ← *Exponer.*

guarida Manida, madriguera, (osera, lobera, raposera, topera, etc.). ‖ Amparo, refugio, abrigo, albergue, reparo, asilo.

guarnición Adorno, accesorio. ‖ Guardamano, guarda, defensa. ‖ Tropa, guardia, presidio.

guarro Cerdo, cochino.

gubernamental Ministerial. ‖ Gubernativo, oficial, estatal.

guerra Hostilidad, pugna,

discordia, desavenencia, diferencia, rivalidad, conflicto. ‖ Batalla, lucha, pelea, combate, campaña, operaciones, cruzada, refriega. ← *Paz.*

guerra (dar) Molestar, importunar.

guerrear Batallar, luchar, contender, combatir, pelear, reñir, hacer armas. ‖ Resistir, rebatir, opugnar, contradecir.

guerrero Guerreador, bélico, belicoso, marcial, militar. ← *Pacífico.* ‖ Soldado, militar.

guerrilla Escaramuza.

guía Conductor, director, guiador, piloto. ‖ Maestro, dirigente, preceptor. ‖ Faro, mira, blanco, meta. ‖ Indicador, índice, manual. ‖ Itinerario.

guiar Dirigir, llevar, mostrar, indicar, encaminar, orientar, aconsejar, encauzar, encarrilar, conducir, enderezar. ‖ Mandar, gobernar, regir. ‖ Pilotar. ‖ Adiestrar, aconsejar.

guijarro Canto, canto rodado, pedrusco, china.

guillado Maniático, chiflado, loco, tocado, lelo. ← *Sensato, sano.*

guillotina Cadalso, degollador.

guisado Cocido, estofado,

guisar Cocer, cocinar, estofar, sazonar, adobar, aliñar. ‖ Cuidar, preparar, disponer, arreglar, ordenar, componer.

guiso Guisado, estofado. ‖ Manjar, comida, plato, condimento.

gula Glotonería, voracidad, avidez. ← *Temperancia.*

gusano Lombriz, oruga.

G

G **gustar** Probar, paladear, catar, tastar, saborear. ‖ Agradar, placer, complacer, halagar, satisfacer, deleitar. ← *Disgustar*. ‖ Desear, querer, apetecer, ambicionar, codiciar, pirrarse.

gusto Sabor, boca, saborcillo, paladar, deje. ‖ Placer, deleite, satisfacción, agrado, complacencia, delicia, contento, godeo, placimiento, amenidad, afición. ← *Disgusto, desagrado*. ‖ Voluntad, antojo, arbitrio, capricho. ‖ Apreciación, sentimiento, discernimiento. ‖ Mod, modo, sentir.

gustoso Sabroso, apetecibl deleitable, apetitoso, s culento. ← *Disgustad repugnante*. ‖ Agradabl divertido, grato, entrete nido, ameno, placenter ← *Aburrido*.

H

abano Cigarro puro, puro.

aber Data, crédito. ← *Debe.*

aber Tener, poseer. ‖ Coger, alcanzar. ‖ Acaecer, ocurrir, sobrevenir. ‖ Existir, ser, estar. ‖ Hacer, realizar, efectuar, verificar.

aberes Hacienda, caudal, bienes, capital. ‖ Paga, sueldo, retribución, gratificación.

abérselas con Contender, luchar, disputar.

abichuela Judía, alubia.

ábil Inteligente, diestro, dispuesto, docto, competente, sagaz, capaz, apto, útil, ducho, idóneo, perito, técnico, ejercitado, ingenioso, mañoso, diligente, entendido, experto, diplomático, industrioso, ladino. ← *Inhábil, inexperto, novato.*

abilidad Inteligencia, disposición, saber, competencia, sagacidad, aptitud, pericia, técnica, ejercicio, hábito, industria, ingenio, maña, diligencia, entendimiento, tacto, diplomacia, trastienda, maestría. arte. ← *Incompetencia.*

abilitado Substituto, encargado.

habilitar Capacitar, facultar, investir.

habitación Vivienda, morada, mansión, casa, domicilio, residencia. ‖ Cuarto, aposento, pieza, estancia.

habitante Residente, morador, íncola, poblador, ciudadano, vecino, inquilino, domiciliado.

habitar Vivir, morar, residir, ocupar, aposentarse.

hábito Vestido, traje. ‖ Costumbre, habitud, uso, práctica, rutina. ‖ Facilidad, destreza, habilidad.

habituado Avezado, familiarizado, acostumbrado. ← *Inexperto.*

habitual Maquinal, tradicional, familiar, usual, ordinario. ← *Desusado, desacostumbrado.*

habituar Familiarizar, acostumbrar.

habitud Hábito, costumbre.

habla Lenguaje, lengua, idioma, dialecto.

hablador Charlatán, charlador, parlanchín, locuaz, verboso, bocaza, cotorra. ← *Callado, mudo, cazurro.*

habladuría Charlatanería, rumor, chisme, cuento.

hablar Decir. ← *Callar.* ‖ Pronunciar, abrir o despegar la boca. ‖ Conversar, conferenciar, tratar, platicar. ‖ Expresar, manifestar, exteriorizar, discurrir. ‖ Perorar, arengar, discursear, declamar, hacer uso de la palabra. ‖ Charlar, murmurar. ‖ Criticar.

hablarse Comunicarse, tratarse, entretenerse, entrevisitarse.

hacedero Factible, realizable, posible, asequible. ← *Irrealizable.*

hacendoso Diligente, solícito, cuidadoso, trabajador. ← *Indolente.*

hacer Formar, producir, fabricar, construir, confeccionar, crear, concebir, engendrar, elaborar. ‖ Ejecutar, realizar, obrar, operar, practicar, verificar, cumplir, cometer. ‖ Causar, ocasionar, determinar, motivar. ‖ Disponer, arreglar, combinar, urdir, proceder. ‖ Acostumbrar, habituar. ‖ Proveer, proporcionar. ‖ Corresponder, concordar, importar, convenir. ‖ Fingir, aparentar, simular, imitar, afectar, actuar.

H hacerse Crecer, aumentarse ‖ Volverse, transformarse, convertirse, fingirse, simular.

hacienda Finca, heredad, propiedad. ‖ Fortuna, caudal, capital, dinero, bienes. ‖ Fisco, tesoro (público).

hada Hechicera.

halagar Adular, lisonjear, complacer, agasajar, corcortejar, festejar, regalar, obsequiar, atraer, acariciar, mimar. ‖ Agradar, gustar, deleitar.

halago Agasajo, adulación, caricia, fiesta, lisonja, mimo, coba. ← Insulto.

halagüeño Halagador, complaciente, lisonjero, risueño, satisfactorio, mimoso, cariñoso. ← Desfavorable.

hallar Encontrar, inventar. ‖ Observar, ver, notar. ‖ Averiguar, descubrir. ‖ Topar, tropezar, dar con.

hallarse Estar, encontrarse.

hallazgo Encuentro, invención, descubrimiento. ← Pérdida.

hambre Apetito, gana, carpanta, necesidad. ← Desgana. ‖ Apetencia, ansia, deseo, afán, anhelo.

hambriento Famélico, necesitado. ← Harto, saciado. ‖ Ávido, insaciable, glotón, deseoso, ansioso, anheloso, codicioso. ← Harto, cansado.

haragán Holgazán, gandul, perezoso.

harapiento Andrajoso, haraposo, roto. ← Elegante.

harapo Andrajo, guiñapo, pingajo, colgajo.

hartar Saciar, llenar, satisfacer, atiborrar, atracar,

empachar. ‖ Hastiar, fastidiar.

harto Lleno, repleto, saciado, cebado, satisfecho, ahíto. ← Hambriento, famélico. ‖ Cansado, fastidiado, hastiado. ← Hambriento, ávido. ‖ Bastante, sobrado.

hastiado Fastidiado, fastidioso, hastioso, harto, aburrido, cansado, tedioso, hasta la coronilla. ← Satisfecho, contento.

hastiar Aburrir, cansar, fastidiar, empalagar, hartar, repugnar. ← Agradar, satisfacer.

hastío Tedio, aburrimiento, cansancio, disgusto, repugnancia. ← Satisfacción, goce.

hatillo Equipo.

haz Gavilla, atado, paquete, manojo.

hazaña Proeza, gesta, heroicidad, hecho, acción, valentía.

hebraísmo Judaísmo.

hebreo Judío.

hecatombe Sacrificio, inmolación. ‖ Matanza, degollina, mortandad, carnicería.

hechicera Sibila, pitonisa, ‖ Bruja.

hechicería Brujería, magia, ‖ Encantamiento, hechizo, maleficio, encanto, ensalmo. ‖ Filtro, bebedizo.

hechicero Brujo, mago, mágico, encantador. ‖ Atrayente, cautivador, fascinador, seductor, hechizador, embelesador. ← Repelente.

hechizar Cautivar, seducir, fascinar, deleitar, atraer, encantar, embelesar. ‖ Embrujar.

hechizo Atractivo, encanto, seducción, deleite, fascinación. ‖ Hechicería, encantamiento.

hecho Obra, acción, acto, ‖ Acontecimiento, suceso, hazaña, caso.

hecho Perfecto, acabado, maduro. ‖ Acostumbrado, habituado, familiarizado. ‖ Constituido, formado, dispuesto, proporcionado.

hechura Composición, contextura, formación, forma, organización, complexión. ‖ Confección.

heder Apestar.

hediondo Fétido, pestífero, apestoso, viciado, carroñoso, nauseabundo. ← Oloroso, odorante. Repugnante, sucio, asqueroso, obsceno, torpe. ← Limpio, sano. ‖ Molesto, enfadoso, cargante, insufrible, insoportable, fastidioso, enojoso. ← Simpático, ameno.

hedor Hediondez, fetidez, pestilencia, peste, mal olor, tufo. ← Aroma.

hegemonía Supremacía, predominio, superioridad.

helada Congelación, escarcha.

helado Glacial, frío. ← Caliente, tórrido. ‖ Suspenso, atónito, pasmado, estupefacto, sobrecogido, turulato. ‖ Sorbete, mantecado.

helar Congelar, enfriar. ‖ Pasmar, sobrecoger, paralizar. ‖ Desalentar, apocar, acobardar, desanimar.

helarse Coagularse, cuajarse.

hematoma Chichón.

hembra Mujer.

hender, hendir Agrietar, rajar, abrir, resquebrajar, partir, abrir, cascar, quebrantar. ‖ Cortar, atravesar, acuchillar, separar, romper.

hendidura Hendedura, grieta, raja, abertura, fisura, ranura, rendija, resquebrajadura, incisura, surco, muesca, corte, re,quicio. ← Saliente.

heno Forraje, pienso.

heraldo Mensajero, rey de armas.

hercúleo Fuerte, forzudo.

heredar Suceder, recibir, adquirir. ‖ Sacar, semejarse, parecerse.

heredero Sucesor, beneficiario.

hereditario Patrimonial, atávico.

hereje Heresiarca, apóstata, herético, incrédulo, impío, heterodoxo, infiel, descastado, cismático, sectario. ← Fiel, ortodoxo, creyente.

herejía Error, heterodoxia, impiedad, sacrilegio, apostasía.

herencia Sucesión, beneficio, transmisión. ‖ Bienes, patrimonio.

herético Hereje.

herida Lesión, vulneración, traumatismo, corte, llaga, contusión, desgarrón, desolladura, descalabradura, fractura, quemadura, cuchillada, mordedura, arañazo. ‖ Ofensa, agravio, dolor.

herir Vulnerar, acribillar, acuchillar, señalar, lesionar, lisiar, golpear, batir, descalabrar. ‖ Impresionar, conmover, mover, excitar. ‖ Ofender, agra-

viar, lastimar, lacerar, injuriar, insultar.

hermana Sor.

hermandad o hermanazgo Cofradía, congregación. ‖ Amistad, fraternidad, confraternidad, unión, avenencia, simpatía. ‖ Gremio.

hermético Cerrado, impenetrable. ← Abierto.

hermoso Bello, bonito, lindo, gracioso, pulcro, agraciado, pulido, magnífico, soberbio, espléndido, encantador, sublime, perfecto, elevado, divino. ← Feo. ‖ Apacible, sereno, despejado, resplandeciente. ← Encapotado.

hermosura Belleza, atractivo, graciosidad, divinidad, sublimidad, perfección, excelencia. ← Fealdad.

héroe Campeón, cid. ‖ Semidiós, titán. ‖ Protagonista.

heroicidad Heroísmo, rasgo, proeza, gesta, hazaña, valentía. ← Cobardía.

heroico Épico, esforzado, hazañoso, intrépido, bravo, valiente, estrenuo, invencible. ← Cobarde.

herramienta Instrumento, útil, utensilio.

herrería Forja, fragua, ferrería.

herrumbre Orín, moho, oxidación.

hervir Bullir, burbujear, fermentar, cocer. ‖ Agitarse, levantarse, alborotarse. ← Calmarse.

heterodoxo Hereje, disconforme. ← Ortodoxo.

heterogéneo Diverso, mezclado, híbrido, múltiple, vario. ← Homogéneo.

H

híbrido Mestizo, cruzado, heterogéneo, atravesado. ← Puro.

hidalgo Hijodalgo, noble, ilustre, distinguido. ← Don Nadie. ‖ Generoso, justo, magnánimo, caballeroso. ← Mezquino.

hidalguía Quijotismo, caballerosidad, generosidad, nobleza. ← Ruindad.

higiene Limpieza, aseo.

hijo Niño, retoño, vástago. ‖ Natural, nativo, originario, descendiente, nacido, oriundo. ‖ Producto, fruto, obra, idea, resultado, consecuencia.

hilaridad Risa, risibilidad, jocosidad, alegría, humorismo. ← Tristeza.

hilera Fila, línea, ringlera, procesión, cola, sarta.

hilo Filamento, cabo, fibra, brizna. ‖ Filo, corte, arista. ‖ Continuación, cadena, prosecución, progresión.

hilvanar Apuntar, embastar. ‖ Preparar.

himno Cántico, canción, poema.

hincapié (hacer) Insistir, mantener, reafirmar.

hincarse de rodillas Prosternarse, arrodillarse.

hincha Antipatía, ojeriza, enemistad, odio.

hincha Exaltado, fanático.

hinchado Vanidoso, presumido, vano, fatuo, presuntuoso. ← Humilde. ‖ Ampuloso, redundante, afectado, pomposo. ← Conciso, clausulado. ‖ Tumefacto.

hinchar Inflar, henchir, soplar. ← Deshinchar.

hincharse Envanecerse, engreírse.

hinchazón Inflamación, in-

H

flación, abultamiento, bulto, chichón, tumor.

hinojos (ponerse de) Arrodillarse, prosternarse, hincarse de rodillas.

hípico Caballar, ecuestre.

hipnosis Sueño, insensibilidad.

hipnótico Somnífero, sedante.

hipnotizar Magnetizar, dormir, adormecer.

hipocresía Falsedad, fingimiento, ficción, simulación, disimulo, afectación, comedia, engaño. ← Franqueza, sinceridad.

hipócrita Falso, fingidor, farsante, impostor, fariseo, fingidor, comediante. ← Sincero, franco.

hipótesis Suposición, supuesto, figuración, conjetura, posibilidad, probabilidad.

hipotético Dudoso, incierto, infundado, gratuito, teórico, por demostrar, supuesto, problemático. ← Cierto, comprobado.

hirsuto Enmarañado, erizado. ← Liso. ‖ Áspero, intratable. ← Dócil.

historia Crónica, anales, narración, epopeya, gesta, leyenda, relación. ‖ Cuento, chisme, ficción, fábula, patraña, anécdota.

historiador Historiógrafo, analista, cronista.

histórico Auténtico, averiguado, comprobado, positivo, seguro, verdadero, cierto. ← Fabuloso.

hocico Morro. ‖ Boca, rostro, cara.

hogar Casa, domicilio, lar, morada, familia, fuego, ‖ Chimenea, fogón, hoguera, horno, fuego.

hogaza Pan.

hoguera Falla, pira, fogata.

hoja Pétalo. ‖ Lámina, plancha, hojuela. ‖ Folio, carilla, plana, página. ‖ Cuchilla, espada, tizona.

hojalata Lata.

hojear Leer, examinar, repasar.

holgado Desocupado, ocioso. ← Atareado. ‖ Ancho, desahogado, sobrado. ← Encogido. ‖ Acomodado, situado. ← Mísero, pobre.

holganza Descanso, ocio, reposo, inacción, quietud. ← Actividad, trabajo. ‖ Gandulería, haraganería, holgazanería, ociosidad, pereza. ← Diligencia, afán.

holgar Descansar, reposar.

holgarse Divertirse, entretenerse, alegrarse, regocijarse, gozarse, recrearse.

holgazán Vago, haragán, gandul, perezoso, ocioso, indolente, remolón, negligente. ← Activo, diligente.

holgazanear Vaguear, gandulear, haraganear. ← Trabajar.

holgazanería Haraganería, holganza, gandulería, pereza, ociosidad, desidia.

holgura Anchura, amplitud, desahogo, comodidad. ← Estrechez.

hombre Varón, individuo, señor. ‖ Especie humana, humanidad, género humano.

¡hombre! ¡Zape! ¡Caramba! ¡Vaya!

hombre de Estado Político, estadista.

hombre de letras Literato, escritor.

hombre de Iglesia Clérigo, capellán, religioso.

hombro (echar al) Responsabilizarse.

hombros (encogerse de) Resignarse, desinteresarse.

homenaje Ofrenda, don, veneración, sumisión, respeto. ‖ Celebración, exaltación.

homicida Asesino, criminal.

homicidio Asesinato, muerte, crimen.

homogéneo Semejante, parecido, homólogo. ← Heterogéneo.

homólogo Equivalente, análogo, comparable, semejante, parecido, homogéneo. ‖ Sinónimo.

hondo Profundo, bajo. ← Elevado. ‖ Recóndito, intenso, extremado, misterioso. ← Superficial. ‖ Hondonada.

hondonada Depresión, valle, hondo. ← Altozano, meseta.

hondura Profundidad, abismo, sima.

honestidad Decencia, compostura, moderación, decoro, honra. ‖ Recato, pudor, castidad, pureza. ← Desvergüenza. ‖ Urbanidad, modestia.

honesto Honrado, honroso, decente, decoroso. ‖ Modesto, casto, recatado, pudoroso, púdico, puro. ← Libertino. ‖ Justo, razonable, recto. ← Arbitrario.

hongo Seta.

honor Honra, reputación, renombre, fama, respeto, consideración, estima, opinión. || Celebridad, gloria. || Honestidad, título, dignidad, cargo, empleo.

honorabilidad Honradez, buena fe.

honorable Estimable, respetable, venerable, benemérito, honorífico, distinguido. ← *Despreciable.*

honorario Honorífico, honroso.

honorífico Honorario, honorable, honroso, decoroso. ← *Ignominioso.*

honra Honor, reputación. || Honestidad, decencia.

honradez Probidad, honra, honorabilidad, integridad, rectitud, moralidad. ← *Indignidad.*

honrado Íntegro, probo, recto, leal, incorruptible, honesto, honroso, hombre de bien, honorable, virtuoso. ← *Venal, deshonesto.* || Respetado, venerado, estimado, apreciado, enaltecido. ← *Deshonrado, envilecido.* || Cortés, correcto, imparcial.

honrar Venerar, respetar, reverenciar. ← *Despreciar.* || Distinguir, favorecer, enaltecer, ennoblecer, ensalzar, realzar, premiar, encumbrar, condecorar. ← *Rebajar.*

honroso Honorífico, preciado, preeminente, señalado, singular. ← *Ignominioso.* || Decente, decoroso, honesto, honrado. ← *Deshonroso.*

hora Tiempo, momento, circunstancias.

horca Patíbulo. || Horquilla.

horizonte Límite, confín.

horma Forma, molde.

horno Cocina. || Tahona, panadería.

horóscopo Oráculo, predicción, pronóstico, augurio, vaticinio, profecía, adivinación.

horquilla Horcón, horca, tridente, bidente.

horrible Horrendo, horripilante, horroroso, espantoso, pavoroso, monstruoso, feo, espeluznante, aterrador, terrorífico, repulsivo, escandaloso, siniestro. ← *Admirable, espléndido.*

horripilar Horrorizar.

horror Terror, miedo, consternación, espanto, temblor, angustia, pánico, pavor, repulsión, aversión, fobia. ← *Atracción.* || Atrocidad, monstruosidad, enormidad, crueldad, infamia.

horroroso Horrible. || Feísimo, deforme, repulsivo.

hortelano Horticultor, labrador.

hosco Adusto, ceñudo, intratable, áspero. ← *Ameno, oscuro.*

hospedaje Hospedería, albergue, alojamiento, posada, pupilaje, hospicio, fonda.

hospedar Alojar, albergar, aposentar, acoger, amparar, posar.

hospedería Hospedaje.

hospedero Hostelero, hotelero, patrón, mesonero, fondista, huésped.

hospicio Asilo, casa de cuna, albergue. || Hospedaje.

hospital Dispensario, enfermería, clínica, policlínica, sanatorio.

hospitalario Protector, aco-

gedor, agasajador, amable.

hospitalidad Refugio, abrigo, asilo, acogida, albergue, protección, bienvenida, acogimiento.

hostelero Hospedero.

hostería Hospedaje, posada, mesón, parador, hostal, fonda, hotel, residencia.

hostia Forma, Sagrada Forma, Pan eucarístico.

hostigar Azotar, castigar. || Fustigar, fastidiar, aguijonear, acosar, perseguir, inquietar, molestar, picar.

hostil Contrario, opuesto, adverso, enemigo, desfavorable. ← *Benévolo, amigo.*

hostilidad Enemistad, enemiga, oposición. || Contienda, agresión, acometida, ataque.

hostilizar Acometer, molestar, hostigar, agredir, perseguir, tirotear.

hotel Hostería.

hotelero Hospedero.

hoy Ahora, actualmente, en este día, en el presente, a la sazón, en la actualidad, en estos momentos.

hoyo Pozo, agujero, bache, concavidad, hondura. || Sepultura.

hueco Cóncavo, vacío, vano. || Mullido, esponjoso, fofo, fungoso. ← *Tupido, macizo.* || Espacio, lugar, sitio, puesto, laguna, interrupción. || Oquedad, ahuecamiento, concavidad.

hucha Olla, alcancía.

huelga Ocio, holganza, inactividad, inacción. || Paro.

huella Pisada, rastro, paso,

H

impresión, vestigio, marca, traza, estela, surco, señal, cicatriz.

huérfano Desamparado, solo, abandonado, falto. ← *Asistido, apoyado.*

huerta Huerto, cigarral, jardín, regadío.

huerto Huerta.

hueso Residuo, martirio, incomodidad.

huésped Convidado, invitado, pupilo, alojado, comensal, pensionista. ‖ Hospedero, patrón, anfitrión, albergador.

hueste Ejército, tropa, banda, partida.

huevo Óvulo, embrión, germen.

huida Fuga, evasión éxodo, abandono, escapatoria, deserción, escape. ← *Invasión, entrada.*

huir Evitar, eludir, sortear, esquivar, escurrir el bulto. ‖ Apartarse, separarse, fugarse, escapar, evadirse, largarse, poner tierra por medio, salir pitando. ← *Afrontar.*

humanidad Naturaleza humana, género humano, linaje humano, hombre. ‖ Flaqueza, fragilidad, carne. ‖ Compasión, misericordia, piedad, bondad, caridad, amor al prójimo.

humanitario Caritativo, benévolo, benigno, bueno, benéfico, piadoso, compasivo, indulgente, bondadoso. ← *Inhumano.*

humear Fumar, ahumar.

humedad Rocío, niebla. ‖ Agua, vapor, vaho.

humedecer Bañar, remojar, mojar, empapar, calar, regar, rociar. ← *Secar.*

húmedo Húmido, empapa-do, mojado, rociado, hecho una sopa. ← *Seco.*

humildad Modestia, encogimiento, timidez, obediencia, sumisión, acatamiento. ← *Orgullo.* ‖ Bajeza, pobreza, oscuridad, vulgaridad. ← *Nobleza.*

humilde Sencillo, modesto, dócil, obediente, sumiso, respetuoso, bondadoso, afable, tímido, reservado. ← *Orgulloso, engreido.* ‖ Pobre, oscuro, vulgar. ← *Noble.* ‖ Bajo, reducido, pequeño. ← *Alto.*

humillación Humildad, degradación, vileza, vergüenza. ← *Exaltación.*

humillante Humillador, vergonzoso. ← *Enaltecedor.*

humillar Abatir, postrar, doblegar, achicar, rebajar, pisotear, someter, ofender, lastimar, herir, insultar, mortificar, envilecer, deshonrar, confundir, deslucir, abochornar, avergonzar, oprimir, bajar los humos. ← *Enaltecer.*

humillarse Arrastrarse, arrastrarse por el suelo, echarse de rodillas, ponerse de hinojos.

humo Vapor, exhalación, emanación, fumarola, humada.

humor Chiste, gracia. ‖ Genio condición, carácter, temperamento.

humor (buen) Alegría, satisfacción.

humor (mal) Aspereza, irritación.

humorismo Humor, ironía. ← *Gravedad.*

humorista Burlón.

humorístico Irónico. ← *Grave, serio.*

hundimiento Caída, desplome, desmoronamiento, ruina, cataclismo. ‖ Baja, declinación, declivio, descenso. ‖ Debilitamiento. ‖ Naufragio, inmersión.

hundir Sumir, sumergir, echar a pique, echar a fondo ← *Poner a flote.* ‖ Abrumar, abatir, oprimir. ← *Alegrar, animar.* ‖ Confundir, convencer. ‖ Destruir, derribar, arruinar, consumir. ← *Levantar, edificar.*

hundirse Arruinarse, desplomarse, desmoronarse, caer, derrumbarse. ‖ Naufragar, irse a pique, hacer agua. ← *Flotar, nadar.* ‖ Ocultarse, desaparecer, esconderse. ← *Aparecer.*

huracán Ciclón, tifón, manga de viento, vendaval, tromba, torbellino, tornado, borrasca. ← *Calma.*

huraño Arisco, insociable, intratable, áspero, retraído, apartadizo. ← *Sociable.*

hurgar Mover, remover, menear, revolver, manosear. ← *Dejar estar.* ‖ Tocar, palpar, andar.

hurtadillas (a) Por lo bajo, a escondidas.

hurtar Quitar, substraer, soplar, limpiar, robar.

hurto Robo, substracción, ratería, fraude, rapiña, latrocinio. ← *Restitución, donación.*

husmear Curiosear, fisgonear, fisgar, escudriñar, investigar, escarbar, indagar, meter las narices. ‖ Rastrear, olfatear.

¡huy! ¡Ay!

I

ibero Ibérico, español.

idea Imagen, representación. ‖ Noción, conocimiento, pensamiento, opinión. ‖ Plan, diseño, trazo, designio, proyecto, croquis, disposición, intención, propósito. ‖ Visión, aspecto, apariencia. ‖ Ingenio, inventiva, imaginación. ‖ Manía, capricho, tema, obsesión, ilusión.

ideal Irreal, imaginario. ‖ Perfecto, elevado, puro, excelente, supremo, absoluto, soberano, ejemplar. ‖ Modelo, prototipo, perfección. ‖ Ilusión, ambición, deseo, sueño, ansia.

idear Imaginar, discurrir, pensar, maquinar, concebir. ‖ Trazar, inventar, ingeniar, disponer.

idéntico Equivalente, igual, exacto, conforme, parecido. ← Diferente.

identidad Equivalencia, igualdad.

identificar Igualar, asemejar. ‖ Reconocer.

idioma Lengua, lenguaje, habla.

idiota Imbécil, tonto, bobo, necio.

idiotez Imbecilidad, tontería, necedad.

ídolo Fetiche, tótem, mascota, amuleto, figura, imagen, estatua.

iglesia Comunión cristiana, Congregación, Comunidad. ‖ Templo, basílica, capilla, casa de Dios, casa del Señor, casa de devoción.

ignorado Incógnito, desconocido, oculto, secreto, inexplorado, incierto. ← Conocido, sabido, ilustre.

ignorancia Incultura, desconocimiento, incapacidad, insuficiencia, tinieblas, tosquedad, inocencia. ← Conocimiento, sabiduría, experiencia.

ignorante Inculto, desconocedor, iletrado, profano, analfabeto, obtuso, asno, rocín, alcornoque, borrego, cernícalo, calabacín. ← Sabio, instruido, ilustrado.

ignorar Desconocer, estar in albis, estar pez, no saber lo que se pesca, no saber por donde se anda, no saber ni el abecé, no saber de la misa la mitad. ← Saber, conocer.

igual Exacto, idéntico, parejo, parecido, par, mismo, equivalente, similar, semejante, comparable,

paralelo, gemelo, hermanado. ← Desigual, distinto. ‖ Liso, llano, uniforme, plano, raso, unido. ← Desigual, discontinuo. ‖ Constante, invariable, regular. ‖ Proporcionado, relacionado.

igualación Igualamiento, equilibrio, nivelación.

igualar Identificar, nivelar, uniformar, equilibrar. ‖ Allanar, ajustar.

igualarse Ser todo uno, semejarse, parecerse.

igualdad Conformidad, identidad, uniformidad, exactitud, semejanza, equivalencia, paralelismo, consonancia, correspondencia, justicia. ← Desigualdad.

igualmente También, asimismo. ‖ Idem, lo mismo, así, al igual, a la par, por igual. ← Al contrario.

ilegal Ilícito, ilegítimo, prohibido, indebido. ← Legal.

ilegalidad Ilegitimidad.

ilegible Ininteligible, indescifrable, incomprensible. ← Legible.

ilegitimidad Bastardía, falsedad.

ilegítimo Falsificado, falso, postizo, supuesto, mentido, incierto, injusto, **ilegal**, de mala ley. ← **Legítimo.**

ilícito Ilegal, ilegítimo, **indebido.** ← **Legal.**

ilimitado Indeterminado, infinito, indefinido, inagotable, inacabable, imperecedero, ·interminable. ← Limitado, finito.

iluminación Alumbrado, luz, luminaria, alumbramiento, irradiación. ‖ Inspiración, visión, sueño.

iluminar Alumbrar, encender, dar luz. ‖ Irradiar, resplandecer, destellar, esplender, relucir. ‖ Colorear, pintar. ‖ Ilustrar. ‖ Inspirar, infundir, revelar.

ilusión Imagen, sueño, engaño. ‖ Esperanza, confianza, deseo.

ilusionarse Fiar, confiar, esperar, hacerse la boca agua, prometérselas felices.

ilustración Instrucción, educación, aleccionamiento, aclaración, explicación, comentario. ‖ Saber, cultura, civilización, preparación. ‖ Imagen, estampa, grabado, figura, lámina, iluminación, dibujo.

ilustrar Enseñar, educar, iniciar, documentar, aleccionar, instruir, iluminar, aclarar, explicar. ‖ Iluminar. ‖ Ennoblecer, engrandecer.

ilustre Noble. ‖ Grande, esclarecido, célebre, renombrado, prestigioso, notable, eminente, distinguido, brillante, celebrado, reputado, magistral, maestro, respetable, excelente, sobresaliente, afa-

mado, glorioso. ← Oscuro, ignoto.

imagen Idea, representación, especie, simulacro, figuración. ‖ Figura, retrato, estampa, estatua. ‖ Reproducción, representación, modelo, imitación, semejanza, copia, parecido.

imaginación Inventiva, fantasía. ‖ Ilusión, alucinación, delirio, desvarío, visión, fábula. ← Realidad.

imaginar Crear, idear, forjar, inventar, concebir, representar, recordar, divagar, presumir, suponer, pensar reflexionar.

imaginario Irreal, falso, ficticio, inexistente, supuesto, inventado, fantástico, fabuloso. ← Real, concreto, material.

imbécil Idiota, tonto, alelado, lelo, estúpido, bobo, necio.

imbecilidad Idiotez, tontería, estupidez, bobería, necedad.

imborrable Fijo, indestructible, permanente, durable.

imitación Reproducción, copia, caricatura, simulacro, repetición, falsificación.

imitar Seguir, copiar, calcar, hurtar.

impaciencia Inquietud, intranquilidad, ansiedad, nerviosidad, excitación. ← Impasibilidad.

impacientar Incomodar, irritar, enrabiar, exasperar, embravecer. ← Calmar.

impacientarse Desesperarse.

impaciente Inquieto, agitado, nervioso, excitado,

malsufrido, intranquilo. ← Impasible, tranquilo, sosegado.

impar Desigual. ← .Par.

imparcial Justo, justiciero, sereno, neutral, recto, honesto. ← Parcial, injusto.

imparcialidad Justicia, rectitud, igualdad, neutralidad. ← Parcialidad, injusticia.

impecable Perfecto, puro, limpio, correcto, cabal, intachable, irreprochable. ← Defectuoso.

impedimento Estorbo, entorpecimiento, obstáculo, dificultad, traba, atascamiento, atasco, atolladero, apuro, pana, pega, obstrucción. ← Facilidad.

impedir Estorbar, entorpecer, obstaculizar, dificultar, imposibilitar, embarazar, paralizar, frenar, prohibir, obstruir, atascar, cortar las alas, atar de manos. ← Facilitar.

impenetrable Hermético, cerrado, misterioso, incomprensible, indescifrable, impermeable. ← Accesible.

impensado Imprevisto, inesperado, repentino, insospechado. ← Supuesto, previsible.

imperdible Fíbula, broche.

imperecedero Perdurable, perpetuo, eterno, inmortal, perenne. ← Perecedero, mortal.

imperfección Defecto, falta, tacha, vicio, falla, maca, borrón, laguna, mancha. ← Perfección. ‖ Torpeza, descuido, grosería. ← Habilidad, acierto.

imperfecto Incompleto, defectuoso, inacabado, falto, manco, deforme, grosero, chapucero. ← *Perfecto, cabal, insuperable.*

imperio Autoridad, mando, dominio, poder, señorío, caudillaje. ‖ Potencia, estado.

impermeable Impenetrable. ‖ Trinchera, gabardina, chubasquero.

impertinencia Inconveniencia, despropósito, importunidad, necedad, disparate, frescura. ← *Cortesía, obsequio.*

impertinente Inconveniente, inoportuno. ‖ Importuno, molesto, indiscreto, cargante, fastidioso, pesado. ← *Cortés, respetuoso.*

imperturbabilidad Inalterabilidad, impasibilidad, serenidad, tranquilidad, calma, equilibrio, apatía, indiferencia. ← *Inquietud, impaciencia.* ‖ Sangre fría, arrojo, denuedo. ← *Cobardía.*

imperturbable *Impasible,* inconmovible, inalterable, sereno, tranquilo, templado, indiferente, calmoso. ← *Aturdido, inquieto.* ‖ Valeroso, intrépido, valiente, osado, resoluto. ← *Cobarde.*

ímpetu Impetuosidad, impulso, vehemencia, fuerza, violencia, brusquedad, frenesí, arrebato, fogosidad, arranque, ardor, furia, resolución. ← *Placidez, flema.*

impetuoso Impulsivo, vehemente, violento, brusco, frenético, arrebatado, fogoso, febril, raudo, irrefrenable, súbito, rápido,

vertiginoso. ← *Plácido, tranquilo.*

impiedad Irreligiosidad, incredulidad, irreverencia, ateísmo. ← *Piedad.*

impío Irreligioso, incrédulo, descreído, irreverente, ateo, infiel, anticlerical, sacrílego. ← *Pío, devoto.*

implacable Inflexible, intolerante, cruel, duro, despiadado, inhumano, riguroso, severo, rencoroso, vengativo. ← *Clemente, compasivo.*

implantar Establecer, instituir, instaurar, fundar, crear, constituir, introducir. ← *Destruir, abrogar.*

implícito Incluido, tácito, sobreentendido, virtual, expreso. ← *Explícito.*

implorar Rogar, pedir, suplicar, clamar, invocar, exhortar, conjurar, postular.

imponente Grandioso, respetable, descomunal, inmenso, formidable, temible, alarmante, considerable. ← *Mezquino, miserable.* ‖ Espantoso, aterrador, terrorífico, pavoroso. ← *Ridículo.*

imponer Cargar, colocar, dar, asignar, obligar, exigir. ‖ Dominar. ‖ Imputar, incriminar, acusar, calumniar. ‖ Asustar, amedrentar, acobardar, aterrar. ‖ Infligir, aplicar.

impopular Desacreditado, malmirado. ← *Popular.*

impopularidad Desprestigio, descrédito, mala reputación. ← *Popularidad.*

importancia Valor, alcance, consideración, significación, categoría, trascen-

dencia, consecuencia, autoridad, entidad, calidad, gravedad, interés, peso, poder, precio, estimación, influencia, crédito. ← *Insignificancia.* ‖ Vanidad, presunción, suficiencia. ← *Humildad.*

importante Valioso, considerable, significante, significativo, interesante, conveniente, principal, fundamental, primordial, capital, esencial, vital, trascendente, trascendental, grave, serio, inapreciable, culminante, notable, enorme. ← *Insignificante.* ‖ Presuntuoso. ← *Humilde.*

importar Convenir, interesar, significar, venir a cuento, hacer el caso, atañer, tener que ver, merecer la pena. ← *No valer un bledo.* ‖ Valer, costar, subir, sumar, elevarse. ‖ Introducir, entrar. ← *Exportar.*

importe Cuantía, coste, valía, valor, precio, ‖ Anualidad.

importunar Molestar, incomodar, fastidiar, cargar, perseguir, jeringar, jorobar, chinchar, aburrir. ← *Agradar, ser discreto.*

importuno Inoportuno. ‖ Molesto, enfadoso, cargante, chinchoso, fastidioso, pesado, molesto, latoso, machacoso, impertinente, majadero. ← *Simpático, agradable.*

imposibilidad Dificultad, impedimento, incompatibilidad, contradicción, oposición, utopía. ← *Posibilidad.*

imposibilitado Tullido, inválido, impedido, atrofiado, paralítico. ← *Hábil, sano.*

imposibilitar Impedir, estorbar, dificultar, entorpecer, obstruir, embarazar. ← *Facilitar.*

imposible Improbable, impracticable, irrealizable, increíble, insostenible, inadmisible, inasequible, inaccesible, inverosímil, dudoso, absurdo, utópico. ← *Posible, hacedero, realizable, concebible.* ‖ Inaguantable, enfadoso, intratable.

imposición Carga, obligación, tributo, impuesto. ‖ Coacción, mandato, exigencia.

impostor Difamador, calumniador, infamador, murmurador. ← *Adulador.* ‖ Simulador, farsante, embaucador, mentiroso, engañador, comediante. ← *Auténtico, leal, honesto.*

impotencia Incapacidad, insuficiencia, ineptitud, imposibilidad, inutilidad, ineficacia. ← *Capacidad, poder.* ‖ Infecundidad, esterilidad. ← *Virilidad, fecundidad.*

impotente Incapaz, ineficaz, inactivo. ← *Potente.* ‖ Infecundo, estéril. ← *Viril, fecunda.*

impreciso Indefinido, indeterminado, incierto, indeciso, vago, ambiguo, equívoco, confuso, aproximado. ← *Determinado, taxativo, inconfundible.*

impregnar Empapar, embeber, mojar, bañar, calar, humedecer. ← *Exprimir, vaciar, secar.*

imprescindible Indispensable, irreemplazable, in-

sustituible, preciso, esencial, vital, necesario, forzoso, obligatorio. ← *Prescindible, fútil, inoperante.*

impresión Huella, marca, señal. ‖ Efecto, sensación, afección, emoción, sobrecogimiento, pasmo.

impresionable Emocionable, excitable, emotivo, sensible. sensitivo, afectivo, delicado, nervioso, susceptible. ← *Indiferente, insensible.*

impresionar Excitar, emocionar, alterar, conmover, turbar, suspender, afectar tocar. ← *Dejar indiferente.*

impreso Escrito, papel, prospecto, libro, diario, revista.

imprevisión Impremeditación, inadvertencia, irreflexión, imprudencia, descuido, ligereza, negligencia. ← *Previsión, conjetura.*

imprevisor Descuidado, desprevenido, confiado. ← *Previsor, cauteloso.*

imprevisto Inopinado, impensado, inesperado, insospechado, repentino, súbito, fortuito, casual. ← *Previsto, determinado.*

improbable Imposible, ilógico, inverosímil, extravagante, inaudito, raro, sorprendente. ← *Probable, cierto.*

impropio Inoportuno, inadecuado, improcedente, inconveniente, incorrecto, discordante, disonante. ← *Propio, correcto.*

improviso (de) De repente, de sopetón, de pronto, de súbito, de la noche a la mañana, a quema

ropa, sin pensarlo. ← *Maduramente, reflexivamente.*

imprudencia Impremeditación, imprevisión, despreocupación, descuido, precipitación, atolondramiento, irreflexión, ligereza, temeridad. ← *Prudencia, cautela.*

imprudente Atolondrado, aturdido, ligero, irreflexivo, precipitado, incauto, indiscreto, arriesgado, atrevido, osado, temerario. ← *Prudente, sensato.*

impuesto Obligación, tributo, carga, tributación, contribución, arbitrio, censo, subsidio, sobretasa. ← *Exoneración.*

impulsar Empujar, lanzar, arrojar. ← *Frenar.* ‖ Incitar, achuchar, estimular. ← *Desanimar.*

impulsivo Arrebatado, impetuoso, ardiente, efusivo, vehemente, súbito. ← *Flemático.* ‖ Propulsor, propelente. ← *Retardador.*

impulso Impulsión, ímpetu, empujón, empuje, propulsión, presión, movimiento, lanzamiento. ← *Freno.* ‖ Instigación, incitación, estímulo, excitación. ← *Desaliento.*

impureza Suciedad, mancha, corrupción, adulteración, mezcla. ← *Pureza, legitimidad.* ‖ Impudicia, deshonestidad ← *Castidad.*

impuro Turbio, sucio, adulterado, mezclado, revuelto, manchado. ← *Puro, legítimo.* ‖ Impúdico, deshonesto. ← *Casto.*

inacabable Inagotable, interminable, inextinguible, infinito, sin fin. ← *Finito.* || Aburrido, latoso, molesto, fastidioso. ← *Ameno, divertido.*

inaccesible Inalcanzable, impenetrable, intrincado, abrupto, escarpado. || Difícil, imposible, incomprensible, inasequible. ← *Fácil, comprensible.*

inacción Inercia, inmovilidad, inactividad, quietud, sosiego, descanso, tregua, paro, pausa, ociosidad, ocio, holganza, gandulería. ← *Acción, movimiento, actividad, diligencia.*

inaceptable Inadmisible.

inactividad Inacción. || Desidia, pereza, ocio, ociosidad, apatía. ← *Actividad, diligencia.*

inactivo Inerte, parado, quieto, estático, inmóvil, detenido. ← *En movimiento.* || Ocioso, pasmado, desocupado, tumbado. ← *Diligente, activo.*

inadmisible Inaceptable, falso, injusto, repelente. ← *Conveniente.*

inagotable Inacabable, interminable, continuo, infinito, sin fin, indefinido, eterno. ← *Finito.*

inaguantable Insoportable, insufrible, intolerable, pesado, fastidioso. ← *Ameno.*

inalcanzable Inabordable, incomprensible. ← *Fácil.*

inapagable Inextinguible.

inatacable Invulnerable, inmune. ← *Vulnerable.* || Inconquistable, inexpugnable. ← *Expugnable.*

inaudito Increíble, sorprendente, extraordinario, nuevo, desconocido, ex-

travagante, raro, extraño. ← *Corriente, normal.* || Monstruoso, atroz, escandaloso.

inauguración Apertura, abertura, comienzo, principio, estreno. ← *Cierre, clausura.*

inaugurar Abrir, estrenar, principiar, comenzar, empezar. ← *Terminar, clausurar.*

incalculable Inconmensurable, inapreciable, innumerable, indefinido, inmenso, ilimitado, infinito, sin fin, enorme. ← *Limitado.*

incalificable Indefinido. || Censurable, vergonzoso, innoble, indigno. ← *Encomiable.*

incandescente Candente, encendido, al rojo. ← *Apagado, negro.*

incansable Infatigable, inagotable, invencible, incesante, tenaz, resistente, persistente, obstinado, activo, laborioso. ← *Cansado, apocado.*

incapacidad Insuficiencia, inhabilidad, nulidad, ineptitud, torpeza, ignorancia. ← *Aptitud.* || Insuficiencia.

incapacitado Imposibilitado, inepto, carente, falto. ← *Apto.*

incapacitar Eliminar, inutilizar, invalidar.

incapaz Inhábil, insuficiente, inepto, torpe, negado, nulo, ignorante. ← *Hábil.*

incauto Inocente, inocentón, imprevisor, sencillo, simple, primo, crédulo, imprudente, irreflexivo. ← *Despierto, prudente, cauto.*

incendiar Encender, inflamar, quemar, prender fuego. ← *Apagar.*

incendiario Quemador. || Apasionado, arrebatado, violento, agresivo, escandaloso. ← *Pacífico.*

incendio Fuego, quema, inflamación. ← *Extinción.* || Siniestro, desastre.

incertidumbre Incertinidad, incertitud, incerteza, indecisión, inseguridad, irresolución, vacilación, duda, perplejidad, fragilidad. ← *Certitud, seguridad.*

incesante Perpetuo, perenne, continuo, persistente, constante. ← *Periódico, pasajero.*

incierto Inseguro, inconstante, indeciso, ignorado, incógnito, variable, mudable, vacilante, titubeante, perplejo, dudoso, desconocido, contestable, confuso, vago, nebuloso, oscuro. ← *Cierto, verdadero.*

incinerar Quemar, calcinar, cenizar.

incisión Corte, hendedura.

incitación Estímulo, excitación, aliciente. ← *Desaliento.*

incitar Inducir, mover, excitar, animar, empujar, estimular, avivar, pinchar, picar, alentar, azuzar, engrescar. ← *Disuadir, desalentar.*

incivil Incorrecto, insolente, impertinente, malcriado, mal educado, descortés, grosero. ← *Educado, cortés.*

inclasificable Incasillable, fuera de lo común. ← *Normal.*

inclinación Tendencia, preferencia, afecto, afección, afición, apego, cariño, predisposición. ← *Desapego.* ‖ Pendiente, declive. ← *Llanura.* ‖ Reverencia, saludo, cabezada, cabezazo. ‖ Disposición, vocación.

inclinado Ladeado. ‖ Propenso, afecto.

inclinar Ladear, agachar, acostar, tumbar, doblar, bajar, amorrar, desviar, apartar. ← *Enderezar.* ‖ Incitar, mover, impulsar, convencer, persuadir, excitar. ← *Disuadir.*

incluir Contener, englobar, reunir, encerrar, comprender, introducir, poner. ← *Separar.*

inclusive Inclusivamente, incluso.

incluso Inclusive. ‖ Hasta.

incógnito Ignorado, desconocido, anónimo, oculto, secreto. ← *Conocido, sabido.*

incoherente Confuso, discontinuo, desordenado, enredado, embrollado, incomprensible. ← *Seguido, coherente.*

incoloro Descolorido, desteñido, apagado, transparente. ← *Coloreado.*

incomestible Incomible, indigerible. ← *Comestible.*

incomodar Desagradar, disgustar, molestar, enfadar, fastidiar, enojar, irritar, embarazar, mortificar. ← *Agradar.*

incomodidad Desagrado, disgusto, molestia, enfado, fastidio, enojo, irritación, estorbo, embarazo, mortificación, malestar, inconveniente. ← *Agrado.*

incómodo Desagradable,

molesto, enfadoso, fastidioso, embarazoso, irritante, irritable, mortificador, inconveniente, pesado, penoso, difícil, dificultoso. ← *Agradable, ameno.*

incomparable Inconmensurable.

incompatibilidad Desconformidad, oposición, repugnancia. ← *Avenencia.* ‖ Imposibilidad, impedimento, obstáculo, incapacidad, tacha, vicio. ← *Facilidad.*

incompatible Desconforme, desacorde, inconciliable, opuesto, repugnante. ← *Acorde.*

incompetencia Incapacidad, ineptitud.

incompleto Insuficiente, deficiente, falto, defectuoso, fragmentario, inacabado, imperfecto. ← *Perfecto.*

incomprensible Inexplicable, impenetrable, imperceptible, inalcanzable, indescifrable, enigmático, misterioso, oscuro, difícil, embrollado. ← *Claro, evidente.*

incomprensión Desacuerdo, desavenencia, desunión. ← *Acuerdo.*

incomunicar Aislar, apartar, retirar. ← *Relacionar, juntar.*

inconfundible Distinto, claro, personal, característico.

inconquistable Inexpugnable, inaccesible. ← *Fácil, débil.*

inconsciente Involuntario, instintivo, irreflexivo, maquinal, automático. ← *Meditado, responsable.*

inconstancia Levedad, mu-

danza, ligereza. ← *Firmeza, constancia.*

inconstante Mudable, ligero, instable, incierto, vacilante, cambiante, inestable, infiel, vario, veleta. ← *Firme, seguro.*

incontable Innumerable, incalculable, infinito, inmenso, numerosísimo. ← *Finito.*

incontenible Irresistible, indomable, indómito.

inconveniencia Incomodidad, molestia, contrariedad. ← *Comodidad, provecho.* ‖ Disconformidad incorrección. ← *Acuerdo.* ‖ Grosería, descortesía, falta. ← *Atención, respeto.*

inconveniente Dificultad, complicación, conflicto, impedimento, estorbo, obstáculo, hueso, trabapega. ← *Facilidad.* ‖ Incorrecto, incivil, inadecuado, descortés, grosero. ← *Cortés, atento.*

incorporación Añadidura. ← *Separación.*

incorporar Unir, reunir, juntar, agregar, añadir, englobar, integrar, concentrar, adjuntar, asociar, mezclar. ← *Separar, desunir.*

incorporarse Alzarse, levantarse, erguirse. ← *Abajarse, tenderse.*

incorrección Falta, defecto, error, imperfección, inconveniente, anormalidad, irregularidad. ← *Conformidad, perfección.* ‖ Inconveniencia, descortesía, grosería, desatención. ← *Cortesía, atención.*

incorrecto Defectuoso, imperfecto, erróneo, inconveniente, anormal, irregular. ← *Conforme, perfecto, acabado.* ‖ Inconveniente, desatento, descortés, grosero, mal educado, desatento, indiscreto. ← *Atento, cortés, discreto.*

incorregible Obstinado, terco, pertinaz, testarudo. ← *Dócil, enmendable.*

incredulidad Duda. ‖ Impiedad. ← *Fe.* ‖ Recelo, desconfianza. ← *Confianza.*

incrédulo Impío, ←*Creyente, religioso.* ‖ Receloso, desconfiado, malicioso. ← *Confiado.*

increíble Inaudito, imposible, incomprensible, inadmisible, inimaginable, insólito, extraño, extravagante, raro, sorprendente, asombroso, absurdo, fantástico, extraordinario, excesivo. ← *Verosímil, cierto.*

incubar Encobar, empollar.

inculcar Repetir, infundir, infiltrar, introducir. ← *Disuadir.*

inculto Abandonado, salvaje. ← *Cultivado.* ‖ Iletrado, ignorante, grosero, bruto. ← *Culto, sabio.* ‖ Desaliñado, desgarbado. ← *Pulcro, atildado.*

incultura Ignorancia, grosería. ← *Sabiduría, cultura.*

incurable Insanable, inmedicable. ← *Curable.*

incurrir Caer, incidir, resbalar, tropezar. ← *Eludir.*

incursión Penetración, invasión, irrupción, correría, batida, exploración,

indagación Investigación, información, inspección, busca, búsqueda, pesquisa.

indagar Investigar, buscar, inspeccionar, husmear.

indebido Ilícito, ilegítimo, prohibido, negado. ← *Permitido.*

indecencia Deshonestidad, indecorosidad, indecentada, indignidad, grosería, cochinería. ← *Honestidad, decencia.*

indecente Deshonesto, indecoroso, grosero, cochino, puerco. ← *Honesto.*

indecisión Incertidumbre, irresolución, duda, perplejidad, vacilación, titubeo. ← *Determinación, seguridad.*

indeciso Incierto, vacilante, cambiante, titubeante, perplejo, variable, confuso. ← *Resoluto, seguro.*

indefenso Desamparado, abandonado, desvalido, solo, desarmado, desguarnecido. ← *Amparado, apoyado.*

indefinido Indeterminado, impreciso, ilimitado, indefinible, vago, confuso. ← *Concreto, determinado.*

independencia Libertad, autonomía, emancipación. ← *Sujeción.*

independiente Libre, franco, emancipado, liberto, autónomo, salvaje, dueño de sí mismo. ← *Dependiente, sujeto.*

independizar Libertar, emancipar, liberar. ← *Sujetar, oprimir.*

indescifrable Incomprensible, impenetrable, os-

curo, misterioso, enrevesado, embrollado, en clave, jeroglífico. ← *Claro, diáfano.*

indescriptible Inexpresable, inexplicable, indecible. ← *Explicable.*

indeseable Mal visto, desagradable, antipático, perjudicial, peligroso, indigno.

indestructible Inalterable, inconmovible, permanente, fuerte, fijo. ← *Frágil.*

indicación Convocación, convocatoria, llamamiento, llamada, citación, señal.

indicador Cuadro, anuncio, tablero, señal.

indicar Mostrar, señalar, significar, predecir, apuntar, enseñar, guiar, aconsejar, advertir. ← *Esconder, celar.*

índice Lista, catálogo, repertorio, tabla. ‖ Indicio señal, muestra. ‖ indicador.

indicio Señal, signo, muestra, sospecha, rastro, huella, pista, reliquia, marca, indicación, manifestación, síntoma.

indiferencia Despreocupación, descuido, desamor, hielo, frialdad, distancia, olvido. ← *Aprecio, amor, interés.*

indiferente Sordo, frío, glacial. ← *Apasionado.*

indígena Originario, nativo, natural. ← *Forastero.*

indigestarse Empacharse. ← *Probar, sentar bien.*

indigestión Empacho.

indigesto Dañino. ← *Saludable.* ‖ Áspero, hosco. ← *Amable.*

indignación Enojo, ira,

enfado, irritación, cólera, excitación, rabia. ←
Complacencia, agrado.

indignar Enojar, enfadar, irritar, encolerizar, enfurecer, enrabiar, exasperar, incomodar. ←
Complacer.

indignidad Injusticia. ←
Equidad, justicia. ‖ Deshonor, vileza, humillación, bajeza, ruindad. ←
Honor.

indigno Inmerecido, injusto. ← *Justo.* ‖ Despreciable, indeseable, vil ruin, bajo, infame, innoble, malo, bellaco, indecoroso, repugnante. ←
Noble, leal.

indio Indo, indostánico, hindú.

indisciplina Inobediencia, insubordinación, insumisión, desobediencia, rebeldía, rebelión, resistencia. ← *Docilidad.*

indisciplinado Insubordinado, incorregible, ingobernable, indomable, desobediente, rebelde. ←
Disciplinado.

indiscreción Indelicadeza, imprudencia, intromisión, curiosidad.

indiscreto Imprudente, impertinente, intruso, curioso, entrometido, fisgón, husmeador, descarado, charlatán. ← *Delicado, formal.*

indiscutible Cierto, evidente. ← *Dudoso, incierto.*

indispensable Insustituible, imprescindible, inevitable, esencial, forzoso, necesario, obligatorio, preciso, principal, fundamental. ← *Accidental, prescindible.*

indisponer Enemistar, desavenir, desunir. ←
Amigar, conciliar.

indisponerse Enfermar.

indisposición Malestar, quebranto, dolencia, enfermedad, mal, achaque, padecimiento. ← *Bienestar.*

indispuesto Maldispuesto, achacoso, doliente, enfermo, malo, delicado descompuesto, destemplado. ← *Bueno, sano, bien.*

indistinto Indistinguible, oscuro, confuso, esfumado, diluido. ← *Claro, diáfano.*

individual Particular, propio. ← *Colectivo.*

individualismo Egoísmo, egocentrismo, amor propio. ← *Generosidad, amor al prójimo.*

individuo Persona, sujeto, prójimo, socio.

indivisible Inseparable, infraccionable, entero. ←
Fraccionable.

índole Genio, carácter, natural, condición.

indomable Indomesticable, indoblegable, inflexible, arisco, salvaje, bravío, fiero. ← *Dócil, domesticado.*

indudable Indiscutible, incontestable, innegable, indisputable, cierto, seguro, evidente, manifiesto. ← *Dudoso, incierto.*

indulgente Misericordioso, benévolo, benigno, condescendiente, tolerante, compasivo, dulce, suave. ← *Inflexible.*

indumentaria Vestidura, vestido, traje, ropaje, prenda.

industria Fabricación, pro-

ducción, explotación, construcción.

industrial Fabricante.

ineficaz Inactivo, incapaz, inepto, nulo, vano. ←
Provechoso.

ineptitud Incapacidad, inhabilidad, inexperiencia, insuficiencia, incompetencia, impericia, torpeza. ← *Aptitud.*

inepto Incapaz, inhábil, inexperto, ineficaz, torpe, desmañado, nulo, estúpido. ← *Apto.*

inesperado Impensado, imprevisto, insospechado, repentino, súbito, casual, brusco, de improviso. ←
Previsto.

inestable Variable, inseguro, cambiante, móvil, débil, frágil, perecedero, ← *Seguro, fijo.*

inestimable Inapreciable, valioso, precioso. ←
Inútil.

inevitable Ineludible.

inexactitud Error, falta, equivocación, falsedad, mentira. ← *Rigor.*

inexacto Erróneo, equivocado, equívoco, falso, mentiroso, infiel, imperfecto. ← *Estricto, preciso, exacto.*

inexcusable Injustificable, indisculpable. ← *Justificado, voluntario.*

inexistente Ilusorio, imaginario, hipotético, quimérico, supuesto, utópico, ideal, virtual. ← *Real, de carne y hueso.*

inexperto Inepto, inhábil, inexperimentado, incapaz, torpe, principiante, novato, novicio. ← *Hábil, ducho.*

inexplicable Increíble, incomprensible, raro, obscuro, extraño. ← *Racional, lógico.*

inexplorado Deshabitado, desierto, desconocido, virgen. ← *Conocido, trillado.*

infalible Seguro, cierto, verdadero, positivo. ← *Azaroso, dudoso.*

infamante, infamativo o **infamatorio** Denigrante, ignominioso, ultrajante, ofensivo, degradante, inconfesable. ← *Honorable, honroso.*

infamar Denigrar, difamar, desacreditar, ofender, ultrajar, avergonzar, menospreciar. ← *Honrar, alabar.*

infame Deshonrado, desacreditado, despreciable. || Malo, vil, perverso, indigno, ignominioso, deshonesto, innoble, malvado, maligno, depravado, corrompido, ruin. ← *Bueno, honorable, honrado.*

infamia Vileza, afrenta, ignominia, indignidad, deshonra, descrédito, maldad, perversidad, depravación, bajeza, ruindad, vergüenza, indecencia, deshonor, crimen. ← *Bondad, honradez.*

infancia Niñez, pequeñez. ← *Vejez.*

infante Niño. || Príncipe. || Soldado (de a pie).

infantil Pueril, aniñado. ← *Viejo, viril.* || Inocente, candoroso, ingenuo, cándido, inofensivo. ← *Malicioso.*

infatigable Incansable, inagotable, laborioso, trabajador, resistente, activo. ← *Cansino, perezoso.*

infelicidad Infortunio, infortuna, desdicha, desventura, adversidad, mala sombra, mala suerte. ← *Dicha.*

infeliz Desdichado, desventurado, desafortunado, pobre, pobre diablo, miserable, víctima, mísero. ← *Dichoso.*

inferior Dependiente, subordinado, subalterno, sujeto, secundario, servidor, doméstico, accesorio. ← *Superior.* || Malo, peor, menor, bajo. ← *Mejor.*

inferioridad Dependencia, subordinación. ← *Superioridad.* || Medianía, insignificancia. ← *Perfección.* || Desventaja, minoría. ← *Ventaja.*

infernal Diabólico, demoníaco, endemoniado, endiablado, maléfico, perjudicial, nocivo, dañino, malo. ← *Angelical, bueno.*

infidelidad Deslealtad, perfidia, traición, vileza, villanía, ingratitud, mala fe. ← *Lealtad.* || Incredulidad, impiedad. ← *Religiosidad.*

infiel Desleal, traidor, pérfido, perjuro, infame. ← *Leal.* || Impío, incrédulo. ← *Religioso.*

infiltrar Introducir, inculcar, infundir, inspirar. ← *Disuadir, sacar.*

ínfimo Bajo, último, mínimo, inferior, despreciable, miserable. ← *Alto, notable.*

infinidad Inmensidad, cúmulo, montón, multitud, abundancia, sinfín, muchedumbre. ← *Escasez.*

infinito Interminable, inex-

tinguible, inconmensurable, inagotable, inacabable, incalculable, indefinido, ilimitado, inmenso, imperecedero, excesivo, extraordinario. ← *Limitado.*

inflamar Incendiar, abrasar, encender. ← *Apagar.*

inflexible Inquebrantable, incorruptible, duro, firme, rígido, tenaz. ← *Benévolo.*

influencia Acción, peso, efecto. ← *Inacción.* || Valimiento, poder, autoridad, crédito, prestigio.

influir Actuar, ejercer, accionar. || Apoyar, ayudar, contribuir, intervenir.

influyente Importante, acreditado, poderoso, potente, eficaz. ← *Don Nadie.*

información Averiguación, indagación, pesquisa, pesquisición, investigación, encuesta, reportaje.

informar Comunicar, participar, anunciar, prevenir, avisar, enterar, notificar, contar, dar cuenta, reseñar, poner al corriente, dar razón, dar aviso, facilitar (datos). ← *Callar, guardarse.*

informarse Estudiar, documentarse, investigar, buscar. ← *Ignorar.*

informe Noticia, testimonio, dato, referencia, razón.

infractor Transgresor, malhechor.

infranqueable Impracticable, intransitable, inaccesible, inabordable, abrupto, escarpado, intrincado, difícil, imposible. ← *Accesible, fácil.*

infringir Vulnerar, quebrantar, violar, transgredir. ← *Cumplir.*

ingeniar Imaginar, idear, inventar, discurrir, maquinar, planear, trazar.

ingenio Inventiva, talento, iniciativa, destreza, habilidad, maña. ‖ Máquina, aparato, artificio, arma, utensilio, instrumento.

ingenioso Diestro, mañoso, hábil, sagaz, agudo, astuto, sutil. ← *Torpe, inhábil.*

ingenuidad Buena fe, candidez, candor, inocencia, pureza, naturalidad, sencillez, sinceridad, simplicidad, credulidad, bobería. ← *Astucia, trastienda.*

ingenuo Cándido, candoroso, inocente, puro, natural, llano, franco, sencillo, sincero, simple, crédulo, bobo. ← *Astuto, ladino.*

ingratitud Infidelidad, deslealtad, desagradecimiento, olvido. ← *Reconocimiento.*

ingrato Desleal, desagradecido, infiel, olvidadizo. ← *Reconocido.*

ingresar Entrar, internarse. ‖ Asociarse, afiliarse.

ingreso Entrada. ‖ Caudal, ganancia, beneficio. ‖ Alta. ← *Baja.*

inhabitable Incómodo, insano, inhóspito.

inhabitado Deshabitado, desierto, despoblado, abandonado, solitario, vacío.

Inhibirse Abstenerse, retraerse, apartarse, alejarse. ← *Inmiscuirse.*

inhospitalario Salvaje, bárbaro, duro, rudo, áspero, basto. ← *Protector.* ‖ Inhóspito, inhabitable, in-

sano, deshabitado, agreste, selvático, desierto, feroz, salvaje. ← *Acogedor.*

inhumano Malo, perverso, despiadado, inhospitalario, brutal, bárbaro, feroz, áspero, cruel, fiero, desalmado, salvaje, sanguinario, violento, implacable, atroz, monstruoso. ← *Humanitario, benévolo.*

iniciación Preparación, aprendizaje, comienzo, instrucción. ← *Terminación, perfección.*

iniciar Comenzar, empezar, principiar, emprender, encabezar, promover. ← *Acabar, liquidar.* ‖ Instruir, enseñar, formar, enterar. ← *Negar, rechazar.*

inimaginable Extraño, raro, sorprendente, extraordinario, inconcebible. ← *Representable, concreto.*

ininteligible Incomprensible, incognoscible, indescifrable, incoherente, confuso, oscuro, ambiguo, difícil, embrollado, enigmático, misterioso. ← *Comprensible, claro.*

injuria Agravio, ofensa, afrenta, ultraje, insulto. ← *Merced, favor.* ‖ Menoscabo, perjuicio, daño. ← *Bien.*

injuriar Agraviar, ultrajar, afrentar, insultar, ofender, deshonrar. ← *Honrar, ensalzar.* ‖ Dañar, perjudicar, herir. ← *Hacer bien, beneficiar.*

injusticia Ilegalidad, desafuero, atropello, sinrazón, abuso, inmoralidad, parcialidad, arbitrariedad, tiranía, despotismo. ← *Equidad, justicia.*

injustificable Inexcusable, indisculpable, indebido, inaceptable, injusto, ilícito, vergonzoso, culpable. ← *Demostrable, evidente, justificable.*

injusto Injustificado, ilegal, indebido, inmerecido, infundado, inaceptable, parcial, arbitrario, abusivo. ← *Equitativo, recto.*

Inmaculada Purísima, Concepción.

inmaculado Limpio, límpido, puro, sin tacha. ← *Poluto.*

inmediatamente Luego, al punto, en el acto, en seguida, acto seguido, prontamente, seguidamente.

inmediato Cercano, próximo, junto, vecino, contiguo, seguido, consecutivo, adjunto, yuxtapuesto. ← *Lejano.*

inmejorable Insuperable, perfecto, superior, óptimo, excelente, notable, sin par. ← *Pésimo, malo.*

inmensidad Infinidad, infinitud, vastedad, enormidad, grandiosidad, cantidad, muchedumbre. ← *Limitación, exigüidad.*

inmenso Incontable, incalculable, inconmesurable, indefinido, infinito, innumerable, considerable, enorme, fenomenal, crecido, gigante, colosal, notable, monstruoso, desmesurado, descomunal, desmedido, extraordinario, grandioso, exorbitante, como una casa. ← *Exiguo, mínimo, limitado.*

inmersión Sumersión, zambullida, buceo, chapuzón.

inmerso Sumergido, hundido, sumido, zambullido. ← Despejado, atento.

inminente Inmediato, próximo, pronto, cercano, apremiante, inaplazable. ← Remoto.

inmodestia Engreimiento, presunción, altanería, vanidad, fatuidad, petulancia, jactancia, arrogancia, altivez, pedantería, ostentación, alarde. ← Timidez, decoro.

inmodesto Arrogante, altanero, orgulloso, engreído, altivo, insolente, impertinente, despectivo. ← Tímido, pusilánime, modesto.

inmolar Sacrificar, matar, ofrendar, ofrecer.

inmoral Indecoroso, indecente, impúdico, indigno, injusto, indebido, deshonesto, desvergonzado, obsceno, escandaloso, puerco, pornográfico. ← Decoroso, honesto, casto.

inmoralidad Indignidad, impudicia, injusticia, deshonestidad, desvergüenza, obscenidad, depravación. ← Decoro, honestidad, castidad.

inmortal Imperecedero, perpetuo, perdurable, eterno. ← Perecedero, imperdurable.

inmortalizar Perpetuar, eternizar, recordar.

inmóvil Inamovible, inanimado, inactivo, invariable, inconmovible, fijo, quieto, firme, estable, estacionado, detenido, estático, pasivo, petrificado, de una pieza. ← Móvil, movible, variable.

inmovilidad Invariabilidad, inactividad, pasividad, tranquilidad, estabilidad, quietud, reposo, calma, inacción, inercia, parálisis. ← Movimiento, acción.

inmovilizar Parar, detener, paralizar, aquietar. ← Poner en marcha. ‖ Fijar, asegurar, afirmar, clavar, plantar, consolidar. ← Disparar, dejar.

inmovilizarse Sosegarse, tranquilizarse, detenerse. ← Lanzarse. ‖ Permanecer, estancarse. ← Moverse, agitarse.

inmundicia Impureza, suciedad, basura, porquería, mugre. ← Limpieza. ‖ Deshonestidad, vicio, impudicia. ← Decencia, pudor.

inmundo Sucio, asqueroso, nauseabundo, cochambroso, puerco, repugnante. ← Limpio. ‖ Impuro, deshonesto, impúdico. ← Decente, decoroso.

inmune Libre, exento, invulnerable, protegido. ← Débil, sujeto a, vulnerable.

inmunizar Librar, preservar, proteger, vacunar. ← Hacer vulnerable.

inmutable Invariable, inalterable, impasible, imperturbable, sereno, estable, fijo, impávido, tranquilo, quieto. ← Intranquilo, agitado, impaciente.

inmutarse Alterarse, conmoverse, desconcertarse, emocionarse, turbarse. ← Sosegarse, tranquilizarse.

innato Ingénito, natural, peculiar, propio, personal, congénito. ← Adquirido.

innecesario Inútil, superfluo, sobrado, excesivo. ← Imprescindible, forzoso.

innoble Indigno, infame, despreciable, vil, bajo, mezquino, ruin. ← Caballeroso, augusto.

innovador Creador, inventor, padre, iniciador, renovador, reformador, revolucionario, introductor. ← Reaccionario.

innovar Cambiar, modificar. ← Conservar, restaurar.

inocencia Candor, sencillez, candidez, ingenuidad, simplicidad, simpleza, honradez. ← Malicia, maña. ‖ Pureza, virginidad ← Impureza.

inocentada Burla, engaño, trampa.

inocente Sencillo, simple, candoroso, cándido, ingenuo, simple, honrado. ← Complejo, malicioso. ‖ Virgen, puro, casto. ← Impuro. ‖ Inculpado, absuelto, libre. ← Culpado, culpable. ‖ Inofensivo, inocuo.

inofensivo Desarmado, inocente, tranquilo, pacífico. ← Dañino, perjudicial.

inolvidable Inmemorial, famoso, histórico, ilustre. ← De mal recuerdo. ‖ Imborrable, importante. ← Negligible.

inoportuno Importuno, inconveniente, inadecuado, incorrecto, impertinente, impropio, fuera de lugar, a deshora. ← Justo, oportuno.

inquietante Alarmante, amenazador, turbador, conmovedor, grave. ← Tranquilizador, tranquilizante.

inquietar Impacientar, intranquilizar, importunar, molestar, fastidiar, alarmar, atormentar, agitar, perturbar, excitar, mortificar. ← *Tranquilizar, sosegar.*

inquieto Intranquilo, impaciente, importuno, nervioso, excitado, excitable, activo, emprendedor, dinámico, diligente, agitado, revuelto, alterado, confuso, bullicioso, vivaracho, travieso. ← *Sosegado, tranquilo, pacífico.*

inquietud Impaciencia, intranquilidad, excitación, nerviosidad, agitación, ansiedad, tormento, malestar, turbación, alarma, alteración, confusión, alboroto. ← *Tranquilidad, sosiego.*

insaciable Insatisfecho, ávido, ambicioso. ← *Satisfecho, campante..* || Glotón, comilón, tragón, famélico. ← *Harto, ahíto.*

inscribir Apuntar, alistar, enrolar, matricular. ← *Borrar, tachar.*

inscripción Epígrafe, leyenda, rótulo, escrito, cartel, lema. || Abonamiento, apuntamiento. ← *Baja.*

inscrito Abonado, suscrito, apuntado, anotado, afiliado, dado de alta. ← *Dado de baja.*

inseguridad Incertidumbre, indecisión, vacilación, duda, perplejidad. ← *Certidumbre, resolución.* || Riesgo, peligro, exposición. ← *Seguridad.*

inseguro Incierto, indeciso, vacilante, dudoso, perplejo, variable. ← *Re-*

soluto, decidido. || Peligroso. ← *Seguro.*

insensatez Necedad, imbecilidad, sandez, simpleza, tontería. ← *Sesudez, juicio.*

insensato Necio, irreflexivo, bobo, mentecato, tonto, imprudente, inconsciente, porfiado, terco. ← *Juicioso, cauto.*

insensible Indiferente, impasible, endurecido, apático, tranquilo. ← *Deferente, tierno.* || Imperceptible, indiscernible, inapreciable. || Inanimado, adormecido, como un tronco. ← *Despierto, con todos los cinco sentidos.*

inseparable Íntimo, fiel, adicto, entrañable. ← *Extraño, enemigo.*

insignificante Pequeño, mezquino, trivial, ordinario, módico, despreciable, desdeñable. ← *Importante, de gran relieve.*

insistencia Obstinación, testarudez, terquedad, pesadez. ← *Condescendencia, negligencia.*

insistente Obstinado, testarudo, terco, pesado. ← *Condescendiente, negligente.*

insistir Perseverar, reclamar, importunar, hacer hincapié, volver a la carga. ← *Desistir.*

insociable Insocial, intratable, arisco, huraño, salvaje, retraído. ← *Afable, tratable.*

insolencia Descaro, desfachatez, atrevimiento, petulancia, desvergüenza, audacia, temeridad. ← *Respeto, deferencia.*

insolentarse Atreverse, descararse, deslenguarse, des-

vergonzarse, ← *Respetar.*

insolente Descarado, desvergozado, irreverente, arrogante, grosero, atrevido, insultante, deslenguado, fresco, soberbio, altanero, petulante, orgulloso. ← *Respetuoso, deferente.*

insólito Inusual, inusitado, desacostumbrado, desusado, nuevo, raro, extraño, extravagante, extraordinario, asombroso. ← *Corriente, habitual.*

insoportable Intolerable, enojoso, fastidioso, cargante, pesado, fatigoso, irritante, molesto, inaguantable. ← *Ameno, agradable.*

inspección Investigación, examen, registro, reconocimiento, intervención, verificación, visita, revista, control, vigilancia.

inspeccionar Investigar, examinar, verificar, controlar, reconocer, registrar, visitar, revistar.

inspector Vigilante, prefecto.

instalar Colocar, emplazar, armar, poner, situar, acomodar, aposentar, alojar, aparcar, establecer, disponer, preparar. ← *Desarmar, desguazar, deshacer.*

instantáneo Momentáneo, breve, corto, rápido, fugaz, precipitado, súbito. ← *Duradero, largo.*

instante Momento, segundo, minuto, punto, soplo, periquete, santiamén, relámpago.

instante (en un) En una avemaría, de golpe, de pronto.

institución Fundación, establecimiento, creación, centro, organización, instituto.

instituir Crear, establecer, fundar, erigir, instaurar. ← *Abolir, destruir, derrocar.*

instituto Constitución, regla, estatuto, ordenanza, reglamento, orden. ← *Desorden, anarquía.* ‖ Corporación, sociedad, centro, institución, academia. ‖ Liceo, gimnasio.

institutor Profesor, maestro, pedagogo, preceptor. ‖ Instituidor.

institutriz Maestra, educadora, aya, dama de compañía.

instrucción Enseñanza, educación, ilustración, erudición, saber, cultura, ciencia, conocimientos. ← *Obscurantismo, ignorancia.*

instrucciones Reglas, normas, preceptos, ordenanzas, advertencias, explicaciones.

instructivo Científico, ilustrativo, educativo, cultural, edificante, ejemplar. ← *Corruptivo, demoledor.*

instructor Monitor.

instruido Docto, sabio, culto, científico. ← *Ignorante.*

instruir Adiestrar, aleccionar, enseñar, adoctrinar, educar, cultivar, ilustrar. ‖ Informar, enterar, advertir, iniciar.

instrumento Herramienta, útil, aparato, utensilio, artefacto, máquina, arma.

insubordinación Indisciplina, rebeldía, rebelión, insumisión, insurrección. ← *Docilidad, sumisión.*

insubordinado Indisciplinado, insumiso, rebelde, díscolo, desobediente. ← *Obediente, sumiso.*

insubordinar Indisciplinar, insurgir.

insubordinarse Indisciplinarse, desobedecer, levantarse, alzarse, rebelarse, sublevarse, amotinarse, insurreccionarse. ← *Acatar, obedecer.*

insultar Agraviar, ofender, afrentar, injuriar, ultrajar, humillar, herir, zaherir, faltar, infamar, deshonrar, denigrar, irritar, atropellar, lastimar, escupir en la cara. ← *Loar, elogiar.*

insulto Agravio, ofensa, ultraje, afrenta, injuria, insolencia. ← *Elogio, loa.*

insuperable Inmejorable, óptimo, bonísimo, perfecto, excelente, sin par. ← *Mejorable, perfeccionable.* ‖ Invencible, invulnerable. ← *Derrotado, vencido.*

insustituible Irreemplazable, indispensable, insuplantable, imprescindible, necesario, fundamental. ← *Superfluo.*

intacto Puro, virgen. ← *Mancillado.* ‖ Completo, íntegro, entero. ← *Carente, falto.* ‖ Ileso, salvo. ← *Dañado, perjudicado.*

integridad Honradez, rectitud, desinterés, hombría de bien. ← *Cohecho, deshonestidad.* ‖ Castidad, pureza, virginidad. ← *Corrupción.* ‖ Plenitud, perfección. ← *Imperfección.*

íntegro Entero, completo, cabal, lleno, total. ← *Falto, incompleto.* ‖ Recto, honrado, probo, intachable, irreprochable, justo, equitativo, desinteresado, incorruptible. ← *Deshonesto.*

intelectual Espiritual, mental. ← *Material.* ‖ Sabio, erudito, estudioso, docto.

inteligencia Intelecto, intelectiva, entendimiento, mente, conocimiento, juicio, razonamiento, uso de razón, comprensión. ‖ Habilidad, destreza, experiencia, capacidad. ← *Torpeza, ineptitud.*

inteligente Clarividente, despabilado, listo, lúcido, penetrante, profundo, prudente, cuerdo, juicioso, perspicaz, sagaz, despierto, entendido, experimentado, enterado, ingenioso, instruido, docto, sabio. ← *Limitado, estúpido.*

inteligibilidad Claridad, lucidez, facilidad, lectura. ← *Dificultad, incomprensibilidad.*

inteligible Comprensible, asequible, descifrable, legible, claro, lúcido. ← *Incomprensible, difícil.*

intención Intento, propósito, designio, voluntad, proyecto, idea, determinación, resolución, pensamiento. ← *Renuncia, renunciamiento.*

intencional Premeditado, ex profeso, voluntario, deliberado, querido. ← *Sin querer, inconsciente.*

intenso Intensivo, fuerte, enérgico, vivo, violento, agudo, extremado. ← *Débil, tenue.*

intentar Probar, tantear, tratar de, pretender, procurar, ensayar, emprender, iniciar. ← *Desistir, renunciar.*

intento Intención, propósito, fin, designio, proyecto, propuesta, empresa, ensayo. ← *Renuncia, abandono.*

interés Provecho, utilidad, beneficio, rendimiento, ganancia, rédito, conveniencia, renta. ← *Pérdida.* ‖ Atracción, atractivo. ← *Desapego.*

interesado Solicitante. ‖ Avaro, codicioso, egoísta, utilitario. ‖ Asociado, afectado.

interesante Atrayente, encantador, atractivo, curioso, notable, importante, original. ← *Indiferente.*

interesar Importar, concernir, atañer, tocar, afectar. ← *Desinteresarse.* ‖ Atraer, impresionar. ← *Aburrir.*

interesarse Empeñarse, encariñarse.

intereses Bienes, hacienda, fortuna, capital.

interior Interno, central, recóndito, íntimo, familiar. ← *Exterior, externo.*

interioridad Interior, intimidad, entrañas, alma, fondo, fuero (interno), seno. ← *Exterior, exterioridad.*

intermediar Mediar, intervenir, arbitrar, interponerse, interceder. ← *Desentenderse.*

intermediario Mediador, intercesor, negociador, negociante, traficante, proveedor. ← *Comprador, vendedor.*

interminable Inacabable,

inagotable, infinito, perpetuo, eterno, largo, lento, sin fin. ← *Finito, limitado.*

internarse Adentrarse, entrar, meterse. ← *Salir.*

interno Interior, central, profundo, íntimo, recóndito, intestino. ← *Externo.* ‖ Pensionista.

interpretación Explicación, traducción, comentario, razonamiento, significación, sentido.

interpretar Explicar, comentar, traducir, comprender, descifrar.

intérprete Traductor. ‖ Comentador, interpretador, expositor.

interrogación Pregunta, interpelación, cuestión, demanda, propuesta. ← *Respuesta.*

interrogador Pedir, preguntar, examinar, consultar, sondear, inquirir, demandar, interpelar, informarse. ← *Contestar, responder.*

interrogatorio Examen, cuestionario, informe. ← *Respuesta.*

interrumpir Suspender, cortar, detener, romper, parar, impedir, estorbar, interceptar, intermitir, romper las oraciones. ← *Proseguir, continuar.*

interrupción Intermisión, suspensión, detención, parada, impedimento, atasco. ← *Prosecución, continuación.*

intervalo Intermedio, pausa, tregua. ← *Continuación.* ‖ Espacio, hueco, claro.

intervención Intromisión, interposición, mediación. ← *Ausencia.* ‖ Arbitraje,

control. ← *Abstención.* ‖ Operación (quirúrgica).

intervenir Interponerse, participar, mezclarse, mediar, tomar parte, meter baza, traer entre manos, inspeccionar. ← *Abstenerse, estar al margen.* ‖ Operar.

íntimo Afecto, adicto, entrañable, inseparable. ← *Extraño, de ocasión.*

intranquilidad Desasosiego, inquietud, ansiedad, agitación, alarma, congoja. ← *Serenidad, sosiego.*

intranquilizar Inquietar, perturbar, agitar, conmover, turbar, alarmar, atormentar. ← *Calmar, sosegar.*

intranquilo Desasosegado, inquieto, perturbado, turbado, agitado, alarmado, atormentado, impaciente. ← *Sereno, despreocupado.*

intransitable Infranqueable, inabordable.

intrepidez Valor, valentía, arrojo, esfuerzo, osadía, coraje, bravura, ánimo. ← *Cobardía.*

intrépido Valeroso, valiente, arrojado, esforzado, osado, bravo, animoso, audaz, atrevido. ← *Cobarde.*

intriga Manejo, maquinación, cautela, complot, treta, ardid, artimaña, enredo, trama, embrollo, confabulación.

introducción Entrada, penetración, infiltración. ← *Salida, expulsión.* ‖ Prólogo, prefacio, preámbulo, introito, principio. ← *Epílogo.*

introducir Entrar, pasar. ‖ Meter, encajar, embutir,

hundir, clavar, insertar, intercalar, deslizar, inculcar, infiltrar, implantar, incorporar, encajonar, interponer. ← Sacar, extraer.

introducirse Entremeterse, infiltrarse. ← Desentenderse.

intromisión Entremetimiento, indiscreción, curiosidad, fisgoneo, fisgonería, intrusión, importunación. ← Desentendimiento.

intrusión Intromisión.

intruso Entremetido, indiscreto, importuno. ← Apropiado, pertinente.

inundación Diluvio, riada, desbordamiento. ← Retracción. || Muchedumbre, multitud, cantidad, abundancia, copia. ← Escasez, cuatro gatos.

inútil Ineficaz, inservible, improductivo, infecundo, insignificante, innecesario, incapaz, imposibilitado, inválido, nulo, estéril, vano, ocioso, despreciable, caduco. ← Capaz, válido, fértil, aprovechable, útil, listo.

inutilidad Ineficacia, improductividad, insignificancia, incapacidad, ineptitud, invalidez, esterilidad, ociosidad. ← Capacidad, validez, fertilidad, aprovechamiento, ingenio.

inutilizar Estropear, averiar, anular. || Incapacitar, invalidar, desautorizar, abolir, inhabilitar. ← Confirmar.

invadir Irrumpir, penetrar, entrar, asaltar, violentar, ocupar. ← Retirarse.

inválido Imposibilitado, inhabilitado, lisiado, tulli-

do, inútil, mutilado, impedido. ← Útil, sano.

invariable Inmutable, inalterable, inquebrantable, permanente, constante, estable, firme. ← Mudable, móvil.

invasión Entrada, irrupción, incursión, correría, ocupación. ← Retirada.

invencible Invulnerable, indomable, insuperable, inquebrantable. ← Vencido, derrotado.

invención Invento, hallazgo, descubrimiento, innovación, creación. ← Imitación, copia, plagio. || Engaño, ficción, mentira, fábula. ← Suceso real.

inventar Hallar, descubrir, crear, imaginar, concebir, forjar, ingeniar, idear, discurrir. ← Imitar, plagiar. || Fingir, improvisar, urdir.

inventiva Talento, cabeza, imaginación, genio, maña, perspicacia, ingenio, inteligencia. ← Vaciedad, nesciencia.

invento Invención, descubrimiento, hallazgo.

inverosímil Increíble, inadmisible, imposible, inconcebible, inimaginable, fantástico, sorprendente, raro. ← Posible, real.

invertir Alterar trastornar, trasponer, cambiar. ← Colocar, ordenar, restablecer. || Emplear, poner, colocar, gastar, comprar. || Destinar, ocupar. ← Perder, tirar.

investigar Buscar, indagar, averiguar, inspeccionar, revolver, curiosear, pesquisar, fisgonear, rastrear, tantear. ← Descubrir, hallar.

invicto Invencible, victorioso, triunfador, vencedor. ← Vencido.

invisible Encubierto, oculto, escondido, secreto, misterioso, inmaterial, impalpable. ← Aparente, noto.

invitación Convite, convocatoria, llamada. ← Repulsión.

invitar Convidar, brindar, ofrecer, servir. ← Despedir.

invocación Imploración, conjuro, súplica, ruego, plegaria, llamada. ← Maldición, repulsa.

invocar Llamar, apelar, implorar, suplicar, pedir, solicitar, rogar. ← Exigir, maldecir.

involuntario Indeliberado, instintivo, irreflexivo, impensado, inconsciente, espontáneo, maquinal, automático. ← Consciente, reflexivo.

invulnerable Invencible, inatacable, inmune, fuerte, resistente, protegido. ← Débil, dañable.

ir Moverse, dirigirse, trasladarse, caminar, acudir, asistir. || Venir, ajustarse, acomodarse.

ira Cólera, furia, rabia, arrebato, furor, indignación, molestia, enojo, enfado, irritación, coraje, exasperación. ← Placidez, calma.

ironía Burla, mofa, sarcasmo, chanza, mordacidad, causticidad. ← Cumplimiento, adulación.

irónico Burlón, burlesco, punzante, cáustico, guasón, mordaz, sarcástico. ← Virulento, de armas tomar.

irreflexión Atolondramiento, aturdimiento, ligereza, precipitación, imprudencia. ← *Ponderación, meditación.*

irreflexivo Atolondrado, arrebatado, aturdido, ligero, insensato, inconsecuente, tarambana, imprudente, precipitado, inconsiderado. ← *Sensato, cauto.* ‖ Instintivo, involuntario, indeliberado, maquinal, automático. ← *Preconcebido, deliberado.*

irregular Anormal, anómalo, variable, desordenado, desusado, estrambótico, caprichoso, raro, desigual, discontinuo, inconstante. ← *Normal, corriente, matemático, justo, exacto, regular.*

irregularidad Excepción, anomalía, rareza, anormalidad. ← *Normalidad, uniformidad, precisión.*

irremediable Irreparable, incurable, perdido.

irrespetuoso Irreverente, desatento, injurioso, descomedido, inconveniente. ← *Deferente, cortés, respetuoso.*

irresponsable Insensato, fuera de sí, menor de edad. ← *Subsidiario, garante.*

irreverencia Inconveniencia, desconsideración, indelicadeza, irrespetuosidad, grosería, profanación. ← *Consideración, respeto.*

irrisorio Ridículo, risible, insignificante, cómico. ← *Relevante, serio.*

irritable Irascible, iracundo, colérico. ← *Calmoso, tranquilo.*

irritación, Ira, agitación, enfado, enojo, rabia, cólera, arrebato, rebeldía, saña, excitación, feroci-

dad, indignación, furo hincha. ← *Calma, apa cibilidad.*

irritar Enojar, enfurecei encolerizar, enfada exasperar, sulfurar, im pacientar, endemonia incomodar, indignar. ← *Calmar.* ‖ Incitar, ene var, crispar, excitar, aca lorar, disgustar, alboro tar, sublevar. ← *Suavi zar.*

irritarse Impacientarse, a terarse, arrebatarse, ra biar, montar en cólera salir de sus casillas, per der los estribos, encora jinarse. ← *Apaciguarse aplacarse.*

israelita Hebreo, judío.

itinerario Recorrido, ruta camino.

izar Subir, levantar, alzar ← *Cargar, aferrar, arriar*

izquierda (mano) Mano si niestra, mano zurda.

J

jabalina Pica, venablo, azagaya.

jactancia Vanagloria, presunción, petulancia, arrogancia, vanidad, pedantería, ventolera, ostentación, postín, alardeo, faramalla, faroleo, afectación, altanería, orgullo, chulería, pavoneo, insolencia. ← *Humildad, encogimiento.*

jactancioso Vanidoso, vanaglorioso, presumido, petulante, arrogante, vano, pedante, ostentoso, fanfarrón, farolero, altanero, orgulloso, chulo, insolente, ufano. ← *Humilde, discreto.*

jactarse Vanagloriarse, preciarse, pavonearse, alabarse, engreírse, ufanarse, presumir, alardear, envanecerse, chulear, gallardear, darse tono, hacer gala, darse pisto. ← *Humillarse, doblar la cabeza.*

jadeante Transido.

jadear Ahogarse, sofocarse, cansarse, fatigarse.

jaleo Jarana, bulla, bullicio, fiesta, alegría, diversión, alboroto, desorden, riña, barullo. ← *Quietud, silencio.*

jamás Nunca, ninguna vez, en la vida, de ningún modo.

jaqueca Neuralgia, migraña, dolor de cabeza.

jarana Bulla, bullicio, jaleo, holgorio, jolgorio, fiesta, diversión, alegría, juerga, fandango. ‖ Alboroto, tumulto, confusión, desorden.

jardín Vergel, parque.

jarrón Vaso, florero.

jefatura Presidencia, regencia, dirección. ‖ Mando, autoridad, poder, gobierno.

jefe Superior, director, dueño, amo, patrón, principal, cabeza, caudillo, capitán, guía, jeque, paladín, mayor, presidente, regente, soberano, rey, *líder, conductor, cabecilla. ← *Súbdito, vasallo, dependiente.*

Jehová Señor, Dios, Creador.

Jesús Jesucristo, Cristo, Cordero de Dios, Divino Cordero, Hijo de Dios, Hijo Divino, Mesías, Salvador, Redentor, Nazareno, Buen Pastor, Dios Hombre, Verbo, Unigénito, Crucificado, Señor.

jinete Caballero, cabalgador, caballista, *jockey, amazona.

jofaina Palangana, lavamanos.

jornada Camino, caminata, trecho, trayecto, ruta, viaje, excursión. ‖ Expedición, marcha. ‖ Jornal, día.

jornal Sueldo, retribución, salario, ganancia. ‖ Jorna, día.

jornalero Trabajador, operario, asalariado, obrero, labrador.

joroba Giba, chepa, deformidad.

jorobado Giboso, contrahecho, malhecho, deforme.

joven Muchacho, adolescente, mozo, mocito, pollo. ← *Anciano.* ‖ Nuevo, reciente, actual. ← *Viejo.*

jovenzuelo Pimpollo, mozalbete.

jovial Alegre, festivo, jocundo, divertido, gracioso, animado, campante, vivaracho, juguetón, alborozado. ← *Triste, amargado.*

joya Alhaja. ‖ Tesoro.

joyería Orfebrería, bisutería.

joyero Guardajoyas, estuche, cofrecillo.

jubilar Licenciar, retirar, pensionar. ‖ Desechar, apartar, arrinconar. ←

J

Usar, utilizar. ‖ *Alegrarse, regocijarse.*

júbilo Alegría, alborozo, regocijo, contento, gozo, animación, entusiasmo, transporte, felicidad, jolgorio. ← *Tristeza, congoja.*

jubiloso Ufano. ← *Triste.*

judía Alubia, habichuela.

judío Judaico, israelita, hebreo.

juego Recreo, distracción, divertimiento, recreación, entretenimiento, pasatiempo, diversión, esparcimiento, deporte.

juerga Jarana. ‖ Huelga, descanso, recreación. ← *Actividad.*

jugada Lance, partida, pasada, tirada. ‖ Jugarreta, treta, ardid, mala pasada, mala jugada.

jugar Entretenerse, divertirse, recrearse, esparcirse, pasar el tiempo. ← *Aburrirse.* ‖ Juguetear, enredar. ‖ Aportar, poner, arriesgar, aventurar. ← *Pararse.* ‖ Intervenir, tomar parte, actuar.

jugarreta Jugada, mala jugada, mala pasada, treta, trastada, tunantada, picardía.

jugo Zumo, jugosidad, esencia. ‖ Utilidad, provecho, ganancia, ventaja.

jugoso Suculento, provechoso, fructífero. ← *Pobre, desaborido.*

juguete Muñeco.

juguetón Inquieto, travieso, bullicioso, vivaracho, revoltoso, alocado, enredador. ← *Quieto, pacífico.*

juicio Criterio, entendimiento, discernimiento, apreciación, comprensión, razón, inteligencia, sentido común. ← *Incomprensión, sinrazón.* ‖ Cordura, seso, sensatez, tino, prudencia, reflexión, tiento. ← *Insensatez, necedad.* ‖ Opinión, parecer, oecisión, sentencia, veredicto, parecer.

juicioso Lógico, cabal, recto, derecho, prudente, reflexivo, sesudo, sensato, meolludo, sentencioso. ← *Irreflexivo, atolondrado.*

junta Reunión, asamblea, grupo, agrupación, congregación, comité, conjunto. ‖ Juntura, unión, articulación.

juntar Unir, reunir, acoplar, ligar, enlazar, trabar, combinar, atar, pegar, encolar, conectar, apretar, soldar. ← *Deshacer, desmontar.* ‖ Asociar, congregar, anexionar, fusionar, agrupar, incorporar, concentrar, englobar, mezclar, combinar, hermanar, aliar, aparear, unificar, adicionar, sumar, añadir, adjuntar, amontonar, aglomerar, acumular, estrechar. ← *Separar, desunir.*

juntarse Arrimarse, acercarse, aproximarse. ← *Alejarse.* ‖ Acompañarse. ← *Enemistarse.*

junto Unido, cercano, vecino, próximo, inmediato, inseparable, pegado. ← *Separado.* ‖ A la vez, al unísono. ‖ Cerca de, al lado de.

juntura Junta, empalme, costura, articulación, atadura, enchufe.

jura Juramento, promesa, compromiso.

jurado Tribunal.

juramento Jura. ‖ Voto, reniego, taco, palabrota.

jurar Afirmar, asegurar, certificar, prometer, negar.

justicia Rectitud, igualdad, imparcialidad, ecuanimidad, equidad, honradez, conciencia, severidad, austeridad, razón. ← *Sinrazón, arbitrariedad.* ‖ Castigo, condena.

justiciero Justo. ‖ Riguroso.

justificar Probar, demostrar, acreditar, razonar. ← *Inculpar.* ‖ Defender, disculpar, excusar. ← *Acusar.*

justo Justiciero, recto, imparcial, equitativo, íntegro, neutral, incorruptible, austero, escrupuloso, honesto, decente, honrado, correcto, insobornable, a carta cabal, concienzudo. ← *Parcial, injusto.* ‖ Razonado, razonable, fundado, indiscutible, asegurado. ← *Dudoso.* ‖ Exacto, cabal, preciso, ajustado, como pintado, puntual. ← *Inexacto, equivocado.* ‖ Legítimo, legal, procedente. ← *Ilícito.* ‖ Apretado, estrecho, ajustado. ← *Holgado.*

juventud Adolescencia, mocedad, inexperiencia, años mozos. ← *Ancianidad.*

juzgado Tribunal.

juzgar Dictaminar, decidir, condenar. ‖ Creer, estimar, apreciar, opinar, calificar, valorar, considerar, conjeturar, pensar, sentir, tener por, parecer, ser del parecer.

K

kilo Kilogramo.   **kimono** Quimono, bata.   **kiosco** Quiosco, pabellón.

L

laberíntico Confuso, enredado, difícil, complicado, enmarañado, intrincado, tortuoso. ← *Sencillo, claro.*

laberinto Confusión, lío, maraña, complicación.

labor Trabajo, obra, tarea, faena, quehacer, ocupación. ← *Huelga.* ‖ Labranza, laboreo, cultivo. ‖ Costura, bordado, punto, encaje.

laborioso Trabajador, diligente, aplicado, estudioso, celoso. ← *Perezoso, gandul.* ‖ Trabajoso, difícil. ← *Fácil.*

labrador Cultivador, agricultor, campesino, labriego, payés, aldeano.

labranza Agricultura, laboreo, labor, cultivo, cultura, trabajo.

labrar Trabajar, laborar. ‖ Cultivar, arar, surcar, remover, rasgar. ‖ Coser, bordar, hacer punto, hacer media, hacer encaje.

labriego Labrador, campesino, agricultor.

lacónico Breve, conciso, corto. ← *Florido, retórico.*

ladeado Inclinado, oblicuo. ← *Derecho.*

ladear Inclinar, torcer. ← *Enderezar.*

lado Flanco, costado, banda, cara (anverso o reverso). ‖ Arista. ‖ Ala, flanco, costado. ‖ Protección. ‖ Modo, medio, camino, senda, procedimiento.

ladrar Ladrear, latir, aullar, gruñir. ‖ Vociferar, chillar, gritar, amenazar. ← *Callar.*

ladrido Aullido, gruñido.

ladrillo Ladrillejo, azulejo, *tocho.

ladrón Caco, carterista, despojador, ladronzuelo, hurtador, rapaz, raptor, rata, ratero, atracador, estafador, pillete, salteador, saqueador, cuatrero, cleptómano.

ladronzuelo Ladrón.

lago Laguna, pantano, albufera, estanque.

lágrima Lloro, sollozo, suspiro.

laguna Balsa, charca. ‖ Hueco, vacío, falta, espacio, defecto, omisión, olvido. ← *Relleno.*

laico Seglar, secular, profano. ← *Clérigo.* ‖ Civil. ← *Religioso.*

lamentable Lastimoso, lastimero, lamentoso, deplorable, triste, doloroso, horrible, horroroso, atroz, desgarrador, desolador,

desesperante. ← *Alegre, gozoso.*

lamentación Lamento, gemido, queja, llanto, plañido, clamor. ← *Loanza.*

lamentar Llorar, sentir, deplorar. ← *Loar.*

lamentarse Quejarse, dolerse, sentir, plañir, gemir, llorar. ← *Gozar, alegrarse.*

lamento Lamentación.

lamer Relamer.

lámina Plancha, chapa, hoja, hojuela, placa. ‖ Estampa, figura, efigie, dibujo, reproducción, grabado, cromo.

lámpara Aparato de luz, candil, candelero, quinqué, bombilla.

lancha Barca, embarcación, bote.

lánguido Flojo, flaco, débil, fatigado, abatido, decaído, desanimado. ← *Fuerte, vigoroso, enérgico.*

lanza Pica, asta, alabarda. ‖ Vara, pértiga, timón.

lanzamiento Botamiento, botadura, salida, disparo.

lanzar Arrojar, emitir, enviar, despedir, proyectar, tirar, echar, disparar, descargar. ← *Retener, aguantar, ofrecer.* ‖ Exhalar, prorrumpir, decir, exclamar. ← *Callar.* ‖ Soltar, librar, liberar. ← *Sujetar.* ‖ Vomitar.

largarse Marcharse, irse, escabullirse, ausentarse, ahuecar el ala. ← *Quedarse.*

largo Alargado, luengo, extenso, dilatado, amplio. ← *Corto.* ‖ Continuado, lento, tardío. ← *Breve.* ‖ Copioso, abundante, excesivo. ← *Poco.*

largueza Generosidad, esplendidez, desprendimiento, nobleza. ← *Estrechez, avaricia.*

lástima Enternecimiento, piedad, compasión, misericordia. ← *Inflexibilidad.* ‖ Lamento, quejido.

lastimado Dañado, agraviado, perjudicado. ← *Ileso, inmune.*

lastimar Herir, dañar, lesionar, vulnerar, perjudicar. ← *Beneficiar.* ‖ Compadecer, apiadarse. ‖ Agraviar, ofender, incomodar, injuriar, despreciar. ← *Honrar, alabar.*

lastimarse Dolerse, quejarse, lamentarse, compadecerse. ← *Alegrarse.*

lata Hoja de lata. ‖ Tabla, tablero, rollizo. ‖ Tabarra, fastidio, rollo. ← *Diversión.*

lateral Ladero, pegado. ← *Frontal, separado.*

latido Pulsación, palpitación.

latigazo Corrección, sermón. ← *Alabanza.*

látigo Zurriago, disciplina, azotera.

latir Palpitar, pulsar.

latitud Amplitud, extensión, ancho, anchura, vastitud.

← *Encogimiento, angostura, estrechez.*

latoso Cargante, pesado, molesto, fastidioso, aburrido. ← *Divertido.*

lavar Aclarar, bañar, limpiar, purificar, blanquear, hacer la colada, enjuagar. ← *Ensuciar.*

lazo Atadura, nudo, ligadura, ligamento, cordón. ‖ Ardid, asechanza, red, emboscada, trampa, ratonera. ‖ Unión, obligación, conexión, afinidad, alianza, dependencia. ← *Independencia.*

leal Fiel, franco, sincero, honrado, noble, devoto, confiable. ← *Desleal, traidor.* ‖ Verídico, cierto, verdadero, legal. ← *Engañoso.*

lealtad Fidelidad, adhesión, nobleza, rectitud, cumplimiento, observación, sinceridad, franqueza, constancia, fe, ley, amistad. ← *Deslealtad, traición.* ‖Veracidad, verdad, realidad, legalidad, seguridad. ← *Engaño.*

lección Lectura. ‖ Interpretación, comprensión, significado. ← *Error.* ‖ Enseñanza, conferencia, clase. ‖ Capítulo, parte, título. ‖ Aviso, advertencia, consejo, ejemplo.

lector Leedor. ‖ Profesor, catedrático, encargado de curso.

lectura Lección, recitación, lectio.

lechería Granja, vaquería.

lechero Granjero.

lecho Cama, camastro, echadero, litera, camilla. ‖ Cauce. ‖ Fondo.

lechuga Ensalada.

leer Deletrear, releer, hojear, repasar, descifrar,

pasar la vista por. ‖ Interpretar, calar.

legal Lícito, legalizado, reglamentario, permitido. ← *Ilegal, fuera de la ley.* ‖ Verídico, puntual, fiel, justo. ← *Injusto, desleal.*

legalidad Legitimidad, justicia, derecho, ley.

legalizar Legitimar, autorizar, certificar.

legendario Tradicional, antiguo. ← *Reciente.* ‖ Fabuloso. ← *Histórico.*

legible Leíble, descifrable.

legión Ejército. ‖ Multitud, muchedumbre, tropel, cantidad.

legislación Ley, código.

legislar Codificar, promulgar, establecer.

legítimo Legal, lícito. ← *Ilícito.* ‖ Auténtico, fidedigno, cierto, probado, verdadero. ← *Ilegítimo, falso.*

leíble Legible, comprensible. ← *Ilegible, difícil.*

leída Lectura.

lejanía Alejamiento, distancia. ← *Proximidad.* ‖ Pasado. ← *Hoy.*

lejano Alejado, apartado, distante, extremo, retirado, ulterior, longincuo. ← *Próximo.* ‖ Remoto, pasado. ← *Actual.*

lejos Remoto, remotamente, a distancia.

lelo Bobo, idiota, memo, papanatas, pasmado, simple, tonto, estafermo, torpe, zoquete. ← *Avispado, listo, cuerdo.*

lema Título, encabezamiento. ‖ Mote, divisa, letra. ‖ Tema. ‖ Contraseña.

lengua Lenguaje, idioma, habla.

lenguaje Lengua, idioma, habla, dialecto. ‖ Ser-

L

món, expresión, estilo, palabra.

lentamente Poco a poco, poquito a poco, a placer, despacio, despacito. ← *Aprisa.*

lente Lentilla, lupa, cristal.

lentes Anteojos, antiparras, gafas.

lentitud Tardanza, calma, pachorra, pesadez, pelmacería, pereza, pausa, espacio, duración. ← *Rapidez, diligencia.*

lento Tardo, calmoso, pesado, pelma, vilordo, perezoso, adormecido, pausado, espacioso, paulatino, retardado, tardío. ← *Rápido, diligente.* ‖

leñador Leñero.

león Valiente, gallo, bravo, héroe. ← *Cobarde.*

lesión Lastimamiento, herida, magullamiento, magulladura, golpe, desolladura, lisiadura, mutilación. ‖ Daño, perjuicio, pérdida,. ← *Bien, favor.*

lesionar Lastimar, dañar, desgraciar, herir, perjudicar, lisiar. ← *Favorecer.*

letra Carácter, signo, garabato, perfil.

letrero Cartel, rótulo, inscripción, lema.

levantado Alto, elevado, noble, excelente. ← *Bajo, rastrero.*

levantamiento Insurrección.

levantar Alzar, elevar, subir, izar, erguir, aupar, encaramar. ← *Bajar.* ‖ Enderezar, enarbolar, incorporar. ← *Inclinar.* ‖ Separar, despegar, desprender, quitar, arrancar,

arrebatar, apartar, retirar, recoger. ← *Descansar, apoyar.* ‖ Construir, fabricar, edificar, obrar. ← *Derribar.* ‖ Fundar, establecer, instituir, instaurar. ← *Derrocar.* ‖ Aumentar, subir, encarecer. ← *Rebajar.* ‖ Inflamar, inflar, intensificar. ← *Reducir.* ‖ Perdonar. ← *Condenar.* ‖ Rebelar, sublevar, amotinar. ← *Mantenerse fiel.* ‖ Engrandecer, exaltar, elogiar. ← *Humillar, abatir.* ‖ Alentar, animar, esforzar. ← *Desalentar.*

levantarse Sobresalir, destacar, resaltar, remontarse. ← *Desaparecer, ocultarse.* ‖ Abandonar el lecho, saltar de la cama. ← *Acostarse.*

levante Este, oriente. ← *Poniente.*

leve Ligero, tenue, suave. ← *Pesado.* ‖ Insignificante, ← *Importante, grave.*

levedad Ligereza, tenuidad. ← *Pesadez.* ‖ Insignificancia. ← *Gravedad.*

ley Norma, regla, uso, costumbre. ‖ Precepto, prescripción, ordenanza, carta, estatuto, constitución, código, mandato, decreto, legislación, establecimiento. ‖ Lealtad, amor, veneración, amistad. ← *Infidelidad.* ‖ Calidad, clase, casta, raza.

leyenda Historia, tradición, mito, fábula, narración. ‖ Letrero, lema. ‖ Lectura, lección.

liar Atar, ligar. ← *Desliar.*

‖ Engañar, engatusar, enredar. ← *Ser leal.*

liberar Libertar.

libertad Independencia. ← *Dependencia.* ‖ Emancipación, licenciamiento. ← *Esclavitud, sujeción.* Rescate, desencarcelamiento, libramiento, liberación. ← *Prisión.* ‖ Privilegio, inmunidad, dispensa, permisión, poder. ← *Limitación.* ‖ Franqueza, familiaridad, desembarazo, soltura. ← Facilidad, espontaneidad. ← *Inconveniencia.* ‖ Atrevimiento, osadía, descaro. ← *Respeto.* ‖ Desenfreno.

libertar Liberar, librar, licenciar, soltar, rescatar, desencerrar, desencarcelar, redimir, emancipar, dispensar, desatar, desembarazar, desencadenar, aflojar, descuidar, poner en libertad. ← *Oprimir, sujetar, cerrar, obligar, interrumpir.*

librar Libertar. ‖ Entregar, dar, poner, ceder, depositar, abandonar. ← *Quitar.* ‖ Despachar, enviar. ← *Aceptar.*

libre Independiente, voluntario, espontáneo. ← *Dependiente.* ‖ Liberto. ← *Esclavo, sumiso.* ‖ Liberado, libertado. ← *Preso.* ‖ Abierto, desembarazado. ← *Cerrado, tapado.* ‖ Indemne, inmune, ileso. ← *Perjudicado, dañado.* ‖ Suelto, desligado, destrabado. ← *Atado.* ‖ Privilegiado, dispensado, licenciado, permitido. ← *Limitado.* ‖ Salvaje, silvestre. ← *Doméstico,* domesticado. ‖ Limpio, saneado. ← *Gravado.* ‖ Osado, atrevido. ‖ Inocente, absuelto. ← *Acusado, convicto.*

librería Biblioteca.

libreta Cuaderno. ‖ Cartilla.

libro Obra, volumen, ejemplar, tomo.

liceo Instituto, gimnasio, colegio.

lícito Legal, legítimo, justo, permitido, autorizado. ← *Ilícito.*

licor Líquido. ‖ Bebida, alcohol.

lienzo Tela, paño. ‖ Pintura, cuadro.

ligadura Atadura, ligamento, lazo, dogal, nudo, ‖ Sujeción, ceñimiento, traba. ← *Holgura, desunión.*

ligar Atar, liar, amarrar, encadenar, trabar, aprisionar. ← *Desatar, desencadenar.* ‖ Mezclar, anudar, conectar, pegar, soldar. ← *Desunir, separar.*

ligero Leve. ← *Pesado.* ‖ Ágil, veloz, suelto, raudo, rápido, vivo, presuroso, activo, diligente. ← *Tardo.* ‖ Insignificante, superficial. ← *Importante.* ‖ Digerible. ← *Indigesto.* ‖ Inconstante. ← *Constante, firme.* ‖ Tenue, delgado, menudo. ← *Resistente,* tenaz.

liliputiense Enano, pigmeo. ← *Gigante.*

limar Desgastar, raspar, pulir.

limitación prohibición. ← ← *Indeterminación.*

limitado Finito, definido. ← *Infinito, ilimitado.*

limitar Restringir, delimitar, fijar, señalar. ← *Ampliar.* ‖ Abreviar, acostar, reducir, acortar. ← *Amplificar.*

límite Término, confín, frontera, borde, contorno, orilla, barrera. ‖ Fin, meta, final, máximo, mínimo. ← *Principio, origen.*

limonada Refresco, gaseosa.

limosna Socorro, caridad, beneficencia, donación,

limpiar Asear, purificar, lavar, enjuagar, baldear, fregar, barrer, cepillar, frotar, raspar, deshollinar, desempolvar, abrillantar, pulir. ← *Ensuciar, manchar, mezclar, confundir.* ‖ Echar, ahuyentar, expulsar. ← *Dejar.* ‖ Podar. ‖ Robar.

limpieza Limpia, limpiamiento, pulcritud, aseo, pureza, higiene, lavado, fregado. ← *Suciedad, basura, impureza.* ‖ Honradez.

limpio Pulcro, aseado, lavado. ← *Sucio, desaseado.* ‖ Puro, intacto. ← *Contaminado.* ‖ Libre. ← *Gravado.*

linaje Ascendencia, descendencia, casa, raza, familia, casta. ‖ Condición, clase, calidad, especie, género, calaña.

lindo Bonito, gracioso, precioso, hermoso, bello, delicado, agraciado, exquisito, pulido, pulcro, perfecto. ← *Feo.* ‖ Bueno, cabal, exquisito. ← *Imperfecto, defectuoso.* ‖ Lindo.

línea Raya, rasgo, trazo, lista, barra, palo. ‖ Ren-

glón, hilera, fila, ringlera. ‖ Vía, servicio, itinerario, dirección. ‖ Límite, confín. ‖ Frente, trinchera, primera fila, primera línea.

linterna Farol, lámpara. ‖ Faro.

lío Fardel, fardo, bala, envoltorio, bulto, paquete, rebujo, ovillo. ‖ Embrollo, confusión. ← *Orden.*

lioso Embrollador, enredador, quisquilloso. ← *Contentadizo, ordenado.*

liquidar Licuar. ← *Solidificar.* ‖ Saldar, pagar, ajustar. ← *Demorar.* ‖ Extinguir, acabar, rematar, terminar, concluir. ← *Iniciar.*

líquido Fluido, licor. ← *Sólido, gaseoso.*

lirón Dormilón, perezoso, gandul. ← *Diligente.*

lisiado Lesionado, mutilado, baldado, impedido, imposibilitado, tullido, inválido. ← *Sano, indemne.*

lisiar Lesionar, herir, estropear, lastimar, tullir, mutilar, baldar. ← *Curar, sanar.*

liso Igual, llano, plano, pulido, pulimentado, suave, fino, raso, como la palma de la mano. ← *Desigual, arrugado, áspero, peludo.*

lista Tira, cinta, franja, tabla. ‖ Catálogo, enumeración, registro, índice, estado, letanía, detalle, minuta, menú, factura.

listo Pronto, diligente, vivo, activo, veloz. ← *Tardo.* ‖ Astuto, sagaz, dispuesto, avispado, pre-

L

L

parado, inteligente, despejado, despierto despabilado ingenioso talentudo, claro. ← *Torpe, tonto.*

listo (ser) No tener pelo de tonto, cogerlas al vuelo, ser una centella.

listón Cinta, lista, faja. ‖ Larguero, barrote, moldura.

litera Camastro. ‖ Palanquín.

literal Textual, recto, exacto, fiel, propio. ← *Inexacto.*

literalmente De pe a pa, al pie de la letra, palabra por palabra.

literato Escritor, autor, hombre de letras.

literatura Bellas letras, buenas letras. ‖ Obras, escritos, publicaciones, bibliografía.

litoral Costero, ribereño, costa, ribera, marina. ← *Interior, continental.*

liviano Ligero, leve. ← *Pesado.* ‖ Fácil, inconstante, voluble, inseguro, cambiable. ← *Constante, firme.* ‖ Anodino, insignificante, superficial, somero. ← *Importante.*

lívido Amoratado, morado. ‖ Apagado, demacrado, pálido, cadavérico, marchito. ← *Sano.*

loar Alabar, elogiar, enaltecer, engrandecer, aplaudir, exaltar, glorificar. ← *Criticar, reprobar.*

local Departamental, de aquí. ‖ Municipal, comarcal, provincial. ← *Nacional.*

localidad Lugar, pueblo, aldea, población, punto, paraje, sitio, territorio,

villa, ciudad, comarca, provincia, departamento. ‖ Asiento, puesto, plaza.

localizar Fijar, emplazar, situar, limitar, delimitar, descubrir.

loco Demente, perturbado, maniático, maníaco, chiflado, tocado, guillado, lunático, mochales, ido, idiota, loco de atar. ← *Sano, juicioso.* ‖ Imprudente, atolondrado, aturdido, insensato, inconsciente, disparatado. ← *Prudente, sensato.*

locomoción Traslación, traslado, transporte.

locomotor, locomotora Máquina.

locura Demencia, perturbación, manía, frenesí, chifladura, guilladura. ← *Juicio.* ‖ Sinrazón, disparate, extravagancia, absurdo, imprudencia, atolondramiento. ← *Prudencia, sensatez.*

locutorio Parlatorio, cabina.

lodo Barro, cieno.

lograr Alcanzar, obtener, conseguir, disfrutar, gozar, sacar. ← *Perder, escaparse.*

lombriz Gusano.

lomo Dorso, espina dorsal, columna vertebral.

lona Vela, toldo.

longitud Largo, largura, largueza, largor, distancia, alcance.

lonja Tajada, sección.

lontananza Distancia, lejanía.

loro Papagayo.

losa Lápida. ‖ Sepulcro, osera, hoya, tumba.

lote Porción, parte, partición. ← *Todo.* ‖ Dote.

lotería Rifa, tómbola.

lozanía Verdor, frondosidad. ← *Agostamiento.* ‖ Viveza, gallardía, robustez, ánimo, jovialidad. ← *Descaecimiento.* ‖ Orgullo, altivez, altanería, engreimiento. ← *Humildad.*

lozano Frondoso, verde. ← *Agostado.* ‖ Vigoroso, gallardo, airoso, robusto, sano, jovial, animoso. ← *Descaecido.* ‖ Altivo, arrogante, orgulloso, engreído. ← *Humilde.*

lucero Estrella, astro. ‖ Lucífero. ‖ Planeta Venus, Lucero del alba, Lucero de la mañana, Lucero de la tarde. ‖ Lustre, brillo, esplendor. ← *Opacidad.*

lucidez Clarividencia, claridad, perspicacia, inteligencia. ← *Ofuscación.* ‖ Limpidez, claridad.

lucido Garboso, espléndido, generoso, elegante. ← *Deslucido, mezquino.*

lúcido Clarividente, perspicaz, penetrante, sagaz. ← *Obtuso, torpe.*

lucir Brillar, resplandecer, iluminar. ← *Estar apagado.* ‖ Sobresalir, descollar, aventajar, resaltar. ← *Disminuirse, confundirse.* ‖ Ostentar, mostrar, presumir. ← *Disimular, esconder.*

lucirse Vestirse, adornarse, embellecerse, acicalarse.

lucrativo Fructuoso, fructífero, beneficioso, productivo, provechoso, ganancioso, útil. ← *Perjudicial, ruinoso.*

lucro Ganancia, logro, provecho, beneficio, utilidad, producto, remuneración. ← *Pérdida.*

lucha Pelea, contienda, altercado, pugilato, pugna, riña, reyerta, pendencia. ← *Concordia.* ‖ Lid, combate, conflicto, guerra, revuelta, fregado. ← *Paz.* ‖ Disputa, querella, discusión, rivalidad, debate, desavenencia. ← *Acuerdo.*

luchador Lidiador, combatiente, contendiente, batallador, campeador, torneador, púgil, contrincante.

luchar Pelear, tornear, altercar, pugnar, reñir, ‖ Lidiar, combatir, guerrear, hostigar, contender, batallar. ← *Estar. en paz.* ‖ Discutir, disputar, rivalizar, debatir, querellarse. ← *Ponerse de acuerdo, coincidir.*

luego Pronto, al punto, al momento, en seguida, al minuto, de súbito, al acto, al instante, sin demora, a toda prisa, al contado. ‖ Después, más tarde. ‖ Pues, por tanto, ergo.

luego que o **luego como** Así que, no bien, apenas, al punto que, desde que, al tiempo que.

lugar Espacio, sitio, puesto, emplazamiento, posición, situación, paraje, andurrial, comarca, región. ‖ Villa, ciudad, aldea, pueblo, población. ‖ Tiempo, ocasión, oportunidad.

lugareño Aldeano, pueblerino, paisano, campesino, rústico. ← *Ciudadano.*

lúgubre Triste, funesto, fúnebre, tétrico, sombrío, melancólico, mustio, taciturno. ← *Alegre, festivo.*

lujo Ostentación, exceso, opulencia, suntuosidad, magnificencia, esplendor, esplendidez, riqueza, profusión, abundancia, demasía. ← *Pobreza, carencia, sobriedad.*

lujoso Ostentoso, pomposo, magnífico, rico, suntuoso, opulento, fastuoso, espléndido, adornado. ← *Pobre, sobrio.*

lujuria Liviandad, impudicia, intemperancia, libertinaje, obscenidad, incontinencia ← *Temperancia, castidad.*

lumbre Ascua, llama, fuego. ‖ Luz, lumbrera, lucerna. ‖ Esplendor, claridad.

lumbrera Lumbre, lucerna, luz, claraboya, tragaluz, escotilla, ventana, abertura. ‖ Genio, sabio, luminar. ← *Asno, ignorante.*

luminoso Brillante, refulgente, resplandeciente, esplendoroso, rutilante. ← *Apagado, extinto.*

luna Satélite. ‖ Espejo.

lunar Peca, mancha. ‖ Defecto, falta, tacha. ← *Cualidad, nota.*

lunático Maniaco, maniático, raro, caprichoso, loco. ← *Sensato.*

lustre Brillo, resplandor. ← *Empañamiento, opacidad.*

lustroso Reluciente, brillante, pulido, resplandeciente, esplendente, fúlgido, rutilante, fulgente, fulgurante. ← *Mate, deslucido.*

luto Duelo, aflicción, pena. ← *Gozo, alegría.*

luz Radiación, fulgor, claridad, brillo, esplendor, resplandor, luminaria, llama. ← *Oscuridad, tinieblas.* ‖ Lámpara, candelero, araña, bujía, vela, candela, antorcha. ‖ Día, jornada.

L

LL

llaga Úlcera, herida.

llama Flama. llamarada, fogarada, fogonazo, lengua de fuego. ← *Rescoldo.* ‖ Ardor, apasionamiento, abrasamiento, pasión. ← *Frialdad.*

llamada Llamado, llamamiento. ‖ Nota, advertencia, aviso.

llamamiento Llamado, llamada, apelación, reclamo, voz, citación, aviso, indicación, señal, advertencia.

llamar Vocear, dar voces, gritar, clamar, hacer señas, advertir. ← *Callar.* ‖ Invocar, implorar, pedir. ← *Maldecir, rechazar.* ‖ Convocar, citar, invitar, atraer. ← *Despedir, licenciar.* ‖ Nombrar, apellidar, designar, titular, designar, denominar, intitular. ← *Omitir, callar el nombre.* ‖ Golpear, tocar, picar.

llamarada Llama.

llamativo Excitante, provocante, provocador. ← *Calmante.* ‖ Excéntrico, extravagante, exagerado, atrayente, interesante, atractivo, hechicero. ← *Inadvertido.*

lameante Ardiente, chispeante, centelleante. ← *Apagado, muerto, marchito.*

llamear Arder, flamear, chispear, centellear, quemar, brillar, relucir. ← *Estar apagado.*

llaneza Sencillez, naturalidad, familiaridad, franqueza, campechanía, espontaneidad, confianza, afabilidad. ← *Cumplidos, zalemas, protocolo.* ‖ Moderación, modestia. ← *Engreimiento.* ‖ Sinceridad, buena fe, ingenuidad. ← *Cautela.*

llano Allanado, liso, plano, igual, raso, descampado. ← *Montañoso, accidentado.* ‖ Llanura, llanada. ← *Montaña, sierra.* ‖ Accesible, sencillo, afable, natural, campechano, franco, tratable, espontáneo. ← *Cumplimentoso.*

llanto Lloro, plañido, lloriqueo, gimoteo, sollozo, lamentación, gemido, queja, pena, rabieta. ← *Risa, júbilo.*

llanura Llanada, llano, planicie, plana, explanada, campo raso, páramo, alcarria, altozano, estepa, sabana, pampa. ← *Montaña, sierra.*

llegada Arribada, venida, advenimiento, aparición, acceso. ← *Ida, marcha, partida.*

llegar Venir, arribar, abordar, aterrizar, amarrar, atracar. ← *Partir, zarpar, salir.* ‖ Tocar, alcanzar. ‖ Ascender, subir, importar, costar. ← *No alcanzar.* ‖ Arrimar, acercar, aproximar. ← *Alejar.*

llegarse Acudir, ir, acercarse, encaminarse, marchar, dirigirse, presentarse, comparecer. ← *Quedarse, apartarse, ausentarse.*

llenar Ocupar, henchir, rellenar, colmar, saturar, atestar, cargar, abarrotar, embutir, impregnar. ← *Vaciar.* ‖ Agradar, satisfacer, contentar. ← *Desagradar.* ‖ Cumplir, desempeñar. ← *Faltar.*

llenarse Hartarse, saciarse, henchirse, atiborrarse, empaparse. ← *Ayunar.*

lleno Ocupado, henchido, relleno, completo, repleto, pleno, saturado, abarrotado, atiborrado, harto, saciado, colmado, rebosante, macizo, preñado, invadido. ← *Vacío.*

‖ Abundancia, colmo. ←
Escasez.

llevadero Tolerable, soportable, sufrible, aguantable, pasadero. ← *Insoportable, insufrible.*

llevar Transportar, conducir, acercar, trasladar. ← *Enviar, expedir.* ‖ Tolerar, sufrir, soportar, aguantar, sobrellevar. ← *Impacientarse.* ‖ Inducir, persuadir, convencer, incitar. ← *Disuadir.* ‖ Traer, vestir, ponerse. ‖ Conducir, dominar, manejar.

llorar Lloriquear, sollozar, gemir, gimotear, plañir. ← *Reír.* ‖ Deplorar, lamentar, sentir, condolerse. ← *Celebrar.*

llorón Plañidero, lacrimoso, quejoso, lloroso. ← *Reidor.*

llover Lloviznar, gotear, rociar, diluviar, descargar, abrirse las cataratas del cielo, venirse el cielo abajo. ← *Estar sereno.*

lluvia Llovizna, chaparrón, aguacero, chubasco, nubarrada, manga de agua, diluvio, temporal, borrasca. ‖ Inundación, profusión, granizada, plaga, afluencia.

lluvioso Pluvioso, húmedo. ← *Sereno, despejado.*

LL

M

macabro Fúnebre, lúgubre, mortal. ← *Vital.*

macaco Feo, deforme, grotesco, repugnante, repulsivo. ← *Bello.*

macerar Ablandar, estrujar, exprimir. ‖ Mortificar, maltratar, humillar, afligir, abatir. ← *Confortar, consolar.*

macizo Lleno, sólido, relleno, compacto, denso, pesado, fuerte, grueso. ← *Hueco, débil.*

macuto Bolsa, saco, costal, mochila, zurrón.

machacar Aplastar, majar, quebrantar, triturar, moler, pulverizar, desmenuzar, golpear, aporrear. ‖ Porfiar, insistir, repetir, reiterar, importunar. ← *Comedirse.*

machacón Pesado, importuno, fastidioso, insistente, tenaz, prolijo. ← *Discreto.*

macho Semental. ‖ Mulo. ‖ Puerco, cebón. ‖ Fuerte, vigoroso, robusto, firme, recio, membrudo, resistente. ← *Afeminado.* ‖ Mazo, martillo.

madero Tablón, plancha, tablero, tabla.

madre Religiosa, hermana, sor. ‖ Superiora. ‖ Matriz. ‖ Mamá, mama, ma-

maíta, madraza. ‖ Madrastra. ‖ Causa, origen, principio, raíz. ‖ Cauce, lecho.

madre política Suegra.

madriguera Refugio, guarida, cubil.

madrugada Alba, alborada, aurora, amanecer, crepúsculo matutino. ← *Atardecer.*

madrugar Mañanear, alborear, alborecer. ‖ Anticiparse, adelantarse, ganar tiempo. ← *Llegar tarde, tardar.*

madurez Sensatez, prudencia, juicio, seso, reflexión. ← *Irreflexión.* ‖ Sazón, punto. ← *Precocidad, verdor.*

maduro Madurado. ← *Verde.* ‖ Sensato, juicioso, prudente, reflexivo, sesudo. ← *Precoz, irreflexivo.*

maestría Destreza, arte, ingenio, habilidad, pericia. ← *Impericia.*

maestro Profesor, dómine, preceptor, pedagogo, ayo. ‖ Perito, experto, ducho, hábil, avezado, adiestrado. ← *Inhábil.* ‖ Músico.

magia Hechicería, ocultismo, encantamiento, brujería. ‖ Atractivo, hechi-

zo, encanto, sortilegio. ← *Antipatía.*

mágico Hechicero, mago, brujo, encantador. ‖ Fascinante, fascinador, seductor, hechicero, maravilloso, estupendo, sorprendente, pasmoso, misterioso. ← *Natural.*

magistral Perfecto, soberbio, superior, magnífico, importante, grande, bello. ← *Defectuoso, malo, infame.*

magnanimidad Nobleza, generosidad, grandeza de alma, longanimidad. ← *Pusilanimidad.*

magnificencia Generosidad, esplendidez. ← *Avaricia.* ‖ Esplendor, grandeza, pompa, ostentación, suntuosidad, aparato, opulencia, lujo. ← *Penuria.*

magnífico Espléndido, suntuoso, fastuoso, grandioso, pomposo, opulento, soberbio, regio. ← *Pobre.* ‖ Excelente, admirable, notable, magistral, excelso, valioso, importante. ← *Insignificante.*

magnitud Tamaño, dimensión, grandor, extensión, volumen.

mago Hechicero, brujo, encantador.

magulladura Magullamiento, contusión, golpe, lesión.

magullar Lastimar, golpear, herir, pegar.

majestad Majestuosidad, magnificencia, grandeza, soberanía, sublimidad, solemnidad, dignidad, pompa. ← *Modestia.*

majestuoso Augusto, imponente, solemne, pomposo, señorial, regio. ← *Modesto.*

majo Guapo, hermoso, lindo, vistoso. ← *Feo.* ‖ Ataviado, adornado, lujoso, compuesto, acicalado. ← *Dejado, desaseado.* ‖ Chulo, valentón, fanfarrón. ← *Capón, gallina.*

mal Malo. ← *Bueno.* ‖ Daño, ofensa, perjuicio, lesión. ← *Beneficio.* ‖ Desgracia, calamidad, amargura, pena, tormento, aflicción, desolación. ← *Consuelo.* ‖ Enfermedad, dolencia, padecimiento, dolor, sufrimiento, indisposición. ← *Bienestar.* ‖ Vicio, tara, imperfección, insuficiencia. ← *Cualidad.* ‖ Deshonestidad, inmoralidad, injusticia, indignidad. ← *Bien.* ‖ Indebidamente, de mala manera, insuficientemente.

malabarista Equilibrista, prestidigitador.

malcriado Descortés, desatento, grosero. ← *Educado, cortés.*

malcriar Consentir, condescender, malacostumbrar, mimar, viciar. ← *Educar.*

maldad Malicia, perversidad, ruindad, malignidad. ← *Bondad.*

maldecir Condenar, imprecar, reprobar. ← *Loar.* ‖ Denigrar, murmurar. ← *Adular.*

maldición Reprobación, condenación, imprecación, execración. ← *Alabanza, loa.*

maldito Malvado, malintencionado, perverso, endemoniado. ← *Benévolo.* ‖ Condenado. ← *Premiado, bendito.* ‖ Ruin, miserable, aborrecible. ← *Estimable.*

maleficio Sortilegio, encanto, hechizo, magia.

maléfico Nocivo, pernicioso, dañoso, perjudicial. ← *Benefactor.*

malestar Desasosiego, inquietud, ansiedad, incomodidad, indisposición, fastidio, sinsabor, disgusto, angustia. ← *Bienestar.*

malgastar Despilfarrar, derrochar, malbaratar, disipar, tirar. ← *Ahorrar.*

malhechor Criminal, delincuente, salteador. ← *Bienhechor.*

malicia Perversidad, maldad, malignidad. ← *Bondad.* ‖ Picardía, astucia, estratagema, ardid, recelo, sospecha, maña, cautela. ← *Buena fe.* ‖ Sutileza, sagacidad, sutilidad. ← *Bobería, candidez.*

malicioso Astuto, zorro, receloso, ladino, sagaz, bellaco. ← *Cándido.*

maligno Malo, malandrín, perverso, pernicioso, dañino, vicioso. ← *Beneficioso.*

malo Malvado, enviciado, bajo, ruin, bellaco, depravado, corrompido, vicioso, perverso, mal bi-

cho. ← *Bueno.* ‖ Dañoso, dañino, perjudicial, nocivo, pernicioso, peligroso, funesto, nefasto. ← *Beneficioso.* ‖ Enfermo, indispuesto, paciente. ‖ Trabajoso, fastidioso. ← *Ameno.* ‖ Travieso, inquieto, revoltoso, enredador. ← *Sosegado.* ‖ Malicioso, bellaco. ← *Cándido.* ‖ Estropeado, usado. ← *Nuevo.* ‖ Molesto, desagradable, repelente. ← *Agradable.* ‖ Ilegal, ilegítimo, sedicioso. ← *Respetuoso, hombre de bien.*

malograr Perder, estropear, echar a perder. ← *Aprovechar.*

malquerencia Antipatía, enemistad, tirria, ojeriza, odio. ← *Bienquerencia, cariño.*

malsano Insano, dañino, nocivo. ← *Saludable.* ‖ Enfermizo, endeble, delicado. ← *Sano.*

maltratar Tratar mal, brutalizar, pisotear, poner de vuelta y media, tratar como un perro. ← *Tratar bien, atender.*

maltrecho Maltratado, malparado, estropeado, dañado, perjudicado. ← *Indemne.*

malvado Malo, perverso, criminal, bribón, pirata, malandrín, mal bicho. ← *Bueno.*

manada Hato, rebaño, vacada, yeguada, cuadrilla, bandada.

manantial Fuente, fontana.

manar Surgir, brotar, salir, surtir.

mancha Tacha, mancilla, deshonra. ← *Honra.*

manchar Ensuciar, pringar.

M

M ← *Limpiar.* ‖ Mancillar, deshonrar. ← *Ponderar.*

mandamiento Mandado, orden, precepto, prescripción, mandato, ley.

mandar Ordenar, preceptuar, prescribir, decretar, dictar, establecer, disponer, imponer, intimar. ← *Exonerar, obedecer.* ‖ Enviar, remitir. ← *Recibir.* ‖ Encargar, encomendar, pedir. ‖ Gobernar, regir, dirigir, regentar, conducir, dominar, llevar.

mandato Orden, precepto, prescripción, disposición, mandamiento, mandado.

mando Poder, autoridad, dominio, gobierno, dirección.

manejar Utilizar, manipular, maniobrar. ‖ Dirigir, conducir, guiar.

manejo Uso, empleo, práctica, manipulación. ← *Falta de uso.*

manera Modo, forma, método, sistema, procedimiento, medio.

manía Capricho, rareza, extravagancia, idea fija, guilladura, prurito, antojo, chifladura, locura. ← *Sensatez, cordura.* ‖ Ojeriza, antipatía, tiranía. ← *Simpatía.*

maniaco o **maniático** Caprichoso, antojadizo, extravagante, raro, lunático, original, loco. ← *Cuerdo.*

manifestar Declarar, decir, afirmar, expresar, exponer, opinar, notificar, descubrir, mostrar, presentar, exhibir, revelar, publicar, anunciar, sacar a luz. ← *Callar.*

maniobra Manipulación, operación. ‖ Artificio, treta, manejo, maquinación, ardid, estratagema, trama.

manjar Comida, alimento, comestible.

mano Extremidad, palma. ‖ Lado, costado. ‖ Capa, baño, pintura. ‖ Favor, ayuda, asistencia, auxilio, socorro. ← *Indiferencia, desamparo.*

manojo Puñado, mazo, ramillete.

mansedumbre Suavidad, benignidad, dulzura, apacibilidad, tranquilidad, bondad, benevolencia. ← *Intemperancia, orgullo.*

mansión Morada, albergue, residencia, habitación.

manso Masada, casa de campo.

manso Dulce, benigno, dócil, suave, apacible, tranquilo, sosegado, quieto, reposado. ← *Indócil, intemperante.*

mantener Proveer, alimentar, nutrir, sustentar. ← *Abandonar.* ‖ Conservar, amparar, sostener, apoyar. ← *Descuidar.* ‖ Defender, patrocinar. ← *Desertar.*

mantenerse Perseverar, resistir. ← *Resignar.*

mantenimiento Sustento, sustentación.

manutención Alimentación, sostén, mantenimiento, sustento, alimento. ‖ Conservación, entretenimiento. ← *Abandono.*

maña Destreza, habilidad, arte, maestría, ingenio, buena mano. ← *Inhabilidad, torpeza.* ‖ Picardía, arte, sagacidad.

mañana En el futuro, en el porvenir. ← *Ayer.*

mañana (de) Al amanecer, al despuntar el día.

mañoso Diestro, capaz, industrioso, hábil. ← *Inhábil.*

máquina Artificio, aparato, artefacto, armatoste, mecanismo, artefacto. ‖ Locomotora.

maquinación Ardid, intriga, maniobra, astucia, treta, artimaña, enredo, complot, conspiración.

maquinal Instintivo, reflejo, automático, involuntario. ← *Deliberado.*

mar Piélago, océano. ‖ Abundancia, cantidad. ← *Escasez.*

maravilla Admiración, entusiasmo, asombro, pasmo, estupefacción, portento, prodigio, milagro, fenómeno. ← *Horror.*

maravillar Admirar, pasmar, sorprender, asombrar, fascinar, aturdir, deslumbrar, embazar. ← *Horrorizar.*

maravilloso Sorprendente, admirable, asombroso, prodigioso, portentoso, milagroso, extraordinario, estupendo, fantástico, mágico, pasmoso, sorprendente, inusitado, chocante, sobrenatural. ← *Corriente, horroroso.*

marca Provincia, territorio. ‖ *Récord. ‖ Señal, contraseña, distintivo, etiqueta, signo, cruz, nota, inscripción, huella, marchamo, precinto.

marcar Señalar, distinguir, notar, sellar, caracterizar, numerar, rayar. ‖ Bordar. ‖ Indicar.

marcha Partida, encaminamiento. ← *Regreso.* ‖ Velocidad, paso, tren. ‖

M

Procedimiento, sistema, curso, camino, proceso.

marchar Andar, caminar, partir, ir, trasladarse, dirigirse, encaminarse, ponerse en camino, levantar el campo, recorrer, circular, pasar, errar, avanzar. ← *Estar quieto, hacer alto.* ‖ Funcionar, moverse. ← *Estar parado.*

marcharse Partir, largarse, escapar, irse. ← *Regresar, volver.*

marchitarse Secarse, mustiarse. ‖ Envejecer, arrugarse. ← *Rejuvenecerse.* ‖ Enflaquecer, debilitarse, adelgazarse. ← *Recobrarse.*

marchito Ajado, mustio, deslucido, seco, muerto. ← *Lozano.*

marear Fastidiar, molestar, aburrir, enfadar, agobiar, apurar, cansar, turbar, importunar, incomodar. ← *Distraer.*

mareo Vértigo, desmayo. ‖ Molestia, enfado, importunación, fastidio, pesadez, incomodidad, ajetreo.

margen Orilla, borde, ribera, canto, perfil, límite. ← *Centro.*

marido Esposo, consorte, cónyuge, hombre.

marina Armada. ‖ Náutica, navegación.

marino Marítimo, náutico, naval. ← *Terrestre.* ‖ Marinero, navegante, tripulante, lobo de mar.

marioneta Títere, fantoche.

marítimo Marino.

martirio Tormento, tortura, sufrimiento, suplicio, sacrificio. ‖ Ajobo, ajetreo, aflicción, molestia, tra-

mojos, perrera, lacería. ← *Diversión.*

martirizar Torturar, matar, sacrificar. ‖ Afligir, atormentar, molestar. ← *Divertir, agradar.*

marxismo Socialismo. ‖ Comunismo.

mas Pero.

masa Masilla, papilla, pasta, argamasa, magma. ‖ Conjunto, materia. ‖ Multitud.

mascar Masticar, rumiar, triturar.

máscara Careta, mascarilla, antifaz. ‖ Disfraz.

masculino Viril, varonil, macho, hombruno, fuerte. ← *Femenino*

masticar Mascar.

mástil Palo. ‖ Tallo. ‖ Puntal, poste, asta.

mata Matojo, arbusto, planta. ‖ Macizo, soto, matorral.

matadero Degolladero, desolladero, rastro.

matador Espada, torero.

matanza Carnicería, degollina, mortandad, destrozo, exterminio, hecatombe.

matar Asesinar, acabar, destripar, escabechar, eliminar, exterminar, suprimir, sacrificar, ejecutar, fusilar, electrocutar, degollar, desnucar, decapitar, guillotinar ahogar, linchar, pasar a cuchillo, pasar por las armas. ← *Salvar, resucitar.* ‖ Calmar, satisfacer, saciar. ← *Despertar.* ‖ Suprimir, aniquilar, destruir. ← *Erigir, levantar.*

matasanos Mediquillo, curandero.

mate Jaque. ‖ Opaco, apagado, atenuado, desluci-

do, deslustrado, sin brillo. ← *Brillante.*

matemáticas Ciencias exactas, cálculo.

matemático Exacto, preciso, justo, clavado, riguroso. ← *Erróneo.*

materia Sustancia, material. ← *Esencia, idea.* ‖ Asunto, sujeto.

materiales Utensilios, herramientas, herramental, instrumental, enseres.

materno Maternal. ← *Filial.*

matinal Matutino.

matiz Tono.

matizar Graduar, variar.

matón Valentón, guapetón, perdonavidas, chulo, fanfarrón, bravucón, camorrista.

matorral Mato, maleza.

matrícula Inscripción, registro.

matrimonial Nupcial, conyugal.

matrimonio Casamiento, boda, nupcias, enlace. ← *Divorcio, separación.*

matrona Comadrona.

maullar Miar.

maullido Maúllo, miau.

máxime Ante todo, en primer lugar, sobre todo.

máximo Límite, extremo, tope. ‖ Inmenso, fenomenal. ← *Mínimo.*

mayor Superior, jefe, principal, cabeza. ← *Menor.* ‖ Importante, considerable. ← *Insignificante.*

mayúscula Inicial.

mayúsculo Máximo, inmenso. ← *Minúsculo.*

maza Porra, cachiporra.

mazmorra Prisión, celda, calabozo

mazo Maza, martillo.

mazorca Panoja, panocha, espigón.

M

mecanismo Artificio, ingenio, dispositivo.

mecanografía Dactilografía.

mecer Cunar, columpiar; balancear. ← Parar.

mecha Mechón, pabilo, torcida.

mechero Encendedor.

mechón Bucle, mecha.

medalla Medallón. ‖ Distinción, premio.

medallón Medalla.

media Calceta.

mediación Intervención, arbitraje.

mediador Intermediario, negociador, árbitro.

medianía Término medio. ‖ Mediocridad, vulgaridad. ← Excelencia.

mediano Regular, intermedio, módico, moderado, mediocre. ← Excelente, considerable.

mediar Intervenir. ‖ Interponerse. ← Desentenderse.

medicación Tratamiento, cura.

medicamento Medicina, remedio, específico, potingue.

medicina Medicamento.

médico Doctor, cirujano. ‖ Matasanos.

medida Medición, dimensión, prevención, precaución. ← Consecuencia.

medio Mediano, mitad, centro. ← Extremo, periférico. ‖ Procedimiento, manera.

mediocre Mediano, común, ordinario, vulgar. ← Excelente.

mediocridad Medianía, insuficiencia. ← Excelencia.

mediodía Sur, meridión. ← Norte.

mediar Mensurar, calcular.

meditabundo Reflexivo, pensativo. ← Distraído.

meditar Pensar, discurrir, rumiar, reflexionar, considerar.

medula o médula Meollo, pulpa, tuétano.

mejor Superior, perfeccionado, preferible.

mejora Mejoría, mejoramiento, aumento, perfeccionamiento, progreso, adelanto. ← Retroceso.

mejorar Adelantar, aumentar acrecentar, aventajar, prosperar, perfeccionar, corregir, enmendar, reformar, embellecer, hermosear. ← Desmerecer. ‖ Aliviarse, restablecerse, curar, robustecerse, sanar. ← Desmejorar.

mejoría Mejora. ‖ Alivio, restablecimiento. ← Empeoramiento.

melancolía Tristeza, pena, languidez. ← Alegría.

melancólico Triste, mohíno, mustio, afligido. ← Alegre.

melena Melenera, pelambrera, cabellera. ‖ Crin.

melindroso Remilgado, mimoso, quisquilloso. ← Desenvuelto.

melodioso Melódico, armonioso, musical.

melodrama Drama, tragedia.

mellizo Gemelo.

membrana Tela, tímpano, piel.

memo Simple, bobo, tonto, mentecato, majadero, imbécil, necio. ← Listo, inteligente.

memoria Retentiva. ‖ Recuerdo. ← Olvido. ‖ Fama, gloria. ‖ Escrito.

mencionar Citar, nombrar, contar, aludir. ← Omitir.

mendicidad Pordiosería, mendiguez. ← Riqueza.

mendigar Pordiosear, mendiguear, limosnear, pedir.

mendigo Mendicante, mengueante, mendigante, pordiosero, mísero, pobre. ← Rico.

mendrugo Corrusco, cacho de pan.

menear Mover, remover, revolver, sacudir, agitar. ← Dejar tranquilo.

menearse Agitarse, debatirse, 'hornaguearse.

menoría Inferioridad, subordinación. ‖ Menor edad, menoridad, minoridad. ← Mayoría, mayoridad.

menos Excepto, salvo.

menospreciar Desdeñar, despreciar, desestimar tener en menos.

mensaje Recado, encargo, comisión, aviso, carta.

mensajero Comisionario, recadero, delegado, enviado, heraldo.

mensualidad Mes, sueldo, salario.

mentecato Necio, tonto, simple, idiota, imbécil, majadero. ← Sensato, listo.

mentir Engañar embustear, fingir, falsificar, faltar a la verdad. ← Decir verdad.

mentira Bola, trola, embuste, engaño, enredo, falsedad, invención.

mentiroso Embustero, engañador, falso, engañoso. ← Verdadero, cierto.

mentón Barbilla.

menudencia Minucia, pequeñez, niñería.

menudo Pequeño, chico. ←

'Grande. ‖ Despreciable. ← *Importante.*

meollo Seso. ‖ Medula.

mercader Comerciante, tratante, mercante, negociante, buhonero.

mercadería Mercancía.

mercado Feria.

mercantil Mercante, comercial.

merced Don, regalo, recompensa, favor, servicio. ‖ Galardón, premio.

mercenario Asalariado, soldado.

merecer Ser digno, ganarse. ← *Desmerecer.*

merendar Comer, almorzar.

merendero Cenador, glorieta. ‖ Bodegón.

merendona Merienda, excursión.

meridional Austral, antártico. ← *Septentrional.*

merienda Merendona.

mérito Merecimiento, estimación, virtud, derecho. ← *Demérito.*

meritorio Digno, alabable, loable, plausible. ← *Reprensible.*

merluza Pescada, pescadilla. ‖ Borrachera, mona.

mermelada Confitura.

mesa Altar, ara.

meseta Mesa, altiplanicie. ‖ Rellano.

Mesías Jesucristo.

mesón Venta, parador, hostal, hostería, posada, fonda

mesonero Ventero, hostalero, posadero, huésped.

meta Término, fin. ← *Origen.*

metal Latón.

metamorfosis Transformación, cambio.

meter Introducir, incluir, encajar, encerrar, empotrar, poner. ← *Sacar.*

meticuloso Miedoso. ← *Valiente.* ‖ Escrupuloso, concienzudo, exacto. ← *Negligente.*

método Norma, orden, sistema, ordenación, regla, procedimiento. ← *Desorden.* ‖. Uso, costumbre.

metralla Cascote, balín.

metro Norma, modelo, patrón.

metrópoli Capital.

mezclar Unir, juntar, incorporar, agregar, barajar.

mezclarse Meterse, introducirse, entremeterse. ← *Alejarse, apartarse.*

mezquino Pobre, necesitado, indigente, miserable. ← *Rico.* ‖ Tacaño, avaro, avariento, egoísta. ← *Generoso.* ‖ Raquítico. Desdichado, desgraciado, infeliz.

mico Mono.

microbio Microorganismo. ← *Macroorganismo, gigante.*

microscópico Minúsculo, diminuto, pequeñísimo. ← *Grande, gigante.*

miedo Temor, inquietud, ansiedad, ansia, espanto, terror, pavor, pánico, canguelo, mieditis, cobardía, pusilanimidad. ← *Valentía.*

miedoso Cobarde, apocado, temeroso, medroso, tímido. ← *Valiente.*

miembro Extremidad. ‖ Individuo.

mientras En tanto, entre tanto, mientras tanto, durante.

mierda Excremento.

mies Trigo.

mieses Sembrados. ‖ Cosecha, siega.

miga Migaja, migajón.

migaja Miga, migajón. ‖ Trozo, sobra, resto, pedazo.

migajas Desperdicios, restos, sobras, desechos.

migraña Jaqueca.

mil Millar.

milagro Prodigio, portento, maravilla.

milagroso Sobrenatural, prodigioso, portentoso, pasmoso, maravilloso, extraordinario, estupendo, asombroso. ← *Natural.*

milicia Ejército, tropa, guardia.

militar Soldado, guerrero, combatiente, estratega.

millonario Multimillonario, acaudalado, potentado, ricacho, poderoso. ← *Pobre, miserable.*

mimar Halagar, regalar, acariciar. ← *Despreciar.* ‖ Consentir, malcriar, mal acostumbrar. ← *Ser riguroso.*

mímica Imitación, gesticulación, pantomina.

mimo Caricia, halago, cariño, regalo. ← *Desprecio.* ‖ Consentimiento, malcrianza. ← *Severidad.*

mimoso Melindroso, delicado, consentido.

mina Yacimiento, filón, minero. ‖ Excavación, galería, túnel.

minar Excavar, socavar, horadar.

minarete Alminar.

ministerio Empleo, ejercicio, función, cargo, ocupación, profesión. ‖ Gabinete.

ministro Secretario, valido. ‖ Enviado, legado, embajador, representante, agente.

ministro de Dios Sacerdote.

minoría Menoría, minori-

M

dad. ← *Mayoría.* ‖ Oposición.

minucioso Escrupuloso, meticuloso, puntilloso, quisquilloso, exacto. ← *Irreflexivo, negligente.*

minúsculo Ínfimo, mínimo, microscópico, enano, liliputiense. ← *Mayúsculo.*

minutero Saetilla, manecilla, aguja.

miope Corto de vista.

mirada Vistazo, ojeada, repaso.

mirado Cuidadoso, cauto, atento, respetuoso, reflexivo, prudente. ← *Desatento.*

mirador Miradero, observatorio.

miramiento Cuidado, atención, cautela, respeto, prudencia, consideración. ← *Desconsideración, desatención.*

mirar Ver, observar, atender, clavar o fijar la vista, examinar, ojear, contemplar. ← *Ensimismarse, estar ausente.* ‖ Admirar. ← *Despreciar.* ‖ Pensar, reflexionar.

mirarse Esmerarse.

miserable Desdichado, infeliz, infortunado, desgraciado, mísero, desventurado. ← *Feliz.* ‖ Necesitado, menesteroso, pobre. ← *Rico.* ‖ Avaro, tacaño, mezquino. ← *Generoso.* ‖ Perverso, canalla. ← *Honrado.*

miseria Infortunio, desdicha, desgracia, desventura. ← *Suerte.* ‖ Pobreza, escasez. ← *Riqueza.* ‖ Avaricia, tacañería, mezquindad. ← *Generosidad.*

misericordia Compasión, lástima, piedad. ← *Im-*

piedad. ‖ Gracia, perdón, ← *Inflexibilidad.*

misericordioso Indulgente, bondadoso, generoso, piadoso, caritativo, compasivo. ← *Inclemente.*

mísero Miserable.

misérrimo Paupérrimo, pobrísimo. ← *Riquísimo.*

misión Delegación, embajada, comisión, encargo, gestión. ‖ Predicación, apostolado.

misionero Misionario. ‖ Predicador, apóstol.

mismo Igual, exacto, idéntico, semejante.

misterio Secreto, sigilo, reserva. ← *Revelación.*

misterioso Oculto, recóndito, secreto, reservado, oscuro, impenetrable, indescifrable, incomprensible, ininteligible. ← *Claro, evidente, palmario.*

mitad Medio. ‖ Semi, hemi. ← *Entero.*

mito Leyenda, fábula. ← *Hecho, real.*

mixto Mezclado, combinado, compuesto. ← *Simple.* ‖ Mestizo. ‖ Fósforo, cerilla.

mocedad Adolescencia, juventud.

mocetón Hombretón.

mocito Mocete, mozalbete, mozuelo, muchacho.

moco Mucosidad.

mocoso Arrapiezo, mocosuelo.

mochila Zurrón, morral, saco, macuto.

moda Uso, usanza, boga, actualidad, novedad. ← *Desuso.*

modales Maneras, ademanes, principios, modos.

modalidad Modo, manera, particularidad.

modelar Formar, esculpir,

modelo Pauta, muestra, regla, ejemplo, patrón, tipo, ejemplar, maqueta, figurín. ← *Copia.*

moderación Comedimiento, mesura, sobriedad, templanza, temperancia, discreción, prudencia. ← *Intemperancia, desmesura.* ‖ Sensatez, juicio, cordura. ← *Insensatez.*

moderado Mesurado, comedido, sobrio, parco, templado, modesto, módico, discreto, prudente. ← *Inmoderado, desarreglado.*

moderar Templar, atenuar, aplacar, refrenar, arreglar, contener, calmar, suavizar. ← *Excitar, exagerar.*

modernizar Rejuvenecer, renovar, actualizar. ← *Envejecer.*

moderno Nuevo, actual, reciente, último, contemporáneo. ← *Antiguo, pasado.*

modestia Humildad, comedimiento, sencillez, timidez, reserva, vergüenza. ← *Inmodestia, orgullo.* ‖ Honestidad, decencia, pudor, decoro. ← *Indecencia.*

modesto Humilde, moderado, templado, reservado, tímido, temeroso, vergonzoso. ← *Orgulloso.* ‖ Honesto, decente, púdico, decoroso. ← *Indecente.*

módico Moderado, escaso, limitado, reducido, parco. ← *Exagerado.* ‖ Económico, barato. ← *Caro.*

modificar Reformar, cambiar, variar, alterar, corregir, rectificar, ← *Conservar.*

modo Forma, manera, guisa, procedimiento, método, regla.

modos Urbanidad, cortesía decencia. ← *Descortesía*.

modorra Soñolencia, somnolencia, pesadez, aturdimiento. ← *Vigilia*.

modulación Inflexión, entonación, módulo.

mofa Burla, bufa, guasa,

moho Orín, herrumbre, verdete.

mohoso Herrumbroso, enmohecido. ← *Inoxidable*.

mojadura Empapamiento, remojón.

mojar Remojar, bañar, calar, empapar, humedecer, sumergir. ← *Secar*.

molde Matriz, modelo, forma, turquesa.

mole Masa, corpulencia, bulto, cuerpo.

moler Triturar, machacar, quebrantar, pulverizar, aplastar. ‖ Cansar, maltratar.

molestar Incomodar, estorbar, embarazar, fastidiar, mortificar, atormentar, enfadar, enojar, desagradar, contrariar. ← *Deleitar, encantar*.

molestia Incomodidad, estorbo, embarazo, fastidio, mortificación, tormento, enfado, enojo, contrariedad, hostigamiento, asedio, preocupación, asedio, fastidio, inquietud. ← *Agrado, deleite, delicia, goce, regalo*.

molesto Incómodo, enojoso, embarazoso, fastidioso, mortificante, dificultoso, insoportable, desagradable, fastidioso importuno, antipático. ← *Agradable, simpático*.

molido Triturado, pulverizado, reducido a polvo. ‖ Dolorido, cansado, deshecho, fatigado. ← *Reposado*.

mollera Seso, pesquis, cabeza.

momentáneo Instantáneo, breve, rápido, fugaz, pasajero, transitorio. ← *Eterno*.

momento Instante, segundo, minuto, punto, soplo. ← *Eternidad*. ‖ Ocasión, oportunidad. ← *Destiempo*.

momificar Disecar, embalsamar.

monaguillo Escolano, acólito.

monarca Rey, soberano, príncipe.

monasterio Convento, claustro, abadía, cenobio.

monástico Monacal.

mondadientes Limpiadientes, palillo.

mondadura Monda, cáscara, corteza, piel, peladura. ← *Carne, fruto*.

mondar Pelar, ‖ Podar.

moneda Dinero, metálico, plata, blanca, fondos, parné.

monería Monada gracia, zalamería, melindre, ‖ Bagatela.

monetario Pecuniario, crematístico.

monitor Amonestador. ‖ Auxiliar, subalterno, ayudante. ‖ Instructor, profesor.

monje Anacoreta, solitario, ermitaño. ‖ Fraile, religioso.

mono Simio, antropoide, mico. ‖ Bonito, lindo, gracioso, delicado, primoroso. ← *Feúcho, feo*.

monólogo Soliloquio. ← *Coloquio*.

monopolio Exclusiva, concesión, acaparamiento. ← *Venta libre*.

monopolizar Acaparar, centralizar.

monotonía Uniformidad, regularidad, igualdad, invariabilidad. ← *Variedad, diversión*.

monótono Igual, uniforme, regular, continuo, invariable. ← *Variado, diverso*.

monstruo Quimera.

monstruoso Antinatural, inhumano. ← *Humano*. ‖ Excesivo, desproporcionado, espantoso, horroso, colosal, enorme. ← *Natural*.

montacargas Ascensor.

montarura o **montaje** Montura.

montaña Monte, sierra, cordillera, colina, montículo, macizo, pico, cima, cumbre, punta, elevación, cota. ← *Depresión*.

montañero Alpinista.

montañoso Escarpado, abrupto. ← *Llano*.

montar Subir, levantar, encaramar. ← *Bajar*. ‖ Cabalgar. ← *Apearse*. ‖ Elevarse, ascender. ‖ Armar, ajustar, disponer, preparar. ← *Desarmar*.

monte Montaña.

montés Montaraz.

montículo Montecillo. ← *Hoyo*.

montón Pila, cúmulo. ‖ Multitud, infinidad. ← *Nada, escasez*.

montura Cabalgadura. ‖ Montadura, montaje, acoplamiento, armazón. ‖ Arreos, montadura.

M

M

monumental Grandioso, fenomenal, magno, magnífico, grande, descomunal, gigantesco majestuoso, extraordinario, piramidal, enorme. ← Minúsculo, pequeño.

monumento Obra, estatua, sepulcro, mausoleo, altar.

moño Penacho, copete.

mora Zarzamora.

morada Habitación, casa, hogar, domicilio, mansión, residencia. ‖ Estancia, permanencia.

morado Cárdeno. ‖ Moretón.

morador Habitante, residente, vecino, poblador, inquilino.

moral Ética.

moral Morera. ‖ Zarzamora.

moraleja Lección, enseñanza, consejo, máxima, moralidad.

moralizar Predicar. ← Corromper.

morar Habitar, vivir, residir.

morboso Enfermo, malsano, anormal ← Sano.

mordedura Mordisco, dentellada.

morder Mordisquear, mordiscar, mascar, masticar, triturar. ‖ Gastar, desgastar, roer, corroer.

mordiscar Morder.

moreno Bronceado, tostado, bruno, trigueño, mulato.

moribundo Agonizante, expirante.

morir Fallecer, perecer, sucumbir, expirar, finir, quedarse, dar fin, estirar las piernas, cerrar los ojos, dejar este mundo, llamarlo Dios. ← Nacer.

morirse Agonizar, entregarse, irse al otro barrio.

moro Mauritano, marroquí, moruno, musulmán, islamita, sarraceno, berberisco, morisco.

morrada Testarazo, coscorrón, cabezazo, topetazo. ‖ Guantada, bofetada.

morral Bolsa, macuto, mochila. ‖ Grosero, ordinario. ← Educado.

morro Hocico.

morrocotudo Monumental, importante, formidable. ← Insignificante.

mortal Hombre, ser humano, perecedero. ← Inmortal. ‖ Fatal, mortífero. ← Vital, vivificador. ‖ Decisivo, concluyente, seguro, cierto. ← Dudoso. ‖ Fatigoso, penoso, abrumador, cruel, cansado, aburrido, monótono. ← Fácil, divertido.

mortandad Mortalidad, matanza, carnicería, escabechina, destrozo, hecatombe, degollina.

mortecino Moribundo, apagado, débil, bajo, tenue. ← Vivo, vivaz.

mortífero Mortal.

mortificar Molestar, afligir, dañar, doler, apesadumbrar, lastimar, humillar, castigar. ← Vivificar, animar, ayudar.

moruno Moro.

mosca Moscardón, impertinente. ‖ Perilla. ‖ Dinero.

moscardón Moscarrón. ‖ Moscón. ‖ Avispón. ‖ Abejón. ‖ Impertinente, mosca, zángano.

mosquearse Resentirse, amoscarse, sentirse, picarse.

mosquetón Carabina.

mostacho Bigote.

mostrar Designar, indicar, señalar, enseñar, presentar, exponer, exhibir. ← Esconder, celar. ‖ Manifestar, ostentar, revelar, probar, evidencia, demostrar. ← Esconder, disimular.

mota Hilacha, nudo.

mote Lema, divisa, emblema, sentencia. ‖ Apodo, alias, mal nombre, sobrenombre.

motín Sedición, alboroto, rebelión, revuelta, tumulto, jarana, desorden.

motivar Causar, originar, dar lugar.

motivo Razón, causa, ocasión, finalidad, objeto, objetivo. ← Consecuencia, efecto. ‖ Tema, asunto, trama, argumento.

motocicleta Moto, velomotor.

motorizar Mecanizar.

movedizo Movible. ‖ Inseguro, inestable instable. ←Firme. ‖ Inconstante. ← Fiel.

mover Trasladar, desplazar, mudar, cambiar, animar, agitar, menear, aballar, blandir, (agitar) remover. ← Inmovilizar, fijar. ‖ Persuadir, incitar, inducir, empujar, inclinar, excitar. ← Disuadir. ‖ Causar, originar, ocasionar, motivar. ← Detener. ‖ Alterar, conmover, trastornar. ← Sosegar. ‖ Abortar. ‖ Arrancar.

movible Movedizo, móvil. ← Inmóvil. ‖ Variable. ← Fiel.

móvil Movible, mueble. ‖

Impulso, razón, causa, motivo. ← *Consecuencia.*

movilizar Levantar llamar, reunir, reclutar, armar, militarizar, abanderar. ← *Licenciar.*

movimiento Actividad, circulación, agitación, traslado, cambio, alteración, inquietud, conmoción. ← *Quietud.* ‖ Variedad, juego, alternación, animación. ← *Rutina.* ‖ Marcha, maniobra, evolución, circulación. ← *Sosiego.*

moza Chica, muchacha, criada, azafata, camarera.

mozalbete Muchacho, mocito, mozuelo, chico, mozo, mozalbillo.

mozo Mancebo, joven, muchacho, mozuelo, mozalbillo, mozalbete, mocito, 'cargador. ‖ Recluta, soldado. ‖ Soltero. ← *Casado.* ‖ Criado. ← *Amo.* ‖ Mayoral.

muchachada Chiquillada, niñería.

muchacho Niño, chico, chiquillo, rapaz, arrapiezo, zagal, mozo, mozuelo, mancebo, adolescente.

muchedumbre Abundancia, multitud, infinidad, sinnúmero, torrente, gentío, vulgo, masa. ← *Escasez.*

mucho Abundante, numeroso, bastante, exagerado, extremado, demasiado, ← *Poco.* ‖ Cúmulo, cantidad, profusión, montón, exceso. ← *Falta, defecto.* ‖ En extremo, sobremanera, a saciedad, la mar de, de lo lindo.

muda Cambio, mudanza.

mudanza Muda, traslado, cambio. ‖ Incostancia, variación, alteración, mutación, transformación.

mudar Alterar, cambiar, transformar, variar. ← *Fijar, afirmar.* ‖ Trasladar, transportar. ← *Dejar.*

mudarse Irse, marcharse.

mudo Callado, taciturno, silencioso. ← *Hablador.*

mueble Móvil. ‖ Trasto, utensilio, enser.

muebles Mobiliario, moblaje, efectos.

mueca Gesto, contorsión, monería.

muela Rueda de molino, ‖ Quijal.

muelle Delicado, suave, blando. ← *Duro, áspero, recio.* ‖ Resorte, elástico.

muelle Andén.

muerte Defunción, fallecimiento, expiración, fin acabamiento. ← *Vida.* ‖ Homicidio, asesinato. ‖ aniquilamiento, término. ← *Erección, fundación.*

muerto Difunto, extinto, finado. ← *Vivo.* ‖ Acabado, liquidado, inactivo, terminado. ← *Activo.* ‖ Apagado, marchito. ← *Vivaz.* ‖ Cadáver.

muesca Entalladura, corte.

muestra Señal, demostración indicio, prueba. ‖ Rótulo. ‖ Modelo, ejemplar, tipo. ← *Copia.*

muestrario Colección, selección, repertorio, catálogo.

mugido Berrido, bramido, rugido.

mugir Bramar, rugir, resonar.

mugre Pringue, grasa, por-

quería, suciedad. ← *Limpieza, aseo.*

mujer Hembra, varona, Eva. ‖ Señora, dama; matrona, madama. ‖ Esposa, cónyuge, consorte, costilla.

mujeriego Mujeril, femenino. ← *Varonil.*

muleta Apoyo, sostén, muletilla, bastón.

muletilla Muleta. ‖ Estribillo.

mulo Macho.

multa Pena, sanción, castigo.

multicolor Coloreado, colorido, policromo, vario. ← *Unicolor.*

multicopista Policopia, copiador.

multiforme Polimorfo, vario ← *Uniforme.*

multimillonario Acaudalado, potentado, archimillonario. ← *Pobre.*

múltiple Complejo, diverso, vario, pluriforme. ← *Único.* ‖ Múltiplo.

multiplicar Aumentar, reproducir, propagar, procrear, acrecentar. ← *Dividir, reducir.*

multiplicidad Multitud, infinidad, muchedumbre, abundancia, cantidad. ← *Escasez.*

múltiplo Múltiple.

multitud Muchedumbre, infinitud, abundancia, sinnúmero. ← *Escasez.* ‖ Vulgo, gentío, afluencia, porrada, hormiguero, turba, masa, pueblo. ← *Pocos, selección.*

mundano Terrenal, terreno. ‖ Elegante, profano, frívolo. ← *Espiritual.*

mundial Universal, internacional, general. ← *Nacional, particular.*

M

M

mundo Orbe, universo, Creación, cosmos. ‖ Tierra, globo (terráqueo). ‖ Género humano, humanidad. ‖ Baúl, cofre. ‖ Mundología. ‖ Mundillo.

mundología Mundo, cortesía, educación, tacto, diplomacia. ← *Rusticidad, falta de mundo.*

munición Pertrechos, armamento, bastimento, provisión. ‖ Carga, perdigones, balería.

municionar Proveer, abastecer, aprovisionar, pertrechar.

municipal Comunal, urbano. ‖ Guardia.

municipio Municipalidad, ayuntamiento, consistorio, concejo. ‖ Ciudad, villa, ayuntamiento, vecindad, habitantes. ‖ Término municipal, región.

munificencia Generosidad, liberalidad, esplendidez, magnificencia, largueza. ← *Avaricia.*

muñeca Pepona, muñeco. ‖ Maniquí. ‖ Linda, delicada, presumida.

muñeco Figurilla, fantoche, maniquí. ‖ Mequetrefe.

muralla Muro, murallón, paredón, baluarte, fortificación, defensa.

murar Cercar, amurallar, fortificar.

murciélago Morciguillo.

murmullo Rumor, susurro, bisbiseo.

murmurar Murmullar, susurrar, refunfuñar, rezongar, hablar quedo, entre dientes. ← *Gritar.* ‖ Criticar. ← *Alabar.*

muro Pared, paredón, tapia, muralla, barrera, defensa.

musaraña Animalejo, sabandija, insecto.

musculatura Carnadura, encarnadura.

musculoso Membrudo, fornido, vigoroso, fuerte. ← *Enclenque.*

museo Pinacoteca, galería, exposición, colección.

música Melodía, armonía, concierto. ← *Cacofonía.*

musical Armonioso, melodioso, ritmado. ← *Cacofónico.*

musicólogo Musicómano, melómano. ← *Melófobo.*

musitar Susurrar, mascullar, cuchichear, bisbisar, chuchear, murmurar. ← *Gritar.*

muslo Pernil, pospierna.

mustio Ajado, marchito, ← *Lozano.* ‖ Lánguido, melancólico, mohíno, triste, decaído. ← *Alegre.*

musulmán Mahometano, islamita, ismaelita, sarraceno.

mutación Cambio, mudanza, variación, alteración. ← *Permanencia.*

mutilación Amputación, corte. ← *Conservación.*

mutilado Incompleto, cortado, imperfecto. ← *Entero, intacto.* ‖ Inválido, lisiado. ← *Sano y salvo, indemne.*

mutilar Cortar, quitar, amputar. ‖ Deteriorar, romper, fragmentar, estropear. ← *Conservar, mantener.*

mutis (hacer) Callar.

mutismo Silencio, mudez.

mutuo Recíproco, solidario. ← *Unilateral.*

muy Bastante, harto, demasiado, sobrado.

N

nacer Venir al mundo. ← *Morir.* ‖ Salir, brotar, despuntar, prorrumpir, empezar. ← *Finar.* ‖ Provenir, proceder, emanar, seguir.

nacido Hijo, natural. ‖ Apto, a propósito, propio. ← *Inadecuado, inepto.*

nacimiento Navidad, nación. ‖ Origen, principio, fuente, manantial. ‖ Belén. ‖ Descendencia, casta, linaje, nacionalidad.

nación Pueblo, país, Estado, territorio, patria. ‖ Nacimiento. ‖ Ciudadanía, nacionalidad.

nacionalidad Nación, ciudadanía, raza, naturaleza, nacimiento.

nacionalismo Patriotismo.

nada Ninguna cosa, poquísimo, mínimo. ‖ De ningún modo.

nadar Flotar, sobrenadar, mantenerse a flote, emerger. ← *Sumergirse.* ‖ Bañarse. ‖ Abundar, exceder, rebosar. ← *Carecer.*

nadie Ninguno.

naipe Carta. ‖ Baraja.

nariz Narizota, napia. ‖ Olfato.

narración Relato, exposición, cuento, narrativa.

narrar Contar, relatar, referir, explicar, exponer. ← *Callar.*

natal Nativo. ‖ Nacimiento.

Natividad Navidad, nacimiento.

nativo Natural, nacido, originario, hijo, indígena. ← *Extranjero.*

natura Naturaleza.

natural Nativo, original, puro, real, propio, espontáneo, verdadero, legítimo. ← *Artificial.* ‖ Originario, hijo, nacido. ← *Forastero.* ‖ Sencillo, franco, sincero. ← *Artificioso.* ‖ Corriente, común, regular, habitual, acostumbrado. ← *Extraño, inaudito.* ‖ Genio, temperamento, carácter, condición.

naturaleza Natura, natural. ‖Calidad, propiedad, disposición, orden. ‖ Inclinación, propensión, instinto, tendencia. ‖ Sexo. ‖ Origen, nacimiento. ‖ Clase, género, especie. ‖ Constitución, temperamento, carácter.

naturalidad Simplicidad, franqueza, sencillez. ← *Afectación.*

naturalizar Nacionalizar. ‖ Habituar, aclimatar, introducir.

naufragar Perderse, sumergirse, irse a pique. ← *Flotar.* ‖ Fracasar, fallar, malograrse. ← *Lograr.*

naufragio Hundimiento. ‖ Fracaso, desgracia, pérdida, siniestro, ruina.

náusea Fastidio, disgusto, repugnancia, asco. ← *Atracción.*

nauseabundo Inmundo, asqueroso, repugnante.

náutico Naval. marítimo.

navaja Cuchillo.

navajada Navajazo, cuchillada, tajo.

naval Náutico.

nave Embarcación, navío, buque, bajel.

Navidad Natividad. ‖ Nacimiento.

navío Nave.

neblina Bruma, niebla.

nebuloso Brumoso, nublado, nubloso. ← *Despejado.* ‖ Sombrío, tétrico, triste. ← *Alegre.* ‖ Confuso, difícil, problemático, incierto, oscuro. ← *Diáfano.*

necesario Fatal, inevitable. ‖ Preciso, forzoso, inexcusable, imprescindible, indispensable, obligado, obligatorio, urgente. ← *Voluntario.* ‖ Provechoso, útil, utilitario. ← *Superfluo.*

N

necesidad Fatalidad, azar, ‖ Obligación, precisión, menester, apuro, aprieto. ‖ Escasez, miseria, hambre, pobreza. ← *Desahogo.*

necesitado Escaso, falto, pobre, mísero, miserable. ← *Desahogado, rico.*

necesitar Precisar, requerir, hacer falta. ‖ Haber menester, estar falto. ← *Sobrar, abundar.*

necio Inepto, incapaz, tonto, tontuelo, torpe, tocho, tontón, ganso, idiota, imbécil, insensato, irreflexivo, inconsciente, lelo, majadero, borrico, mentecato, mameluco, papirote, simple, zoquete, bobo, cretino, corto, atontado, estúpido, obtuso, analfabeto, disparatado, imprudente. ← *Listo, inteligente, despierto, prudente.*

néctar Licor, jugo, elixir.

nefasto Funesto, triste, desgraciado. ← *Alegre.*

negar Desmentir, contradecir, refutar. ← *Afirmar.* ‖ Rechazar, rehusar, abominar. ← *Creer.* ‖ Impedir, estorbar, prohibir. ← *Permitir.* ‖ Desdecirse, apartarse, retirarse, olvidar. ← *Permanecer fiel.* ‖ Desdeñar, esquivar, ocultar, disimular. ← *Manifestar.*

negarse Excusarse, rehusar. ← *Avenirse.*

negativa Negación, repulsa. ← *Afirmación.*

negociación Convenio, trato, negocio. ← *Desacuerdo.*

negociante Traficante, mercader, comerciante, traficante, negociador.

negociar Tratar, comerciar, traficar. ‖ Traspasar, ceder.

negocio Negociación, comercio, tráfico, asunto, convenio, trato. ‖ Tratado, agencia. ‖ Utilidad, interés, provecho, filón.

negro Oscuro, bruno, moreno, tostado, negruzco. ← *Blanco.* ‖ Sombrío, triste, infeliz, desventurado. ← *Alegre.*

negrura Negror, oscuridad, tinieblas. ← *Claridad.*

nervioso Excitable, irritable, impresionable. ‖ Enérgico, fuerte, vigoroso nervudo, vivo. ← *Blando.*

neutral Imparcial.

nido Cubil, madriguera. ‖ Ponedero.

niebla Neblina, boira, bruma. ‖ Nube. ‖ Confusión, oscuridad, sombra, tenebrosidad. ← *Claridad.*

niñera Nodriza, ama (seca), chacha, tata.

niñez Infancia, pequeñez, muchachez, inocencia. ← *Vejez.* ‖ Origen, principio. ← *Acabamiento.*

niño Bebé, angelito, peque, chiquillo, mocoso, pequeño, chico, muchacho, chaval, pollito. ← *Viejo.* ‖ Inexperto, inexperimentado, novato. ‖ *Veterano.* ‖ Irreflexivo, impulsivo, travieso, precipitado. ← *Reflexivo.*

nivel Altura, altitud, elevación. ‖ Horizontalidad, plano, superficie. ← *Desnivel.*

nivelar Allanar, emparejar, aplanar. ← *Desnivelar.* ‖ Igualar, equilibrar. ← *Desequilibrar.*

no De ninguna manera, ni por asomo, de ningún modo, por nada de, ni mucho menos, por nada del mundo, ca, en absoluto. ← *Sí, ya lo creo.*

noble Ilustre, caballeroso, generoso, leal, honroso. ← *Deshonroso.* ‖ Aristócrata, aristocrático, señorial, distinguido, de alto copete. ‖ Excelente, estimable, superior, elevado, digno, alto. ← *Bajo, despreciable.*

nobleza Superioridad, condición, esplendor, calidad. ← *Inferioridad.* ‖ Generosidad, distinción, caballerosidad. ← *Bajeza, vulgaridad.* ‖ Aristocracia, caballerosidad, sangre azul.

nocivo Dañino, dañoso, perjudicial, malo, pernicioso, maléfico. ← *Beneficioso, saludable.*

noche Anochecer, crepúsculo, tinieblas, sombra. ← *Día.* ‖ Oscuridad, tristeza, confusión, sombra, incertidumbre, tenebrosidad. ← *Claridad.*

nodriza Ama de cría, criandera, niñera, 'nana.

nómada Ambulante, errante, vagabundo, merodeador. ← *Asentado, habitante.*

nombramiento Designación, elección, ascenso. ← *Destitución.* ‖ Título.

nombrar Designar, apellidar, denominar, llamar, mencionar, bautizar, nominar, titular, señalar. ← *Ignorar, callar.* ‖ Elegir, asignar, escoger, proclamar, colocar. ← *Destituir.*

nombre Denominación, designación, apellido, calificativo, título, sobrenombre, mote, alias. ← *Anónimo, anonimato.* ‖ Poder, autoridad, título. ← *Desautorización.* ‖ Contraseña. ‖ Renombre. ← *Desconocimiento.*

norma Sistema, principio, regla, precepto, guía, pauta, método, conducta, procedimiento modelo, medida. ← *Desorden.*

normal Acostumbrado, natural, habitual, usual, común, corriente, regular, general, frecuente, ordinario. ‖ Regulado. ← *Anormal.*

normalizar Regular, regularizar, ordenar. ← *Desordenar.*

norte Septentrión. ← *Sur.* ‖ Polo ártico.

norteamericano Estadounidense, yanqui.

nostalgia Añoranza, morriña, tristeza, pesar, pena, soledad.

nota Señal, marca, característica, contraseña. ‖ Notación, llamada, advertencia, anotación, apunte, comentario, dato, observación. ‖ Reparo. ← *Fama.* ‖ Calificación, resultado. ‖ Informe, comunicación, aviso, aclaración.

notable Grande, importante, extraordinario, considerable, superior, sobresaliente, culminante, digno de atención, primordial, distinguido, principal. ← *Insignificante.*

notar Marcar, señalar. ‖ Reparar, ver, percibir, distinguir, advertir, observar, darse cuenta. ← *Pasar por alto.* ‖ Apun-

tar, anotar. ‖ Dictar. ← *Escribir.*

noticia Noción, idea, conocimiento. ← *Ignorancia.* ‖ Nota. ‖ Novedad, nueva, comunicación, suceso, aviso, anuncio, información, informe.

notificación Aviso, comunicación, participación, nombramiento.

notificar Anunciar, declarar, comunicar, informar, manifestar, revelar, hacer saber, avisar, poner sobre aviso, prevenir, significar. ← *Esconder, dejar en la ignorancia.*

novato Nuevo, niño, principiante, inexperto, aprendiz, mocoso. ← *Veterano.*

novedad Noticia, nueva. ‖ Innovación, invención, creación, alteración, variación. ← *Tradición.* ‖ Extrañeza, originalidad, singularidad. ← *Familiaridad.*

novela Narración, romance, historia. ‖ Fábula, mentira, cuento.

noviazgo Relaciones, relaciones amorosas, desposorio.

novio Prometido, desposado, pretendiente.

nublado Nubloso, nebuloso, encapotado, chubascoso, cubierto, oscuro. ← *Despejado.*

nublarse Emborrascarse, enfoscarse, ennegrecerse, cargarse, achubascarse, oscurecerse. ← *Despejarse.*

nuca Cogote.

núcleo Fruto. ‖ Centro, corazón, foco.

nudo Ñudo, unión, vínculo, lazo, trabazón, liga-

mento, ligadura, atadura. ‖ Enlace, conexión, enredo, intriga, trama. ‖ Milla.

nueva Noticia, novedad.

nuevo Novato, principiante. ← *Veterano.* ‖ Reciente, flamante, fresco, moderno, actual, original, naciente, calentito, desconocido. ← *Viejo, pasado.*

nulo No válido, inútil, anulado, inexistente. ← *Válido.* ‖ Ineficaz, incapaz, inepto, ignorante, torpe. ← *Hábil, útil.* ‖ Ninguno.

numerar Cifrar, marcar, notar, señalar, apuntar, foliar.

número Cifra, signo. ‖ Cantidad, cuantía. ‖ Condición, clase, categoría.

numeroso Innumerable, sinnúmero, infinito, copioso, abundante, múltiple, repetido, considerable, incontable, muchos. ← *Escaso, limitado.*

nupcias Casamiento, matrimonio, boda, esponsales, desposorio, casorio, enlace, unión. ← *Divorcio, separación.*

nutrición Nutrimento, alimentación, asimilación, mantenimiento, sustentación, sostenimiento. ← *Desnutrición.*

nutrir Alimentar, sustentar, mantener, engordar. ← *Hacer pasar hambre, ayunar.* ‖ Reforzar, aumentar, acrecer, sostener, fortalecer, robustecer. ← *Debilitar.*

nutritivo Nutricio, alimenticio, alimentoso, substancioso, reconfortante, fortificante.

N

O

obedecer Cumplir, someterse. ceder, observar, respetar, seguir, escuchar. ← *Desobedecer.* ‖ Ceder, someterse, conformarse, prestarse, bajar la cabeza, agachar la cabeza. ← *Rebelarse.*

obediencia Sumisión, sujeción, docilidad, observancia, subordinación, disciplina, respeto. ← *Desobediencia, rebelión.*

obediente Sumiso, dócil, manejable, disciplinado. ← *Desobediente, indócil, rebelde.*

obispado Diócesis, sede.

objetar Replicar, oponer, refutar, contradecir, contestar. ← *Confirmar, aprobar.*

objetivo Objeto, fin.

objeto Sujeto, cosa. ‖ Materia, asunto. ‖ Objetivo, fin, término, finalidad, propósito, designio, intento, intención, resultado, punto de mira, blanco.

obligación Imposición, exigencia, deber, necesidad. ← *Facultad, libertad.* ‖ Dependencia, correspondencia, compromiso, reconocimiento. ‖ Título, deuda.

obligar Exigir, imponer,

mover, impulsar, ligar, precisar. ← *Liberar, permitir.* ‖ Obsequiar, favorecer, servir. ← *Desdeñar, desatender.*

obligatorio Forzoso, indispensable, necesario, imprescindible, preciso, impuesto, mandado. ← *Libre, voluntario.*

obra Producto, producción, resultado. ‖ Libro, composición, volumen. ‖ Trabajo, labor, faena, tarea. ‖ Construcción. ‖ Virtud, poder.

obrar Hacer, operar, trabajar, maniobrar, manipular. ‖ Construir, fabricar, edificar. ‖ Portarse, conducirse, actuar, comportarse.

obrero Operario, trabajador, productor, jornalero, bracero, asalariado, peón, proletario.

obscurecer Ensombrecer, nublarse, cerrarse. ‖ Anochecer, atardecer. ← *Amanecer.* ‖ Ofuscar, apagar, sombrear, confundir. ← *Abrillantar.*

obscuridad Sombra, tenebrosidad, tinieblas, noche. ← *Claridad, día.* ‖ Confusión. ← *Nitidez, claridad.*

obscuro Sombrío, ensom-

brecido, lóbrego, tenebroso, nebuloso. ← *Claro, diáfano.* ‖ Confuso, incomprensible, embrollado, misterioso, secreto, turbio, enigmático. ← *Claro, comprensible.* ‖ Humilde, bajo, desconocido. ← *Notorio, ilustre.* ‖ Incierto, peligroso, temeroso. ← *Conocido, sabido.*

obsequiar Agasajar, regalar, festejar. ← *Despreciar.*

obsequio Regalo, agasajo, presente, don, fineza. ← *Desprecio.*

observación Atención, examen. ‖ Advertencia, rectificación, nota, anotación, aclaración, reflexión, corrección, reparo, objeción.

observar Examinar, contemplar, atender, vigilar, mirar, estudiar. ← *Desatender.* ‖ Cumplir, cumplimentar, respetar, obedecer, guardar, ejecutar. ← *Desobedecer, rebelarse.* ‖ Espiar, atisbar, acechar. ‖ Advertir, reparar.

obsesión Tema, idea fija, desvelo, inquietud, pesadilla, manía, preocupación.

obstáculo Impedimento, embarazo, dificultad, inconveniente, estorbo, traba, atajadero. ← *Facilidad.* || Barrera, trinchera, alambrada.

obstante (no) Sin embargo, a pesar de.

obstinación Testarudez, terquedad, tenacidad, resistencia. ← *Docilidad.*

obstinado Testarudo, terco, tenaz, incorregible. ← *Dócil.*

obstinarse Aferrarse, empeñarse, emperrarse, encapricharse. ← *Ceder.*

obtención Consecución, logro, alcance, adquisición.

obtener Alcanzar, lograr, conseguir, ganar, conquistar, adquirir, sacar, producir, extraer. ← *Perder.*

obvio Visible, manifiesto, claro, notorio, patente, sencillo, fácil, evidente. ← *Oscuro, difícil.*

oca Ansar.

ocasión Circunstancia, oportunidad, caso, ocurrencia, proporción, tiempo. || *Causa, motivo.* || Peligro, riesgo, lance.

ocasionar Originar, causar, producir, motivar, provocar, promover, mover, excitar. ← *Suceder, ocurrir.*

ocaso Puesta, crepúsculo vespertino, anochecer, atardecer, oscurecer. ← *Amanecer.* || Poniente, oeste, occidente. ← *Este, oriente.* || Decadencia, postrimería, acabamiento. ← *Auge, esplendor.*

occidente Oeste, ocaso, poniente. ← *Oriente.*

ocio Descanso, reposo, holganza. vacación, tregua,

desocupación, ociosidad. ← *Actividad, trabajo.*

ociosidad Ocio, pereza, inactividad, holgazanería, gandulería, comodidad. ← *Actividad, diligencia.*

ocioso Inactivo, desocupado, parado. ← *Activo.* || Perezoso, gandul, holgazán, vago, indolente. ← *Diligente, trabajador.*

ocultamente A escondidas,

ocultar Tapar, disimular, cubrir, disfrazar, esconder, catar, callar. ← *Descubrir, manifestar.*

oculto Escondido, tapado, velado, invisible, disimulado, disfrazado, secreto, reservado, ignorado, anónimo, incógnito, desconocido. ← *Visible, descubierto.*

ocupación Apoderamiento, posesión, toma. ← *Renuncia, abandono.* || Trabajo, quehacer, faena, tarea, labor, empleo. ← *Desocupación.* || Oficio, cargo, cuidado, empleo, profesión, negocio, función.

ocupar Posesionarse, apoderarse, tomar posesión, apropiarse, adueñarse. ← *Dejar, abandonar.* || Llenar. || Vivir, habitar, poseer. ← *Desocupar.* || Encargar, emplear, destinar, atarear. ← *Aliviar, aligerar.* || Estorbar, embarazar.

ocurrente Gracioso, chistoso, ingenioso. ← *Ganso.*

ocurrir Acontecer, acaecer, pasar, suceder. ← *Ocasionar, provocar.* || Acudir. || Recurrir.

odiar Aborrecer, detestar. ← *Amar.*

odio Antipatía, enemistad,

aborrecimiento, tirria, rencor, enemiga, repulsión, ojeriza. ← *Amor.*

odioso Aborrecible, detestable, abominable, indigno. ← *Simpático, estimable.*

ofender Dañar, maltratar, herir. || Agraviar, insultar, injuriar, difamar, ultrajar, atacar. ← *Elogiar, alabar.*

ofenderse Picarse, enojarse, enfadarse, sentirse, llevar a mal. ← *Soportar.*

ofensa Herida. || Insulto, ultraje, injuria, difamación. ← *Elogio, alabanza.*

ofensivo Insultante, dañoso. ← *Inofensivo, elogioso.*

oferta Ofrecimiento, promesa. ← *Aceptación, rechazo.* || Don, donativo, regalo. || Proposición, propuesta. ← *Demanda.*

oficial Público, legal, solemne. ← *Oficioso.* || Artesano, trabajador. || Empleado, secretario, encargado.

oficina Oficio, despacho, escritorio, agencia. || Laboratorio.

oficio Profesión, ocupación, tarea, trabajo, labor, quehacer. || Cargo, empleo, función. || Acción, gestión. || Deber, servicio. || Oficina, despacho. || Rezo.

ofrecer Prometer, brindar, presentar, dar, regalar, donar. ← *Aceptar, rechazar.* || Manifestar, enseñar, mostrar. ← *Esconder.* || Consagrar, dedicar, ofrendar.

ofrenda Ofrecimiento, ofer-

O

O

ta, don, obsequio, regalo, servicio. ← *Aceptación, repudio.*

ogro Gigante. ‖ Bárbaro, glotón, goloso.

oír Escuchar, aplicar el oído, aguzar el oído, sentir, atender, prestar atención, enterarse, percibir, hacerse cargo, entender. ← *Ser sordo.*

ojeada Vistazo, vista, mirada.

ojear Mirar, examinar, observar, repasar, observar.

ojeriza Antipatía, tirria, mala voluntad, enojo, rencor, rabia, odio, manía. ← *Simpatía.*

ojo Orificio, agujero, abertura. ‖ Alerta, aviso, atención, cuidado.

ola Onda, golpe de mar, oleada.

oleada Ola. ‖ Muchedumbre, tropel, gentío, torbellino.

óleos (santos) Extremaunción, unción.

oler Olfatear, husmear, fisgar. ‖ Indagar, buscar, averiguar.

olfato Instinto.

olor Aroma, perfume, fragancia. ‖ Exhalación, emanación, tufo, hedor, peste, pestilencia.

oloroso Odorífero, olorífero, odorífico, aromático, fragante, perfumado. ← *Apestoso.*

olvidadizo Desmemoriado, distraído, aturdido, abandonado. ← *Atento.* ‖ Ingrato, desagradecido, egoísta. ← *Cumplido.*

olvidar Descuidar, desatender, desconocer, arrinconar, abandonar, descuidar, dejar, omitir, saltar, pasar, dejar de lado, dar

al olvido, hacer borrón y cuenta nueva. ← *Recordar.*

olvido Desmemoria. ← *Memoria.* ‖ Omisión, descuido, distracción, aturdimiento. ← *Recuerdo.* ‖ Ingratitud, desagradecimiento. ← *Gratitud.*

olla Cacerola, puchero, pote. ‖ Cocido, guiso.

ómnibus Autobús, coche, diligencia, carruaje, tren.

omnipotente Todopoderoso.

opaco Oscuro, sombrío, nebuloso, velado, turbio, deslustrado. ← *Transparente.*

operación Actuación, ejecución, trabajo, manipulación, acción, realización. ‖ Negociación, contrato, trato, convenio, especulación. ‖ Intervención (quirúrgica). ‖ Ejercicio, maniobra, marcha, combate, lucha.

operador Cirujano. ‖ Manipulador, ejecutor.

operar Ejecutar, intervenir, realizar, elaborar, actuar, obrar, participar, manipular, maniobrar, ejercitar. ‖ Especular, negociar.

operario Obrero, trabajador, artesano, oficial.

opinión Juicio, concepto, parecer, idea, criterio, convencimiento, suposición, creencia, sentimiento, decisión, consejo. ‖ Fama, reputación.

opíparo Copioso, espléndido, abundante.

oponer Enfrentar, afrontar, encarar, contrarrestar, estorbar, dificultar. ← *Facilitar.* ‖ Objetar. ← *Aceptar.*

oponerse Rechazar, contradecir, resistir. ← *Admitir.*

oportunamente A su tiempo, al caso, a punto.

oportunidad Conveniencia, puntualidad, ocasión, casualidad, momento crítico, punto crucial. ← *Inoportunidad.*

oportuno Conveniente, preciso, ocasional, adecuado, como llovido del cielo. ← *Inoportuno.* ‖ Ocurrente, gracioso, chistoso. ← *Patoso.*

oposición Antagonismo, contraste, contradicción, resistencia, desacuerdo, enemistad, antítesis, incompatibilidad, colisión, rivalidad, conflicto, disconformidad, objeción. ← *Conformidad, acuerdo, unidad.* ‖ Impedimento, obstáculo, obstrucción, resistencia, traza, dificultad, embarazo, barrera, estorbo. ← *Facilidad, facilitación.* ‖ Examen, prueba.

opresión Dominación, imperio, subyugación, sujeción, avasallamento, sumisión, abuso, tiranía, despotismo. ← *Libertad.*

opresor Tirano, déspota, dictador, avasallador.

oprimir Apretar, comprimir, apretujar, estrujar, aplastar. ← *Soltar.* ‖ Agobiar, sujetar, avasallar, esclavizar, tiranizar, ahogar, dominar, subyugar. ← *Libertar.*

optimismo Confianza, seguridad, tranquilidad. ← *Pesimismo.*

optimista Seguro, confiado, feliz. ← *Pesimista.*

opuesto Contrario, contradictorio, antagónico, adverso, adversario, enemigo, antitético, divergente, inverso, incompatible. ← *Favorable, propio, igual, idéntico.*

opulencia Copia, copiosidad, abundancia, superabundancia, exuberancia, demasía. ← *Escasez, falta.* ‖ Riqueza, fortuna, bienestar. ← *Pobreza.*

oración Plegaria, rezo, súplica, ruego, imploración, invocación. ‖ Proposición, frase.

orador Disertador, predicador, conferenciante.

oral Verbal. ‖ Bucal.

orar Rezar, rogar, suplicar, pedir, implorar, invocar, hablar con Dios. ← *Blasfemar.*

oratoria Elocuencia, retórica, dialéctica, verbosidad, labia.

órbita Trayectoria, curva. ‖ Ámbito, espacio, dominio, área.

orden Colocación, disposición, concierto, ordenación, sucesión, armonía, equilibrio, proporción. ← *Desorden.* ‖ Método, regla, sistema. ← *Confusión.* ‖ Instituto, comunidad, hábito, cofradía. ‖ Mandato, precepto, ordenanza, decreto, ordenación, bando, disposición, prescripción, mandamiento, ley, edicto.

ordenar Mandar, decretar, decidir, disponer, establecer. ← *Revocar.* ‖ Arreglar, preparar, coordinar, organizar, regularizar, armonizar, combinar, dirigir. ← *Desordenar.*

ordinario Corriente, común, frecuente, usual, normal, regular, acostumbrado, habitual, familiar, diario. ← *Anormal, extraordinario.* ‖ Vulgar, bajo, malcriado, basto, rústico, inculto, soez, tosco. ← *Fino, distinguido.* ‖ Llano, simple, trivial, mediocre, fácil. ← *Selecto.*

organismo Cuerpo. ‖ Institución, corporación, entidad, colectividad, junta.

organización Orden, ordenación, coordinación. ← *Desorden.* ‖ Organismo, órgano, representación, asociación, grupo, institución.

organizar Ordenar, arreglar, preparar, disponer, coordinar, combinar, armonizar. ← *Desordenar.* ‖ Constituir, establecer, fundar, instituir, crear, reorganizar. ← *Desorganizar, disolver.*

orgullo Engreimiento, soberbia, arrogancia, altivez, altanería, presunción, vanidad, vanagloria, envanecimiento, jactancia, ostentación, pretensión, inmodestia, pedantería, suficiencia, humos, postín. ← *Humildad, modestia.*

orgulloso Engreído, soberbio, altivo, arrogante, altanero, hinchado, infatuado, vano, ufano, presumido, tieso, jactancioso, fanfarrón. ← *Modesto, humilde.*

orientar Situar, emplazar, colocar. ‖ Dirigir, encaminar, guiar, encauzar, encarrilar, enderezar. ← *Desencaminar.* ‖ Informar, instruir, adiestrar, enterar.

oriente Este, levante. ← *Occidente.*

orificio Abertura, boca, agujero, boquete. ← *Taponadura.*

origen Nacimiento, principio, comienzo, causa, fuente, génesis, motivo, germen, raíz, semilla, motivo, fundamento. ← *Término.* ‖ Estirpe, procedencia, linaje, ascendencia. ‖ Patria, país.

original Nuevo, insólito, único, singular, extraño, raro, propio, peculiar, inédito, particular. ← *Conocido.* ‖ Auténtico, personal. ← *Copia.*

originar Causar, ocasionar, determinar, motivar, producir, suscitar, promover, engendrar, obrar, provocar. ← *Terminar, acabar.*

orilla Margen, ribera. ‖ Borde, término, límite, extremo, canto, acera.

oriundo Originario.

ornamentar Ornar, adornar.

ornamento Adorno, ornamentación, atavío, compostura, decoración, guarnimiento, embellecimiento, gala, aderezo, aparato, pompa. ← *Sencillez, simplicidad.*

ornar Ornamentar, adornar, decorar, recargar, engalanar, enriquecer, guarnecer, emperifollar, acicalar. ← *Despojar.*

ortodoxo Fiel, conforme, adicto, dogmático. ← *Heterodoxo.*

osadía Intrepidez, arrojo, atrevimiento, audacia, temeridad, resolución, insolencia. ← *Miedo, cobardía.*

O

O osado Resuelto, arriesgado, audaz, atrevido, temerario, animoso, valiente, valentón, arrojado, emprendedor, arriscado, decidido, intrépido. ← *Miedoso, cobarde.*

osamenta Esqueleto, armazón.

osar Atreverse, aventurarse, arriesgarse, afrontar, intentar, emprender. ← *Titubear, hesitar.*

oscilación Vibración, balanceo, vacilación, bamboleo, vaivén, agitación, variación. ← *Inmovilidad.*

oscilante Cambiante, móvil, movedizo, ondulante, tembloroso. ← *Inmóvil.*

oscilar Moverse, balancearse, mecerse, vacilar, titubear. ← *Estar quieto.*

ostentación Pompa, lujo, exhibición, magnificencia, suntuosidad, aparato, manifestación, alarde, exteriorización. ← *Modestia, sencillez.* ‖ Jactancia, vanagloria, vanidad, presunción, afectación. ← *Humildad.*

ostentar Manifestar, exteriorizar, exhibir, mostrar. ← *Esconder.* ‖ Alardear, hacer gala, gallardear, lucir. ← *Ser discreto.*

ostentoso Magnífico, suntuoso, grandioso, regio, pomposo, fastuoso. ← *Discreto, modesto.*

otorgar Consentir, condescender, acordar, dispensar, conceder, ceder, dar. ← *Negar, rehusar.*

otro Distinto, diferente.

ovación Triunfo, aplauso, felicitación, aprobación, vivas, hurras, palmas. ← *Silbidos, pitada.*

oveja Borrego, cordero.

ovillo Bola, lío, enredo, confusión.

ovino Ovejuno, lanar.

ovoide y **ovoideo** Oval.

óxido Orín, herrumbre, verdete, moho.

P

pacer Pastar, ramonear, yacer, comer. ‖ Apacentar.

paciencia Tolerancia, sufrimiento, conformidad, mansedumbre, calma, aguante, flema, resignación, perseverancia. ← *Impaciencia.* ‖ Sosiego, espera. ‖ Tolerancia, consentimiento.

paciente Tolerante, manso, resignado, sufrido. ←*Impaciente.* ‖ Doliente, enfermo.

pacienzudo Calmoso. ← *Activo, argadillo.*

pacificación Tranquilidad, paz, sosiego. ← *Intranquilidad.*

pacificar Apaciguar, sosegar, aquietar, poner paz, reconciliar, tranquilizar, arreglar, componer, ordenar, calmar, aplacar, mitigar, dulcificar. ←*Intranquilizar.*

pacífico Quieto, tranquilo, reposado, sosegado, pausado, manso, plácido, dulce, afable, benigno, suave, grato. ← *Inquieto, belicoso.*

pactar Tratar, convenir, ajustar, concertar, condicionar, negociar, entenderse, asentar.

pacto Convenio, concierto, ajuste, tratado, contrato, alianza, acuerdo, compromiso, convención, arreglo.

padecer Sufrir, penar, soportar, tolerar, aguantar. ‖ Experimentar, sentir, pasar.

padre Papá, papa, progenitor. ‖ Cabeza de familia. ‖ Creador, autor, inventor.

padres Progenitores, abuelos, antepasados, ascendientes, mayores.

padrino Favorecedor, protector, valedor, patrocinador, bienhechor, amparador.

paga Pagamiento, pago. ‖ Sueldo, haber, salario, soldada, jornal, honorarios, semanal, mensualidad, anualidad, retribución, remuneración, gajes. ‖ Satisfacción. ‖ Correspondencia, recompensa.

pagano Idólatra, infiel, incrédulo, descreído, irreligioso, politeísta. ← *Creyente.*

pagar Abonar, satisfacer, entregar, liquidar, saldar, amortizar, cumplir, costear, sufragar. ← *Cobrar, deber.* ‖ Expiar. ‖ Remunerar, recompensar, indemnizar, subvencionar, retribuir. ‖ Adelantar, anticipar.

país Región, comarca, territorio, lugar, paraje, nación, patria, reino, tierra, provincia. ‖ Paisaje.

paisaje País, panorama, vista.

paisano Compatriota, conciudadano. ‖ Campesino, aldeano. ‖ Civil.

paje Pajecillo, criado, escudero.

palabra Vocablo, voz, dicción, término. ‖ Elocuencia, verbo, discurso, facundia. ‖ Promesa, oferta.

palabra (de) Verbalmente, a boca.

palabras (medias) Reticencia, insinuación.

palabrería Charla, palique, locuacidad, charlatanería, labia, palabreo, cháchara. ← *Taciturnidad, tartajeo.*

paladear Saborear, gustar, degustar.

palangana Jofaina, lavamanos.

pálido Descolorido, deslucido, amarillento. ←*Vivo.* ‖ Paliducho, macilento, amarillo, cadavérico, demudado, pachucho. ← *Sano, lozano.*

P **paliza** Tunda, zurra, vapuleo, azotaina.

palma Mano. ‖ Recompensa, gloria, triunfo, laurel. ‖ Palmera.

palo Madera. ‖ Barrote, bastón, tranca, cayado, báculo, vara. ‖ Suplicio, garrote, horca. ‖ Mástil, poste, asta, antena, puntal. ‖ Golpe, trancazo, bastonazo.

palpable Claro, tangible, palmario, evidente, manifiesto, patente, ostensible. ← Escondido, intangible, inasequible.

palpar Tocar, manosear.

palpitación Latido, pulsación. ‖ Estremecimiento.

palpitante Jadeante, anhelante. ← Sosegado. ‖ Emocionante, interesante, penetrante, conmovedor. ← Indiferente.

palpitar Latir. ‖ Estremecerse.

panadería Tahona, horno, pastelería, bollería.

pandilla Unión, liga, reunión

pánico Espanto, terror, pavor, miedo, susto.

panorama Vista, paisaje, espectáculo. ‖ Horizonte.

pantano Laguna, atolladero, aguazal, atascadero, embalse.

pantomina Imitación, mímica.

papa Santo Padre, Padre Santo, Pontífice, Sumo Pontífice, Romano Pontífice, Pastor Universal, Vicario de Cristo, Sumo Pastor.

papá o **papa** Padre.

paparrucha Mentira, falsedad, notición, bulo, papa.

papel Hoja, pliego. ‖ Documento, periódico. ‖ Carta, credencial, título. Impreso. ‖ Personaje.

par Igual, semejante, parejo, equivalente, simétrico. ‖ Dos, pareja. ‖ Yunta.

par (sin) Extraordinario, singular. ← Adocenado.

para A, hacia. ‖ A fin de, a que.

parábola Narración, alegoría, fábula, moraleja, enseñanza.

parabrisa Guardabrisa.

parada Fin, término. ‖ Alto, pausa, suspensión. ‖ Estación, parador.

paradero Término, fin, final. ‖ Seña.

parado Tímido, pánfilo, flojo, corto. ← Presto, ligero. ‖ Desocupado, inactivo, ocioso. ← Activo. ‖ De plantón, estático. ← Móvil. ‖ Desacomodado, sin trabajo, cesante.

paradoja Extravagancia, contradicción.

paradójico Contradictorio, chocante, exagerado, absurdo. ← Racional.

parador Hostal, hostería, mesón, posada, fonda.

paraíso Cielo, edén, elíseo, empíreo, olimpo.

paraje Parte, lugar, sitio, punto, posición, situación, emplazamiento, andurrial, territorio, país.

paralelismo Comparación, semejanza, correlación, correspondencia. ← Divergencia.

paralelo Semejante, comparable, correspondiente. ← Divergente.

paralítico Impedido, tullido. ← Hábil.

paralización Inmovilidad, suspensión.

paralizar Inmovilizar, detener, cortar, atajar, suspender, estancar, impedir, entorpecer, estorbar, insensibilizar. ← Excitar, promover, facilitar.

paramento Ornamento, atavío, adorno, aparato. ‖ Vestidura.

páramo Desierto, yermo, sabana.

parapetarse Resguardarse, protegerse, prevenirse, precaverse, preservarse, cubrirse, atrincherarse. ← Descubrirse.

parapeto Muro, pared, terraplén, baranda, resguardo, defensa, trinchera, barricada.

parar Cesar. ‖ Detener, suspender, atajar, paralizar, frenar, impedir, inmovilizar. ← Proseguir, promover, continuar. ‖ Concluir, acabar, terminar, reposar, descansar. ‖ Alojarse, hospedarse, habitar, vivir. ‖ Preparar, prevenir.

parcela Trozo, porción, partícula, pizca. ‖ Solar.

parcial Incompleto, fragmentario, fraccionario, partido, imperfecto. ← Total, completo. ‖ Injusto, arbitrario.

parcialidad Preferencia, inclinación, prejuicio, desigualdad, injusticia, pasión, simpatía. ← Imparcialidad, ecuanimidad.

parco Corto, escaso, pobre, insuficiente, mezquino, roñoso. ← Abundante, largo. ‖ Frugal, mesurado, moderado, sobrio, abstemio, templado. ←

Inmoderado, desenfrenado.

pardo Terroso, sombrío, oscuro, sucio.

parecer Opinión, dictamen, concepto, juicio, idea, creencia, entender.

parecer Aparecer, dejarse ver, salir, manifestarse, presentarse, hallarse, encontrarse, comparecer, surgir, mostrarse. ← *Desaparecer.* ‖ Opinar, creer, juzgar, enjuiciar, considerar, sentir.

parecerse Asemejarse, semejar. ← *Distinguirse.*

parecido Semejante, similar, análogo, igual, pariente, parejo, gemelo, paralelo, rayano, afín, símil. ← *Disímil, discrepante.* ‖ Semejanza, analogía, similitud, afinidad, aire, parentesco. ← *Discrepancia, heterogeneidad.*

pared Muro, tapia, tabique, paredón, muralla.

pareja Par, dúo, dualidad. ‖ Compañero, compañera.

parentela Familia.

parentesco Vínculo, lazo, unión, relación, enlace, conexión. ‖ Afinidad, alianza.

paréntesis Interrupción, inciso, suspensión.

paridad Igualdad, similitud, semejanza, exactitud, equivalencia, coincidencia, paralelismo. ← *Disparidad.*

pariente Deudo, allegado, familiar, aliado, consanguíneo.

parir Dar a luz. ‖ Crear, producir, hacer, engendrar, causar. ‖ Aovar.

parlamentar Hablar, conversar, conferenciar, dialogar, discutir, entrevistarse, tratar, pactar, ajustar, concertar, capitular.

parlamentario Legado, embajador, emisario.

parlamento Congreso, cortes, cámara, asamblea legislativa.

parlanchín Bocazas, cotorra, charlador, charlatán, hablador, lenguado. lenguilargo, locuaz. ← *Mudo, callado.*

paro Suspensión, detención, interrupción, descanso, pausa, huelga, cesación, calma, intermisión, tregua, inacción, supresión. ← *Movimiento, acción.* ‖ Desempleo, desocupación.

parodia Imitación, reproducción, caricatura, simulacro, disfraz.

parque Cercado, coto, vedado, dehesa. ‖ Jardín.

parranda Holgorio, fiesta, jarana, jaleo, juerga, diversión.

parroquia Iglesia.

parroquiano Feligrés. ‖ Cliente, consumidor, comprador, concurrente.

parsimonia Parquedad, prudencia, circunspección, discreción, moderación, mesura, templanza, frugalidad, sobriedad, economía, ahorro, avaricia, mezquindad. ← *Inmoderación, exageración, dilapidación.*

parte Porción, partícula, pedazo, fracción, fragmento, trozo, cacho, segmento, sección división, sector. ‖ Repartición, cuota, ración, lote. ‖ Participación, contribución. ‖ Paraje, sitio, lugar, puesto, punto, lado. ‖ Aviso, despacho, comunicado, orden, noticia.

partición División, fraccionamiento, repartición, repartimiento, distribución. ← *Acumulación, unión.*

participación Intervención, adhesión, colaboración. ← *Oposición.* ‖ Anuncio, aviso, notificación, esquela, informe.

participante Partícipe, colaborador, interesado.

participar Notificar, comunicar, avisar, prevenir, advertir, anunciar, informar, dar parte, hacer saber. ‖ Tener parte, colaborar, contribuir, cooperar, compartir, intervenir, entrar en.

partícula Parte, porción, migaja, miga, pizca, grano, brizna, molécula, átomo, corpúsculo.

particular Propio, privativo, privado, peculiar, personal, individual, doméstico, respectivo, exclusivo. ← *General, complejo.* ‖ Raro, singular, original, extraño, extraordinario, especial, distinto, aislado, separado, específico. ← *Corriente, común.*

particularidad Especialidad, originalidad, singularidad, peculiaridad, personalidad, propiedad, rasgo.

partida Marcha, salida, ida, viaje, encaminamiento, despedida. ← *Llegada.* ‖ Cuadrilla, guerrilla, pandilla, banda. ‖ Envío, remesa, expedición.

partidario Simpatizante, adicto, secuaz, allegado, afiliado, adepto, amigo,

P

aficionado, fanático, incondicional. ← *Enemigo*.

partido Bando, camarilla, congregación, secta, corro, tertulia, grupo, clan. ‖ Ventaja, provecho, utilidad, interés, aplicación, conveniencia. ‖ Disposición, resolución, determinación, opinión, decisión.

partir Dividir, separar, cortar, hender, rajar, abrir, romper, fraccionar, trinchar, fragmentar, seccionar, escindir, cascar, fracturar, quebrantar, desmenuzar, desmembrar. ← *Unir, juntar, pegar*. ‖ Salir, marchar, arrancar, irse, largarse, marcharse, pirarse, alejarse, ausentarse, levantar velas, alzar el vuelo. ← *Llegar*.

párvulo Niño, pequeño, chiquillo, criatura, infante. ‖ Inocente, cándido, ingenuo. ← *Maduro*.

pasadizo Pasillo, pasaje, corredor. ‖ Callejón, cañón, puerto, garganta.

pasado Antigüedad, ayer. ‖ Pretérito, anterior, remoto, lejano, vencido, caducado. ← *Actual, presente*.

pasaje Travesía, paso. ‖ Fragmento, paso, trozo, punto, parte, lugar.

pasajero Breve, corto, fugaz, efímero, temporal, momentáneo, transitorio, perecedero. ← *Eterno, duradero*. ‖ Caminante, viandante, transeúnte. ‖ Viajero.

pasaporte Pase, permiso, salvoconducto.

pasar Conducir, llevar, trasladar, transportar. ‖ Mudar, cambiar, transferir. ‖ Ir, franquear, atravesar, transitar, entrar, circular, doblar, cruzar, saltar, salvar, remontar, vencer, superar, rebasar, vadear. ‖ Mandar, remesar, enviar, remitir, transmitir, traspasar. ‖ Meter, introducir. ‖ Aventajar, sobrepasar. ‖ Tolerar, sufrir, aguantar, soportar, padecer. ‖ Engullir, tragar, deglutir. ‖ Aceptar, aprobar, admitir. ‖ Esconder, ocultar, callar, disimular. ‖ Perdonar, dispensar. ‖ Comunicarse, propagarse, extenderse, ampliarse, contagiarse, divulgarse. ‖ Vivir, subsistir, ir pasando. ‖ Mediar, transcurrir. ‖ Desaparecer, cesar, acabar, terminar, finalizar. ‖ Acaecer, suceder, ocurrir, acontecer, devenir.

pasarse Estropearse, pudrirse, anublarse, marchitarse, consumirse. ‖ Excederse, desmedirse, descomedirse, extralimitarse.

pasatiempo Entretenimiento, diversión, distracción, juego, ocupación, esparcimiento, placer, recreo, regocijo.

paseante Vagante, errante, desocupado.

pasear Andar, vagar, airearse, callejear, deambular, circular, rondar, tomar el sol, estirar las piernas, tomar el aire, dar una vuelta.

paseo Caminata, excursión, salida. ‖ Rambla, prado, alameda, avenida.

pasión Sufrimiento, padecimiento. ‖ Vehemencia, ardor, entusiasmo, calor, arrebato, fanatismo, arranque, delirio, emoción, frenesí, llama, fuego, fiebre, furor, transporte, efusión, ceguera. ← *Indiferencia*. ‖ Afición, afecto, amor, afección, inclinación, preferencia, apego, querencia. ← *Adversión*.

pasividad Paciencia, padecimiento, sufrimiento. ← *Acción*. ‖ Inacción, inmovilidad, inercia, calma. ← *Actividad*.

pasivo Víctima, paciente, indiferente, inactivo, inmóvil, neutro, quieto, inerte, estático. ← *Activo*.

pasmado Aturdido, confuso, patitieso.

pasmar Aturdir, atolondrar, confundir, embarazar, trastornar, desorientar, sacar de tino, volver tarumba. ← *Serenar*. ‖ Maravillar, despampanar, embelesar, enajenar, embarazar, extasiar.

pasmo Admiración, aturdimiento, estupefacción, embobamiento, enajenamiento, asombro, maravilla.

pasmoso Asombroso, formidable, estupendo, maravilloso, prodigioso, portentoso, sorprendente, admirable, raro, conmovedor. ← *Corriente, vulgar*.

paso Huella. ‖ Pasaje, travesía. ‖ Camino, vereda. ‖ Pisada, zancada, patada. ‖ Porte, aire, marcha. ‖ Gestión, diligencia. ‖ Progreso, adelantamiento, ascenso, avance. ‖ Dificultad, circunstancia, momento crucial.

pastar Apacentar, pacer.

pastel Torta, bollo, empanada, dulce.

pastelería Dulcería, confitería, repostería.

pastilla Tableta, gragea, comprimido.

pasto Alimento, sustento, comida. ‖ Pastura, pacedura.

pastor Zagal, rabadán, vaquero, cabrero, porquerizo, cabrerizo. ‖ Cura, prelado, obispo, eclesiástico, sacerdote.

pastoral Pastoril. ‖ Bucólico, idílico. ‖ Égloga, bucólica.

pastoso Espeso, viscoso, blando, cremoso, denso, fangoso, suave. ← Duro, seco.

paternal Paterno. ‖ Benigno, bueno, bondadoso, indulgente, comprensivo, benévolo. ← Intransigente.

patético Emocionante, conmovedor, apasionante, enternecedor, trastornador, turbador, tierno, triste. ← Alegre.

patíbulo Suplicio, horca, tablado, cadalso.

patinar Resbalar, deslizarse. ‖ Esquiar.

patitieso Petrificado, turulato, boquiabierto, extrañado, extasiado, aturdido, sorprendido.

pato Ánade, ganso.

patoso Pesado, enfadoso, engorroso, molesto, cargante, chinchoso, aburrido, impertinente, soso, ñoño. ← Ocurrente.

patria País, tierra, nación, pueblo, suelo natal.

patriarca Cabeza de familia, jefe.

patrimonio Herencia, sucesión, propiedad. ‖ Bienes, posibilidades, dinero, riqueza.

patrocinar Proteger, favorecer, amparar, auxiliar, ayudar, apoyar, socorrer, defender, garantizar. ← Acusar, rechazar, perseguir.

patrón Dueño, señor, amo, jefe, director, empresario, maestro. ‖ Santo, titular. ‖ Modelo, molde, horma, original, pauta.

paulatino Pausado, acompasado, lento, sistemático. ← Rápido, sin orden ni concierto.

pausa Alto, intervalo, detención, interrupción, descanso, reposo, parada, paréntesis. ← Ininterrupción. ‖ Calma, lentitud, sosiego, tranquilidad. ← Rapidez, festinación.

pausado Paulatino, lento, tardo, pesado, torpe, lánguido, moroso, calmoso, monótono. ← Pronto, rápido.

pavimento Suelo, piso, enlosado, enladrillado, embaldosado, adoquinado, asfaltado, asfalto, linóleo.

pavor Pavidez, terror, temor, horror, miedo, espanto, canguelo. ← Valentía.

payasada Bufonada, mamarrachada, ridiculez, extravagancia, pamplina.

payaso Bufón, clown, tonto, gracioso.

paz Tranquilidad, sosiego, quietud, calma, serenidad, tregua, reposo, concordia, armonía, apacibilidad, neutralidad, unión, acuerdo. ← Guerra, discordia.

peatón Viandante, caminante, andante. ← Caballero, ciclista, automovilista, viajero.

pecado Infracción, falta, culpa, yerro, caída. ← Virtud.

pecar Errar, faltar, caer en, ofender a Dios.

peculiar Particular, singular, especial, característico, raro, distinto, propio. ← Corriente, vulgar.

pecho Seno, tórax, busto, Pulmones. ‖ Mama, valor.

pedagogía Instrucción, educación, enseñanza.

pedagogo Educador, instructor, preceptor, profesor, maestro.

pedazo Trozo, parte, cacho, fragmento. ← Total, entero.

pedigüeño Postulante, pordiosero.

pedir Reclamar, exigir, solicitar, rogar, implorar, suplicar. ← Dar. ‖ Mendigar, pordiosear. ‖ Querer, desear, apetecer.

pedregal Pedriscal, pedrera, peñascal, cantizal, cantera.

pedregoso Cascajoso, rocoso, áspero. ← Terroso, arenoso.

pegadizo Pegajoso, contagioso.

pegado Pegote, emplasto, parche.

pegajoso Viscoso, untuoso. ← Liso. ‖ Pegadizo, contagioso. ‖ Sobón, halagador, pelota, pelotillero.

pegar Adherir, encolar, soldar. ← Desencolar, despegar. ‖ Unir, juntar, enganchar, coser, apli-

P

car, fijar. ← *Separar, desunir.*

pegar Maltratar, castigar, golpear, dar, zurrar. ← *Acariciar.*

pelado Desnudo, despojado, descubierto. ← *Velloso, peludo.* ‖ Pobretón.

peldaño Grada, escalón.

pelea Riña, lucha, contienda, escaramuza, lid, combate, batalla.

pelear Reñir, luchar, combatir, contender, enfrentarse, habérselas con, batallar.

pelearse Regañar, disputar, enemistarse, desavenirse.

peligrar Pender de un hilo, verse apurado, verse en apuros, correr riesgo.

peligro Riesgo, amenaza, exposición, contingencia, inseguridad, discrimen. ← *Seguridad.*

peligroso Arriesgado, aventurado, expuesto, comprometido, temible, alarmante. ← *Seguro.*

peluca Peluquín, cabellera, bisoñé, postizo, casquete.

peludo Velloso, velludo, lanoso. ← *Pelado.*

pellejo Piel, cuero. ‖ Odre.

pena Penalidad, penitencia, castigo, corrección, escarmiento, condena, expiación, sanción, multa. ‖ Dolor, aflicción, pesar, tristeza, sufrimiento, congoja, angustia, duelo, pesadumbre, cuidado, traspaso, inquietud. ← *Alegría, satisfacción.* ‖ Penalidad, molestia.

penacho Plumero, plumaje.

penalidad Pena, castigo, penitencia. ‖ Pena, mo-

lestia, trabajo, inconveniencia, incomodidad, contrariedad, enojo, fastidio, mortificación, disgusto. aflicción, fatiga.

penar Escarmentar, castigar. ‖ Sufrir, padecer, aguantar, tolerar, agonizar.

pendiente Arete, arracada. ‖ Inclinado, suspendido, colgante, péndulo. ← *Derecho.* ‖ Cuesta, subida, rampa, bajada, inclinación. ‖ Empinado, pino, recto, escarpado. ← *Suave.*

penetrable Permeable, diáfano, transparente. ← *Impenetrable.* ‖ Claro, fácil, comprensible. ← *Difícil.*

penetración Incursión, invasión.

penetrante Agudo, fino, vivo, fuerte, subido, elevado, desgarrador, estrepitoso. ← *Bajo.* ‖ Hondo, profundo. ‖ Afilado, aguzado.

penetrar Meter, introducir, entrar, pasar, filtrar, infiltrar, calar, impregnar, colarse. ← *Quedarse.*

penitencia Pena, penalidad, castigo, mortificación, condena, corrección, expiación, disciplina. ‖ Pesar, arrepentimiento, dolor, contrición.

penitenciaría Penal, prisión, presidio, cárcel.

penitente Arrepentido. ← *Impenitente.*

penoso Difícil, dificultoso, enojoso, espinoso, fatigoso, laborioso, rudo, trabajoso. ← *Fácil.*

pensador Sabio, filósofo.

pensamiento Inteligencia, razón, reflexión. ‖ Idea,

opinión, proyecto, plan, proverbio, frase, refrán. ‖ Recelo, malicia, sospecha, duda.

pensamiento (como el) Raudo, rápido, veloz, pronto.

pensamiento (en un) En un decir amén, en un instante.

pensar Opinar, creer, juzgar, suponer, calcular, entender, figurarse. ‖ Soñar, intentar. ‖ Imaginar, idear, cavilar, recapacitar, meditar, romperse la cabeza, quebrarse la cabeza. ‖ Intentar, proponerse.

pensativo Ensimismado, cabizbajo, meditabundo, preocupado. ← *Distraído.*

pensionado Internado.

penumbra Media luz.

peña Roca, peñasco, risco.

peón Trabajador, jornalero, bracero, obrero, operario.

pequeñez Tontería, pamplina, minucia, miseria, insignificancia. ← *Importancia.* ‖ Cortedad, bajeza, poquedad. ← *Grandeza, enormidad.* ‖ Niñez, infancia.

pequeño Pequeñuelo, párvulo, chico, enano, diminuto, liliputiense, gnomo, pígmeo, breve, minúsculo, menudo, mínimo, raquítico, desmirriado, tenue, humilde, mezquino, miserable, flaco, fino, escaso, pobre, meñique, reducido, corto. ← *Grande.* ‖ Niño, infante, párvulo, chiquillo.

percance Contratiempo, accidente, contrariedad, desgracia, perjuicio, ave-

P

ría, daño, mal. ← *Facilidad.*

percibir Ver, descubrir, divisar, distinguir, apreciar, apercibir. ‖ Sentir, experimentar, notar. · ‖ Entender, comprender, adivinar.

percha Perchero, colgadero.

perder Desperdiciar, derrochar. ← *Ganar, aprovechar.*

perderse Extraviarse, confundirse, desorientarse, ‖ Naufragar.

perdición Pérdida. ‖ Ruina, daño, destrucción. ‖ Desbarate, desarreglo. ‖ Condenación eterna.

pérdida Perdición. ‖ Privación, falta, quebranto, disminución, daño, ruina, muerte. ← *Ganancia, acopio.*

perdido Despistado, desorientado, extraviado, errante. ‖ Vagabundo, fracasado, desesperado, condenado. ← *Recobrado.*

perdón Remisión, gracia, absolución, indulto, indulgencia, piedad, clemencia, compasión. ← *Impiedad, severidad.*

perdonar Absolver, dispensar, indultar, amnistiar, borrar. ← *Condenar.*

perdurable Perpetuo, inmortal, eterno, imperecedero, sempiterno. ← *Perecedero, fatal.*

perdurar Durar, subsistir, continuar, permanecer, mantenerse. ← *Morir.*

perecedero Breve, corto, incierto, pasajero, frágil, mortal. ← *Perdurable, imperecedero.*

perecer Sucumbir, acabar,

fallecer, expirar, morir, finalizar, extinguirse. ← *Nacer, surgir.*

peregrinación Peregrinaje, romería, viaje.

peregrinar Vagar, vagabundear.

peregrino Romero. ‖ Caminante, viajero, viajante.

perenne Eterno, perpetuo, constante, incesante, continuo, permanente, imperecedero. ← *Perecedero.*

pereza Desidia, descuido, indiligencia, gandulería, holgazanería, haraganería, dejadez, calma. ← *Diligencia, actividad.*

perezoso Descuidado, negligente, indiligente, tardo, gandul, lento, dormilón, pesado, holgazán, haragán, ocioso, dejado, ganso. ← *Diligente, presto.*

perfección Mejora, mejoramiento, acabamiento, excelencia. ‖ Gracia, hermosura, excelencia.

perfeccionar Mejorar, refinar, completar, acabar, pulir, terminar, dar cabo. ← *Estancarse, detenerse.*

perfecto Acabado, completo, cabal, cumplido, absoluto, excelente, insuperable, irreprochable. ← *Imperfecto.*

perfidia Infidelidad, traición, falsedad. ← *Lealtad.*

pérfido Traidor, infiel, falso, bellaco. ← *Leal, fiel.*

perfil Contorno, silueta, rasgo, raya, límite.

perforar Horadar, agujerear, taladrar.

perfumado Fragante, aromático, oloroso.

perfume Aroma, fragancia, esencia, buen olor, ← *Hedor.*

pericia Habilidad, práctica, destreza, conocimiento, experiencia, técnica. ← *Impericia.*

periferia Contorno, circunferencia, perímetro.

perímetro Periferia, contorno.

periódico Habitual, regular, fijo. ← *Irregular.* ‖ Diario, papel, revista, boletín, noticiero, gaceta, semanario.

periodismo Prensa.

período Fase, etapa, grado, estadio, estado, espacio, división.

peripecia Suceso, incidente, caso, aventura, accidente.

perjudicar Dañar, damnificar, lesionar, atropellar, quebrantar, castigar, deteriorar, arruinar. ← *Favorecer.*

perjudicial Malo, dañino, dañoso, desfavorable, nefasto. ← *Favorecedor, beneficioso.*

permanecer Persistir, continuar, seguir, quedarse, mantenerse, residir, estar. ← *Marchar, partir.*

permanencia Persistencia, duración, continuación. ← *Paso.*

permanente Firme, estable, fijo, constante, continuo, invariable, incesante, durable, duradero, eterno, indestructible, inalterable, perenne. ← *Transitorio, fugaz, pasajero.*

permiso Permisión, autorización, consentimiento, venia, concesión, sí, pase. ← *Denegación, negativa.*

permitido Autorizado, con-

P

sentido, legítimo. ← *Prohibido.*

permitir Autorizar, consentir, tolerar, dejar, acceder, admitir, otorgar. ← *Prohibir.*

pernicioso Dañino, dañoso, malo, perjudicial, funesto, malsano. ← *Favorable, beneficioso.*

pero Sino, .aunque, por más que, no obstante, bien que, sin embargo.

perpetuo Eterno, imperecedero, perdurable, sempiterno, perenne, inmortal, infinito. ← *Perecedero.*

perplejidad Indecisión, duda, vacilación, titubeo, irresolución, incertidumbre, confusión. ← *Seguridad.*

perplejo Dudoso, vacilante, indeciso, apurado, preocupado, confuso, asombrado, embarazado. ← *Seguro, resoluto.*

perro (tratar como un) Maltratar, despreciar.

persecución Seguimiento, caza, alcance.

perseguir Seguir, cazar, acorralar, pisar los talones, dar caza, dar alcance. ‖ Proseguir, continuar. ‖ Molestar, atormentar, provocar, excitar.

perseverancia Constancia, tenacidad, firmeza, persistencia, voluntad, insistencia, apego.

perseverante Tenaz, firme, constante, resistente. ← *Inconstante.*

perseverar Proseguir, continuar, persistir, empeñarse, obstinarse, insistir. ← *Abandonar, renunciar.*

persona Hombre, individuo, personalidad, personaje.

personaje Persona. ‖ Papel, figura, actor.

personal Privado, propio, individual, particular, íntimo, original. ← *Colectivo, general, vulgar.*

personalidad Carácter, personaje, persona. ‖ Sello, distintivo, particularidad, perspicacia Agudeza, sagacidad, sutileza, clarividencia. ← *Torpeza.*

perspicaz Sagaz, fino, agudo, sutil, penetrante, inteligente, clarividente. ← *Obtuso, torpe.*

persuadir Mover, convencer, decidir, arrastrar, obligar, meter en la cabeza. ← *Disuadir.*

pertenecer Respectar, corresponder, tocar. ‖ Convenir.

perteneciente Referente, correspondiente, tocante. ← *Ajeno.*

pértiga Vara, caña, bastón, palo.

perturbación Turbación, desconcierto, desorden, desarreglo, desorganización, trastorno, incomodidad, inquietud. ← *Tranquilidad, paz.*

perturbado Conmovido, inquieto. ← *Sereno.*

perturbador Destructor, revolucionario, agitador.

perturbar Trastornar, desordenar, desarreglar, desorganizar, desconcertar, alterar, inquietar, intranquilizar, interrumpir. ← *Ordenar, concertar, tranquilizar.*

perversidad Maldad. ← *Virtuosidad, bondad.*

perverso Malvado, infame,

maligno, perdido, mala cabeza, mal bicho, vicioso, depravado, corrompido, degenerado. ← *Virtuoso, inocente, bueno.*

pesadez Gravedad, pesantez. ← *Ligereza, liviandad.* ‖ Gordura. ← *Delgadez.* ‖ Molestia, fatiga.

pesadilla Congoja, angustia. ‖ Alucinación, delirio. ‖ Preocupación.

pesado Grave, macizo, plomizo. ← *Ligero, leve.* ‖ Gordo. ← *Flaco.* ‖ Lento, calmoso, ganso, patoso, pánfilo. ← *Rápido.* ‖ Difícil, fatigoso, fastidioso, debilitante, agotador, apurador, molesto, desagradable, abrumador, enojoso, penoso, impertinente, fatigante, insoportable, incómodo, latoso. ← *Ameno, agradable, simpático.* ‖ Duro, áspero, violento, fuerte, insufrible, desabrido. ← *Amable.*

pesar Pesadumbre, disgusto, arrepentimiento, remordimiento, pena, sentimiento, molestia. ← *Gozo.*

pescar Coger, lograr, conseguir, atrapar, agarrar.

peso Pesantez. ‖ Cargazón. ‖ Fardo, carga.

pesquis Talento, inteligencia.

pestañear Parpadear.

peste Pestilencia, hedor, mal olor. ← *Olor, perfume.* ‖ Corrupción, plaga, epidemia.

pestilencia Peste.

petaca Pitillera, cigarrera, tabaquera.

petición Pedido, ruego, solicitud, demanda, instancia, súplica.

petrolero Barco cisterna.

pezón Pedúnculo, rabillo. ‖ Saliente, punta, cabo, extremo.

piadoso Devoto, religioso, pío. ← *Impío.* ‖ Caritativo, misericordioso, compasivo, blando. ← *Despiadado.*

picacho Pico, cima.

picadura Pinchazo. ‖ Punzada, mordedura, picada, puntura.

picante Excitante, condimentado.

picar Clavar, acribillar, herir, punzar, pinchar. ‖ Desmenuzar, partir, cortar, trinchar, desmenuzar, dividir, moler, machacar, pulverizar. ‖ Picotear.

picardía Ruindad, maldad, bajeza, bellaquería, pillería, tunantería, bribonada. ‖ Burla, travesura, astucia, gatada.

pícaro Bajo, ruin, pillo, villano, granuja, vil, desvergonzado, bellaco, canalla, haragán, infame, ladrón, ratero, rufián, sinvergüenza, truhán, villano. ‖ Astuto, tunante, bribón, bribonzuelo, enredador, travieso, listo, pillo, pillete, pillastrón, pilluelo, travieso.

pico Boca, lengua. ‖ Hocico. ‖ Picacho, pináculo, cima, cúspide, cresta, aguja. ‖ Punta, extremidad.

pie Pata. ‖ Base, fundamento, basa. ‖ Motivo, ocasión, razón. ‖ Tronco, árbol.

pie (poner en) Levantar, enarmonar.

piedad Devoción, caridad, veneración. ‖ Misericordia, compasión, lástima. ← *Impiedad, crueldad.*

piedra Peña, peñasco, risco, roca, pedrusco. ‖ Canto, china, guijarro. ‖ Granizo. ‖ Adoquín.

piedra fina, piedra preciosa Gema.

pieza Trozo, parte, fragmento, pedazo. ‖ Cuarto, aposento, sala, estancia, habitación. ‖ Moneda.

pieza (de una) Inmóvil, quieto. ‖ Sorprendido, aturrullado.

pifia Error, equivocación, descuido, desacierto, golpe en falso, yerro, disparate, desatino. ← *Acierto.*

pigmeo Enano, liliputiense, gnomo, diminuto, pequeño. ← *Gigante.*

pila Pilón, recipiente, cuenco, bañera, puente, abrevadero. ‖ Montón, cúmulo, revoltillo.

pilar Pilastra, columna.

píldora Gragea, comprimido.

pilotar Dirigir, gobernar, guiar, conducir.

piloto Guía, conductor, timonel.

piltrafa Pellejo, despojo, desecho, residuo.

pillaje Rapiña, saqueo, saco, botín, robo, latrocinio, despojo.

pillar Hurtar, rapiñar robar, saquear, robar, desvalijar. ‖ Agarrar, atrapar, coger, sorprender, pescar, cazar.

pillería Pillada, tunantada, bellacada, trastada, bribonada, bellaquería, picardía.

pillete Granuja, golfo, pi-

llo, pícaro, galopín, vagabundo, vago.

pillo Pícaro, pilluelo, pillastre, pillastrón, pillín, pillete, tunante, listo, astuto, bribón, granuja, canalla, tramposo, malvado, belitre. ← *Bobo, necio, buena fe, hombre de bien.*

pinchar Punzar, picar, herir.

pinchazo Picada, punzadura. ‖ Reventón.

pincho Aguja, punta, aguijón.

pineda Pinar, pinatar.

pinta Mancha, mota, señal, peca, lunar. ‖ Aspecto.

pintado Esmaltado, barnizado. ‖ Coloreado, matizado.

pintar Pintorrear, pintarrajear, pintarrajar, pincelar, teñir, colorar. ‖ Describir, narrar, representar.

pintor Pincel, colorista, pintamonas. ‖ Acuarelista, paisajista, retratista, miniaturista.

pintura Tabla, lienzo, tela, cuadro. ‖ Color. ‖ Descripción, retrato.

pío Devoto, piadoso, religioso, benigno, compasivo, caritativo, misericordioso. ← *Impío.*

pique (a) Cerca de, a riesgo de, a punto de.

pique (echar a) Hundir, destruir.

piragua Canoa, bote, batel.

pirata Corsario, filibustero. ‖ Ladrón, despiadado, cruel, malvado.

piratería Robo, pillaje.

pirueta Cabriola, voltereta, salto, bote, brinco.

pisada Huella, holladura, pisadura. ‖ Patada.

pisadas (seguir las) Imitar, seguir.

pisar Apisonar, pisotear. ‖ Apretar, estrujar. ‖ Quebrantar, atropellar. ‖ Humillar, maltratar, abatir.

pisar los talones Perseguir.

piscina Estanque, baño.

piso Suelo, pavimento. ‖ Cuarto, habitación, domicilio, departamento. ‖ Planta.

pisotear Pisar, apisonar, aplastar. ‖ Despreciar, ajar, abatir, maltratar.

pista Huella, indicio, rastro, señal. ‖ Campo, circuito, carretera.

pistolero Atracador, asesino, *gangster.

pitillo Cigarrillo.

pizca Migaja, chispa, pellizco, pulgarada, mínimo.

placa Lámina, plancha, película, film.

placer Contento, goce, satisfacción, agrado, deleite, gozo, gusto, dicha, delicia, alegría, felicidad, goce, regocijo, contento, gloria. ← *Desplacer, disgusto.* ‖ Diversión, entretenimiento, recreo. ← *Aburrimiento.* ‖ Consentimiento, voluntad, permiso.

placer Gustar, agradar, cuadrar, satisfacer, deleitar, contentar, hechizar, caer en gracia.

placidez Quietud, tranquilidad, calma, sosiego, espera, paz, bonanza, serenidad, paciencia. ← *Intranquilidad.*

plácido Sereno, manso, tranquilo, suave, calmoso, pacífico, quieto, sosegado. ← *Intranquilo, inquieto.*

plaga Calamidad, desgracia, catástrofe, peste, azote, daño, ruina, epidemia. ‖ Llaga. ‖ Copia, abundancia, cantidad, multitud, raudal, lluvia, diluvio, enjambre. ← *Escasez.*

plagio Imitación, copia, reproducción, robo, apropiación. ← *Original, inédito.*

plan Designio, proyecto, idea, intento, programa, propósito, intención.

plancha Tabla, chapa, palastro, placa, lámina. ‖ Desacierto, error, yerro, pifia, coladura.

planchar Alisar, allanar, estirar.

planear Planificar, plantear, proyectar, preparar, combinar, madurar, formar, tantear.

planicie Llanura, llamada, llano, planada, plana, estepa, meseta, sabana. ← *Montaña, cordillera.*

plano Llano, liso, igual, aplanado, nivelado, aplastado, raso, horizontal. ← *Desigual, alto, bajo.* ‖ Chato, romo. ← *Agudo.* ‖ Plan, mapa, carta. ‖ Superficie, cara, extensión.

plantar Introducir, fijar, poner, colocar, clavar. ‖ Fundar, establecer, instituir. ‖ Dejar, abandonar, burlar, dar esquinazo.

plantear Planear, planificar. ‖ Proponer, exponer, presentar, fijar.

plástico Blando, flexible, muelle, moldeable. ← *Duro, recio.*

plata Dinero, moneda, riqueza.

plataforma Tribuna, tablado, palenque.

plato Fuente, bandeja. ‖ Manjar, vianda, comida. ‖ Platina.

plaza Explanada. ‖ Mercado. ‖ Fortaleza, ciudadela, presidio. ‖ Espacio, terreno, sitio, lugar, asiento, puesto. ‖ Ciudad, villa, población.

plazo Fecha, tiempo. ‖ Aplazamiento, retardo, tregua, intervalo, interrupción.

plegable Muelle, blando, flexible. ← *Rígido.*

plegar Doblar, arrugar, fruncir, rizar.

plegaria Oración, rezo, ruego, súplica.

plegarse Doblegarse, doblarse, ceder, someterse, inclinarse, amoldarse. ← *Resistir.*

plenitud Llenura, integridad, totalidad, saciedad, saturación, henchimiento, abundancia. ← *Defecto, falta, carencia.*

plumaje Pluma, plumazón, plumero, penacho, cresta.

pluralidad Diversidad, multiplicidad, variedad, mayoría, sinnúmero.

población Populación. ‖ Poblado, ciudad, villa, pueblo, aldea, poblacho, lugar. ‖ Vecindario, vecinos, habitantes.

poblado Población, pueblo, aldea.

pobre Pobretón, necesitado, miserable. ← *Rico.* ‖ Mendigo, pordiosero, pedigüeño, vagabundo. ‖ Desdichado, infeliz, desamparado, triste, humilde, modesto, insignificante. ← *Feliz, afortunado.*

pobreza Necesidad, escasez, miseria, apuro, privación, falta, carestía. ← *Riqueza.*

pocilga Establo, cuadra, corral.

poco Escaso, limitado, corto, insuficiente, moderado. ← *Mucho.* ‖ Apenas, casi, medianamente.

poder Imperio, dominio, mando, autoridad. ‖ Vigor, fuerza, potencia, influencia, poderío. ←*Impotencia.*

poder Ser posible. ‖ Lograr, obtener, conseguir. ‖ Atinar, acertar, adivinar.

poderío Poder, dominio, mando, imperio, potencia, señorío, autoridad. ‖ Vigor, fuerza. ‖ Hacienda, riquezas, bienes.

poderoso Opulento, acaudalado, rico, adinerado. ← *Pobre.* ‖ Grande, excelente, magnífico. ← *Miserable.* ‖ Activo, enérgico, fuerte, potente, vigoroso. ← *Débil.*

podredumbre o **podredura** Putrefacción, pudrimiento, corrupción, infección, carroña. ← *Pureza, incorrupción.*

podrido Corrompido, putrefacto, averiado, descompuesto, contaminado, infecto, infectado. ← *Sano, incorrupto.*

poesía Poema.

poeta Trovador.

policía Vigilancia, seguridad, orden, regla, reglamento. ‖ Guardia, agente, vigilante, detective, polizonte

polichinela Pulchinela, muñeco, títere, fantoche.

política Gobierno.

político Hombre público.

polvo (hacer) Aniquilar, arruinar.

polvo (morder el) Caer.

polvo (hacer morder el) Derribar, vencer.

pollo Pollito, mozo, mocito, joven, jovenzuelo. ‖ Capón.

pomada Ungüento, crema, fijapelo.

pompa Pomposidad, suntuosidad, magnificencia, lujo, ostentación, gala, esplendor, solemnidad, grandeza pavonada. ← *Sencillez.* ‖ Ampolla, burbuja.

ponderado Equilibrado, justo, sensato, sobrio, ordenado.

poner Situar, colocar, sentar, meter, acomodar, establecer, instalar, fijar. ← *Sacar, quitar.* ‖ Disponer, arreglar, prevenir, preparar. ‖ Estrechar, reducir, constreñir. ‖ Abandonar, confiar, poner confianza.

poner fin Rematar, terminar, finalizar.

poner en claro Apurar, investigar, aclarar.

ponerse de hinojos Arrodillarse.

pontífice Prelado, obispo, arzobispo, Papa.

pontificado Papado.

popular Nacional. ‖ Común, vulgar, público. ← *Selecto.* ‖ Querido, estimado, considerado. ← *Impopular, detestado.*

popularidad Fama, favor, estima, aplauso, renombre, gloria. ← *Impopularidad.*

populoso Numeroso, bullicioso, frecuentado. ← *Abandonado, solitario.*

porción Pedazo, trozo, parte, fragmento, fracción, pizca. ← *Total.* ‖ Cantidad, cuota, ración. ‖ Número, multitud, montón, muchedumbre.

pordiosero Mendigo, mendigante, pobre, pedigüeño.

pormenor Detalle, pequeñez, menudencia.

porqué Motivo, causa, razón.

porquería Inmundicia, suciedad, basura, ascosidad, roña, mierda. ‖ Indecencia, grosería. ‖ Descortesía, desatención.

porra Maza, cachiporra.

porrada Porrazo. ‖ Montón, multitud, cantidad.

porrazo Porrada, golpe, golpazo, trastazo, batacazo, costalada.

portada Frontispicio, fachada.

portal Vestíbulo, porche, pórtico.

portarse Comportarse, conducirse, proceder, lucirse, distinguirse.

portátil Transportable, manual, movible, cómodo, ligero. ← *Fijo.*

portavoz Bocina. ‖ Director, caudillo, cabecilla.

porte Apariencia, aire, aspecto, postura, presencia, andares. ‖ Lustre, prestancia, calidad, nobleza.

portento Prodigio, maravilla, milagro, asombro.

portentoso Asombroso, maravilloso, extraordinario, prodigioso, pasmoso, admirable, deslumbrante, grandioso. ← *Insignificante.*

porvenir Futuro, mañana. ← *Pasado.*

P

P

posada Domicilio, casa. ‖ Parador, hostería, hostal, mesón, hospedería, venta, figón, fonda, alojamiento, albergue.

posadero Mesonero, hostelero, fondista, ventero, huésped.

posar Alojarse, hospedarse. ‖ Pararse, descansar, reposar.

pose Postura, actitud, apariencia.

poseedor Amo, propietario, dueño.

poseer Gozar, disfrutar, tener, dominar.

poseído Furioso, enfurecido, rabioso.

posesión Goce, disfrute, propiedad, dominio. ‖ Heredad, finca.

posible Probable, viable, hacedero, realizable, concebible, creíble, accesible, fácil, cómodo, potencial. ← *Imposible, improbable.*

posición Estado, situación, postura, actitud, ademán, categoría.

positivo Seguro, real, cierto, auténtico, verdadero, efectivo, innegable, indubitable, indudable. ←*Dudoso.* ‖ Práctico. ←*Ideal, inútil.*

postergado Preterido, pospuesto, a la retaguardia.

posterior Siguiente, consecutivo, ulterior. ← *Anterior.*

postín Pisto, entono, alarde, afectación, jactancia, vanidad. ← *Moderación, modestia.*

postizo Falso, engañoso, añadido, artificial, sobrepuesto, agregado, ficticio, ← *Verdadero, legítimo.*

postrarse Hincarse, humillarse, respetar, venerar, prosternarse.

postulado Principio, supuesto.

postular Pedir, solicitar, demandar.

postura Posición, actitud, situación, estado.

potencia Fortaleza, fuerza, poder, vigor, predominio,

potentado Príncipe, monarca, soberano, déspota, tirano. ‖ Poderoso, acaudalado, opulento, rico. ← *Pobre.*

potente Enérgico, vigoroso, poderoso, fuerte. ← *Débil, impotente, pequeño.*

potestad Dominio, poder jurisdicción, autoridad.

práctica Rutina, experiencia, costumbre, ejercicio, habilidad, hábito, aplicación. ‖ Destreza, facilidad. ‖ Empirismo, modo, método, sistema.

practicable Transitable. ‖ Hacedero, factible, realizable, posible, fácil, cómodo. ← *Impracticable.*

practicar Ejercer, ejercitar, usar, cultivar.

práctico Experto, conocedor, diestro, hábil, versado, avezado. ← *Inhábil, inexperto.* ‖ Empírico, positivo, materialista. ← *Ideal, idealista.*

precario Inseguro, inestable, frágil, efímero, incierto. ← *Estable, imperecedero.*

precaución Reserva, prudencia, cautela, circunspección, moderación, prevención, miramiento, cuidado, previsión, garantía. ← *Imprevisión.*

precaver Prever, prevenir, ‖ Evitar, ahorrar, esquivar.

precaverse Asegurarse, prevenirse.

precavido Prudente, sagaz cauto, prevenido, previsor, cauteloso, receloso discreto, desconfiado. ← *Confiado, imprudente.*

precedente Antecedente precursor, predecesor primero, anterior. ← *Consecuente, seguidor.*

precedente (sin) Sin ejemplo, insólito.

preceder Anteceder, anticipar, anteponer. ← *Seguir.*

precepto Orden, instrucción, regla, disposición mandamiento, principio máxima.

preceptor Profesor, maestro, instructor.

precio Valía, valor, valorización, valoración, evaluación, tasación, tasa estimación, importancia significación, significado consideración. ‖ Costo coste, importe, tarifa, honorarios. ‖ Premio, galardón.

preciosidad Beldad, belleza hermosura, encanto, perfección, graciosidad. ← *Fealdad.*

precioso Raro, importante inestimable, importante valioso, rico, estimado valorado. ← *Desestimado, sin valor, sin importancia.* ‖ Magnífico, exquisito, delicioso, ameno hermoso, bonito, lindo, perfecto, pulcro, gracioso, bello. ← *Feo.*

precipicio Despeñadero, abismo, sima, tajo, acantilado, barranco.

precipitación Aturdimiento, atropellamiento, atolondramiento, brusquedad, imprudencia, arrebato, irreflexión, ímpetu, prisa. ← *Calma, serenidad.*

precipitado Alocado, atropellado, atolondrado, aturdido, arrebatado, imprudente, impetuoso, desatinado. ← *Prudente, atinado.*

precipitar Empujar, lanzar, arrojar.

precipitarse Dispararse, abalanzarse, echarse, tirarse. ‖ Despeñarse.

precisar Fijar, determinar, concretar, delimitar.

precisión Exactitud, determinación, distinción, claridad, caracterización. ← *Imprecisión, confusión.* ‖ Puntualidad, regularidad, fidelidad. ← *Incertidumbre.*

preciso Indispensable, imprescindible, insubstituible, irremplazable, necesario, forzoso, obligatorio, urgente, esencial. ← *Fútil, ocioso, gratuito.* ‖ Justo, cabal, exacto, fiel, puntual, matemático, escrupuloso, minucioso, clavado. ← *Impreciso, inexacto.* ‖ Textual, conciso, categórico, estricto, claro, abreviado. ← *Exuberante, florido, pomposo.*

precoz Temprano, adelantado, prematuro.

precursor Predecesor, antecesor, antepasado, anterior, ascendiente.

predecir Adivinar, anunciar, profetizar, pronosticar, presagiar, augurar, anticipar, conjeturar.

predicador Predicante, evangelista, apóstol.

predicar Platicar, evangelizar, misionar. ‖ Repren-

der, exhortar, amonestar, recomendar.

predicción Augurio, pronóstico, profecía, presagio, vaticinio, conjetura, suposición, adivinación, oráculo, horóscopo, auspicio, presentimiento, señal.

predilección Preferencia, propensión, inclinación. cariño. ← *Aversión.*

predilecto Preferido, elegido, favorito, mimado, escogido. ← *Execrado, odiado.*

predisposición Propensión, inclinación, disposición, tendencia. ← *Indisposición, aborrecimiento.*

predominio Imperio, señorío, poder, potestad, influjo, superioridad, dominio, autoridad, dependencia. ← *Independencia, inferioridad.*

preeminente Culminante, superior, sumo, supremo, eminente, sobresaliente. ← *Inferior, bajo.*

preferencia Primacía, prioridad, superioridad. ← *Postergación.* ‖ Privilegio, inclinación, predilección, parcialidad, distinción. ← *Imparcialidad, menosprecio.* ‖ Patio, platea.

preferible Superior, mejor. ← *Desechable.*

preferido Predilecto, favorito, escogido, mimado, privilegiado, elegido, privado, benjamín. ← *Menospreciado, abandonado.*

preferir Elegir, sentir debilidad por. ← *Preterir, menospreciar.*

pregunta Interrogación, cuestión, examen, interrogatorio, duda, con-

sulta, curiosidad. ← *Respuesta.*

preguntar Interrogar, pedir, consultar. ← *Contestar, replicar.*

prejuicio Aprensión, arbitrariedad, parcialidad, monomanía, obsesión. ← *Justa opinión.*

prelado Capellán, clérigo, pastor, obispo, arzobispo, primado, pontífice.

prematuro Temprano, precoz, anticipado, apresurado, adelantado, verde. ← *Maduro, retrasado.*

premiar Recompensar, galardonar, gratificar, honrar, compensar. ← *Castigar.*

premio Galardón, distinción, laurel, medalla, compensación, pago. ← *Castigo.*

prenda Garantía, fianza, prueba. ‖ Mueble, alhaja, enseres, útil, utensilio. ‖ Pieza, ropa.

prendarse Encariñarse, aficionarse, enamorarse, derretirse. ← *Detestar, odiar.*

prender Coger, agarrar, asir, cazar. ← *Soltar.* ‖ Apresar, aprehender, encarcelar, detener, aprisionar. ← *Liberar..*

prensa Imprenta. ‖ Diarios, periódicos, publicaciones.

prensa (dar a la) Publicar, divulgar.

preocupación Inquietud, cuidado, ansiedad, desvelo, intranquilidad, desasosiego. ← *Despreocupación, tranquilidad.*

preocupar Inquietar, absorber, turbar, intranquilizar, desasosegar, alarmar, agitar. ← *Tranquilizar.*

preocuparse Impacientarse,

P desvelarse, tomar a pecho, acalorarse, estar sobre ascuas. ← *Tomárselo con calma, serenarse.*

preparar Arreglar, disponer, prevenir, elaborar, proyectar, organizar, planear, tramar, maquinar. ← *Realizar, efectuar, improvisar.*

prepararse Estar sobre aviso, tomar las medidas.

presa Botín, captura, conquista. ‖ Dique.

presagio Profecía, augurio, pronóstico, conjetura, auspicio, oráculo, señal, horóscopo.

presbítero Párroco, cura, sacerdote.

prescindir Dejar, callar, omitir. ‖ Privarse, abstenerse, evitar. ← *Tener en cuenta, considerar.*

presencia Apariencia, aspecto, figura, talle, disposición, traza, facha, pinta. ‖ Asistencia, audiencia, estancia, permanencia, residencia. ← *Ausencia.*

presenciar Contemplar, mirar, observar, ver. ← *Ignorar.* ‖ Asistir, estar presente. ← *Estar ausente, ausentarse.*

presentable Digno, correcto, limpio, conveniente, aseado. ← *Impresentable, desaseado.*

presentación Exhibición, ostentación, demostración, manifestación. ← *Ocultación.*

presentar Mostrar, exhibir, ostentar, hacer ver, dar a conocer. ← *Ocultar.* ‖ Introducir.

presentarse Comparecer, acudir, personarse, asistir.

presentar armas Rendir armas, honrar.

presente Concurrente, asistente, espectador, circunstante, testigo. ← *Ausente.* ‖ Don, regalo, obsequio, alhaja. ‖ Actual, ahora, reciente, corriente, vigente, moderno, contemporáneo. ← *Pasada, pretérito, caducado.* ← *Futuro.*

presentimiento Sospecha, corazonada, anuncio, suposición, pronóstico, intuición.

presentir Sospechar, pronosticar.

preservar Defender, amparar, resguardar, conservar, salvar, garantizar, cubrir, proteger. ← *Arriesgar, exponer.*

presidencia Directiva, jefatura. ‖ Superioridad, primacía. ← *Inferioridad.*

presidiario Penado, condenado, forzado.

presidio Prisión, cárcel, penal.

presidir Dirigir, regir, mandar, gobernar. ← *Obedecer.*

presión Tensión, opresión, peso. ← *Depresión, relajación.* ‖ Influencia, apremio, insistencia. ← *Renuncia.*

preso Cautivo, prisionero, encarcelado, presidiario, penado, detenido. ← *Libre.*

prestar Dejar, proporcionar, facilitar, suministrar, procurar, ayudar, contribuir, dar. ‖ Anticipar, avanzar, fiar. ‖ Cundir, dar de sí.

prestarse Avenirse, ofrecerse, resignarse, conformarse, brindarse.

presteza Velocidad, rapidez, ligereza, prontitud ← *Lentitud, roncería.*

prestigio Crédito, ascendiente, influencia, renombre, reputación, autoridad. ← *Desprestigio.*

presumido Vano, vanidoso ufano, petulante, jactancioso, presuntuoso, preciado, ostentoso, chulo ← Humilde, modesto.

presumir Vanagloriarse jactarse, alardear, envanecerse, engreírse.

presunción Presuntuosidad petulancia, vanidad, jactancia, vanagloria, engreimiento, entonación, inmodestia. ← *Modestia humildad.*

pretender Reclamar, solicitar, ambicionar, aspirar ansiar, desear, andar tras ← *Renunciar, ceder.* ‖ Intentar, procurar.

pretendiente Aspirante, candidato, solicitante. ‖ Cortejador.

pretensión Aspiración, intención, exigencia, petición, demanda, voluntad, reclamación. ← *Renuncia modestia.*

pretensiones Deseos, anhelos, ganas, ambiciones.

pretérito Pasado, caducado, remoto, lejano, acaecido. ← *Presente, futuro.*

pretexto Excusa, motivo, disculpa, salida, suposición, razón. ← *Razón de verdad, certidumbre.*

prevención Disposición, preparación, medida, organización. ← *Improvisación.* ‖ Previsión, desconfianza, precaución. ← *Imprevisión.* ‖ Recelo, sospecha, desconfianza. ← *Confianza.*

prevenido Avisado, cuidadoso, apercibido, dispuesto, en guardia, sobre aviso. ← *Descuidado, desapercibido.*

prevenir Disponer, preparar. ‖ Prever. ‖ Evitar, eludir, recelar, precaver. ‖ Advertir, avisar, notificar, informar.

prevenirse Armarse, tomar medidas, andar sobre aviso. ← *Descuidarse, estar en las nubes.*

prever Precaver, prevenir, presentir, adivinar, sospechar, oler.

previo Anterior, precedente, preliminar. ← *Consecuente, posterior.*

previsión Precaución, preparación, sospecha, corazonada, prudencia. ← *Imprevisión.*

previsor Prudente, cauto, precavido, advertido, sagaz. ← *Imprevisor.*

previsto Conocido, sabido, supuesto. ← *Imprevisto.*

primacía Preeminencia, preponderancia, supremacía, ventaja, superioridad, prioridad. ← *Inferioridad.*

primario Primero, elemental, primitivo. ← *Secundario, subordinado, avanzado.*

primero Principal, primordial, inicial. ← *Segundo, postrero, secundario, final.* ‖ Sobresaliente, excelente, grande, superior. ← *Inferior.* ‖ Antes, primeramente, antiguamente, previamente. ← *Después.*

primitivo Originario, primero, primario. ← *Maduro.* ‖ Simple, sencillo. ← *Evolucionado.* ‖ Anti-

guo, viejo, prehistórico. ← *Actual, contemporáneo, hodierno.* ‖ Rudo, tosco. ← *Perfeccionado.*

primordial Fundamental, primero, esencial. ← *Secundario, accidental, eventual.*

principal Primero, importante, primordial, preferente, esencial. ← *Secundario, accesorio.*

principiante Novato, aprendiz, novicio, inexperto. ← *Ducho, camastrón.*

principio Inicio, iniciación, apertura, comienzo, encabezamiento, arranque, entrada, preámbulo, prefacio, preludio, nacimiento, inauguración. ← *Acabamiento, fin.* ‖ Base, fundamento, origen, causa, raíz. ← *Efecto, deducción, ramificación.* ‖ Regla, precepto, máxima, tesis, norma. ← *Anarquía.*

prior Prelado, superior, abad, párroco.

prioridad Preferencia, superioridad, primacía. ← *Posterioridad, seguimiento.*

prisa Rapidez, prontitud, presteza, celeridad, diligencia, viveza, vivacidad. ← *Calma, pachorra.* ‖ Urgencia, apremio, ansia. *Remisión, prorrogación.*

prisionero Preso, cautivo, detenido, recluso, rehén. ← *Libre.*

privación Carencia, falta, ausencia, despojo, miseria. ← *Abundancia.*

privado Personal, particular, familiar, íntimo. ← *Público.* ‖ Favorito, valido, preferido, escogido, predilecto. ← *Detestado.*

privar Suspender, destituir. ‖ Desposeer, despojar, quitar. ← *Devolver.* ‖ Prohibir, impedir. ← *Permitir.*

privilegiado Predilecto, preferido, favorito, escogido, elegido, notable, extraordinario. ← *Desgraciado, desafortunado.*

probable Verosímil, posible, creíble, factible, admisible. ← *Improbable.*

probar Examinar, ensayar, tantear, experimentar, catar, degustar, saborear, paladear, gustar. ‖ Justificar, demostrar, confirmar, comprobar, verificar, acreditar, atestiguar, razonar.

problema Duda, cuestión, dificultad, pega, enigma. ← *Solución.*

problemático discutible, dudoso, incierto, inseguro, difícil, irresoluble.

procedencia Origen, naturaleza, ascendencia, nacimiento, raíz, punto de partida, punto de origen. ← *Destino.*

procedente Originario, derivado.

proceder Conducta, comportamiento, maneras, modos, gobierno.

proceder Provenir, derivar, arrancar, descender, salir, suceder, resultar, nacer, originarse. ← *Causar, originar.*

procedimiento Curso, marcha, conducta, manera, método, forma, sistema, actuación. ← *Suspensión, interrupción.*

procesión Hilera, fila, comitiva, desfile, marcha, séquito, acompañamiento.

proceso Sucesión, transcur-

P

so, paso, desarrollo. ‖ Pleito.

proclamar Aclamar, nombrar, elegir. ← *Deponer.*

procurar Pretender, intentar, probar, tantear, tratar, ensayar.

prodigalidad Generosidad, disipación, derroche, largueza, consumo, desperdicio, gasto, malversación, despilfarro. ← *Ahorro, economía.*

prodigar Dar, distribuir, colmar, gastar, despilfarrar, malgastar, derrochar, malbaratar, dispensar. ← *Ahorrar, economizar.*

prodigio Portento, fenómeno, milagro, maravilla, excelencia. ← *Banalidad, futilidad.*

prodigioso Portentoso, milagroso, maravilloso, sobrenatural, asombroso, admirable, extraordinario, fenomenal, bajado del cielo. ← *Ordinario, corriente, natural.* ‖ Exquisito, primoroso, bello, excelente. ← *Mediocre.*

pródigo Liberal, generoso, desordenado, despilfarrador, derrochador, manirroto. ← *Avaro, ahorrador.*

producción Fabricación, elaboración, creación, productividad.

producir Engendrar, criar, crear, inventar, elaborar, dar fruto. ‖ Elaborar, fabricar, rendir, rentar. ‖ Causar, originar, ocasionar, provocar.

productivo Fecundo, fértil, fructífero, fructuoso. ← *Estéril.* ‖ Provechoso, beneficioso. ← *Improductivo.*

producto Obra, resultado, fruto, trabajo, provecho, beneficio, rendimiento, cosecha.

proeza Hazaña, valentía, heroicidad, rasgo, gallardía, empresa. ← *Cobardía.*

profanación Sacrilegio, perjurio, blasfemia, violación. ← *Reverencia.*

profanar Quebrantar, violar, deshonrar, prostituir, deslucir. ← *Respetar, reverenciar, consagrar.*

profano Laico, seglar, terrenal, carnal. ← *Espiritual, sagrado, sacro.* ‖ Irreverente, irreligioso, impío, impiadoso, ateo, sacrílego. ← *Reverente, piadoso.*

profecía Pronóstico, predicción, presagio.

proferir Decir, prorrumpir, pronunciar, declarar, exclamar. ← *Callar.*

profesar Ejercer, practicar, ocuparse. ‖ Creer, confesar, reconocer, declarar, sentir. ← *Abominar, abjurar.*

profesión Ocupación, trabajo, oficio, carrera, función, puesto, ministerio, situación.

profesor Educador, catedrático, maestro, pedagogo, preceptor, instructor, auxiliar. ← *Discípulo, alumno, escolar, estudiante.*

profesorado Claustro, personal docente.

profetizar Predecir, presagiar, adivinar, pronosticar, anunciar.

profundidad Hondura, depresión, fondo, calado, sima, salto, hondonada, abismo. ← *Eminencia,*

prominencia, altura, culminación.

profundizar Calar, ahondar, penetrar, hundir, sondear, cavar. ← *Emerger, surgir.* ‖ Analizar, discurrir, examinar, escrutar. ← *Mirar por encima, mirar superficialmente.*

profundo Hondo, insondable, abismal, recóndito, deprimido. ← *Elevado, alto.* ‖ Intenso, penetrante, difícil, oscuro, inteligente, fino. ← *Superficial, ligero, fácil.*

progresar Adelantar, aventajar, prosperar, mejorar, evolucionar, perfeccionarse, ascender. ← *Retroceder, regresar, empeorar.*

progresista Revolucionario. ← *Retrógrado, reaccionario.*

progresivo Gradual, creciente. ← *Súbito, improviso.* ‖ Próspero, floreciente.

progreso Evolución, progresión, prosperidad, perfeccionamiento, mejoramiento, adelanto, avance, aumento, mejora, desarrollo. ← *Retroceso, regreso, empeoramiento.* ‖ Civilización, cultura.

prohibido Vedado, ilícito, indebido, ilegal, malo. ← *Permitido, lícito, admitido.*

prohibir Vedar, impedir, negar, privar. ← *Autorizar, permitir, dejar hacer.*

proletariado Plebe, pueblo, ← *Burguesía, clase pudiente.*

proletario Plebeyo, pobre, trabajador, obrero, jornalero. ← *Amo, dueño, capitalista.*

prólogo Preámbulo, prefacio, introducción, preludio. ← *Epílogo.*

prolongación Prolongamiento, continuación, alargamiento. ← *Acortamiento.* ‖ Retardamiento, aplazamiento, prórroga. ← *Abreviación.*

prolongar Alargar, dilatar, extender, estirar. ← *Acortar.* ‖ Retardar, prorrogar, retrasar. ← *Abreviar.*

prometer Ofrecer, proponer, dar palabra, hacer voto, obligarse. ‖ Asegurar, afirmar.

prominente Saliente, abultado, elevado. ← *Deprimido, profundo, cóncavo.*

pronunciamiento Alzamiento, sublevación, levantamiento, insurrección, rebelión, revolución, amotinamiento, militarada.

pronunciar Proferir, decir, articular, prorrumpir, declarar. ← *Callar.*

propaganda Publicidad, divulgación, difusión.

propagar Difundir, divulgar, vulgarizar, pregonar, publicar, esparcir, expandir, revelar, transmitir, extender. ← *Contener, frenar, limitar, restringir.*

propiedad Posesión, pertenencia, dominio. ← *Indigencia.* ‖ Hacienda, bienes, patrimonio, herencia, finca, latifundio. ← *Pobreza, miseria.* ‖ Cualidad, carácter, rasgo, peculiaridad, particularidad, atributo, nota.

propietario Posesor, dueño, amo, señor, terratenien-

te, casero, arrendatario. ← *Indigente, proletario, inquilino, arrendador.*

propio Peculiar, privado, especial, característico, específico, individual, personal. ← *Otro, ajeno.* ‖ Adecuado, conveniente, a propósito, apto, oportuno, conforme, bueno para. ← *Inoportuno, inadecuado.*

proporción Relación, ritmo, armonía, simetría, correspondencia, equilibrio. ← *Desproporción, desequilibrio.* ‖ Tamaño, medida, dimensión, escala.

proporcionado Proporcional, armonioso, simétrico, equilibrado, bien hecho. ← *Desproporcionado.*

proporcionar Dar, suministrar, facilitar, proveer. ← *Negar, rehusar.*

propósito Intención, designio, idea, pensamiento, intento, finalidad, proyecto, proposición, aspiración. ← *Realización.*

propósito (a) Conveniente, oportuno, conforme.

prosperar Mejorar, progresar, adelantar, enriquecerse, triunfar. ← *Perder, atrasarse, empeorar.*

prosperidad Progreso, adelanto, éxito, auge. ← *Desdicha, penuria.*

próspero Propicio, venturoso, feliz, favorable, floreciente, afortunado. ← *Infausto, infeliz.*

protagonista Personaje, héreo, actor. ← *Figurante, comparsa.*

protección Auxilio, amparo, ayuda, favor, defensa, refugio, abrigo, asilo,

escudo, patrocinio, auspicio. ← *Persecución, oposición, desvalimiento.*

protector Amparador, defensor, padrino, tutor, patrocinador, bienhechor. ← *Perseguidor, enemigo.*

proteger Ayudar, socorrer, auxiliar, amparar, acoger, preservar, resguardar, defender, cubrir, encubrir, apoyar, sostener, respaldar, patrocinar, recomendar. ← *Perseguir, oponerse.*

protesta Protestación, reparo, reprobación, condenación, desaprobación, crítica. ← *Conformidad.*

protestar Oponerse, rebelarse, sublevarse, contestar. ← *Aceptar, admitir.*

provecho Ventaja, beneficio, rendimiento, ganancia, utilidad. ← *Pérdida.*

provechoso Beneficioso, productivo, ventajoso, útil, remunerativo. ← *Improductivo.*

proveer Surgir, abastecer, equipar, suministrar, aprovisionar, proporcionar, facilitar. ← *Privar.*

proverbio Refrán, sentencia, máxima, dicho, moraleja.

providencia Destino. ‖ Dios.

providencial Fatal, predestinado. ‖ Oportuno, feliz, propicio. ← *Inoportuno.*

provisión Almacenamiento, depósito, reserva, acopio, abastecimiento, *stock, suministro, víveres, existencias. ← *Penuria, escasez, falta.*

provisional Momentáneo, pasajero. ← *Perpetuo, definitivo.*

P **provocar** Incitar, agitar, excitar, desafiar, retar. ← *Sosegar, aquietar, tranquilizar.* || Promover, causar. ← *Parar.*

proximidad Vecindad, inmediación, cercanía, contigüidad. ← *Lejanía.*

proximidades Cercanías, contornos, alrededores.

próximo Cercano, inmediato, vecino, contiguo, junto. ← *Lejano.*

proyectar Lanzar, despedir, arrojar. ← *Retener, frenar.* || Urdir, fraguar, forjar, tramar, concebir, imaginar, maquinar, preparar, premeditar, planear. ← *Realizar.*

proyectil Bala, obús, granada, pepino, bomba, torpedo, dardo, saeta. ← *Arma.*

proyecto Propósito, plan, idea, intención, intento, finalidad. ← *Realización.* || Esbozo, esquema, apunte, borrador, diseño, croquis. ← *Producto.*

prudencia Cordura, moderación, juicio, aplomo, sabiduría, sensatez, acierto, discreción, reserva, ecuanimidad, previsión, precaución, cautela, buen juicio. ← *Imprudencia, insensatez, necesidad.*

prudente Cuerdo, moderado, juicioso, sabio, sensato, discreto, ecuánime, precavido, cauteloso, ponderado, equilibrado, formal, serio, reservado, previsor. ← *Imprudente, insensato, necio, estúpido.*

prueba Ensayo, experimento, experiencia, tentativa. || Argumento, razonamiento, razón, testimonio, justificación, documento, muestra, indicio, señal demostración.

publicación Edición, obra.

publicar Proclamar, pregonar, revelar, anunciar, descubrir, propagar, manifestar, divulgar, difundir. ← *Ocultar, callar.* || Imprimir, editar, dar a la publicidad.

publicidad Propaganda.

público Conocido, manifiesto. ← *Secreto, privado, reservado, escaso, singular.* || Concurrencia, auditorio, muchedumbre, espectadores, oyentes, asistentes, asistencia.

púdico Modesto, honesto, casto, decoroso. ← *Impúdico, indecoroso.*

pudor Pudicicia, decencia, vergüenza, castidad, modestia, decoro, honestidad. ← *Impudor, deshonestidad.*

pueblo Población, poblado, villa, aldea. || Nación, país, raza. || Tribu, clan. || Plebe, vulgo.

puerta Portal, entrada, acceso.

pues Puesto que, ya que, luego, en vista de que, por tanto.

puesto Sitio, lugar, paraje, posición, punto, situación, espacio, rincón. || Tienda, parada. || Oficio, cargo, empleo, plaza.

pugna Pelea, contienda, combate, batalla, desafío.

pugnar Pelear, luchar, contender, batallar. ← *Renunciar, retirarse.*

pulcritud Cuidado, asco, esmero, delicadeza, limpieza, escrupulosidad. ← *Desaseo, dejadez.*

pulcro Limpio, aseado, esmerado, cuidadoso, escrupuloso, delicado, bello. ← *Desaseado, descuidado.*

pulular Abundar, hormiguear, bullir, agitarse, moverse, hervir.

pulverizar Moler, triturar, hacer polvo.

punta Pincho, aguja, aguijón, clavo, espina. || Ángulo, esquina, arista, cresta. || Cabo, extremo. || Pico, promontorio, eminencia, cima.

puntería Acierto, tino, vista, pulso, destreza, habilidad.

puntiagudo Agudo, penetrante.

puntilloso Susceptible, quisquilloso, meticuloso, minucioso. ← *Indiferente, insensible.*

punto Puntada. || Sitio, lugar, paraje, puesto, parte, localidad, situación. || Momento, segundo, instante, soplo. || Tema, cuestión, asunto.

puntual Exacto, preciso, diligente, cumplidor, normal, metódico, matemático, regular. ← *Impreciso.* || Cierto, seguro, indudable. ← *Incierto.*

puntualidad Precisión, matemática, rigurosidad, regularidad, exactitud, cuidado, diligencia. ← *Imprecisión.*

puntualizar Resumir, concretar, detallar, recalcar, matizar, poner los puntos sobre las íes. ← *Dejar al aire.* || Acabar, perfeccionar.

puño Puñado. || Empuñadura, mango, pomo, asidero.

pureza Perfección, limpidez, incorrupción. ← *Corrupción.* ‖ Candidez, candor, inocencia, virginidad, castidad, pudicicia, doncellez. ← *Perversión.*

purgar Purificar, limpiar, depurar. ‖ Expiar, satisfacer.

purificar Limpiar, depurar, purgar, refinar. ‖ Acendrar, acrisolar.

Purísima Inmaculada.

puritano Recto, rígido, severo, inflexible, purista, exigente, riguroso, intransigente. ← *Tolerante.*

puro Depurado, castizo. ‖ Casto, inocente, perfecto, ideal, inmaculado, incorrupto. ← *Impuro.* ‖ Legítimo, simple, recto, correcto, sano, exacto, límpido, limpio, propio, natural, purificado. ← *Mezclado, adulterado, artificial, complejo, incorrecto.*

P

Q

quebradizo Delicado, frágil, endeble. ← *Resistente, fuerte.*

quebrado Fraccionario. ← *Entero.* ‖ Quebrantado, debilitado. ‖ Desigual, abrupto, escabroso, barrancoso, accidentado, tortuoso. ← *Uniforme, llano.*

quebradura Grieta, rotura, hendedura, hendidura, raja, abertura, fractura.

quebrantar Quebrar, dividir, romper, separar, despedazar. ← *Unir, juntar.* ‖ Rajar, hender, cascar. ‖ Machacar, moler, triturar. ‖ Vulnerar, profanar, violar, infringir, desobedecer. ← *Cumplir, satisfacer.*

quebrar Quebrantar, romper, dividir, separar, despedazar, cascar, escacharrar, astillar, destruir, hacer trizas, hacer añicos. ← *Unir, juntar.* ‖ Doblar, torcer. ← *Enderezar.*

quedar Estar, detenerse, permanecer, subsistir, durar. ← *Partir, marchar.* ‖ Cesar, acabar, terminar, convenir. ← *Comenzar.*

quedar atrás Aflojar, desmayar.

quedarse frío Sorprenderse.

quedo Quieto. ‖ Suave. ‖ Despacio, poco a poco, con tino.

quehacer Faena, ocupación, trabajo, tarea, negocio.

queja Quejido, lamento, lamentación, gemido, suspiro. ‖ Resentimiento, enojo, disgusto, descontento.

quejarse Gemir, dolerse, lamentarse.

quejido Queja.

quejoso Quejumbroso, melindroso, delicado, ñoño, ← *Sufrido.* ‖ Resentido, disgustado, descontento, agraviado. ← *Alegre, contento.*

quemado Abrasado, incinerado. ← *Incólume.*

quemar Encender, incendiar, abrasar, consumir, incinerar, reducir a cenizas. ‖ Arder, calentar.

querer Amor, cariño, afecto, estimación, afección, apego, dilección, ternura. ← *Desamor, desafecto, enemistad.*

querer Desear, apetecer, codiciar, ambicionar, pretender, procurar. ← *Rechazar, menospreciar.* ‖ Determinar, resolver, intentar, tener voluntad. ‖ Amar, estimar, apreciar, adorar. ← *Odiar.* ‖ Antojarse, exigir, requerir, pedir.

quiebra Grieta, raja, hendidura. ‖ Menoscabo, pérdida. ‖ Bancarrota, crac.

quieto Quedo, inmóvil, firme, inalterable, inactivo. ← *Móvil, activo.* ‖ Calmado, tranquilo, reposado, sosegado, pacífico. ← *Inquieto, intranquilo.*

quietud Inmovilidad, firmeza. ← *Actividad.* ‖ Calma, sosiego, reposo, tranquilidad, paz, descanso, beatitud, serenidad. ← *Inquietud, intranquilidad.*

quiosco Pabellón, pérgola, cenador, glorieta, mirador.

quirófano Sala de operaciones.

quisquilloso Puntilloso, meticuloso, exigente, melindroso, delicado. ← *Indiferente.*

quitar Libertar, librar, redimir, desembarazar, suprimir, extirpar, eliminar, retirar. ← *Cargar, ajobar, agravar, imponer.* ‖ Hurtar, robar, despojar, privar, escamotear. ← *Devolver.* ‖ Sacar, apartar, separar, privar. ← *Meter, poner, añadir.* ‖ Derogar, suprimir. ← *Promulgar.* ‖ Destituir, despachar. ← *Nombrar.*

quitarse Dejar, apartarse, renunciar. ‖ Irse, alejarse.

R

rabia Irritación, enfado, enojo, coraje, furor, cólera, furia, ira. ← *Serenidad.*

rabiar Encolerizarse, enfurecerse, irritarse, enojarse, trinar, enloquecer, crujir de dientes.

rabieta Rabia, berrinche.

rabioso Frenético, colérico, furioso, airado, enojado, violento, fuerte, desmedido. ← *Tranquilo.*

rabo ,entre piernas (con el) Abochornado, avergonzado. ← *Desenvuelto.*

ración Medida, porción, racionamiento, parte.

racionar Distribuir, proporcionar, repartir, proveer, suministrar.

radiante Resplandeciente, luminoso, brillante, centelleante. ← *Mate, apagado.* ‖ Feliz, alegre, satisfecho, contento, animado, campante. ← *Infeliz.*

ráfaga Racha, galerna, torbellino, borrasca, tromba, ciclón.

raja Hendedura, hendidura, grieta, fisura, rendija, resquebrajadura, juntura, abertura. ‖ Tajada, rabanada, corte.

rajar Abrir, hender, partir, agrietar, cascar.

rajarse Volverse atrás.

ramas (andarse por las) Extraviarse, perderse. ← *Concretar.*

rampa Cuesta.

rango Clase, categoría, condición.

ranura Raja, hendedura, hendidura, entalle, raya, estría, surco.

rapapolvo Sermón, bronca, regaño. ← *Elogio.*

rapaz Chiquillo, chico, muchacho, chaval, mozuelo, rapazuelo, rapacejo. ← *Adulto.*

rapaz Avaricioso, codicioso, rapiñador. ← *Pródigo, generoso.*

rapidez Velocidad, prontitud, ligereza, presteza, apresuramiento, agilidad, viveza. ← *Lentitud.*

rápido Ágil, presto, presuroso, precipitado, pronto, raudo, vivo, vertiginoso, súbito, acelerado, alado, repentino, como una bala. ← *Lento, calmoso.*

rapiña Latrocinio, robo, pillaje, ratería, saqueo.

rapiñar Robar, saquear, pillar.

raptar Robar, rapiñar, hurtar, secuestrar.

rapto Secuestro.

raquítico Débil, mezquino, enclenque, endeble, esmi-

rriado, escaso, pobre, mísero, miserable. ← *Fuerte, vigoroso, robusto.*

raro Escaso. ← *Abundante.* ‖ Extraño, extraordinario, estrambótico, excepcional, sobresaliente, extravagante, anormal, caprichoso, sorprendente, original, fantástico, desacostumbrado, curioso, único. ← *Normal, corriente, acostumbrado.* ‖ Maniático, loco. ← *Cuerdo.*

rascadura Rascamiento, restregadura, refregadura, restregón, rozamiento, roce, rozadura, frotamiento, frotadura, frote, fregadura, fricción, fregamiento.

rascar Estregar, restregar, fregar, refregar, escarbar, frotar, rozar, escarbar, pulir, limar, limpiar, arañar.

rasgadura Rasgón, desgarrón, jirón, siete, rotura.

rasgar Desgarrar, deshilar, romper. ‖ Rasguear. ‖ Rasguñar.

rasgos Facciones, aspecto, parecer, fisionomía.

rasguño Arañazo, uñada, frotamiento.

raso Llano, plano, desnu-

R

do, libre, despejado, pelado, liso, calvo, limpio. ← *Desigual, quebrado.*

raspadura Raimiento, raspamiento.

raspar Limar, frotar, arañar. ‖ Rasar, rozar.

rastrear Buscar, inquirir, averiguar, indagar, escudriñar, perseguir, explorar, buscar.

rastro Huella, indicio, señal, pista, traza, rodada, uñada, patada, estela, pisada, paso, ida.

rata Ratón. ‖ Ladrón, caco, ratero.

ratero Rata, ladrón, caco, ratero.

ratificar Confirmar, revalidar, reafirmar, corroborar, aprobar, mantener. ← *Denegar, rectificar.*

rato Instante, soplo, momento, pausa, santiamén, periquete.

raudo Rápido, veloz.

raya Línea. ‖ Confín, límite, término, frontera, linde, extremo, fin. ‖ Estría.

rayo Relámpago, centella, chispa.

raza Tribu, clan, familia, pueblo linaje, género, casta, especie.

razón Raciocinio, inteligencia, entendimiento. ← *Irreflexión, falta de criterio.* ‖ Justicia, rectitud, buen sentido. ← *Desigualdad, injusticia.* ‖ Prueba, explicación, demostración. ‖ Causa, motivo, porqué, fin. ← *Consecuencia.*

razón (dar) Informar, notificar, noticiar.

razonable Sensato, prudente, inteligente. ← *Insensato, fuera de razón.* ‖ Moderado, mediano,

suficiente, bastante, regular, bueno, conveniente. ← *Desmesurado, desproporcionado.* ‖ Justo, legal, arreglado, legítimo, sostenible. ← *Injusto, ilegítimo.*

razonamiento Argumento, demostración, razón, explicación, prueba. ‖ Argumentación.

razonar Reflexionar, discurrir, hablar, discutir, exponer, conversar, resumir. ← *Disparatar.*

real Verdadero, verídico, cierto, efectivo, innegable. ‖ Incontestado, indiscutible. ← *Irreal, falso, aparente, imaginario.*

real Soberano, principesco, noble. ← *Plebeyo.* ‖ Bonísimo, perfecto.

realeza Majestad, soberanía, magnificencia, grandiosidad, poder. ← *Mezquindad, humildad.*

realidad (en) De verdad, en efecto, sin duda alguna, de hecho.

realizable Posible, hacedero. ← *Imposible. irrealizable.*

realizar Efectuar, ejecutar, hacer, llevar a cabo, verificar. ‖ Vender.

realzar Elevar, levantar. ← Bajar, disminuir. Engrandecer, aumentar, ilustrar, relevar. ← *Rebajar.*

reanimar Confortar, reconfortar, reforzar, fortalecer, vivificar, reavivar, restablecer. ← *Debilitar.* ‖ Animar, consolar, alentar, vivificar. ← *Desanimar.*

reanudar Renovar, continuar, proseguir. ← *Interrumpir, parar, detener.*

reavivar Reanimar, alen-

tar, vivificar. ← *Desanimar.*

rebaja Reducción, disminución, deducción, descuento, baja. ← *Subida, encarecimiento.*

rebajar Disminuir, reducir, abajar, descontar. ← *Aumentar, subir.*

rebaño Grupo, manada.

rebasar Exceder, salvar, sobrepasar. ← *Limitarse.*

rebelarse Levantarse, alzarse, sublevarse, insurreccionarse, amotinarse, indisciplinarse, desobedecer, resistirse, protestar, tirar coces. ← *Obedecer.*

rebelde Insurrecto, sublevado. ← *Leal.* ‖ Indócil, indisciplinado, descontento. ← *Obediente, sumiso.*

rebeldía Rebelión. ‖ Indisciplina, inobediencia, insurrección. ← *Obediencia, sumisión.*

rebelión Motín, alzamiento, sublevación, revolución, insurrección. ← *Lealtad, fidelidad.* ‖ Rebeldía.

reblandecer Enternecer, emblandecer, ablandar. ← *Endurecer.*

rebosar Exceder, derramarse, verterse, caer, vomitar.

rebuscado Complicado. ← *Sencillo.*

rebuscar Escudriñar, escrutar, explorar, sondear, examinar. ← *Abandonar, dejar.*

recadero Mensajero.

recado Encargo, mensaje, misiva. ‖ Presente, regalo.

recapacitar Recordar, resumir, meditar, reflexionar.

recapitular Repasar, revisar, resumir, recordar, repetir. ← *Olvidar*.

recaudación Recaudo, recaudamiento, cobro, cobranza, colecta. ← *Pago*.

recaudador Recolector, colector, cobrador.

recaudo (a o a buen) Custodiado.

recepción Recibimiento, admisión.

recibidor Recibimiento, recepción, antesala, antecámara.

recibimiento Recibidor. ‖ Acogida, acogimiento.

recibir Aceptar, tomar, acoger, aprobar, admitir. ← *Dar*. ‖ Embolsar, percibir. ‖ Dar audiencia.

reciente Nuevo, actual, moderno, fresco, flamante, acabado de hacer, recién hecho. ← *Viejo, pasado*.

recinto Espacio, estancia.

recio Robusto, vigoroso, fuerte, fortachón. ← *Débil*. ‖ Grueso, corpulento, abultado. ← *Delgado, ahilado*. ‖ Duro, áspero, grave. ← *Blando*.

recipiente Vaso, vasija, balón.

recíproco Correlativo, mutuo, intercambiable.

recitar Decir. ‖ Contar, referir, explicar.

reclamación Exigencia, protesta, petición. ← *Aprobación, agradecimiento*.

reclamar Exigir, pedir, protestar, quejarse. ← *Aprobar, asentir, agradecer*.

reclinatorio Apoyo, sostén, puntal.

recobrar Rescatar, recuperar, reparar. ← *Perder, abandonar*.

recobrarse Reponerse, res-

tablecerse, restaurarse, aliviarse. ‖ Volver en sí, recuperarse.

recodo Ángulo, esquina, rinconera, revuelta.

recoger Juntar, acumular, reunir, acopiar. ← *Disgregar*. ‖ Encoger, estrechar, ceñir. ← *Ensanchar*. ‖ Cosechar, recolectar, coger. ← *Dejar, abandonar*. ‖ Acoger. ‖ Encerrar.

recolección Cosecha. ‖ Recaudación, cobranza.

recolectar Cosechar, recoger. ← *Abandonar*.

recolector Recaudador, cobrador.

recomendable Respetable, estimable, confiado. ← *Irrecomendable, inaconsejable*.

recomendar Encargar, confiar. ← *Desaconsejar*. ‖ Elogiar, alabar. ← *Censurar*.

recompensa Recompensación, premio, condecoración. ← *Castigo*.

recompensar Compensar. ‖ Premiar, galardonar. ← *Castigar*.

recomponer Reparar, remendar, apañar, arreglar. ← *Desarreglar*.

recóndito Escondido, oculto, secreto, reservado, profundo, hondo, inteligible, incomprensible. ← *Evidente, palmario, claro, comprensible, público*.

reconocer Inspeccionar, examinar, estudiar, registrar, sondear, explorar, medir. ← *Desconocer*. ‖ Declarar, confesar, convenir, aceptar, cantar. ← *Negar*. ‖ Recordar, acordarse. ← *Ol-*

vidar. ‖ Agradecer, dar gracias.

reconocido Agradecido, obligado. ← *Desagradecido*.

reconocimiento Registro, examen, inspección, exploración, conocimiento. ‖ Confesión. ← *Negación*. ‖ Agradecimiento, gratitud. ← *Desagradecimiento*.

reconquistar Recobrar, recuperar. ← *Perder*.

reconstituyente Confortante.

reconstruir Rehacer, reconstituir, reedificar.

recopilar coleccionar, reunir, resumir, sumar. ← *Separar, desunir*.

recordar Reconocer, acordarse, volver la vista atrás, recapacitar. ← *Olvidar*.

recorrido Itinerario, trayecto, viaje, curso.

recortar Cortar, podar, disminuir, trabajar.

recrear Divertir, alegrar, distraer, entretener, deleitar. ← *Aburrir*.

recreo Distracción, entretenimiento, diversión, pasatiempo, esparcimiento, descanso, reposo. ← *Aburrimiento*. ← *Actividad*.

recriminación Reproche, regaño, represión, reprimenda, amonestación, observación, sermón, queja, acusación. ← *Elogio, aprobación*.

recriminar Reñir, reprochar, acusar, sermonear, regañar. ← *Elogiar, aprobar*.

rectificación Modificación, corrección.

rectificar Enderezar, alinear – *Curvar*. ‖ Co-

R

rregir, modificar, reformar, enmendar. ← Ratificar, aseverar. ‖ Mejorar, purificar. ← Estropear.

rectitud Derechura, enderezamiento. ← Curva, curvatura. ‖ Justicia, sinceridad. ← Injusticia.

recto Derecho, en línea recta. ← Curvo, ondulado. ‖ Justo, sincero, severo, justiciero, razonable. ← Injusto, parcial.

rector Cura, párroco. ‖ Superior, presidente, director.

recubrir Revestir, vestir, tapar, cubrir. ← Descubrir, poner al aire.

recuerdo Recordación, mención. ← Olvido.

recular Ceder, retroceder, volver atrás, retirarse. ← Avanzar.

recuperar Recobrar, rescatar, salvar. ← Perder.

recuperarse Rehacerse, restablecerse, fortalecerse. ← Desmejorarse.

recurrir Acudir. ‖ Servirse, hacer uso de, emplear. ← Prescindir.

recurso Medio, manera, previsión.

rechazar Rehusar, apartar, repeler, resistir, alejar, despedir, tirar, expulsar, desalojar. ← Admitir, aceptar.

rechinar Crujir, chirriar, gruñir.

rechoncho Gordo, barrigón, grueso, panzudo, redondo, rollizo, inflado. ← Delgado.

rechupete (de) Excelente, delicado, exquisito, extra, superior, soberbio, agradable, pistonudo. ← Abominable, detestable.

red Malla, redecilla. ‖ Trampa, lazo, engaño.

redactar Componer, escribir.

redención Liberación, rescate, libertad. ← Servitud, esclavitud.

redimir Rescatar, libertar, liberar, librar, sacar. ← Esclavizar.

redoblar Aumentar, doblar, duplicar. ← Disminuir. ‖ Repetir, insistir. ← Renunciar, abandonar. ‖ Remachar. ← Arrancar.

redonda (a la) Alrededor, en torno.

redondeado Redondo. ← Recto, plano.

redondo Circular, cilíndrico, redondeado. ← Linear, recto, plano.

reducción Rebaja, rebajamiento, disminución. ← Aumento.

reducido Pequeño, escaso, estrecho, limitado, corto. ← Amplio, grande, visto.

reducir Rebajar, acortar, disminuir, menguar, achicar, debilitar, ceñir, estrechar, cortar, mutilar, dividir, abreviar, resumir, restringir, adelgazar. ← Ampliar, ensanchar, agrandar. ‖ Someter, domar, sujetar, vencer, oprimir. ← Liberar. ‖ Convertir.

reemplazar Substituir, suplantar, suplir, suceder, relevar, renovar, cambiar, devolver. ← Continuar, proseguir, mantener.

referirse Aludir, insinuar.

refinado Refinadura. ‖ Sobresaliente, distinguido, remilgado, rebuscado, primoroso, minucioso, delicado, excelente, perfecto,

elegante. ← Vulgar, ordinario. ‖ Astuto, sagaz, malicioso. ← Ingenuo, simple.

refinadura Refinación, refinado, purificación, purgación, limpieza.

refinamiento Esmero, elegancia, distinción. ← Ornariez, vulgaridad.

refinar Purificar, depurar, lavar, purgar, limpiar, clarificar, perfeccionar, acabar, pulir, cuidar. ← Empeorar, dañar.

reflejo Espejo, espejismo, reverberación. ‖ Vislumbre, destello, aguas, centelleo. ← Oscuridad.

reflexionar Recapacitar, meditar, rumiar, considerar, cavilar, examinar, detenerse, repensar, revolver, discurrir, pesar, juzgar, tantear, devanarse los sesos, romperse la cabeza, dar vueltas. ← Arrebato impulso.

reflexivo Pensativo, considerado, meditativo, meditabundo, cabizbajo, recogido, juicioso, inteligente, prudente, reposado, pensativo. ← Insensato, desconsiderado, aturdido, atropellado, súbito, atolondrado.

reforma Reformación, restauración, modificación, mejoramiento, mejora, perfección, perfeccionamiento, progreso, reparación, renovación, revisión, innovación, cambio, corrección, restablecimiento, enmienda. ← Conservación.

reformador Innovador, restaurador, reparador, progresista, perfeccionador. ← Conservador, reaccio-

nario, antirreformista, contrarreformador.

reformar Cambiar, modificar, perfeccionar, corregir, rehacer, renovar, reparar, restaurar, mejorar, arreglar, restablecer, apañar. ‖ Enmendar. ← *Conservar, mantener.*

reformarse Moderarse, corregirse, arreglarse. ← *Desenfrenarse.*

reformatorio Correccional, disciplinario.

reforzar Aumentar, espesar. sar. ← *Disminuir, rebajar.* ‖ Fortificar, fortalecer, vigorizar, robustecer. ← *Debilitar.* ‖ Reparar, socalzar, apoyar. ← *Ceder.*

refrán Proverbio, sentencia, dicho, máxima, moraleja, pensamiento. ‖ Estribillo, canción.

refrenar Reducir, sujetar, sofrenar, parar, detener. ← *Instigar.* ‖ Contener, moderar, corregir. ← *Corromper.*

refrescar Refrigerar, enfriar, bajar la temperatura. ← *Calentar, subir la temperatura.* ‖ Helar, hacer aire. ‖ Beber.

refresco Bebida, sorbete, ‖ Refrigerio.

refrigeración Refrescadura, enfriamiento, congelación. ← *Calefacción.*

refrigerar Refrescar, resfriar, helar, congelar. ← *Calentar.*

refuerzo Ayuda, socorro, auxilio, favor, sufragio. ← *Debilitación.* ‖ Sostén, estribo, soporte. contrafuerte.

refugiar Amparar, cobijar, guarecer, acoger, socorrer, aislar, asistir, sufra-

gar, ayudar. ← *Desamparar, desasistir.*

refugiarse Defenderse, resguardarse, arrimarse, guarecerse, retirarse, ponerse a buen recaudo. ← *Exponerse.*

refugio Cobijo, albergue, abrigo, asilo, amparo, protección, acogimiento, acogida, hospitalidad, regazo, puerto. ← *Desamparo.*

regalar Dar, donar, obsequiar, halagar, festejar. ← *Vender, hacer pagar.* ‖ Recrear, deleitar, alegrar, divertir. ← *Aburrir, encocorar.*

regalo Presente, obsequio, don, propina, gratificación, aguinaldo, donación, donativo. ‖ Placer, complacencia, gusto.

regañar Reñir, disputar, pelearse, indisponerse, enfadarse, enemistarse. ← *Hacer las paces.* ‖ Reprender, sermonear. ← *Aplaudir, elogiar.*

regatear Discutir, mercadear.

regazo Falda. ‖ Amparo, cobijo, refugio, seno.

región Territorio, país, comarca, provincia.

regional Local, particular, comarcal.

regir Mandar, gobernar, dirigir. ‖ Guiar, conducir, llevar, administrar.

registrar Mirar, examinar, escudriñar, inspeccionar, reconocer, revolver, cachear.

regla Ley, reglamento, precepto, principio. ‖ Moderación, templaza, tasa, medida. ← *Desenfreno.* ‖ Arreglo, concierto, guía, orden, ejemplo,

modelo, habitud, rutina. ← *Desorden.*

R

reglamentario Legal, reglamentado, establecido, normal. ← *Antirreglamentario.*

reglamento Regla, norma, ordenanza.

regocijo Alegría, gozo, júbilo, contento, satisfacción, alborozo, placer, gusto, regodeo, jolgorio, placer, diversión, distracción, fiesta. ← *Tristeza, pesadumbre.*

regordete Gordo, grueso, rechoncho, barrigudo, panzudo, rollizo. ← *Delgado.*

regresar Retornar, reintegrarse, volver.

regreso Vuelta, retorno. ← *Ida.*

regular Regulado, ajustado, medido, arreglado, reglamentado, exacto, igual. ← *Irregular.* ‖ Mediano, mediocre, normal, corriente, ordinario, moderado. ← *Excelente, extraordinario.*

regularidad Uniformidad, orden, precisión. ← *Irregularidad.*

rehacer Reconstruir, reponer, reparar, restaurar, restablecer, reconstituir, reedificar. ← *Destruir, derribar.*

rehén Fianza, seguro, prenda, garantía.

rehusar Rehuir. ‖ Excusar, negarse, negar, desdeñar, apartar, desechar, menospreciar. ← *Admitir, hacerse cargo.*

reinar Regir, dirigir, gobernar, mandar, imperar. ‖ Predominar, prevalecer.

reír Carcajear, estallar, desternillarse, reventar de

R risa. ← *Llorar.* ‖ Burlarse, bromear.

rejuvenecer Fortalecer, restaurar, reparar, remozar, vigorizar, refrescar. ← *Envejecer.*

relación Enlace, correspondencia, conexión, lazo. ← *Desconexión, independencia.* ‖ Trato, asiduidad, familiaridad. ← *Enemistad.*

relacionar Enlazar, conectar, encadenar. ← *Independizar.*

relacionarse Tratarse, visitarse, alternar, codearse, correr con. ← *Enemistarse.*

relámpago Centella, rayo.

relatar Narrar, contar, describir, explicar. ← *Callar.*

relato Exposición, narración, explicación, descripción, informe, cuento, historia.

relieve Bulto, saliente, perfil.

religión Fe, creencia, dogma. ← *Irreligión.* ‖ Piedad, devoción, culto, ley. ← *Impiedad, profanación.*

religiosidad Fe, piedad, creencia, devoción, fervor. ← *Impiedad, irreverencia.*

religioso Devoto, pío, piadoso, místico, fiel. ← *Irreligioso, impío.*

reliquia Residuo, resto, sobra. ‖ Huella, traza, señal.

reluciente Resplandeciente, brillante. ← *Apagado, opaco.*

relucir Resplandecer, brillar, lucir, fulgurar, relumbrar. ← *Ser oscuro, estar apagado.* ‖ Sobre-

salir, destacar, resaltar. ← *Pasar inadvertido.*

rellano Meseta, descansillo, descanso.

rellenar Colmar, llenar, atiborrar, embutir. ← *Vaciar.*

relleno Abarrotado, atiborrado, harto, repleto. ← *Vacío.*

rematar Acabar, terminar, finalizar, finiquitar, dar fin. ← *Empezar, comenzar.*

remate Rematamiento, fin, final, término, conclusión, extremo, extremidad, punta, coronamiento. ← *Principio, fundamento.*

remediable Reparable, evitable, corregible, curable, estar a tiempo. ← *Irreparable, irremediable.*

remediar Reparar, corregir, enmendar, salvar, curar. ‖ Socorrer, aliviar, auxiliar. ← *Dejar, abandonar.*

remedio Cura, medicamento, medicina. ← *Enfermedad.* ‖ Corrección, enmienda, reparación. ← *Error.* ‖ Auxilio, recurso, refugio. ← *Abandono.*

remendar Componer, repasar, apañar, recomponer, recoser, zurcir. ‖ Corregir, remediar.

remiendo Reparación, apañadura, recosido, arreglo, zurcido, parche.

remilgado Repulido, presumido. ← *Abandonado.*

remojar Empapar, humedecer. ← *Secar.*

remojón Mojadura, empapamiento.

remolcar Arrastrar, tirar, acarrear. ← *Empujar.*

remolino Torbellino, ci-

clón, huracán. ← *Calma.* ‖ Confusión, disturbio, desorden, alteración. ← *Tranquilidad, paz.*

remontar Elevar, exaltar, alzar. ← *Rebajar.*

remordimiento Arrepentimiento, pesar, inquietud, voz de la conciencia. ← *Tranquilidad.*

remoto Lejano, distante, retirado, apartado. ← *Próximo.* ‖ Antiguo, pasado. ← *Inmediato.*

remover Agitar, mover, escarbar, hurgar. ← *Fijar.*

rencor Odio, aborrecimiento, resentimiento, enemistad, enemiga, hincha, mala voluntad. ← *Amor, simpatía.*

rencoroso Quisquilloso, vengativo, resentido, cruel.

rendición Rendimiento, entrega. ← *Resistencia.*

rendido Fatigado, cansado, agotado, roto. ← *Enérgico.*

rendija Hendidura, hendedura, raja, grieta, abertura.

rendimiento Rendición. ‖ Fatiga, cansancio, desmayo. ← *Energía, vigor.* ‖ Sumisión, humildad. ← *Rebeldía, orgullo.*

rendir Someter, vencer. ‖ Fatigar, cansar, sujetar, postrar.

rendirse Entregarse, humillarse, rendir las armas. ← *Resistir.*

rendir las armas Rendirse, entregarse.

renegar Detestar. ← ← *Aplaudir, aprobar.* ‖ Renunciar, abandonar, negar. ← *Permanecer fiel, permanecer adicto.*

Blasfemar, jurar, maldecir, injuriar, echar tacos.

reniego Juramento, voto, taco, blasfemia. ← *Alabanza.*

renovación Restablecimiento, transformación, reforma. ← *Conservación.*

renovar Reanudar, restaurar, restablecer, rejuvenecer. ← *Mantener, conservar.*

renuncia Abandono, renunciación, renunciamiento. ← *Apropiación.*

reñir Luchar, pelear, chocar, disputar, regañar, pugnar, armarla, habérselas con, andar a golpes, armarse la de San Quintín. ← *Haber paz, estar en paz.* ‖ Reprender, sermonear. ← *Elogiar.* ‖ Indisponerse, enfadarse. ← *Tener simpatía.*

reo Culpable, culpado. ← *Inocente.*

reparable Rectificable, remediable, enmendable. ← *Irreparable.*

reparación Reparo, remiendo, apaño, remedio, arreglo, mejoramiento, compostura, renovación, restauración. ← *Abandono.* ‖ Satisfacción, compensación. ← *Agravio, ofensa.*

reparado Compuesto, recompuesto, reforzado, proveído. ← *Descompuesto.*

reparar Componer, apañar, restaurar, enmendar, reformar, corregir, rehacer, remediar, reconstruir, modernizar, renovar, sanear. ← *Estropear, echar, a perder.* ‖ Obser-

var, apercibir, advertir, notar, mirar, atender. ← *Pasar por alto.* ‖ purgar, expiar, compensar. ← *Ofender.*

repartir Partir, distribuir, dividir. ← *Unificar, unir.*

reparto Repartición, repartimiento, distribución, división, partición. ← *Unión, unificación.*

repasar Retocar, corregir, releer, repetir, verificar, examinar. ← *Olvidar, dejar.* ‖ Estudiar.

repaso Revisión, estudio, examen, reconocimiento.

repelente Inadmisible, repugnante, repulsivo. ← *Atractivo.*

repente (de) De súbito, de improviso, de pronto, de rebato, de sopetón, sin preparación, sin pensar, sin reflexionar, de la noche a la mañana, sin encomendarse a Dios ni al diablo. ← *Con previsión.*

repentino Súbito, pronto, imprevisto, impensado, inesperado, insospechado, momentáneo, como caído del cielo. ← *Deliberado, calmoso.*

repetición Reproducción, imitación, vuelta, reposición, recaída, eco. ← *Sola vez.* ‖ Insistencia. ← *Variación, variedad,*

repetido Insistente, frecuente, machacón. ← *Único, solo.*

repetir Duplicar, redoblar, insistir, frecuentar, recalcar, machacar, reproducir, volver.

replegarse Retroceder, retirarse, recogerse, batirse en retirada. ← *Avanzar.*

repleto Macizo, relleno, colmado, rebosante, desbordante, hasta los topes. ← *Vacío.* ‖ Harto, atiborrado. ← *Hambriento.*

réplica Respuesta, contestación.

replicar Contestar, responder, rechazar, contradecir, resistir, criticar. ← *Aprobar.*

reponer Reemplazar, reparar, resucitar, reanudar, substituir, reformar, restaurar, restablecer.

reportaje Información, artículo.

reposado Sereno, quieto, tranquilo, sosegado, pacífico, plácido, apacible, manso. ← *Intranquilo, desasosegado, nervioso.*

reposar Detenerse, descansar, respirar, sosegar, desahogarse. ← *Moverse, inquietarse.* ‖ Dormir, acostarse, yacer, echarse, tumbarse. ← *Estar en pie, agitarse.*

reposarse Calmarse, sosegarse, tranquilizarse. ← *Intranquilizarse.*

reposo Inmovilidad, quietud, sosiego, calma, tranquilidad, descanso, sueño, detención, paz, placidez, serenidad. ← *Inquietud, movimiento.*

repostería Dulcería, pastelería. ‖ Charcutería.

represalia Venganza, desquite, reparación, castigo, compensación, castigo, compensación. ← *Perdón.*

representación Imagen, idea, figura, simulacro. ‖ Suplantación, substitución, relevo. ‖ Función, comedia.

R

R representante Agente, delegado, suplente, sucesor, substituto. ‖ Comediante.

representar Reproducir, imitar, encarnar, figurar, crear. ‖ Mostrar, trazar. ‖ Reemplazar, sustituir, suceder, relevar. ‖ Recitar, poner en escena.

reprochar Regañar, reñir, echar en cara, sermonear, recriminar, acusar. ← Aprobar, convenir.

reproche Cargo, regaño, lección. ← Aprobación, elogio.

reproducción Copia, imitación, calco. ← Original. ‖ Repetición, difusión, producción, multiplicación. ← Unidad.

reproducir Imitar, copiar, remedar, calcar. ‖ Repetir, insistir, machacar. ‖ Propagar, multiplicar.

reptar Culebrear, serpentear, arrastrarse, deslizarse.

república Estado, cosa pública. ‖ Municipio.

repugnancia Repulsión, antipatía, asco, escrúpulo, disgusto, desgana, tirria. ← Atracción, simpatía.

repugnante Repelente, repulsivo, asqueroso, infecto, sucio, feo, indeseable, desagradable, innoble. ← Atractivo, simpático.

repugnar Rechazar, repeler, resistir. ← Aceptar, admitir, atraer.

repulsivo Desagradable, asqueroso, repugnante, repelente. ← Agradable.

reputación Renombre, fama, celebridad, gloria, honra, honor, consideración, popularidad, nota, merecimiento, aceptación.

resaltar Destacarse, distinguirse, sobresalir, señalarse, descollar, despuntar, presidir. ← Pasar desapercibido.

resbaladizo Resbaloso, escurridizo, deslizadizo. ← Pegadizo.

resbalar Escurrirse, deslizarse. ← Mantenerse.

rescatar Redimir, recobrar, librar, libertar, reconquistar, recuperar. ← Perder.

rescate Redención, recobro, liberación. ← Pérdida.

reserva Depósito, guarda, previsión, ahorro, repuesto, recambio. ← Imprevisión.

reservado Cauteloso, comedido, serio, moderado, discreto, sobrio, modesto, callado, cauto, sagaz, desconfiado, receloso, disimulado, cerrado, secreto. ← Indiscreto, imprudente.

reservar Economizar, ahorrar, almacenar, retener, recoger, guardar. ← Malgastar.

reservarse Mantenerse, desconfiar, prevenirse, resguardarse. ← Exponerse.

residencia Morada, vivienda, domicilio, estancia, casa, habitación, mansión, edificio. ‖ Pensión, hostelería.

residir Morar, habitar, vivir, domiciliarse, parar, ocupar, hallarse.

residuo Resto, remanente, sobrante, sobras, rescaño.

resignación Humildad, paciencia, sumisión. ← Resistencia, inconformismo. ‖ Renuncia, renunciación, abandono. ← Aceptación.

resignado Dócil, paciente.

resignarse Someterse, conformarse, doblegarse, avenirse, arreglarse, prestarse, encogerse de hombros. ← Rebelarse.

resistencia Vigor, energía, fuerza, potencia, fortaleza, solidez, aguante, firmeza. ← Debilidad. ‖ Defensa, rebeldía, desobediencia. ← Aceptación, admisión.

resistente Testarudo, firme, fuerte, duro, robusto, sólido, vigoroso, tenaz, incansable, infatigable, indestructible. ← Débil, vulnerable.

resistir Aguantar, soportar, sostener, sufrir, tolerar. ← Ceder. ‖ Rechazar, repugnar, luchar, encararse, afrontar, desafiar, hacer frente, salir al encuentro, poner cara, enseñar los dientes, dar el pecho. ← Ceder, desistir, renunciar, huir.

resolución Decisión, determinación.

resolver Solucionar, acabar, decidir, arreglar, hallar. ← Dejar pendiente.

resorte Muelle, ballesta, espiral, cuerda. .

respecto a Tocante a, acerca de, sobre, referente a.

respetable Venerable, honorable, serio, importante, sagrado, majestuoso, considerable. ← Despreciable.

respetar Venerar, reverenciar, estimar, adorar, obedecer, tributar. ← Desacatar, deshonrar, faltar al respeto.

respeto Veneración, consideración, miramiento, reverencia, sumisión, fidelidad, fervor, lealtad, humildad, devoción, admiración, temor, homenaje. ← *Falta de respeto, insumisión.*

respeto (faltar al) Insolentarse, atreverse.

respetuoso Cortés, reverente, sumiso, atento, caballero, educado. ← *Irrespetuoso, descortés.*

respirar Aspirar, inspirar, exhalar, alentar, resoplar, jadear. ← *Asfixiarse.* ‖ Cobrar aliento, aliviarse. ← *Afanarse, trabajar.*

resplandecer Relumbrar, relucir, brillar, lucir, fulgurar, refulgir, relampaguear, radiar. ← *Estar apagado.* ‖ Aventajar, sobresalir, destacar, resaltar. ← *Pasar desapercibido.*

resplandeciente Deslumbrante, brillante, fulgurante, rutilante, llameante, cegador, chispeante, reluciente, luminoso, relumbrante, refulgente, deslumbrador, deslumbrante. ← *Opaco, obscuro.*

resplandor Fulgor, brillo, claridad, esplendor, brillantez. ← *Opacidad, obscuridad.*

responder Corresponder. ‖ Replicar, contestar, objetar. ← *Decir, afirmar.* ‖ Garantizar, fiar, asegurar. Desentenderse.

responsabilidad Cargo, cumplimiento, obligación, garantía, deuda. ← *Irresponsabilidad.*

responsable Solidario, comprometido, subsidiario. ← *Irresponsable.*

respuesta Contestación, réplica, satisfacción, objeción. ← *Proposición, afirmación, pregunta.*

resta Substracción, diferencia. ← *Suma.* ‖ Residuo, resto.

restablecer Reponer, resucitar, reinstalar, restaurar, reparar, rehacer, reavivar, reconstruir, reintegrar. ← *Abrogar, destruir.*

restablecerse Curar, sanar, recuperarse, fortalecerse, rejuvenecerse. ← *Empeorar.*

restablecimiento Cura, restauración, convalecencia, curación, recobramiento, recuperación. ← *Empeoramiento.*

restar Substraer, quitar, sacar. ← *Sumar.*

restauración Reparación, reposición, reconstitución, restablecimiento. ← *Revocación.*

restaurar Recuperar, reintegrar, recobrar, restablecer, reinstalar, reponer, reconstruir. ← *Destruir.*

restitución Reposición, devolución. ← *Apropiación.*

restituir Reintegrar, devolver, reponer, restablecer, remitir. ← *Apropiarse.*

resto Residuo, restante, sobrante, sobras, reliquia, despojos, poso, sedimento, ruina. ← *Totalidad, total, unidad, base.* ‖ Residuo, resta.

restricción Obstáculo, limitación, impedimento. ← *Licencia, permiso.*

restringir Limitar, ceñir, delimitar, acotar. ← *Ilimitar, abrir.*

resucitar Revivir, renacer, reavivar, resurgir, revivificar, vivificar. ← *Sepultar, matar.*

resuelto Osado, decidido, arrojado, audaz, atrevido, valiente, animado, activo, diligente, intrépido. ← *Tímido, cobarde.*

resultado Consecuencia, efecto, fruto, producto, desenlace, consecución. ← *Causa, antecedente.*

resultar Producir, surtir efecto, originarse, salir, deducirse, repercutir, trascender, venir a parar. ← *Promover, ocasionar.*

resumen Recopilación, recapitulación, compendio, sumario, sinopsis, síntesis, extracto, esquema.

resumido Breve, conciso, abreviado, corto, condensado, preciso sinóptico, reducido. ← *Amplio, dilatado, extenso.*

resumir Reducir, abreviar, recopilar, recapitular, sintetizar. ← *Dilatar, ampliar, redundar.*

retener Detener, guardar, conservar, reservar. ← *Soltar, librar.*

retirado Separado, alejado, aislado, solitario, apartado. ← *Cercano, próximo.*

retirar Separar, alejar, apartar, desviar. ← *Acercar, aproximar.* ‖ Quitar, sacar, privar. ← *Añadir.* ‖ Jubilar.

retirarse Retraerse, aislarse, enterrarse, desaparecer. ← *Aparecer.* ‖ Retroceder, volver para atrás. ← *Avanzar.* ‖ Recogerse, acostarse. ← *Levantarse.* ‖ Dejar las armas. ← *Velar las armas.*

R

R retiro Destierro, alejamiento, aislamiento, encierro, clausura, soledad. ← *Asistencia, publicidad.* ‖ Jubilación. ← *Actividad, ocupación.* ‖ Refugio, abrigo.

retórico Orador, grandilocuente.

retorno Devolución, restitución. ← *Apropiación.* ‖ Vuelta, regreso. ← *Ida.*

retractarse Rectificarse, denegar, volverse atrás. ← *Ratificar.*

retraído Refugiado, retirado. ‖ Apartado, reservado, solitario, taciturno, misántropo.

retrasar Atrasar, suspender, retardar, demorar, aplazar. ← *Adelantar.*

retraso Retardo, demora, atraso. ← *Adelanto.*

retratar Copiar, imitar, representar. ‖ Describir, detallar, pintar.

retrato Imagen, fotografía, efigie. ‖ Descripción.

retroceder Retirarse, recular. ← *Avanzar.*

retroceso Regresión, retirada. ← *Adelanto, avance.*

retumbar Resonar, tronar, estallar, rimbombar.

reunión Asamblea, concurso, sociedad, compañía, agrupamiento, pandilla, tertulia, concentración.

reunir Juntar, congregar, agrupar, acopiar, recoger, convocar, amontonar, apiñar, unir, acumular, compilar. ← *Separar, desunir.*

revelación Declaración, manifestación, descubrimiento. ← *Ocultación.*

revelar Declarar, mostrar, manifestar, descubrir, denunciar. ← *Ocultar.*

reventar Abrirse, romperse, estallar, quebrarse, deshacerse. ‖ Extenuar, fatigar, cansar.

reverencia Veneración, respeto, consideración. ← *Irreverencia.* ‖ Saludo, salutación, inclinación.

reverente Respetuoso, temeroso, piadoso, pío. ← *Irreverente.*

reverso Dorso, revés, envés, contrario. ← *Anverso.*

revés Reverso. ← *Anverso.* ‖ Contratiempo, desastre, percance, accidente, infortunio, desgracia, fracaso. ← *Suerte, oportunidad.* ‖ Golpe, bofetada.

revés (al) Al contrario.

revestimiento Recubrimiento, vestido.

revestir Vestir, recubrir.

revisar Repasar, examinar, estudiar, inspeccionar. ← *Pasar por alto.*

revisión Revista, examen, inspección, control.

revoltoso Alborotador, sedicioso, revolucionario, turbulento, rebelde. ← *Hombre de paz.* ‖ Travieso, revesado, inquieto, enredador, perturbador, vivaracho. ← *Tranquilo, reposado.* ‖ Intrincado.

revolución Agitación, perturbación, revuelta, motín, subversión, levantamiento, sublevación, insurrección. ← *Paz, tranquilidad, reacción.* ‖ Golpe de Estado.

revolucionario Revoltoso, sedicioso, rebelde, insurrecto, turbulento, agita-

dor, alborotador. ← *Reaccionario, conservador, hombre de paz.* ‖ Innovador.

rey Monarca, soberano, majestad.

rezagado Lento, atrasado, negligente, a la retaguardia. ← *Primero, adelantado.*

rezar Orar. ‖ Recitar, decir.

rjbera Ribero, orilla, borde, margen, riba, ribazo. ‖ Costa, litoral.

rico Ricacho, ricachón, adinerado, acaudalado, opulento, hacendado, capitalista, potentado, acomodado. ← *Pobre, mísero.* ‖ Abundante, floreciente, fecundo, próspero, fértil, copioso, exuberante, fastuoso, valioso, magnífico. ← *Escaso.* ‖ Gustoso, sabroso, apetitoso, agradable. ← *Desaborido, soso.* ‖ Exquisito, ópimo, excelente. ← *Malo.*

ridiculizar Burlarse, chancearse, reírse, parodiar, satirizar, caricaturizar. ← *Alabar.*

ridículo Risible, divertido, burlesco, grotesco, esperpento, extravagante, raro, bufo. ← *Serio, grave.* ‖ Escaso, corto, mezquino, pobre, trivial, transido. ← *Abundante, floreciente.* ‖ Meticuloso, quisquilloso. ← *Negligente.*

riesgo Peligro, aventura, exposición, azar.

rigidez Rigor, inflexibilidad, endurecimiento. ← *Ductilidad.* ‖ Rigurosidad. ← *Benevolencia.*

rígido Severo, austero, in-

R

flexible, estricto, justo, ecuánime. ← *Benigno, compasivo, acomodaticio.* ‖ Tieso, duro, tenso, endurecido, agarrotado, entumecido. ← *Dúctil.*

rigor Rigidez. ← *Ductilidad.* ‖ Rigurosidad. ← *Benevolencia.* ‖ Propiedad, precisión. ← *Impropiedad.*

riguroso Áspero, crudo. ← *Dulce.* ‖ Severo, rígido, cruel, duro, rudo. ← *Blando, suave.* ‖ Preciso, exacto, estricto, ajustado, meticuloso. ← *Negligente.*

rimbombante Resonante, retumbante, altisonante. ← *Llano, sencillo.* ‖ Ostentoso, llamativo, suntuoso, hinchado. ← *Corriente, discreto.*

riña Disputa, bronca, camorra, combate, batalla, contienda, encuentro, jarana, lid. ← *Tranquilidad, paz.*

riqueza Abundancia, copia, profusión, fertilidad, holgura, prosperidad, hacienda, opulencia, tesoro, caudal, fortuna, bienestar, dinero, bienes. ← *Pobreza.*

risa Risotada, risita, hilaridad, carcajada, sonrisa. ← *Llanto, ceño.*

risible Irrisorio, ridículo, cómico. ← *Serio.*

risotada Risa, carcajada.

risueño Alegre, placentero, festivo, gozoso, satisfecho. ← *Triste, lloroso.* ‖ Agradable. ← *Desagradable.* ‖ Favorable, próspero. ← *Desfavorable.*

rítmico Mesurado, armonioso, acompasado. ← *Arrítmico.*

ritmo Simetría, armonía, compás.

ritual Ceremonial, habitual, liturgia.

rival Competidor, antagonista, contrario, adversario, enemigo, contendiente. ← *Compañero, aliado.*

rivalidad Oposición, antagonismo, competencia, enemistad. ← *Alianza.*

rivalizar Competir, contender.

robar Hurtar, pillar, quitar, tomar, despojar, ratear, substraer, saquear, timar. ← *Dar, devolver, regalar.*

robo Hurto, despojo, estafa, escamoteo, ladronicio, fraude, rapiña, pillaje, ratería, saqueo, atraco, substracción, timo, sisa. ← *Donación, devolución.*

robustecer Reforzar, consolidar, fortalecer, fortificar. ← *Debilitar.*

robusto Fuerte, forzudo, firme, enérgico, vigoroso, roblizo, resistente, sólido, fornido. ← *Débil.*

roca Peñasco, peña, escollo. ‖ Piedra, veta.

rocío Escarcha, rosada. ‖ Rociada.

rocoso Peñascoso, pedregoso. ← *Terroso.*

rodar Girar, correr, circular, rondar, bailar. ‖ Merodear, vagar, errar, vagabundear.

rodear Cercar, envolver, acordonar, encerrar, cerrar.

rodeo Desvío.

rogar Instar, pedir, suplicar, implorar, invocar, orar, rezar, postular. ← *Intimar, exigir.*

rojo Bermejo, bermellón, encarnado, grana, purpúreo, rosa, rojizo, encendido, cárdeno, carmín, escarlata.

rollizo Robusto, recio, fornido, gordo, rechoncho. ← *Delgado.*

romántico Novelesco. ‖ Sensible, sentimental, pasional, caballeroso, quijotesco. ← *Materialista.*

romper Quebrar, quebrantar, fracturar, aplastar, demoler, destruir, destrozar, despedazar, astillar, descoyuntar, desgarrar, desgajar, dislocar, estrellar, escacharrar, machacar, rajar, rasgar, hender, trizar, reventar, hacer añicos, hacer trizas. ← *Componer, adobar, arreglar, unir.*

rondar Guardar, vigilar. ‖ Galantear, cortejar. ‖ Asediar, importunar, molestar.

ropa Vestido, vestidura, ropaje, indumentaria, prenda. ‖ Trapo, tela, género, paño, tejido.

ropa blanca Lencería.

rostro Faz, cara, semblante, efigie, figura, imagen.

rotación Giro, vuelta.

roto Quebrantado. ‖ Andrajoso, harapiento.

rótulo Letrero, cartel, inscripción, etiqueta.

rotundo Claro, preciso, definitivo, terminante. ← *Indefinido, evasivo.* ‖ Sonoro, rodado.

rotura Ruptura, rasgadura, fractura, cisura, quiebra, abertura, desgarrón, estropicio. ← *Integridad, unión, arreglo.*

rubor Sonrojo, bochorno. ‖ Timidez, vergüenza, can-

R dor, candidez. ← *Desvergüenza, desempacho.*

ruborizado Confuso, atolondrado, embarazado. ← *Desenvuelto.*

ruborizar Avergonzar, sonrojar, abochornar.

rudeza Brusquedad, descortesía, grosería, torpeza, aspereza, tosquedad. ← *Cortesía, obsequiosidad.*

rudimentario Rudimental, elemental, primitivo, básico, fundamental, inicial. ← *Perfecto, acabado, complicado.*

rudimento Principio, esbozo, fundamento.

rudo Tosco, bruto, basto, áspero. ← *Refinado.* ‖ Descortés, grosero, brusco, ceñudo, torpe, zote, obtuso, duro. ← *Cortés, amable, atento.* ‖ Violento, riguroso, impetuoso. ← *Plácido.*

ruego Plegaria, súplica, petición, instancia, solicitud. ← *Exigencia.*

rugido Bramido. ‖ Estruendo, trueno, retumbo.

rugir Bramar. ‖ Crujir, rechinar, chirriar.

rugoso Arrugado, desigual, ondulado. ← *Plano.*

ruido Rumor, ronroneo, murmullo. ‖ Escándalo, alboroto, estrépito. ← *Silencio.*

ruido (sin) A la chita callando.

ruidoso Sonado, escandaloso.

ruin Indigno, vil, despreciable, miserable, bajo, malo. ← *Digno.* ‖ Mezquino, avaro, tacaño, roñoso, miserable, cutre. ← *Generoso.*

ruina Perdición, destrucción, devastación, destrozo, desolación, decadencia, fin, pérdida, quiebra, decaimiento, hundimiento, caída, bancarrota, fracaso. ← *Suerte, fortuna, apogeo.*

ruinas Vestigios, restos, despojos, escombros.

ruindad Vileza, indignidad, infamia, bajeza, villanía, maldad. ← *Bondad, dig-*

nidad. ‖ Avaricia, tacañería, mezquindad, roñería. ← *Generosidad.*

rumbo Ruta, dirección, orientación, camino, senda. ‖ Pompa, ostentación, gala, boato, aparato.

rumor Murmullo, zumbido, ruido, susurro. ‖ Chisme, hablilla.

ruptura Rompimiento, desavenencia, enemistad, separación, riña, pelea. ← *Amistad.* ‖ Rotura.

rural Rústico, campesino, inculto, tosco, campestre. ← *Urbano.*

rústico Burdo, inculto, rudo, tosco, basto, grosero, ordinario, descortés. ← *Educado, culto.* ‖ Aldeano, pueblerino, campesino, labriego, campestre. ← *Urbano.*

ruta Itinerario, rumbo, dirección, vía, senda, camino.

rutina Uso, costumbre, hábito, práctica, habitud, usanza, tradición.

S

sabana Planicie, llanada, paramera, páramo, llanura. ← *Selva.*

saber Sabiduría, cultura, ciencia, erudición, ilustración, conocimiento, inteligencia. ← *Ignorancia.*

saber Entender, conocer, dominar, estar al corriente, estar fuerte en, estar al tanto. ← *Ignorar, desconocer.* ‖ Tener sabor a.

sabido Notorio, público, familiar. ← *Ignorado.*

sabiduría Saber. ← *Ignorancia.* ‖ Juicio, tino, sensatez, cordura, prudencia, seso. ← *Imprudencia.* ‖ Conocimiento, noticia.

sabio Culto, entendido, documentado, erudito, competente, instruido, fuerte, lumbrera, pensador, filósofo, perito, sesudo, versado. ← *Ignorante, inculto.*

sabor Gusto, gustillo, deje, paladar.

saborear Gustar, degustar, paladear, probar, catar, gozar.

sabotaje Desperfecto, daño, perjuicio, deterioro.

sabroso Delicioso, agradable, gustoso, suculento, exquisito, rico, apetitoso, excelente. ← *Soso, insulso.*

sacar Extraer, quitar, separar, alejar, apartar, abrir, arrancar, desempolvar, desenjaular, vaciar, exprimir. ← *Poner, introducir.* ‖ Aprender, averiguar, solucionar, resolver, lograr, obtener, alcanzar, conseguir, deducir, descifrar, hallar. ‖ Excluir, exceptuar, separar. ← *Incluir.* Exponer, revelar, mostrar, enseñar. ← *Esconder.*

sacerdocio Ministerio sagrado, estado eclesiástico. ← *Estado laico.*

sacerdotal Eclesiástico, clerical. ← *Seglar.*

sacerdote Clérigo, cura, capellán, ministro de Dios, padre, eclesiástico, religioso, prelado, abate. ‖ Pastor, rabino, lama, pope.

saciado Lleno, repleto, satisfecho, harto. ← *Hambriento.*

saciar Hartar, satisfacer, llenar, atracar, repletar, empachar, saturar, atestar, cebar, rellenar, colmar, atiborrar.

saciedad Saturación, empalago, empacho, cansancio. ← *Necesidad, hambre.*

sacramental Ritual, acostumbrado, consagrado, habitual. ← *Extemporáneo.*

sacramento Misterio. ‖ Juramento.

sacrificado Víctima, mártir. ← *Sacrificador.*

sacrificar Inmolar, ofrendar, ofrecer. ‖ Degollar, matar. ‖ Arriesgar, exponer, jugar.

sacrificarse Consagrarse, dedicarse, conformarse, resignarse, aguantarse, privarse, sufrir. ← *Regalarse.*

sacrificio Inmolación, ofrenda, hecatombe. Renunciamiento, abnegación, privación, desinterés, abandono. ← *Beneficio, ganancia.*

sacrilegio Profanación, impiedad, perjurio, violación, blasfemia. ← *Veneración, adoración.*

sacrílego Impío, profano, profanador, blasfemo. ← *Devoto, fiel, pío.*

sacudida Agitación, revolución, conmoción, temblor, sobresalto, terremoto, vibración, palpitación, salto, golpe, movimiento.

sacudir Agitar, mover, menear, remover, zarandear. ← *Dejar, posar.* ‖ ‖ Golpear, pegar.

sagacidad Perspicacia, sutileza, astucia, política, refinamiento, cautela. ← *Ingenuidad, ceguera, obtusidad.*

sagaz Astuto, ladino, cauto, sutil, travieso, perspicaz, inteligente, previsor, prudente, avisado, sensato, refinado. ← *Corto, obtuso.*

sagrado Sacro, sacrosanto, consagrado, bendito, santificado, canonizado, sacratísimo. ← *Profano.* ‖ Venerable, respetable, inviolable, intangible. ← *Inverecundo.*

sala Pieza, salón, aposento, aula.

salario Paga, mensualidad, sueldo, soldada, honorarios.

saldar Liquidar, pagar, abonar, satisfacer.

saldo Liquidación, remate. ‖ Resto.

salero Gracia, garbo, chispa, sal. ← *Desabrimiento, adustez.*

saleroso Garboso, salado, gracioso, chistoso, sandunguero, ocurrente, agudo. ← *Desmañado, torpe.*

salida Marcha, partida. ‖ Apertura, abertura, desembocadura, puerta, derrame. ← *Oclusión, cerramiento.* ‖ Saliente. ‖ Escapatoria, pretexto, recurso, subterfugio. ‖ Ocurrencia, agudeza, chiste.

saliente Prominente, visible, manifiesto, exterior. ← *Entrante, escondido.* ‖

Levante, oriente. ← *Poniente.*

salir Partir, ir, marcharse, ausentarse, alejarse, ponerse en camino. ← *Quedarse.* ‖ Librarse, libertarse, desembarazarse. ‖ Aparecer, brotar, surgir, nacer, manifestarse, descubrirse. ← *Aparecer.* ‖ Desprenderse, echarse, arrojarse. ‖ Sobresalir. ‖ Provenir, proceder.

salmo Alabanza, cántico.

salón de actos Paraninfo.

salpicado Manchado, picado, pecoso.

salpicar Esparcir, asperjar, rociar.

saltar Brincar, cabriolar, botar. ‖ Lanzarse, arrojarse, desprenderse. ‖ Franquear, atravesar. ‖ Omitir, olvidar.

saltarín Danzarín, bailarín.

saltear Asaltar, embestir, acometer, salir al camino, salir al encuentro.

salto Brinco, bote, rebote, cabriola, pirueta. ‖ Precipicio, despeñadero. ‖ Chorro. ‖ Variación, cambio, mutación. ‖ *Permanencia.* ‖ Omisión, olvido. ← *Recuerdo.*

salto de agua Cascada.

salud Salvación, salvamento. ‖ Sanidad, remedio. ← *Enfermedad.*

saludable Sano, higiénico. ← *Insano, insalubre.* ‖ Conveniente, beneficioso, provechoso. ← *Perjudicial.*

saludar Cumplimentar, dar los buenos días, dar la bienvenida. ‖ Proclamar.

saludo Reverencia, salutación. ‖ Besamano, apretón.

Levante, oriente. ← *Poniente.*

salvador Protector, defensor.

Salvador (El) Jesucristo, Mesías, Redentor.

salvajada Atrocidad, barbaridad, brutalidad, salvajería.

salvaje Inculto, áspero, montés, silvestre, selvático, agreste. ← *Culto, cultivado, hospitalario.* ‖ Bárbaro, cruel, feroz, atroz, incivil, brutal, indómito, arisco, indomable, insociable. ← *Dócil, civilizado.* ‖ Rudo, terco, torpe. ← *Listo, inteligente.*

salvajismo Atrocidad, brutalidad, barbaridad, incivilidad, ferocidad. ← *Civilidad, civilización.*

salvar Librar, liberar, proteger, sacar. ← *Condenar, abandonar.* ‖ Evitar, exceptuar, excluir. ← *Incluir.* ‖ Franquear, vencer, atravesar, escalar, saltar. ← *Topar, encontrar.*

salvo Ileso, libre, seguro, viviente, libertado. ← *Perjudicado, herido, dañado.* ‖ Excepto, exceptuado. ← *Incluido.*

sanar Curar, reponerse, mejorar, restablecerse, recobrarse. ← *Empeorar, enfermar.*

sanatorio Hospital, balneario.

sanción Pena, castigo. ‖ Ley, ordenanza.

sangre Púrpura. ‖ Familia, linaje, parentesco, casta, raza.

sangre fría Serenidad, valor, tranquilidad. ← *Cobardía.*

sangre azul Nobleza, aristocracia.

sangriento Ensangrentado, mortífero. ← *Incruento.* ‖ Sanguinario, cruel. ← *Pacífico.*

sano Saludable, bueno. ← *Insano.* ‖ Lozano, robusto. ← *Decaído.* ‖ Entero, intacto, fresco, fuerte. ← *Herido, dañado.*

sano (cortar por lo) Resumir, abreviar, ahorrar.

sano y salvo Ileso, sano.

santiamén Periquete, instante, segundo, soplo, momento.

santiamén (en un) En un decir Jesús, en menos que canta un gallo, en un abrir y cerrar de ojos.

santificación Glorificación. ← *Condenación.*

santificar Consagrar, loar, bendecir, glorificar. ← *Condenar.*

santiguarse Persignarse, hacerse cruces. ← *Jurar.*

santo San, bienaventurado, sagrado, augusto, bendito, justo, puro, perfecto, virtuoso, ejemplar, elegido, predestinado, glorificado, sacro. ← *Impío, diabólico.* ‖ Estampa, dibujo, grabado, festividad.

santo de (a) Con motivo de, a fin de, con pretexto de.

santuario Templo, ermita, capilla, iglesia, casa de devoción.

saquear Saltear, pillar.

saqueo Salteo, pillaje, pilla, atraco, robo.

sarcasmo Mordacidad, ironía, burla. ← *Adulación, cumplimiento.*

sarcástico Irónico, satírico, mordaz, punzante, agresivo. ← *Cumplimentoso, adulador.*

sarraceno Musulmán, mahometano, islámico, moro. árabe.

satélite Luna.

satisfacción Pago, recompensa, paga. ‖ Excusa, disculpa, reparación. ‖ Vanidad, presunción, orgullo. ‖ Respuesta, contestación, réplica, solución, consulta. ‖ Tranquilidad, confianza, gusto, placer, agrado, contento.

satisfacer Abonar, pagar, compensar, reparar, expiar. ← *Dañar, lesionar.* ‖ Cumplir, desempeñar, observar, obedecer, guardar. ‖ Contentar, saciar, llenar, hartar, saturar, repletar, impregnar. ← *Vaciar, despojar.* ‖ Resolver, solventar, despachar. ‖ Aquietar, aplacar, tranquilizar. ← *Excitar, inquietar.*

satisfacerse Vengarse, desquitarse, resarcirse. ← *Perdonar.* ‖ Persuadirse, convencerse, darse por satisfecho. ← *Sospechar, dudar.*

satisfactorio Grato, agradable, cómodo, confortable, próspero, favorable, satisfaciente. ← *Insatisfactorio, desagradable.*

satisfecho Dichoso, feliz, radiante, contento, campante, complacido. ← *Insatisfecho, desgraciado.* ‖ Orgulloso, vanidoso, presumido, presuntuoso. ← *Humilde, sin pretensiones.*

secar Desecar, agotar. ← *Mojar.*

seco Chupado, desecado, exprimido. ← *Húmedo, mojado, acuoso.* ‖ Flaco, delgado. ← *Gordo, obe-*

so. ‖ Árido. ‖ Áspero. ← *Amable.*

secretaría Ministerio, oficina.

secretario Escribano, hombre de confianza. ← *Jefe, encargado.* ‖ Ministro.

secreto Ignorado, escondido, oculto, misterioso, reservado, confidencial, íntimo, impenetrable. ← *Manifiesto, aparente.* ‖ Callado, silencioso. ‖ Sigilo. ← *Indiscreción.* ‖ Misterio, cifra, clave. ‖ Escondrijo.

secta Grupo, doctrina.

sector División, porción, grupo, parte.

secuestrar Encerrar, retener, aislar. ← *Libertar.*

secuestro Encierro. ← *Libertad, liberación.*

sed Deseo, apetito, necesidad. ← *Saciedad, hartura.*

sede Silla, trono, asiento. ‖ Diócesis, obispado.

sediento Deseoso, anheloso, ansioso, abrasado. ← *Saciado.*

seducción Fascinación, persuasión, atracción, engaño, atractivo. ← *Repulsión.*

seducir Cautivar, fascinar, hechizar, ilusionar. ← *Repeler.* ‖ Atraer, tentar, persuadir, arrastrar, sobornar, corromper.

segmento División, porción, fragmento, fracción. sección, trozo, rama, parte. ← *Total, unidad.*

seguida (en) Acto continuo, sin tardanza, al punto, en el acto, luego, al momento.

seguido Frecuente, continuo, incesante, sucesivo.

S ← *Interrumpido.* ‖ Derecho, al frente. ‖ De seguida.

seguir Perseguir, pisar los talones, ir detrás. ← *Adelantar.* ‖ Proseguir, continuar. ← *Interrumpir.* ‖ Acompañar, escoltar. ← *Separarse.* ‖ Copiar, imitar.

según De acuerdo con, conforme a, con arreglo a, como, según y conforme, con arreglo a, según y como.

seguridad Tranquilidad, calma, orden. ← *Desorden.* ‖ Certidumbre, certeza, confianza, firmeza. ← *Inseguridad.* ‖ Fianza, caución.

seguro Guardado, protegido, abrigado. ← *Indefenso.* ‖ Cierto, indudable, inquebrantable, invariable, innegable. ← *Dudoso, incierto.* ‖ Firme, constante, fijo, sólido. ← *Inconstante, inestable.* ‖ Tranquilo, confiado. ← *Receloso.* ‖ Certeza, seguridad, confianza. ← *Inseguridad.* ‖ Permiso, licencia.

sello Estampilla, marca, huella, señal.

semana Paga, sueldo.

semanario Periódico, revista, hebdomadario.

sembrar Desparramar, esparcir, diseminar.

semejante Parecido, similar. ← *Diferente, dispar, desigual.* ‖ Prójimo.

semejanza Igualdad, parecido, similitud, semblanza. ← *Desigualdad.*

sempiterno Eterno, inmortal, perdurable, perpetuo, duradero, interminable, infinito. ← *Perecedero.*

sencillez Naturalidad, simplicidad, inocencia, sinceridad, franqueza, humildad. ← *Presunción, complicación.*

sencillo Simple, natural, inocente, humilde, franco. ← *Complejo, complicado.* ← *Presuntuoso, altanero.*

senda Sendero, camino, vereda, atajo.

sensación Sentimiento, impresión. ‖ Emoción.

sensatez Prudencia, juicio, cautela, reflexión, moderación, buen sentido. ← *Insensatez, imprudencia.*

sensato Discreto, prudente, razonable, cuerdo, juicioso, sesudo, reflexivo, moderado. ← *Insensato, imprudente.*

sensibilidad Ternura, terneza, cariño, delicadeza, comprensión. ← *Insensibilidad.*

sensible Tierno, impresionable, delicado, sentimental. ← *Insensible, indelicado.*

sentado Fijo, fijado, determinado, establecido. ← *Móvil.*

sentarse Posarse, asentarse, acomodarse, tomar asiento. ← *Estar en pie.*

sentencia Juicio, dictamen, decisión, resolución, parecer. ‖ Sanción, castigo.

sentimental Conmovedor, tierno, emocionante, impresionante. ← *Insensible.*

sentimiento Impresión, emoción. ‖ Dolor, pena, pesar, aflicción, tristeza. ← *Alegría.*

sentir Experimentar, percibir. ‖ Oír. ‖ Sufrir, probar, padecer. ‖ Lamen-

tar, dolerse. ← *Alegrarse.*

seña Nota, indicio, señal. ‖ Signo, gesto, ademán, expresión.

señal Nota, marca. ‖ Seña. ‖ Indicio, muestra, impresión, huella, rastro. ‖ Cicatriz. ‖ Imagen, representación.

señalar Marcar, trazar, rayar. ‖ Designar, mostrar, fijar. ‖ Apuntar.

señas Dirección, paradero, domicilio.

señor Amo, dueño, patrono, propietario. ‖ Noble.

Señor Dios, Nuestro Señor.

señorial Majestuoso, rico, noble. ← *Vulgar, miserable.*

señorita de compañía Acompañante, dueña, dama de honor.

separación Abandono, desviación, división. ← *Unión, agregación.*

separar Aislar, alejar, apartar, dejar de lado. ← *Reunir, juntar.*

separarse Ausentarse. ← *Unirse.*

sepulcro Sepultura.

sepultar Enterrar. ‖ Esconder, ocultar, sumir. ← *Levantar, descubrir.*

sepultura Sepulcro, tumba, hoyo, sarcófago, última morada, panteón, nicho.

sequedad Sequía, desecación, aridez. ← *Humedad.* ‖ Aspereza, descortesía, dureza. ← *Cortesía, atención.*

séquito Acompañamiento, cortejo, comitiva, corte, servicio. ‖ Fama, popularidad.

ser Estar, existir, subsistir, obrar, vivir, andar. ‖ Servir, aprovechar, conducir para, utilizarse. ‖ Suceder, pasar, acontecer, transcurrir. ‖ Valer, costar. ‖ Corresponder, pertenecer, tocar, convenir, formar parte.

serenar Despejar, aclarar, escampar. ‖ Calmar, sosegar, consolar, tranquilizar, apaciguar, moderar, templar. ← *Excitar, inquietar.*

serenidad Calma, tranquilidad, sosiego, quietud, reposo, placidez, dulzura. ← *Intranquilidad.* ‖ Valor, dominio, sangre fría. ← *Cobardía.*

sereno Intrépido, valiente, firme, frío. ← *Cobarde.* ‖ Tranquilo, templado, quieto, plácido, suave, manso, sosegado. ← *Inquieto, intranquilo.* ‖ Despejado, claro. ← *Nuboso, oscuro.*

serie Sucesión, encadenamiento, juego, conjunto, colección, tirada, columna.

seriedad Formalidad, prudencia, sensatez, mesura, austeridad, dignidad, severidad. ← *Informalidad, imprudencia.*

serio Respetable, digno, solemne, grave, señor, majestuoso, mesurado, cauto, formal, prudente, austero. ← *Informal, desmesurado, imprudente, guasón.*

sermón Discurso, oración. ‖ Riña. ← *Elogio.* ‖ Habla, lenguaje, idioma.

servicial Atento, complaciente, obsequioso, cumplido. ← *Desatento, descortés, señorial.*

servicio Ayuda, asistencia, trabajo, prestación. ‖

Servidumbre, criados, séquito. ‖ Culto, reverencia, obsequio, rendimiento, oficio, ceremonia. ‖ Utilidad, provecho, favor, beneficio, gracia, mérito. ‖ Servicial, servil. ‖ Organización, corporación, cuerpo.

servicio militar Milicia.

servidor Doméstico, criado, sirviente, mozo, muchacho, ordenanza, dependiente, familiar, mercenario. ← *Amo.*

servidumbre Esclavitud, obligación. ‖ Servicio, séquito, personal, criados.

servilismo Adulación, humillación, bajeza, envilecimiento, vileza, sumisión, servicio. ← *Orgullo, altanería.*

servir Valer, aprovechar, ser útil, interesar, concertar, ajustar. ← *Ser inútil.* ‖ Auxiliar, ayudar, asistir, prestar servicio, alquilarse, emplearse. ← *Establecerse.* ‖ Suplir, substituir, suplantar. ‖ Asistir, repartir, dar. ‖ Jugar. ‖ Reverenciar, obsequiar, adorar.

servirse Querer, tener a bien, prestarse. ‖ Utilizar, aprovechar, recurrir. ← *Despreciar, menospreciar.*

sesión Reunión, consulta, conferencia, asamblea.

seso Juicio, cordura, prudencia, sensatez, reflexión, formalidad, cabeza, tino, cerebro. ← *Insensatez.*

sesos (devanarse los) Pensar reflexionar, recapacitar.

sesudo Sensato, reposado,

prudente, discreto. ← *Insensato.*

severidad Dureza, rigor, aspereza, crueldad, puntualidad, exactitud, crueldad, desabrimiento. ← *Dulzura, benevolencia, complacencia.*

severo Serio, grave, mesurado, rígido, exacto, puntual, mesurado, justiciero, inflexible, duro, exigente, áspero, riguroso, despiadado. ← *Bueno, dulce, benevolente, tolerante.*

sexo débil Mujeres, feminidad.

sexo feo o **fuerte** Hombres, masculinidad.

siempre Continuamente, constantemente, eternamente, invariablemente, perpetuamente. ‖ En todo caso, cuando menos.

siempre que Con tal que, siempre y cuando.

sierra Serrucho. ‖ Cordillera, cadena.

siervo Esclavo, cautivo, villano, servidor. ← *Dueño, amo, señor.*

siesta Reposo, sueño.

sigilo Secreto, reserva, silencio, mordaza, discreción, ocultación, disimulo. ← *Indiscreción.*

siglo Edad, época, tiempo, era, período, reinado, temporada.

signatura Firma, rúbrica.

significación Significado, sentido, valor, fuerza, característica, importancia, indicación, expresión. ← *Insignificancia.*

significar Figurar, decir, representar, expresar, indicar, designar, querer decir.

significativo Característico, expresivo, elocuente, re-

S velador, claro, indicador. ← *Insignificante, inexpresivo.*

signo Señal, gesto, huella, marca, indicio, trazo, representación, pista, síntoma, mancha, seña, nota, **siguiente** Sucesor, inferior, sucesivo. ← *Anterior.*

silencio Mutismo, mudez, callada. ← *Charlatanería.* ǁ Sigilo, reserva, secreto, ocultación. ← *Indiscreción.* ǁ Calma, pausa, tregua.

silencio (pasar en) Callar, omitir.

silencioso Callado, mudo. ← *Hablador.*

silueta Contorno, trazo, perfil, sombra.

símbolo Imagen, emblema, signo, representación, figura, apariencia alegoría. ← *Realidad.*

simpatía Afición, propensión, tendencia, apego, interés, inclinación, vocación, amor, gracia, amistad, atractivo, agrado. ← *Antipatía.*

simpático Amable, atractivo, agradable, gracioso. ← *Antipático.* ǁ Amigo, devoto, partidario. ← *Contrario.*

simpatizar Aficionarse, avenirse. ← *Desavenirse.*

simple Sencillo, elemental, sólo, único, limpio, neto, pelado, puro, desnudo, mondo y lirondo. ← *Complejo, complicado, compuesto, vario.* ǁ Soso, insulso. ← *Gustoso.* ǁ Bobo, necio, bobalicón. ← *Listo.*

simplicidad Sencillez, naturalidad, pureza, inocencia. ← *Complejidad.* ǁ Unidad. ← *Divisibilidad.*

simplificar Resumir, reducir. ← *Complicar.* ǁ Facilitar, ayudar. ← *Obstaculizar.*

simulacro Representación, especie, imagen, idea. ǁ Simulación. ǁ Maniobra, ejercicio táctico.

simulado Aparente, falso, fingido, postizo, imitado, artificial, artificioso, mentiroso, fabuloso. ← *Verdadero, legítimo.*

simular Fingir, imitar, aparentar, representar, falsificar, falsear, afectar.

sinceridad Veracidad, sencillez, franqueza, pureza, rectitud, familiaridad, lealtad, honradez, buena fe, limpieza de corazón. *Hipocresía.*

sincero Franco, claro, verdadero, justo, natural, formal, noble, leal, sencillo, puro, honrado, espontáneo. ← *Falso, hipócrita.*

sinfín Sinnúmero, infinidad, abundancia, cúmulo, montón, muchedumbre. ← *Limitación, límite.*

siniestro Izquierdo, zurdo. ← *Derecho.* ǁ Funesto, infeliz, trágico, aterrador, alarmante, espantoso, perverso, malintencionado. ← *Afortunado.* ǁ Desgracia, accidente, catástrofe, ruina, incendio, fuego, azote, plaga, avería, daño, perjuicio, naufragio, desastre.

sinónimo Semejante, igual, parecido. ← *Contrario.*

sirvergüenza Pícaro, desvergonzado, poca vergüenza, bribón, pillastre, cara dura, carota. ← *Discreto.*

sirvienta Doncella. ← *Ama.*

sirviente Servidor, criado, doméstico, mozo, escudero, dependiente. ← *Amo.*

sistema Regla, procedimiento, norma, plan. ǁ Técnica.

sitiar Asediar, rodear, bloquear, cercar, acorralar, poner cerco. ← *Romper el cerco.*

sitio Situación, espacio, lugar, puesto, punto, paraje, localidad, parte, rincón, región, territorio, esfera. ǁ Asedio, cerco, bloqueo.

situación Sitio, disposición, colocación, posición, estado, postura, actitud, orientación. ǁ Cargo, empleo, función.

situar Poner, colocar, plantar, acomodar, estacionar, aplicar, depositar. ← *Sacar, trasladar.*

soberanía Poderío, poder, imperio, autoridad, dominio, supremacía. ← *Inferioridad, dependencia.*

soberano Rey, monarca, príncipe, señor, emperador. ← *Súbdito.* ǁ Grande, elevado, supremo, excelente, segurísimo, insuperable. ← *Mediocre, regular.*

soberbia Orgullo altivez, presunción, arrogancia. ← *Modestia, humildad.* ǁ Cólera, ira, arranque. ← *Apaciguamiento.*

soberbio Soberbioso, orgulloso, arrogante, altivo, presuntuoso, inmodesto. ← *Humilde, modesto.* ǁ Suntuoso, magnífico, espléndido, grandioso, admirable, perfecto, bello. ← *Mísero, pobre.* ǁ Violento, arrebatado. ← *Discreto.*

sobornar Corromper, comprar, seducir.

soborno Corrupción, sobornación, compra.

sobra Exceso, demasía. ← *Escasez, falta.*

sobrar Restar, quedar. ← *Faltar.* || Exceder.

sobras Residuos, sobrantes, desechos, migajas, restos.

sobre Encima. ← *Bajo, debajo.* || Referente, relativo, acerca de. || Poco más o menos.

sobre todo Principalmente.

sobrecoger Espantar, sorprender, asustar, alarmar, pasmar, asombrar, sorprender, horrorizar, intimidar.

sobrecogido Turulato, atónito. ← *Atento, ojo avizor.*

sobreexcitación Irritación, excitación. ← *Tranquilidad.*

sobrenatural Milagroso, maravilloso, mágico, divino. ← *Natural, material, real, físico.*

sobrenombre Mote, apodo, apellido, designación, alias.

sobrepasar Rebasar, exceder, aventajar, superar. ← *Quedar corto.*

sobreponer Aplicar, superponer, cubrir, recubrir. ← *Preparar.*

sobresaliente Excelente, notable. ← *Suspenso.* || Aventajado, destacado, descollante. ← *Corriente, vulgar.*

sobresalir Despuntar, destacar, descollar, resaltar, distinguirse, señalarse. ← *Pasar desapercibido, ser insignificante.*

sobresaltado Inquieto, intranquilo, asustado, temeroso, turbado. ← *Tranquilo.*

sobresaltar Turbar, alterar, atemorizar, intranquilizar, asustar. ← *Tranquilizar, sosegar.*

sobresalto Susto, sorpresa, intranquilidad, temor. ← *Prenuncio.*

sobriedad Moderación, cautela, templanza, parquedad, frugalidad, abstinencia, continencia. ← *Inmoderación, incontinencia.*

sociable Tratable, afable, educado, comunicativo, civilizado. ← *Adusto, hosco, incivil.*

sociedad Agrupación, reunión, asociación, compañía, círculo, peña, hermandad, cofradía, colegio. || Compañía, empresa.

sociedad (formar) Asociarse.

socorrer Ayudar, auxiliar, amparar, asistir, remediar, defender, favorecer, proteger, hacer bien. ← *Abandonar, desamparar.*

socorro Auxilio, ayuda, favor, amparo, defensa, apoyo, asistencia, protección, remedio. ← *Desamparo.*

sofocante Asfixiante, caliente, abrumador, pesado. ← *Aliviador.* || Irritante, horripilante. ← *Suavizante, suavizador.*

sofocar Ahogar, asfixiar. ← *Revivir.* || Oprimir, dominar, apagar, extinguir. ← *Avivar, encender.* || Avergonzar, abochornar. ← *Empalidecer.*

soldado Militar, recluta, quinto. ← *Oficial.*

soldar Pegar, unir.

soledad Abandono, aislamiento. ← *Compañía.* || Desierto. || Pena, pesar, añoranza, tristeza. ← *Alegría.*

solemne Suntuoso, grandioso, imponente, augusto, majestuoso, ceremonioso. ← *Sencillo, corriente.* || Importante, grave, firme, formal. ← *Insignificante.* || Interesante.

solemnidad Festividad, fiesta. || Ceremonia, festejos.

soler Acostumbrar.

solicitar Pedir, pretender, invitar, atraer. ← *Rehusar.*

solícito Cuidadoso, atento, afectuoso, diligente, activo. ← *Descuidado.*

solidario Junto, unido, inseparable, adherido, asociado. ← *Aislado, separado.*

sólido Firme, duro, resistente, fuerte, consistente, macizo, denso, tenaz, seguro. ← *Fluido.*

solitario Solo, desamparado, abandonado, desierto, despoblado, deshabitado, apartado, retirado, aislado. ← *Acompañado, habitado, concurrido.* || Ermitaño, anacoreta, penitente, asceta. || Huraño. ← *Sociable.*

solo Solitario. ← *Acompañado.* || Único, independiente, aislado, uno. ← *Múltiple, diverso.* || Distinto. || Huérfano, abandonado, desvalido. ← *Asistido.*

sólo Solamente, tan sólo, únicamente.

soltar Desatar. ← *Atar, unir.* || Libertar. ← *Aprisionar, encarcelar.* || Desprender, desenganchar,

S

desligar. ← *Fijar, engastar, prender, ligar.*

soltura Agilidad, desenvoltura. ← *Torpeza.*

solución Fin, desenlace. ← *Comienzo.* ‖ Resolución, explicación, decisión. ← *Dificultad, pega.*

sollozar Gimotear, llorar. ← *Reír.*

sollozo Lloro. ← *Risa.*

sombra Oscuridad. ← *Luz.* ‖ Silueta, contorno. ‖ Espectro, aparición, visión, fantasma. ‖ Donaire, chiste, gracia.

sombrilla Parasol, paraguas.

sombrío Tenebroso, lúgubre, tétrico, oscuro, opaco, nuboso, velado. ← *Claro, soleado, despejado.* ‖ Taciturno, triste, melancólico, entristecido. apenado. ← *Alegre, contento.*

someter Domar, dominar, vencer, esclavizar, subordinar, subyugar, reducir, humillar, sujetar. ← *Liberar, libertar.*

someterse Disciplinarse, obedecer, supeditarse, doblegarse, resignarse, rendirse, agachar la cabeza, rendir las armas, ponerse en manos de, darse por vencido. ← *Sublevarse, rebelarse.*

sometimiento Sumisión, vasallaje, sujeción, rendición, obediencia. ← *Rebeldía.*

son Sonido. ‖ Noticia, voz, fama, rumor, nombre.

sonar Resonar, retumbar, tintinar, zumbar, roncar, crujir, tronar, gruñir, cantar, estallar, mugir, bramar. ← *Callar, hacerse el silencio.*

sonido Son, tañido, rumor,

ruido, eco, vibración, rechino, zumbido música, murmullo. ← *Silencio.*

sonoro Melodioso, resonante, ruidoso, altísono. ← *Silencioso, callado.*

sonreír Reírse.

sonriente Alegre, contento, gozoso, risueño, jovial, simpático, placentero. ← *Triste, desagradable.*

sonrisa Risa.

sonrojar Confundir, avergonzar, abochornar, ruborizar. ← *Hacer empalidecer.*

soñador Imaginativo, fantaseador. ← *Realista, positivista.*

soñar Reposar, dormir, descansar. ‖ Evocar, recordar. ‖ Pensar, meditar, desear, fantasear, anhelar, acariciar, codiciar, imaginar, divagar. ← *Tocar de pies a tierra.*

soplar Espirar. ← *Aspirar.* Airear, ventilar. ‖ Inflar, hinchar. ← *Deshinchar.* ‖ Insinuar, sugerir, apuntar. ‖ Denunciar.

soplo Soplido, sopladura. ‖ Hálito, viento, aire, aliento, respiración. ‖ Denuncia, acusación. ‖ Momento, instante, periquete.

soportable Llevadero, aguantable, tolerable. ← *Insoportable.*

soportar Sobrellevar, sostener, llevar, pasar, sufrir, tolerar, aguantar, comportar. ← *Rebelarse, reaccionar.*

soporte Apoyo, sostén, sustentáculo, sustento, fundamento, columna, base, pata.

sor Hermana.

sórdido Miserable, mísero,

pobre. ← *Rico.* ‖ Sucio, impuro.

sordo Callado, secreto, silencioso, insonoro, amortiguado, opaco, sigiloso. ← *Sonoro.*

sorprendente Asombroso, chocante, extraordinario, insólito, desusado, anormal, impresionante, imprevisto, inconcebible, inaudito, inesperado, increíble, inverosímil, maravilloso, pasmoso, prodigioso, raro. ← *Corriente, normal, comprensible.*

sorprender Pasmar, admirar, asombrar, sobrecoger. ‖ Coger, atrapar, prender, descubrir.

sorprendido Patitieso, estupefacto, petrificado, confuso. ← *Indiferente, impávido.*

sorpresa Estupor, asombro, admiración, pasmo, maravilla, extrañeza, confusión, sobresalto. ← *Preanuncio.*

sosegado Sereno, calmoso, tranquilo, inmutable, reposado, quieto, pacífico. ← *Intranquilo, inquieto.*

sosegarse Reponerse, rehacerse, volver sobre sí. ← *Enervarse.*

sosiego Calma, placidez, quietud, serenidad, tranquilidad, paz, reposo, confianza, silencio, espera, reportación, ocio, balsa de aceite. ← *Intranquilidad, actividad.*

soso Insípido, insulso, anodino. ← *Sabroso, gustoso, a punto, salado.*

sospecha Olor, indicio, conjetura, presunción, desconfianza, recelo, duda, malicia, suspicacia, temor. ← Confianza, seguridad.

sospechar Temer, conjeturar, recelar, dudar, desconfiar, temerse, mal pensar. ← Confiar, tener fe.

sospechoso Suspecto, dudoso, equívoco. ← De confianza. ‖ Receloso, suspicaz, desconfiado. ← Confiado, de buena fe.

sostener Aguantar, soportar, sustentar, tener, mantener, apoyar. ‖ Proteger, apoyar, amparar, alentar, animar, auxiliar. ← Desamparar. ‖ Defender, afirmar, asegurar. ← Renunciar. ‖ Alimentar.

suave Pulido, liso. ← Rugoso. ‖ Blando, flojo, delicado, grato, agradable, dulce. ← Duro, ingrato. ‖ Quieto, manso, tranquilo, sosegado. ← Intranquilo. ‖ Lento, moderado. ← Rápido. ‖ Dócil, dúctil, flexible, manejable, apacible. ← Indómito, rebelde.

suavidad Blandura, finura, delicadeza, delicia, dulzura. ← Asperidad, asperosidad. ‖ Calma, serenidad, tranquilidad, docilidad, apacibilidad, ductilidad. ← Rebelión.

suavizar Pulimentar, alisar, pulir. ‖ Calmar, pacificar, templar, mitigar, poner como un guante.

subalterno Dependiente, inferior, subordinado. ← Superior.

súbdito Dependiente, vasallo, ciudadano. ← Amo, señor, jefe.

subida Aumento, alza, ascensión, puja. ← Bajada, descenso ‖ Cuesta, pen-

diente. ← Bajada, declive.

subido Elevado, alto, fuerte, excesivo. ← Bajo. ‖ Caro, costoso. ← Barato.

subir Ascender, trepar, escalar. ← Bajar. ‖ Montar, cabalgar. ← Apearse. ‖ Aumentar, crecer, encarecer, remontar. ← Bajar, rebajarse. ‖ Elevar, aupar. ← Descender. ‖ Importar, llegar, alcanzar.

súbito Repentino, improviso, inmediato, impensado, rápido, inopinado, inesperado, brusco. ← Lento, tardo. ‖ Precipitado, impetuoso, violento. ← Calmoso.

subjetivo Personal.

sublevación Rebelión, sedición, motín, revolución, alzamiento, pronunciamiento, insurrección, subversión. ← Orden.

sublevar Amotinar, levantar. ← Poner orden. ‖ Irritar, encolerizar, indignar, excitar. ← Apaciguar.

sublevarse Rebelarse, alzarse. ← Deponer las armas.

subordinación Sumisión, dependencia, sujeción, obediencia. ← Superioridad.

subordinado Inferior, dependiente, subalterno, sumiso. ← Superior.

subrayar Rayar. ‖ Recalcar, hacer hincapié, insistir.

subsistencia Estabilidad, conservación, permanencia, inalterabilidad. ← Alteración. ‖ Mantenimiento, sostenimiento, ali-

mento, alimentación, nutrición.

subsistir Permanecer, durar, perdurar, persistir, continuar, conservarse, mantenerse. ← Desaparecer. ‖ Existir, vivir. ← Morir.

substitución Reemplazo, relevo, suplantación, cambio. ← Permanencia.

substituir Relevar, cambiar, reemplazar, suplir, representar. ← Permanecer, quedarse.

substituto Suplente, reemplazante, auxiliar.

substracción Resta, disminución, descuento. ← Suma. ‖ Hurto, robo.

substraer Restar, disminuir. ← Sumar. ‖ Separar, extraer. ← Añadir, juntar. ‖ Robar, hurtar. ← Devolver.

subterráneo Sótano, caverna, cueva, cava, mina, bodega, bóveda, catacumbas.

suburbio Arrabal, afueras, barrio.

subvención Amparo, ayuda, socorro, subsidio, auxilio. ← Desamparo.

subversivo Revolucionario, revoltoso. ← Leal.

suceder Acontecer, acaecer, pasar, ocurrir. ‖ Substituir, reemplazar, equivaler. ← Conservar, permanecer. ‖ Heredar. ‖ Descender, provenir.

sucesión Continuación. ‖ Herencia. ‖ Descendencia, prole.

sucesivo Continuo, ininterrumpido, siguiente. ← Interrumpido.

suceso Acontecimiento, hecho, incidente, ocurrencia, accidente, anécdota,

S

caso, trance, circunstancia, eventualidad, percance, catástrofe.. || Transcurso.

sucesor Heredero, descendiente. ← *Antecesor.*

suciedad Impureza. ← *Aseo.* || Porquería, basura, miseria, roña, inmundicia.

sucio Descuidado, desaseado, desaliñado, pringoso, manchado, mugriento, cochambroso, grasiento, roñoso, puerco, cochino, marrano, asqueroso, inmundo, hediondo, nauseabundo, impuro. ← *Limpio, puro.* || Obsceno, deshonesto. ← *Honesto, casto.*

suculento Nutritivo, jugoso, sabroso, gustoso, exquisito. ← *Insípido.*

suegro, suegra Padre político, madre política.

sueldo Jornal, paga, salario, honorario, mensualidad.

suelo Pavimento, piso, terreno, solar, superficie, tierra.

suelo (arrastrarse por el) Humillarse.

sueño Descanso. || Pesadilla, ilusión.

sueño (coger el) Dormirse.

suerte Fortuna, casualidad, || Felicidad, éxito, golpe de fortuna.

suerte (buena) Fortuna.

suficiente (ser) Bastar, abundar.

sufrimiento Paciencia, resignación, tolerancia. ← *Impaciencia, falta de resignación.* || Pena, dolor, padecimiento, martirio, tormento, tortura, malestar. ← *Alegría, gozo.*

sufrir Penar, padecer, sentir, experimentar, resistir, sostener, llevar la cruz. ← *Rebelarse.* || Aguantar, tolerar, soportar, tener paciencia. ← *Intolerar.*

sufrir (hacer) Afligir, martirizar.

suizo Helvecio, helvético.

sujetar Fijar, someter, obligar, encadenar, dominar, contener. ← *Libertar, soltar, aflojar las riendas.*

sujetarse Reglarse.

sujeto Sumiso, dependiente. ← *Independiente.* || Asunto, materia, tema, individuo.

sulfurar Irritar, excitar, enojar, encolerizar, enfurecer, indignar. ← *Apaciguar, tranquilizar.*

suma Total, agregación, adición, aumento, conjunto, colección. ← *Resta, diferencia, parte.* || Sumario.

sumar Añadir, completar, aumentar, reunir. ← *Sacar, quitar, restar.*

sumergir Zambullir, sumir, hundir, meter, calar, mojar, introducir, hincar. ← *Sacar, extraer, emerger.*

suministrar Proveer, proporcionar, administrar, armar, procurar, facilitar, equipar, aprovisionar. ← *Desproveer, desguarnecer, desmantelar.*

sumisión Rendimiento, vasallaje, sometimiento, rendición, obediencia, sujeción, subyugación. ← *Rebelión, emancipación.*

sumiso Dócil, obediente, humilde, manejable, sometido, subordinado, disciplinado, sujeto, forzado, subyugado, rendido, reverente, leal, vasallo, esclavo. ← *Rebelde, emancipado, indócil, irreverente.*

sumo Supremo, altísimo, elevado, capital, máximo, superlativo, fabuloso, potente, excesivo, enorme. ← *Inferior, bajo, mínimo*

suntuoso Opulento, señorial, costoso, solemne, grande, magnífico, lujoso, espléndido, ostentoso, pomposo, rico, resplandeciente. ← *Miserable, pobre, mezquino.*

supeditar Someter, dominar, doblegar, sujetar, avasallar, humillar, domar, oprimir, subyugar. ← *Liberar, emancipar.*

superar Exceder, aventajar, ganar, vencer, rebasar, prevalecer, dominar, resaltar, destacar, eclipsar, derrotar. ← *Ser inferior.*

superficial Frívolo, ligero, exterior, vano, hueco, aparente. ← *Fundamental, importante.*

superficie Espacio, extensión, cara, plano, exterior, terreno.

superfluo Sobrante, innecesario, inútil, excesivo. ← *Esencial, básico.*

superior Preeminente, culminante, dominante, supremo, predominante, sobresaliente, superlativo, excelente, prominente, noble, notable, eminente, insigne, elevado, primero. ← *Inferior.* || Jefe, director, rector, prior, prelado, abad, maestro, mandamás. ← *Subalterno, vasallo, súbdito, su-*

jeto. ‖ Anterior, precedente. ← *Consecuente.*

superioridad Preeminencia, supremacía, excelencia, eminencia, primacía, presidencia, auge, ventaja, culminación, altura. ← *Inferioridad.*

superlativo Superior, máximo, eminente. ← *Mínimo.*

superponer Aplicar, sobreponer, incorporar, añadir. ← *Quitar, sacar.*

suplantar Substituir, relevar, reemplazar, suplir.

suplementario Accesorio, adicional, complementario, junto. ← *Principal, fundamental.*

suplemento Reemplazo, substitución. ‖ Complemento, apéndice, adición, anexo, posdata. ← *Cuerpo principal, texto, fundamento.*

suplente Substituto, sucesor auxiliar. ← *Titular, ocupante, principal.*

súplica Impetración, solicitud, demanda, imploración, suplicación, ruego, petición, apelación, preces, plegarias, oraciones. ‖ Instancia, solicitud, petición, escrito.

suplicar Pedir, rogar, invocar, implorar, instar, conjurar, exhortar, postular. ← *Exigir, intimar.* ← *Denegar.*

suplicio Martirio, tormento, tortura, castigo, pena.

suponer Pensar, creer, estimar, considerar, presumir, figurarse, representar, imaginar, antojarse, sospechar. ‖ Admitir, conceder, presuponer, atribuir, dar por ·hecho.

suposición Sospecha, supuesto, presuposición, hipótesis, creencia, teoría, ‖ Falsedad, mentira, engaño. ← *Verdad.*

supremacía Superioridad, preeminencia, excelencia, culminación, sumidad, presidencia. ← *Inferioridad.*

supremo Sumo, soberano, superior, culminante, decisivo, final, altísimo, grande, último, divino. ← *Infimo.*

suprimir Anular, abolir, quitar, destruir, deshacer, eludir, cortar, extinguir, borrar, aniquilar, eliminar, exterminar, acabar con. ← *Mantener, prolongar, prorrogar.* ‖ Omitir, callar, pasar por alto. ← *Hablar, publicar.*

sur Mediodía, antártico. ← *Norte.*

surgir Aparecer, levantarse, alzarse, brotar, revelarse, salir, asomar, presentarse. ← *Desaparecer.* ‖ Surtir, fluir, chorrear, brotar, saltar.

susceptible Irritable, irascible, puntilloso, quisquilloso, delicado, melindroso. ← *Pacífico, manso.*

suspender Colgar, ahorcar. ‖ Detener, entullecer, parar, retardar, interrumpir.

← *Proseguir.* ‖ Catear, calabacear, escabechar. ← *Aprobar.*

suspendido Suspenso. ← *Aprobado.* ‖ Pendiente, colgante. ← *En pie.*

suspensión Parada, tregua, cesación, detención, pausa, interrupción, privación. ← *Prosecución.*

suspenso Admirado, asombrado, atónito, perplejo, pasmado, absorto, maravillado. ← *Atento, reflexivo.* ‖ Suspendido, calabaceado, cateado. ← *Aprobado.*

suspicacia Sospecha, desconfianza, recelo, malicia, duda, temor. ← *Confianza.*

suspicaz Desconfiado, desengañado, malicioso, temeroso. ← *Confiado.*

suspirar Quejarse, lloriquear

susto Sobresalto, alarma, sorpresa, espanto, miedo.

susurrar Murmurar, murmullar, cuchichear, rumorear.

susurro Rumor, murmullo, cuchicheo, bisbiseo, balbuceo, secreteo.

sutil Fino, tenue, exquisito, elegante, delicado, menudo. ← *Basto.* ‖ Gracioso, agudo, despejado, ingenioso, avispado, perspicaz, refinado. ← *Obtuso, tonto.*

sutileza Agudeza, perspicacia, finura, instinto, astucia. ← *Tosquedad, necedad.*

S

T

tabarra Importunación, engorro, pesadez, lata, molestia, fastidio, jorobo. ← *Diversión, amenidad.*

taberna Tasca, bodega, cantina, bar.

tabernáculo Altar, sagrario.

tabique Pared, separación, muro.

tabla Tablero, tablón, plancha. ‖ Índice, catálogo, lista. ‖ Bandal.

tablado Entablado, tinglado, entarimado, plataforma. ‖ Patíbulo, cadalso.

tacañería Mezquindad, roñería, avaricia, escasez, ruindad, miseria, sordidez ← *Esplendidez.*

tacaño Mezquino, miserable, ruin, sórdido, avaro, roñoso. ← *Dadivoso, espléndido.*

tácito Callado, silencioso, taciturno, reservado, sigiloso, secreto. ← *Hablador, locuaz, indiscreto.* ‖ Implícito, supuesto, sobrentendido. ← *Expreso.*

taciturno Sombrío, melancólico, apesadumbrado, cabizbajo, ensimismado. ← *Alegre, gozoso.* ‖ Tácito. ← *Hablador.*

táctica Procedimiento, sistema, habilidad, tacto, tiento, diplomacia.

tacto Mano, pulso, tino, acierto, destreza, tiento, maña, habilidad, táctica, procedimiento. ‖ Delicadeza, discreción, juicio. ← *Indiscreción.*

tacha Defecto, falta, imperfección, mancha, mancilla. ← *Cualidad, favor.*

tachar Borrar, rayar, suprimir, corregir, eliminar. ← *Añadir.*

tajada Taja, trozo, fragmento, porción, rebanada.

tal Igual, semejante. ‖ Así, de esta manera, de esta suerte.

talento Cabeza, chispa, agudeza, capacidad, conocimiento, aptitud, genio, habilidad, entendimiento, ingenio, pericia, maña, pesquis, razón, sentido, tino. ← *Nulidad, ineptitud.*

talla Talladura, entallamiento. ‖ Altura, estatura, medida.

talle Cintura.

taller Tienda, oficina, laboratorio, estudio, fábrica.

tamaño Capacidad, magnitud, dimensión, volumen, corpulencia, grosor, cuerpo.

tambalear Oscilar, vacilar, moverse, cojear.

también Así, igualmente, todavía, además, aun, hasta, de igual modo, de la misma manera, asimismo.

tanque Blindado, carro de asalto, carro de combate. ‖ Cuba, depósito. ‖ Carro cuba, camión cuba.

tantear Medir, comparar, hondear. ‖ Considerar, pensar, reflexionar. ‖ Ensayar, intentar, tentar, probar, explorar, examinar, averiguar, poner a prueba. ‖ Calcular, suponer.

tanteo Prueba, ensayo, examen, sondeo, exploración, tentativa, cálculo.

tanto (al) Al corriente, enterado, impuesto.

tanto (por lo) Por consiguiente, así pues.

tapa Tapadera, tapón, cubierta, cobertera. ‖ Compuerta.

tapar Taponar, cubrir, obstruir, obturar, cerrar, tascar, tabicar, sellar. ← *Destapar, descubrir.* ‖ Interceptar, impedir. ‖ Abrigar, amantar, disimular, ocultar, simular. ← *Publicar, desenmascarar.*

tardanza Demora, retraso, lentitud, pachorra, detención, calma. ← *Diligencia.*

tardar Durar, retrasarse, demorarse, detenerse.

tardé A últimas horas, a hora avanzada. ← *Temprano.*

tardío Retrasado, retardado, moroso. ← *Avanzado, precoz.*

tarea Obra, labor, trabajo, ocupación, faena, cuidado, función, deber.

teatral Dramático, escénico, melodramático, cómico. ‖ Fantástico. ← *Real.*

teatro Coliseo, sala de espectáculos. ‖ Escena, escenario.

técnica Norma, sistema, reglas, método, procedimiento. ‖ Habilidad, pericia, maña.

técnico Entendido. ← *Ignorante.* ‖ Profesional, especial, científico. concreto.

tedio Aburrimiento, desgana, hastío, fastidio, repugnancia, molestia, enfado monotonía. ← *Distracción, diversión.*

tejado Techo, techumbre, cubierta, cobertizo, azotea.

tejer Colocar, ordenar, componer. ← *Desordenar.* ‖ Entrelazar, cruzar, entretejer, mezclar. ← *Destejer.*

tejido Tegumento. ‖ Tela.

tela Tejido, lienzo, género, trapo, paño.

tema Proposición, materia, asunto, argumento, objeto, sujeto, pasaje, trozo, motivo.

temblar Castañetear, tiritar, retemblar, dar diente con diente. ‖ Trepidar, vi-

brar, removerse, oscilar. ‖ Temer, recelar.

temblor Tembleque, trepidación, vibración, oscilación, escalofrío. ‖ Sacudimiento, sacudida, terremoto, seísmo.

temer Dudar, sospechar, recelar, temblar, despavorir. ← *Osar, menospreciar.*

temerario Osado, imprudente, atrevido, audaz, irreflexivo, arriesgado, aventurero. ← *Cobarde, miedoso, temeroso.* ‖ Infundado, inmotivado, irreflexivo, sin pensar. ← *Madurado, deliberado, reflexivo.*

temeridad Decisión, arrojo, osadía, intrepidez, brío, desgarro, arrojo, audacia, atrevimiento, imprudencia, irreflexión. ← *Miedo, cobardía, temor.*

temeroso Miedoso, medroso, tímido, timorato, cobarde, asustadizo. ← *Temerario, valiente.*

temible Inquietante, malo, espantoso, terrible, terrorífico, peligroso, nocivo, horrendo, aterrador. ← *Bueno, deseable, apetecible.*

temor Miedo, espanto, timidez, terror, pavor, pavidez, pánico, horror. ← *Valentía, temeridad.* ‖ Recelo, sospecha, desconfianza, duda. ← *Confianza.*

temperamento Carácter, constitución, manera de ser, naturaleza.

tempestad Temporal, tormenta, torbellino, tromba, borrasca, galerna, ráfaga, huracán, ciclón, ti-

fón, manga, argavieso, diluvio, aguacero, tronada, ventisca. ← *Calma.*

tempestuoso Borrascoso, tormentoso, agitado, impetuoso, desencadenado, violento, irritado, iracundo. ← *Calmado, tranquilo.*

templado Contenido, moderado, prudente, parco, sobrio, frugal. ← *Inmoderado, desmesurado.* ‖ Sereno, valiente, impávido, osado, temerario, audaz. ← *Temeroso.* ‖ Tibio. ← *Caliente, frío.*

templanza Moderación, prudencia, continencia, sobriedad. ← *Intemperancia.*

temple Valor, energía, vigor. ← *Debilidad.* ‖ Temperamento, índole, disposición, ánimo, arrojo. ← *Indecisión.*

templo Iglesia, capilla, santuario, ermita, casa de Dios, casa de devoción, oratorio, basílica. ‖ Sinagoga, pagoda, mezquita.

temporada Estación, época, período.

temporal Efímero, precario, provisorio, transitorio, pasajero, breve. ← *Eterno.*

temprano Prematuro, adelantado, pronto, verde. ← *Maduro, tardío.* ‖ De antemano, a primera hora, por anticipado, con tiempo. ← *Tarde.*

tenacidad Obstinación, constancia, porfía, firmeza, testarudez, resistencia. ← *Inconstancia.*

tenaz Terco, testarudo, reacio, tozudo, obstinado, incansable, inflexible, fir-

T

me, fuerte, constante. ←
Inconstante. ‖ Resistente, duro, sólido. ← *Dé-
bil, flojo.*

tendencia Vocación, propensión, disposición, in-
clinación, apego, afecto,
gusto. ← *Aversión.*

tender Estirar, dilatar, extender, desplegar, alar-
gar, desdoblar, alargar.
← *Encoger, recoger.* ‖
Colgar. ‖ Inclinarse, simpatizar, propender.

tendero Comerciante, vendedor, dependiente.

tenebroso Obscuro, lóbrego, opaco, negro, noctur-
no. ← *Claro.* ‖ Miste-
rioso, tétrico, confuso,
secreto, oculto, escondi-
do. ← *Diáfano, evidente.*

tener Poseer, haber, disfrutar, gozar. ← *Carecer.* ‖
Incluir, contener. ← *Ex-
cluir.* ‖ Coger, asir, sujetar. ← *Desasir.* ‖ Mantener, aguantar, sostener,
retener. ← *Soltar.* ‖
Frenar, dominar, dete-
ner, parar, refrenar. ←
Soltar.

tener a menos Desdeñar,
menospreciar.

tener que ver Relacionarse.

tentación Atracción, instigación, seducción, fasci-
nación, estímulo. ←
Repugnancia.

tentador Seductor, excitante, cautivador, incitador,
excitante, encantador, envidiable, atrayente, arre-
batador, provocativo. ←
Repugnante.

tentar Excitar, provocar,
promover, instigar, esti-
mular, inducir, mover.
← *Repugnar, rehuir.*

tentativa Prueba, experi-

mento, intento, ensayo,
probatura.

tenue Ligero, sutil, frágil,
débil, delicado, delgado,
sencillo. ← *Denso, es-
peso.*

tenuidad Delicadeza, sutileza, debilidad, fragili-
dad. ← *Densidad.*

teológico Teologal, divino,
religioso.

teoría Suposición, hipótesis.

terapéutica Medicina, tratamiento.

terco Testarudo, tenaz, tozudo, obstinado, cabezu-
do, persistente, cabezota,
incorregible. ← *Corregi-
ble, arrepentido, disuasivo.*

terminal Final, término, último. ← *Intermedio.*

terminar Concluir, acabar,
finalizar, clausurar, re-
matar, zanjar, llegar a
término. ← *Empezar, co-
menzar.*

término Objeto, fin, final,
remate. ← *Origen.* ‖
Terminal. ‖ Límite, con-
fín, frontera, meta. ‖
Palabra, expresión, voz,
vocablo.

término (llegar a) Concluir, terminar, conse-
guir, obtener.

ternura Afecto, dulzura, cariño, sensibilidad, afec-
ción, delicadeza, agrado,
bondad, simpatía. ←
*Animosidad, prevención,
desabrimiento.*

terraza Terrado. ‖ Galería,
glorieta, veranda, bal-
cón.

terremoto Temblor, seísmo,
sacudimiento, convulsión,
cataclismo, temblor de
tierra.

terreno Terrenal, terrestre,

← Celeste, celestial.
← *Marítimo, marino.* ‖
Suelo, tierra, terruño,
campo, gleba.

terreno (ganar) Adelantar,
aventajar.

terreno (perder) Atrasarse,
perder.

terrible Terrífico, horrible,
horroroso, terrorífico,
pavoroso, espantoso, ate-
rrador, atroz, desmesura-
do, formidable, extraor-
dinario, monstruoso, gi-
gantesco. ← *Placentero,
atrayente, agradable, normal.*

territorio Región, comarca,
lugar, paraje, demarca-
ción, distrito, cantón, departamento, espacio, país,
nación, provincia.

terror Miedo, pavor, temor,
espanto, pánico, horror,
temblor, angustia, cons-
ternación, fobia. ←
*Atracción, seducción,
agrado.*

terrorismo Terror, confusión, revolución.

tertulia Peña, reunión, club.
‖ Conversación, charla.

tesoro Reserva, hucha. ‖
Dinero, fondos.

testarudo Tozudo, terco,
tenaz, obstinado, capri-
choso, obcecado, cabezu-
do, intransigente. ←
*Condescendiente, dócil,
persuasible.*

testimonio Prueba, prenda,
comprobación, justifica-
ción. ‖ Instrumento.

tétrico Triste, fúnebre,
sombrío, lúgubre, tene-
broso, funesto. ← *Ale-
gre, animado.*

texto Contenido, cuerpo,
pasaje.

textual Literal, al pie de
la letra, palabra por pa-

labra. ‖ Exacto, idéntico. ← *Desigual.*

tez Superficie. ‖ Cara, rostro, aspecto.

tiempo Duración, transcurso, curso, período, época, intervalo, trecho, temporada, tirada, ciclo, era, estación. ‖ Ocasión, oportunidad. ‖ Temperatura, día.

tiempo (a su o a) Con oportunidad.

tiempo (dar) Aguardar.

tiempo (pasar el) Entretenerse, divertirse.

tienda Comercio, bazar, baratillo, puesto. ‖ Despacho, almacén, depósito, factoría. ‖ Droguería, colmado.

tierno Suave, delicado, blando, flojo, elástico, débil, flexible, dócil, maleable. ← *Duro, rígido, áspero, fuerte.* ‖ Amable, amoroso, cariñoso, afectuoso. ← *Hosco, intratable.* ‖ Reciente, nuevo, moderno, verde. ← *Pasado, maduro, hecho.*

tierra Mundo, globo terráqueo, globo, orbe. ‖ Suelo, superficie, terreno, piso. ‖ Territorio, país, comarca, terruño. ‖ Campo. ‖ Posesión, finca, heredad, hacienda, dominio.

tieso Tirante, tenso, erecto, enhiesto, estirado, rígido, yerto, envarado, empinado, duro, sólido, firme. ← *Flojo, relajado, suelto, blando.* ‖ Valeroso, esforzado, valiente. ← *Cobarde.* ‖ Terco, inflexible, obstinado. ← *Dócil, condescendiente.* ‖ Grave, serio, circunspecto ← *Bromista, infor-*

mal, descomedido. ‖ Orgulloso, vanidoso, petulante. ← *Humilde, sencillo.*

timar Robar, engañar, estafar, defraudar.

timidez Turbación, encogimiento, retraimiento, apocamiento, cobardía, temor, desaliento, irresolución, miedo, vacilación. ← *Osadía, atrevimiento, resolución.*

tímido Vergonzoso, corto, encogido, apocado, cobarde, miedoso, pusilánime, medroso, temeroso, timorato. ← *Osado, atrevido, resoluto, decidido.*

timo Estafa, fraude, engaño, robo, chantaje.

tinieblas Obscuridad, tenebrosidad, negrura.

típico Característico, inconfundible, simbólico, ejemplar, representativo. ← *Atípico.*

tipo Muestra, ejemplar, modelo, espécimen, arquetipo, prototipo. ‖ Tipejo, mamarracho, adefesio, títere. ‖ Figura, talle.

tiranía Absolutismo, despotismo, dominación, dictadura. ← *Democracia.* ‖ *Arbitrariedad, injusticia,* abuso, opresión. ← *Libertad.*

tirano Autócrata, dictador, absolutista, amo, señor. ‖ Déspota, opresor.

tirar Echar, lanzar, despedir, arrojar, emitir. ← *Recoger.* ‖ Disparar, descargar, fulminar, hacer fuego. ‖ Derrotar, arruinar, destruir. ‖ Malgastar, prodigar, disipar. ← *Ahorrar.* ‖ Verter, derramar, rociar, salpicar, volcar. ‖ Estirar, exten-

der, desdoblar, desencoger. ← *Replegar.* ‖ Durar, mantenerse, conservarse. ‖ Tender, inclinarse. ← *Superar.*

tiro Fuego, disparo, estampido, estallido, fogonazo, explosión, detonación, traquido. ‖ Alcance, distancia. ‖ Tramo, salto, trayecto, lanzamiento.

tirria Manía, ojeriza, odio, aborrecimiento, aversión, ← *Simpatía, amistad, admiración.*

títere Fantoche, marioneta, polichinela, muñeco.

titubear Dudar, vacilar, fluctuar, tropezar, oscilar. ← *Decidir, resolver.*

titubeo Vacilación, turbación, confusión, indeterminación, indecisión. ← *Decisión, determinio.*

título Denominación, nombre, nominación, epíteto, etiqueta, inscripción, nombramiento, diploma, honor.

tocar Tentar, palpar, manosear, sobar. ‖ Teclear, tañer, pulsar. ‖ Golpear, chocar, tropezar, rozar. ‖ Corresponder, pertenecer, concernir, atañer. ‖ Rayar, lindar, limitar.

todo Total, conjunto, entero, bloque, absoluto. ‖ Por completo, en absoluto.

todo (sobre) Ante todo, por encima de todo, máxime, en primer lugar.

todopoderoso Omnipotente. ‖ Dios, Ser Supremo, Creador.

tolerable Llevadero, soportable, sufrible, aguantable. ← *Insoportable, intolerable.* ‖ Permisible.

tolerancia Condescenden-

T

cia, permiso, indulgencia, paciencia, aguante. ← *Intolerancia.* ‖ Consideración, respeto, veneración. ← *Irreverencia, inconsideración.*

tolerante Condescendiente, indulgente, paciente, resignado, sufrido. ← *Exigente, intolerante, severo.* ‖ Liberal, abierto, considerado, benigno, humano, dulce. ← *Cruel, malo.*

tolerar Soportar, aguantar, resistir, sobrellevar, sufrir. ‖ Condescender, disimular.

tomar Asir, coger. ← *Desasir.* ‖ Aceptar, recibir, admitir. ← *Dar.* ‖ Ocupar, asaltar, conquistar, expugnar, apoderarse adueñarse, posesionarse, arrebatar. ← *Rendirse, entregarse.* ‖ Beber, comer, tragar. ‖ Adquirir, contraer, contratar, ajustar, alquilar. ← *Rehusar, abandonar.* ‖ Juzgar, entender, interpretar. ‖ Quitar, robar, hurtar. ← *Devolver.* ‖ Captar, capturar. ← *Libertar.* ‖ Elegir.

tomar asiento Sentarse.

tomar el aire Pasearse.

tomar el mando Mandar.

tomar el sol Asolearse.

tomar las armas Armar. ‖ Combatir, luchar.

tomar tierra Aterrizar.

tomo Libro, volumen, ejemplar.

tonalidad Gama, matiz, tono.

tonel Barril, bocoy, barrica, cuba.

tónico Acentuado. ← *Átono.*

tonificar Vigorizar, recons-

tituir, entonar, alentar. ← *Desanimar.*

tono Inflexión, matiz, tonalidad. ‖ Aire, carácter, manera. ‖ Tonada. ‖ Vigor, energía, fuerza, ánimo. ← *Desánimo.* ‖ Modo, tonalidad.

tontería Tontada, bobada, bobería, simpleza, necedad. ← *Listeza, agudeza.*

tonto Atontado, bobo, borrego, ganso, estúpido, corto, majadero, inepto, paleto, simple, tontuelo, tocho, torpe, zopenco, mentecato. ← *Listo, avispado, agudo.*

topar Chocar, tropezar, hallar, encontrar. ← *Alejarse, separarse.*

tópico Lugar común, vulgaridad, trivialidad. ← *Genialidad.*

toque Ensayo, prueba, examen. ‖ Tañido, repique, campaneo. ‖ Advertencia, indicación, llamamiento, golpe.

torbellino Remolino. ‖ Apelotonamiento, concurrencia, muchedumbre, multitud.

torcer Doblar, retorcer, encorvar, inclinar, arquear. ← *Enderezar, re. ficar.* ‖ Desviar, volver, mudar.

tormenta Tempestad, borrasca, temporal, galerna, vendaval, diluvio, nevasca, aguacero, huracán. ← *Calma, serenidad.* ‖ Desgracia, infortunio, adversidad.

tormento Suplicio, martirio, tortura. ‖ Angustia, congoja, dolor, pena, aflicción, padecimiento, sufrimiento. ← *Gozo.*

torneo Desafío combate,

justa. ‖ Certamen, oposición.

torpe Desmañado, inhábil, boto, rudo, rústico, zote, obtuso, incapaz. ← *Hábil, listo.* ‖ Inconsiderado, indelicado, rudo. ← *Delicado.*

torre Torreón, torrejón, alminar, atalaya, campanario.

torrencial Tempestuoso, copioso, abundante, violento, desencadenado.

torrente Arroyo, barranco, cañada, rambla. ‖ Muchedumbre, multitud, gente, cantidad.

torso Tronco, busto, pecho, talla, tórax.

torta Bizcocho. ‖ Cachete, bofetada, sopapo, tortazo.

tortuoso Sinuoso, torcido, serpentino, laberíntico. ← *Recto.* ‖ Cauteloso, astuto, disimulado. ← *Franco, abierto.*

tortura Tormento, martirio, suplicio. ‖ Dolor, sufrimiento, angustia, congoja, pena, aflicción, pesar, padecimiento. ← *Gozo.*

torturar Atormentar, martirizar, suplicar, crucificar. ← *Complacer, letificar.*

tosco Grosero, basto, rudo, inculto, burdo, patán, rústico, vulgar, ordinario, ignorante. ← *Cultivado, culto, educado, refinado.*

tostado Torrefacto, moreno, atezado, asoleado.

tostar Asar, quemar, carbonizar, dorar, rustir. ‖ Asolear, curtir, atezar.

total Universal, integral, general, entero, completo. ← *Parcial, parte.* ‖ Suma, adición. ← *Resta.*

|| Todo, totalidad, resumen, conjunto, integridad. ← *Porción.*

totalidad Total, todo. || Unanimidad, universalidad.

tóxico Venenoso. || Droga, estupefaciente.

traba Estorbo, impedimento, dificultad, embarazo, obstáculo, constreñimiento, inconveniente. ← *Facilidad.* || Lazo, ligadura, atadura.

trabajador Laborioso, aplicado, activo, dinámico, afanoso, infatigable, diligente, estudioso. ← *Perezoso, gandul.* || Jornalero, artesano, asalariado, obrero, operario, proletario. ← *Amo, empresario, dueño, burgués.*

trabajar Elaborar, obrar, laborar, hacer, actuar, sudar, ajetrearse, dedicarse, aplicarse, ocuparse, esforzarse, atarearse, dedicarse, afanarse, matarse, ganarse la vida, sudar la gota gorda, ganarse el pan, arrimar el hombro, poner de su parte. ← *Gandulear, holgar, vacar.* || Intentar, procurar. ← *Renunciar.* Ejercitar, adiestrar. || Formar, educar. || Funcionar, ir, marchar. ← *Pararse.* || Atarear, ocupar, dar que hacer, dar que roer.

trabajo Tarea, faena, labor, obra, ocupación, operación, manipulación. || Estudio, lucubración, investigación, análisis, examen, exposición, monografía, disertación, tesis. || Obra, labor, producción. || Dificultad, impe-

dimento, estorbo. || Penalidad, tormento, molestia, trote, pena, esfuerzo, sudor, martirio.

trabajoso Costoso, difícil, dificultoso, penoso, laborioso. ← *Fácil, perfecto.*

trabar Unir, juntar, enlazar, entablar, espesar. || Concordar, conformar, coordinar, adoptar. || Triscar.

tracción Arrastre, arrastramiento, remolque.

tractor Propulsor, remolcador, tiro.

tradición Costumbre, uso, hábito, práctica.

tradicional Inveterado, legendario, acostumbrado, proverbial. ← *Nuevo, reciente.* || Futuro.

traducción Transposición, versión.

traducir Trasladar, interpretar.

traer Transportar, acarrear, trasladar, trajinar, conducir, portear, llevar. || Atraer, acercar. || Ocasionar, acarrear. || Llevar, vestir, usar, ponerse, lucir.

traficante Tratante, comerciante, marchante, negociante.

traficar Negociar, especular, mercadear, comprar, vender, comerciar. || Errar, correr, andar, vagabundear, viajar, vagar.

tráfico Circulación, tránsito, ajetreo.

tragaluz Claraboya, ventana, lumbrera, lucerna, ojo de buey.

tragar Ingerir, deglutir, sorber. || Devorar, zampar, manducar. || Absorber, gastar, consumir. || Soportar, tolerar, aguantar, permitir, aceptar, sufrir.

tragedia Drama, melodrama. ← *Comedia.* || Desdicha, desgracia, infortunio, calamidad, desastre, catástrofe, fracaso, fatalidad, calvario, cataclismo, naufragio, mal trago. ← *Fortuna, suerte.*

trágico Dramático. || Teatral. || Desgraciado, funesto, lastimoso, horrible, deplorable, siniestro, terrorífico, adverso, nefasto, fatal, fatídico, lúgubre, conmovedor, amargo. ← *Favorable, fausto.*

trago (echar un) Beber.

traición Infidelidad, deslealtad, mala fe, falsía, perfidia, apostasía. ← *Lealtad.*

traicionar Estafar, engañar, ser desleal, no tener palabra. || Desertar, abandonar, apostatar, renegar. || Delatar, entregar, vender, descubrir, acusar.

traidor Infiel, perjuro, pérfido, desleal, renegado, desertor. ← *Fiel, leal.*

traje Vestido, vestidura, indumento, atavío, ropaje, hábito, vestido, ropa, vestimenta, uniforme.

trama Maquinación, intriga, artificio, enredo, confabulación. || Argumento, asunto, síntesis, sumario, guión.

tramar Maquinar, conjurar, complotar, conspirar. || Urdir, tejer, fraguar, planear, preparar, organizar.

tramitación Trámite, diligencia, paso, gestión, procedimiento, expediente, fórmula, formulario, formalidad, requisito, papeleo.

tramitar Despachar, despedir, solucionar, facilitar,

T expedir, resolver. ← *Demorar.*

tramo Trozo, trecho, tiro, parte.

trampa Artificio, ardid, engaño, cepo, lazo, ratonera, emboscada, estratagema, asechanza, celada. ‖ Timo, estafa.

tramposo Embustero, estafador.

tranco Ambladura, paso.

tranquilidad Serenidad, sosiego, paz, apacibilidad, reposo, calma, bonanza, placidez. ← *Intranquilidad.*

tranquilizar Aquietar, sosegar, apaciguar, calmar, pacificar, serenar. ← *Intranquilizar.*

tranquilo Calmoso, calmado, plácido, pacífico, reposado, sentado, quieto, sereno, apacible, imperturbable, indiferente, insensible, despreocupado. ← *Intranquilo, inquieto.*

transcurrir Pasar, sucederse, correr, deslizarse, andar.

transeúnte Viandante, paseante, peatón, caminante. ← *Pasajero, viajero.*

transferir Traspasar, transmitir, trasladar, pasar, llevar. ‖ Ceder.

transfigurar Transformar, mudar, cambiar, variar, transmutar.

transformación Mudanza, cambio, mutación, variación, modificación, alteración, metamorfosis. ← *Inalterabilidad.*

transformar Variar, cambiar, modificar, alterar, mudar, transmutar.

transición Metamorfosis, cambio, mutación, paso, período.

transigir Pactar, tratar, ajustar, convenir, temperar. ‖ Ceder, claudicar, renunciar. ← *Exigir, resistirse.*

transitar Caminar, andar, circular, pasar, viajar.

tránsito Tráfico, circulación, tráfago, trajín, ajetreo. ← *Paro.*

transitorio Momentáneo, efímero, breve, caduco, corto, provisional, accidental, fugaz, temporal, perecedero. ← *Eterno, imperecedero.*

transmitir Comunicar, trasladar, decir. ‖ Ceder, endosar, legar, traspasar.

transparencia Claridad, diafanidad, limpieza, limpidez. ← *Opacidad.*

transparentarse Verse, clarearse, traslucirse.

transparente Claro, limpio, cristalino, límpido, diáfano. ← *Opaco.* ‖ Translúcido.

transportar Acarrear, trasladar, conducir, llevar, desplazar, portear, mudar.

transporte o **transportación** Conducción, acarreo, traslado, porte, arrastre.

transposición Traducción, versión.

transversal Atravesado, torcido, oblicuo, colateral. ← *Derecho, paralelo.*

trapo Pingajo, harapo, guiñapo.

tras Detrás, después.

trascendental Trascendente, culminante, eminente, superior, sublime. ← *Fácil, simple.*

trascender Difundirse, propagarse, comunicarse, extenderse, manifestarse. ← *Moderarse, quedarse.*

trasero Posterior, postrero, ulterior, siguiente. ← *Delantero.*

traslación Transporte, locomoción.

trasladar Llevar, transportar, portear.

trasladarse Mudarse, cambiarse, mudar de aires.

traslado Muda, cambio, transporte.

trasnochar Pasar las noches en claro, correrla. ‖ Pernoctar, dormir.

traspasar Pasar, salvar, franquear, avanzar, trasponer, cruzar. ← *Quedarse, permanecer.* ‖ Atravesar, perforar, taladrar. ‖ Ceder, transferir, transmitir.

traspaso Trasposición, paso, cruzamiento, franqueo. ‖ Transferencia, cesión, abandono.

trastada Picardía, pillada, bribonada, mala pasada. ← *Favor.*

trasto Utensilio, herramienta.

trastocado Cambiado, desordenado, desarreglado, alterado, revuelto. ← *Ordenado.*

trastornado Confuso, desconcentrado, perturbado. ← *Ordenado.* ‖ Chiflado, tocado. ← *Cuerdo.*

trastornar Revolver, desordenar, turbar, invertir, trastocar, enredar, confundir, mezclar, desarreglar, agitar. ← *Ordenar, componer.*

trastorno Desorden, confusión, desarreglo, revolución, enredo, embrollo, mezcla. ← *Orden.*

tratado Pacto, trato, convenio, compromiso, contrato. ← *Desacuerdo.* ‖ Escrito, discurso, obra, libro.

tratamiento Trato. ‖ Procedimiento, sistema. ‖ Cura.

tratar Manejar, usar, pretender, intentar. ‖ Comerciar, traficar, negociar. ‖ Asistir, atender, cuidar, curar. ‖ Visitarse, relacionarse.

travesía Trayecto, recorrido, viaje. ‖ Calle.

travesura Diablura, jugada, trastada.

travieso Atravesado. ← Derecho. ‖ Agudo, listo, ingenioso, malicioso, inquiet . ← Tonto. ‖ Revolto o, bullicioso. ← Quieto, sosegado.

trayecto Trecho, recorrido, espacio, travesía, viaje, itinerario.

trazar Indicar, rayar, marcar. ‖ Escribir, describir. ‖ Diseñar, dibujar, proyectar, disponer, inventar.

trazo Línea, raya, rasgo, carácter.

trecho Espacio, distancia, recorrido, trayecto, tramo, tirada, transcurso, travesía.

tregua Pausa, interrupción, espera, descanso, vacación, descanso. ← Actividad, trabajo, acción, movimiento, lucha.

tremendo Enorme, gigantesco, colosal, fenomenal. ← Pequeño, diminuto.

tren Convoy. ‖ Ferrocarril.

trepar Subir, encaramarse, elevarse, escalar, ascender, gatear, montar. ← Bajar.

treta Trampa, fraude, estratagema, artimaña, zancadilla, malicia.

tribu Clan, familia, pueblo.

tribuna Estrado, plataforma.

tributo Impuesto, carga, contribución.

trinchera Zanja, parapeto, foso, abrigo. ‖ Impermeable, gabardina.

tripulación Equipo, equipaje, gente.

triste Afligido, apesadumbrado, abatido, desconsolado, desgraciado, dolido, lloroso, dolorido, malhumorado. ‖ Alegre, contento. ‖ Funesto, doloroso, lamentable, infortunado, desgraciado, penoso, abrumador, enojoso. ← Feliz, satisfactorio.

tristeza Entristecimiento, sentimiento, pena, aflicción, pesadumbre, congoja, dolor. ← Alegría, gozo, contento.

triunfador Triunfante, victorioso, triunfal, glorioso, radiante. ← Vencido, derrotado.

triunfar Vencer, batir, derrotar, ganar, superar, arrollar. ← Sucumbir.

triunfo Victoria, trofeo, superación, conquista, éxito, laurel, corona. ← Fracaso.

trofeo Triunfo, corona. ‖ Botín.

trola Embuste, bola, mentira, engaño, cuento, farsa, fábula, falsedad, embrollo. ← Verdad.

trolero Mentiroso, bolero, embustero.

trompada Trompazo. ‖ Encontrón, encontronazo, choque, tropezón, topetazo. ‖ Puñetazo.

trompazo Porrazo, batacazo, trompada, trancada,

T

manotazo, codazo, cabezazo.

tronado Arruinado, estropeado, roto, maltrecho, deteriorado. ← Elegante, flamante.

tronco Torso, cuerpo. ‖ Tiro. ‖ Troncho.

tropa Hueste, mesnada, legión, falange. ‖ Manada, muchedumbre, hatajo.

tropel Agitación, movimiento, remolino, oleada, enjambre, turba, tumulto, alboroto, torrente, hervidero. ‖ Prisa, precipitación, atropellamiento. ← Calma. ‖ Confusión, desorden.

tropezar Topar, chocar, encontrar, hallar, pegar, encontrar, besarse, dar de cabeza, dar contra, ir a parar.

tropezón Trompicón, traspiés, tropiezo, topetazo, topetón, encuentro, encontronazo, choque, morrada.

trozo Cacho, pedazo, fragmento, astilla, partícula, porción, rebanada, tajada, tramo, triza pizca, porción, brizna. ← Total.

truco Ardid, treta, artimaña, astucia, engaño, trampa.

tubo Caño, cañón, canuto, conducto.

tuerto Torcido.

tumba Sepultura, sepulcro, fosa, hoya.

tumbar Abatir, derribar, revolcar, derrumbar, tirar, echar, lanzar, hacer caer. ← Levantar, alzar. ‖ Atontar, aturdir. ← Sosegar, tranquilizar.

tumbarse Echarse, tender-

T

se, acostarse. ← *Levantarse, erguirse.* ‖ Abandonar.

tumulto Alboroto, confusión, turba, revuelta, intranquilidad. ← *Orden, tranquilidad.*

tunante Tuno, pícaro, pillo.

tunda Zurra, vapuleo, 'zumba.

túnica Telilla. ‖ Vestidura, vestido.

turbación Aturdimiento, alteración, confusión, desconcierto emoción trastorno perturbación. ←*Serenidad.*

turbado Aturdido, tieso, inconsciente. ← *Atento, despierto.*

turbar Aturdir, consternar, aturrullar, atolondrar, trastornar, sacar de tino, volver tarumba, desconcertar, desbaratar, desordenar. ← *Calmar, tranquilizar, sosegar.* ‖ Interrumpir, deshacer, romper.

turbio Confuso, borroso, nebuloso, tenebroso. ← *Transparente.* ‖ Alterado, turbulento, dudoso, perturbado. ← *Sosegado,* *tranquilo.* ‖ Difícil, incomprensible, embrollado, enredado. ← *Fácil, claro.*

turbulento Revoltoso, alborotador, desordenador, tumultuoso. ← *Pacífico.* ‖ Turbio. ‖ Confuso, desordenado, alborotado. ← *Ordenado.*

turista Visitante, excursionista, viajero, paseante.

turno Vuelta, vez, tanda, alternativa.

turulato Pasmado, alelado, sobrecogido, patitieso. ← *Atento, despierto.*

U

ufano Engreído, envanecido, hinchado, orgulloso, arrogante, presuntuoso. ← *Modesto.* ‖ Satisfecho, contento, alegre, gozoso. ← *Triste.*

último Extremo, final. ← *Primero.* ‖ Remoto, escondido, lejano. ← *Próximo, cercano.*

último (por) Por fin, al fin, al cabo, en una palabra, en último término, en resumen, para concluir, para terminar.

umbral Lumbral. ‖ Principio, comienzo, origen, entrada, inicio. ← *Fin, término.*

umbrío Sombrío.

único Solo, solitario, aislado. ← *Acompañado, agregado.* ‖ Extraordinario, raro, extraño, particular original. ← *Corriente, común.*

unidad Unión, amistad. ← *Desunión.*

unificar Agrupar. ← *Desunir.* ‖ Generalizar, uniformar, igualar. ← *Diversificar.*

uniformar Igualar, equilibrar, nivelar, aparear, identificar, unificar. ← *Diversificar.*

uniformidad Igualdad, semejanza, exactitud, coin

cidencia. ← *Desigualdad, diversidad*

unión Atadura, ligadura, enlace, ligazón, lazo, vínculo, conexión, encadenamiento. ← *Independencia, desunión.* ‖ Inteligencia, amistad, unidad. ← *Disconformidad, separación.* ‖ Casamiento, matrimonio. ← *Divorcio.* ‖ Correspondencia, simpatía. ← *Antipatía, desacuerdo.* ‖ Familiaridad, trato, frecuentación. ← *Desavenencia.* ‖ Agregación, suma, conjunto, grupo. ← *División, separación.* ‖ Alianza, compañía, liga, sociedad, asociación.

unir Juntar, reunir, asociar, englobar, enlazar, casar. ← *Desunir.* ‖ Trabar, fundir, amasar, mezclar. ← *Soltar.* ‖ Ligar, atar. ← *Desatar.* ‖ Enlazar, empalmar, incorporar, sumar. ← *Restar, dividir, separar.* ‖ Casar. ← *Divorciar.* ‖ Acercar, aproximar. ← *Alejar.*

unirse Ligarse. ← *Pelearse, regañar, enemistarse.* ‖ Casarse, ayuntarse. ← *Divorciarse, romper.*

universal Mundial, internacional. ← *Nacional, re*

gional. ‖ General, total, absoluto, completo, común. ← *Particular, concreto.*

universo Globo, mundo.

uno Simple, distinto. ← *Varios, plural.* ‖ Idéntico. ‖ Único, solo, aislado. ← *Acompañado.* ‖ Unidad.

unos Algunos, unos cuantos, algunos cuantos, varios, diversos. ← *Otros.*

untar Engrasar. ‖ Ensuciar, manchar. ← *Limpiar.*

usado Gastado, viejo, deteriorado, consumido, deslucido, desgastado, ajado, estropeado, agotado, acabado. ← *Nuevo, reciente, por estrenar.*

usar Manejar, emplear, servirse, disfrutar, gozar, gastar, practicar, conducir, llevar. ‖ Utilizar. ‖ Acostumbrar, soler.

uso Utilidad, empleo, provecho, destino, goce, disfrute, manejo, servicio, gasto. ‖ Costumbre, hábito, habitud, rutina, práctica, manera, modo, moda.

usurpar Apropiarse, arrebañar, quitar, despojar, apoderarse. ← *Restituir.*

utensilio Trasto. ‖ Herramienta, útil, instrumento, artefactos.

U **útil** Utensilio. ‖ Ventajoso, provechoso, beneficioso, productivo, favorable, eficaz. ← *Desventajoso, ineficaz.* ‖ Utilizable. ←

Inutilizable. ‖ Utilidad. **utilidad** Útil, provecho, beneficio, interés, rendimiento, ventaja, comodidad, producto, fruto, ju-

go, zumo. ← *Desventaja, pérdida.*

utilizar Usar, aprovechar, aplicar, emplear, valerse, aprovecharse.

V

vacación Reposo, descanso, huelga.

vaciar Sacar, arrojar, verter, desocupar. ‖ Desembocar, afluir.

vacilación Titubeo, duda, indecisión, incertidumbre. ← *Decisión, determinio.* ‖ Vaivén, balanceo, cabeceo. ← *Firmeza.*

vacilante Bamboleante, tambaleante. ← *Quieto, fijo, estable.* ‖ Perplejo, indeciso, titubeante, cambiante. ← *Seguro, firme, decidido, resuelto.*

vacilar Tambalearse, pender, temblar. ← *Estar quieto, estar firme, afirmarse.* ‖ Titubear, dudar.

vacío Hueco, huero, desocupado. deshinchado. ← *Lleno, ocupado, denso.*

vagabundear Vagar, vaguear, errar, corretear, callejar, merodear, mangonear.

vagabundo Vagamundo, errabundo. ‖ Vago.

vagancia Vagabundeo, desocupación, holgazanería, gandulería. ← *Ocupación, trabajo.*

vagar Holgar. ← *Estar ocupado, estar en activo.* ‖ Holgazanear, gandulear, pasar el tiempo. ← *Trabajar.* ‖ Vagabundear.

vago Vagabundo, pícaro. *Trabajador, diligente.*

vaivén Traqueteo, vacilación, tumbo, zigzag, ir y venir.

vale Bono, boleto, entrada, pase.

valentía Valor, vigor, ánimo, aliento, esfuerzo, arrojo, decisión, osadía, ardor, audacia, atrevimiento, bravura, brío, coraje, corazón, pecho, fiereza, serenidad, temeridad. ← *Cobardía.* ‖ Hecho, heroicidad, hazaña.

valer Amparar, proteger, defender, apoyar, patrocinar. ← *Desamparar.* ‖ Dar, producir, rentar. ‖ Costar, subir, sumar, elevarse, ascender. ‖ Equivaler. ‖ Auxiliar, servir. ‖ Aventajar, prevalecer. Regir.

valeroso Eficaz, potente. ← *Ineficaz.* ‖ Valioso. ‖ Valiente.

validez Valor, valía, vigor, eficacia, duración, poder. ← *Invalidez.*

válido Sano, robusto, fuerte, firme, útil, valiente, vigoroso, apto. ← *Inválido, incurable.* ‖ Valedero.

valiente Valeroso, bravo,

intrépido, osado, temerario, sereno, animoso, audaz, arrojado, bravo, fogoso, guapo, heroico, indomable, macho, masculino, de pelo en pecho. ← *Cobarde.* ‖ Válido. ‖ Especial, excelente. ‖ Valentón, chulo.

valioso Importante, inestimable, precioso, excelente, apreciado. ← *Inútil, despreciable.* ‖ Rico, acomodado, acaudalado. ← *Pobre.*

valor Valentía. ‖ Valentonada. ‖ Desvergüenza, osadía, descaro, desfachatez, atrevimiento. ← *Cortesía, atención.* ‖ Utilidad, provecho, beneficio, comodidad, interés, importancia, significación, cuantía, consideración, alcance, calidad, peso, miga. ‖ Valía. ‖ Validez. ‖ Fuerza, eficacia, virtud, poder.

valle Cañada, cuenca, hondonada, vaguada. ← *Montaña.*

vanidad Pompa, inmodestia, postín. ← *Modestia.*

vanidoso Vano, hueco, hinchado, presuntuoso, presumido. ← *Humilde, modesto.*

vapor Vaho, gas. ‖ Hálito,

V

aliento. ‖ Buque, barco, nave.

vara Bastón, palo, garrote. Percha, pértiga. ‖ Bastón de mando.

variable Vario, caprichoso, cambiable, incierto, indeciso, flotante, inestable, irregular, mudable, vacilante. ← *Constante, permanente, fijo, estable.*

variación Variabilidad. ‖ Modificación, cambio, transformación, mudanza, alternación, muda, renovación, alteración, diferenciación. ← *Permanencia, estabilidad.* ‖ Variedad.

variado Vario.

variar Cambiar, mudar, transformar, diferenciar, disfrazar, distinguirse. ← *Coincidir, fijar, permanecer.*

variedad Variación, diversidad, diferencia. ← *Simplicidad, sencillez.* ‖ Variabilidad. ← *Constancia, certidumbre.*

vario Variado, diverso, distinto, diferente, otro, desigual, dispar, múltiple, mezclado, surtido, compuesto. ← *Único, igual, parejo.* ‖ Variable.

varón Hombre, macho, caballero, señor.

varonil Hombruno. ← *Femenino.* ‖ Masculino, fuerte, firme, esforzado, valeroso, resuelto, animoso.

vasallo Súbdito. ← *Monarca, jefe.*

vasija Recipiente, vaso, cacharro.

vaso Pote. ‖ Vasija. ‖ Orinal. ‖ Copa. ‖ Casco. ‖ Tubo, canal, vena.

vecindad Cercanía, proximidad. ← *Alejamiento.* ‖ Vecindario. ‖ Alrededores, contornos, inmediaciones, proximidades.

vecindario Vecindad, vecinos, habitantes, pueblo, población.

vecino Habitante, inquilino, domiciliado. ‖ Inmediato, cercano, próximo. ← *Lejano.*

vehículo Carruaje, coche, automóvil, camión, locomóvil, motocicleta, bicicleta.

vejez Ancianidad, antigüedad. ← *Juventud.*

velocidad Ligereza, prontitud, presteza, actividad, rapidez, brevedad, viveza, presura, vivacidad, agilidad, prisa, instantaneidad, impetuosidad, aceleración. ← *Lentitud, calma.*

veloz Ágil, apresurado, presto, pronto, repentino, rápido, raudo, alado, diligente, impetuoso, presuroso, resuelto, súbito, momentáneo, vertiginoso, vivo, violento, como una bala, como un tiro. ← *Lento, calmoso, tardo.*

venablo Dardo, lanza.

vencedor Conquistador, victorioso, triunfador, ganador. ← *Perdedor, vencido, derrotado.*

vencer Ganar, batir, derrotar, rendir, aniquilar, derribar, hundir, triunfar, dispersar, aplastar, tumbar, poner en fuga, hacer morder el polvo. ← *Perder.* ‖ Dominar, someter, domar. ← *Liberar.* ‖ Terminar, cumplirse un plazo. ← *Demorar.*

vencido Subyugado, dominado, domado, refrenado. ← *Liberto.* ‖ Derrotado, batido, aniquilado, hundido. ← *Vencedor.*

vencimiento Término, plazo.

vendaval Ventarrón, galerna, huracán, tifón, tromba.

vendedor Detallista, negociante, comerciante.

vender Expender, revender, despachar, traficar, traspasar, adjudicar. ← *Comprar.* ‖ Traicionar, entregar, denunciar.

veneno Tóxico, toxina, estupefaciente. ← *Antitoxina.*

venenoso Tóxico. ← *Inocuo.*

venerable Virtuoso, santo, honorable, respetable, venerando. ← *Despreciable.* ‖ Estimado, considerado, respetado, honrado. ← *Deshonrado, desacreditado.* ‖ Anciano, patriarcal.

veneración Respeto, reverencia, adoración, admiración, honra. ← *Desprecio, falta de respeto.*

venerar Honrar, reverenciar, respetar, postrarse, hincarse. ← *Despreciar.*

venganza Desquite, represalia, revancha ← *Perdón, remisión.*

vengar Desquitarse, tomar la revancha, reparar, lavar la ofensa. ← *Perdonar.*

vengativo Vengador, rencoroso, implacable. ← *Indulgente, generoso.*

venial Pequeño, ligero, perdonable. ← *Grave, mortal, imperdonable.*

venida Vuelta, retorno, regreso, llegada. ← *Ida, marcha.*

venidero Futuro, por venir. ← *Pasado.*

venir Volver, regresar, arribar, comparecer, llegar. ← *Ir.* ‖ Acomodarse, ajustarse, avenirse, conformarse. ← *Desajustarse.* ‖ Suceder, acontecer, sobrevenir.

venta Despacho, expedición, salida. ← *Compra.* ‖ Parador, posada, mesón, hospedería, hostal, fonda.

ventaja Superioridad, mejoría, preeminencia, delantera. ← *Desventaja.* ‖ Provecho, utilidad, beneficioso. ← *Inconveniente.*

ventaja (llevar) Aventajar, adelantar.

ventajoso Útil, provechoso, superior, mejor, excelente. ← *Desventajoso.*

ventilación Aireamiento, aireación. ‖ Aire, viento. ‖ Abertura, ventana.

ventilar Airear, orear. ‖ Aclarar, discutir, examinar, poner sobre el tapete. ← *Ocultar, esconder.*

ventolera Vendaval, huracán, galerna, tromba, manga.

ventura Dicha, felicidad, suerte, fortuna. ← *Desgracia.* ‖ Acaso, casualidad, azar.

ventura (por) Quizá, quizás.

venturoso Afortunado, feliz, dichoso, satisfecho, contento, alegre. ← *Desgraciado.*

ver Advertir, avistar, distinguir, divisar, contemplar, descubrir, guipar, mirar, observar, notar, percibir, reparar, vislumbrar, reconocer, ojear, fisgar, trasver, vigilar, no perder de vista, tener los ojos sobre, no quitar los ojos de, echar un vistazo. ← *No ver, estar ciego.* ‖ Asistir, juzgar. ‖ Experimentar, ensayar, probar. ‖ Intentar, tratar de.

verse Distinguirse.

vera Orilla, costado, lado, proximidad, cercanía.

veracidad Verdad, sinceridad, franqueza, autenticidad, lealtad. ← *Engaño, mentira.*

veraneo Vacaciones.

veraniego Estival. ← *Hibernal.*

verano Estío.

veraz Certero, cierto, verdadero, verídico, fidedigno, legítimo, sincero. ← *Falaz, falso, mentiroso.*

verbal Oral, de palabra, de viva voz.

verbo Palabra, lengua, lenguaje.

verbosidad Verba, verborrea, labia, locuacidad, charlatanería, palique. ← *Mutismo.*

verdad Evidencia, certeza, certidumbre, axioma, postulado, realidad. ← *Mentira, falsedad.* ‖ Veras. ← *Engaño.* ‖ Veracidad. ← *Mentira.* ‖ Dogma, evangelio, ortodoxia, fe.

verdadero Evidente, cierto, exacto, real auténtico, puro, genuino, estricto, fidedigno, probado, indudable, serio, verídico, preciso. ← *Falso, mentiroso, dudoso. falsificado.* ‖ Veraz, verídico. ←*Falaz.*

verde Verdoso, glauco, aceitunado. ‖ Hierba, follaje, verdor. ‖ Tierno, precoz. ← *Maduro.*

verdor Verde, follaje, verdura. ‖ Lozanía, juventud, mocedad, vigor.

verdura Verdor, hierba, follaje, hojas. ‖ Hortaliza.

vereda Senda, camino, sendero, atajo, ramal.

veredicto Juicio, sentencia, fallo, resolución, decisión.

vergonzoso Apocado, tímido, corto, turbado, encogido, corrido, ruboroso. ← *Atrevido, osado, desvergonzado, inverecundo.* ‖ Infamante, deshonroso, vil, afrentoso, ignominioso, despreciable. ← *Honroso.* ‖ Inmoral, indecente. ← *Honesto.*

vergüenza Modestia, encogimiento, timidez, turbación, bochorno, sonrojo, rubor, confusión, aturdimiento. ← *Desvergüenza, inverecundia, atrevimiento, osadía.* ‖ Honor, amor propio. ‖ Deshonra, oprobio, humillación, deshonor. ← *Honra, honor.*

verídico Verdadero, sincero. ← *Falso, mentiroso.* ‖ Veraz, cierto. ← *Falaz, falso.*

verificación Examen, comprobación, prueba, confirmación, justificación, control. ‖ Realización, ejecución, hecho.

verificar Comprobar, demostrar, probar, constatar, repasar, revisar, controlar. ← *Negligir.* ‖ Realizar, efectuar, ejecutar, hacer, efectuar, eje-

V

V cutar, hacer, ejecutoria, llevar a cabo.

verja Enrejado, reja, cerca.

verosímil Posible, plausible, admisible, sostenible, probable, aceptable, creíble. ← *Inverosímil, increíble.*

versificación Metrificación. ‖ Métrica, poética.

versión Interpretación, explicación, transposición, traducción.

verso Poesía. ‖ Versículo.

verter Derramar, volcar. ‖ Difundir, traducir, divulgar.

vertical Erecto, tieso. ← *Horizontal.*

vértice Cúspide, ángulo.

vertiente Declive, pendiente, ladera.

vertiginoso Raudo, rápido, acelerado, precipitado, veloz. ← *Lento, tardo.*

vértigo Mareo, desmayo, desvanecimiento, turbación, aturdimiento, vahído.

vestíbulo Atrio, hall.

vestido Vestidura, vestuario, vestimenta, indumentaria, traje, prenda, ropa.

vestidura Vestido.

vestiduras Paramentos, ornamentos.

vestir Poner, llevar, traer. ‖ Trajear, revestir, uniformar, guarnecer, ataviar, engalanar, adornar. ‖ Cubrir, envolver, disfrazar, disimular.

vestirse Endomingarse.

vestuario Vestido. ‖ Guardarropía.

veterano Experimentado, experto, ducho, avezado, acostumbrado, ejercitado, aguerrido. ← *Novicio, inexperto.* ‖ Antiguo, viejo. ← *Joven, nuevo.*

veto Oposición, impedimen-

to, denegación, obstáculo. ← *Anuencia, aprobación.*

vez Turno, tanda, rueda, repetición.

vez (de una) De golpe de una bolichada.

vez (a la) Al mismo tiempo, juntos.

vía Ruta, camino, senda, pasaje, dirección. ‖ Calle, paseo, avenida, bulevar. ‖ Modo, manera, medio. ‖ Carril, riel. ‖ Conducto.

viable Hacedero, factible, realizable. ← *Irrealizable.*

viajar Pasear, rodar, deambular, ver mundo.

viaje Trayecto, camino, jornada, excursión, marcha, itinerario, travesía, salida.

viajero Caminante, pasajero, turista, nómada, viajante.

vibración Agitación, temblor, oscilación.

vibrar Oscilar, agitarse, blandir.

viceversa Al contrario, al revés, por el contrario, de manera recíproca. ‖ Contrario, revés.

viciar Dañar, corromper, perder, pervertir, manchar, malcriar, desmoralizar, depravar, pudrir. ‖ Adulterar, falsear.

vicio Daño, defecto, deformación, falta, tacha. ← *Virtud.* ‖ Yerro, falsedad, engaño. ← *Verdad.* ‖ Mala costumbre. ← Mimo, consentimiento. ← *Estrenuidad, rigor.*

vicioso Corrompido, depravado, pervertido, perverso, desenfrenado, vil, deshonesto, lujurioso, in-

moral, libidinoso, sensual. ← *Virtuoso.* ‖ Reacio, gandul, perezoso, ocioso, haragán. ← *Activo, diligente.*

victima Mártir, sacrificado, inmolado, reo. ← *Sacrificador.*

victoria Triunfo, laurel, trofeo. ‖ Vencimiento.

victorioso Triunfador, vencedor, triunfante, ganador, laureado, campeón. ← *Derrotado.*

vid Parra, cepa.

vida Existencia, duración, días. ‖ Biografía, memoria, hechos. ‖ Conducta. ‖ Vitalidad, energía, aliento, actividad, movimiento, agitación. ‖ Sustento, alimento, mantenimiento.

vidrio Cristal.

viejo Vejete, viejecito, vejezuelo, vejestorio, anciano, abuelo, decrépito, caduco, maduro, veterano, entrado en años, de edad. ← *Joven.* ‖ Antiguo, añejo, arcaico, vetusto, desusado, pasado, primitivo, lejano, veterano. ← *Actual, nuevo, reciente.* ‖ Arruinado, derruido, deslucido, acabado, estropeado, usado. ← *Nuevo.*

vientre Abdomen, barriga, panza, tripa.

vigencia Actualidad. ← *Caducidad, desuso.*

vigente Actual, en vigor. ← *Caducado.*

vigía Atalaya, torre. ‖ Vigilante, observador, explorador, guardia, centinela, oteador, velador, escucha.

vigilancia Cuidado, atención, celo, vela, custodia.

vigilante Guardián, sereno, centinela. ‖ Vigía.

vigilar Velar, atender, custodiar, guardar, inspeccionar, acechar. ← Descuidar.

vigilia Víspera.

vigor Vitalidad, energía, vida, fuerza, ánimo, aliento, actividad, dinamismo, eficacia, viveza, potencia, enjundia. ← Debilidad, impotencia, ineficacia.

vigorar o vigorizar Robustecer, alentar, animar, fortalecer. ← Abatir, postrar.

vigoroso Fuerte robusto, eficaz, esforzado, animoso, enérgico. ← Débil, impotente.

vil Abyecto, despreciable, bajo, malo, ruin, villano, infiel, indigno, infame, traidor, innoble, desleal, bajo. ← Bueno, noble, leal, digno.

vileza Indignidad, ruindad, villanía, infamia, traición, bajeza, abyección. ← Bondad, nobleza, dignidad.

villa Casa, chalet, hotel. ‖ Ciudad, urbe, población, capital.

villano Plebeyo, bajo. ← Noble. ‖ Aldeano, rústico, lugareño. ← Urbano. ‖ Rudo, rústico, basto, grosero, descortés. ← Cortés, educado. ‖ Ruin, vil, indigno. ← Digno. ‖ Deshonesto, indecente, indecoroso. ← Decente, honesto.

vincular Sujetar, atar, supeditar, fundar, relacionar. ← Desvincular.

violación Infracción, quebrantamiento, atentado,

← Acatamiento. ‖ Profanación.

violar Infringir, quebrantar, vulnerar, atropellar. ← Acatar, seguir. ‖ Profanar.

violencia Impetu, impetuosidad, furor, fuerza, pasión, brusquedad, ardor, ardimiento, vehemencia, brutalidad, furia, rudeza, salvajismo. ← Dulzura, persuasión, mansendumbre.

violentar Vulnerar, forzar, atropellar, forzar, violar, profanar. ← Suplicar.

violento Apasionado, atropellado, brutal, agresivo, brusco, duro, fuerte, desgarrador, intenso, poderoso, rudo, tajante, iracundo, irascible, vehemente, vivo, impetuoso. ← Suave, calmo, sosegado, pacífico, plácido.

viraje Curva, tumbo, giro.

virar Torcer, girar, volver, desviar, cambiar, doblar. ← Seguir, proseguir.

virgen Doncel. ‖ Doncella. ‖ Virginal, virgíneo. ‖ Cándido, angélico, casto, inmaculado, puro, inocente, intacto, virtuoso, ingenuo. ← Incasto. ‖ Nuevo, joven.

Virgen (la) María, María Santísima, Nuestra Señora, Madre de Dios.

virginidad Castidad, candidez, inocencia, pureza. ‖ Entereza, virgo, integridad

viril Varonil, masculino, macho, valiente, vigoroso, fuerte. ← Femenino, delicado.

virilidad Masculinidad, fortaleza. ← Feminidad, debilidad.

virtud Poder, potestad, valor, eficacia, vigor, fuerza, facultad. ← Desaliento, cobardía. ‖ Dignidad, honestidad, templanza, integridad, probidad, castidad, caridad, bondad, mérito. ← Vicio, disolución, vileza, bajeza.

virtuoso Honesto, honrado, probo, justo, bueno, casto, íntegro templado, temperante. ← Vicioso, disoluto.

viscoso Pegajoso, pegadizo, gelatinoso, adhesivo. ← Duro, resbaladizo.

visible Sensible, perceptible, transparente. ← Invisible. ‖ Evidente, manifiesto, palpable, claro, indudable, cierto. ← Dudoso. ‖ Notable, sobresaliente. ← Escondido.

visión Imagen, percepción. ‖ Espectro, aparición, fantasía, sueño, alucinación, ensueño. ← Realidad.

visita Entrevista, recepción, audiencia, cita, saludo, besamanos. ‖ Inspección, revista, examen.

visitar Ver, cumplimentar, saludar, recibir. ‖ Revistar, inspeccionar, examinar, registrar.

vislumbrar Ver, divisar, entrever. ‖ Sospechar, conjeturar.

víspera Vigilia. ‖ Proximidad, inmediación.

vista Visión. ← Ceguera. ‖ Perspicacia, lucidez. ‖ Perspectiva, panorama, horizonte, cuadro. ‖ Apariencia. ‖ Ojo.

vistazo Ojeada, mirada.

vistoso Llamativo, atrayen-

V

te, brillante, lucido, hermoso. ← *Repulsivo.*

vital Estimulante, nutritivo, vivificante, tónico. ‖ Activo, eficaz, enérgico, importante, esencial, capital. ← *Irrelevante, sin importancia.*

vitalidad Vigor, vida, fuerza, potencia, vivacidad, ←*Desaliento, desánimo.*

vítreo Transparente, translúcido, diáfano. ← *Opaco.* ‖ Cristalino.

vivacidad Viveza, eficacia, energía, fuerza, vigor, ánimo, dinamismo, brillantez, agudeza, desenvoltura. ← *Indolencia, tranquilidad, inercia, pigricia.*

vivaracho Vivo, avispado, listo, despejado, travieso, bullicioso, alegre, divertido. ← *Torpe, desmañado, molondro.*

víveres Vituallas, provisiones, alimentos, comestibles.

vivienda Habitación, morada, casa, residencia, domicilio.

vivificante Excitante, reconfortante, tónico, animador.← *Calmante, apaciguante.*

vivificar Alentar, confortar, animar, reanimar, reavivar, revivificar.← *Desalentar, desanimar, calmar.*

vivir Existir. ‖ Durar, mantenerse, pasar. ‖ Habitar, morar, residir, anidar. ‖ Estar, estar presente.

vivo Vigente, actual, presente, existente. ‖ Intenso, enérgico, fuerte, recio. ← *Débil.* ‖ Ingenioso, sutil, listo, perspicaz, avispado, vivaz, agudo.

←*Estólido.* ‖ Astuto, tunante, ladino. ‖ Vivaracho. ← *Torpe.* ‖ Impetuoso, ardiente, fogoso, bullicioso, caluroso, nervioso. ← *Mortecino, apagado.* ‖ Duradero, perseverante. ← *Perecedero.* ‖ Diligente, pronto, ágil, listo, rápido. ← *Roncero, calmoso.* ‖ Franco, espontáneo. ← *Mentiroso.* ‖ Expresivo, llamativo. ← *Apagado.*

vocablo Palabra, término, voz, dicción, verbo, expresión, locución.

vocabulario Diccionario, glosario, léxico, repertorio.

vocación Afición, inclinación, llamamiento, disposición, propensión, aptitud, inspiración, tendencia, don, facilidad. ← *Aversión.*

vocal Oral.

vocativo Llamativo.

vocear Gritar, chillar, bramar, vociferar, ladrar, llamar. ‖ Aplaudir, aclamar. ← *Silbar.* ‖ Manifestar, divulgar, pregonar, publicar.

vocerío Gritería, clamor, vociferación, algarabía, escándalo, alboroto.

volar Revolotear, levantar el vuelo, batir de alas, remontarse, elevarse, surcar. ‖ Escapar, huir. ‖ Desaparecer, evaporarse, escurrirse, diluirse. ‖ Apresurarse, correr. ‖ Divulgarse, extenderse, difundirse, propagarse.

volátil Ligero, aéreo, sutil, impalpable, vaporoso. ← *Sólido.* ‖ Inconstante. ← *Constante, firme.*

volcar Inclinar, torcer, tumbar, verter. ← *Enderezar.*

voltereta Tumbo, pirueta, acrobacia, cabriola.

voluble Variable, vacilante, antojadizo, fantasista, inconstante, caprichoso, inconsecuente. ← *Fiel, constante.*

volumen Tomo, libro, obra. ‖ Bulto, corpulencia, cuerpo, mole, espacio, dimensión, magnitud, tamaño, solidez.

voluminoso Abultado, corpulento, grueso, gordo, desarrollado. ← *Pequeño, exiguo.*

voluntad Arbitrio, albedrío, resolución, intención, ánimo, deseo. ‖ Perseverancia, firmeza, energía, tenacidad. ‖ Ansia, gana, antojo, deseo, afán.

voluntario Libre, espontáneo, querido, intencional, facultativo. ← *Involuntario, indeliberado.* ‖ Voluntarioso.

voluntarioso Voluntario, testarudo, empeñado, persistente, tenaz, infatigable, obstinado, caprichoso, arbitrario. ← *Versátil, inconstante.*

volver Regresar, retornar, ← *Ir.* ‖ Girar, torcer. ‖ Mudar, cambiar. ‖ Volcar. ‖ Reincidir, repetir, reiterar, insistir. ← *Escarmentar.*

volverse atrás Desdecirse, hacer marcha atrás.

voracidad Gula, glotonería, tragonería, avidez, ansia, canibalismo, hambre. ← *Desgana.*

voraz Ávido, hambriento, comilón, tragón, insaciable, glotón. ← *Desgana-*

do. ‖ Devorador, consumidor, agresivo. ← *Lento, débil*.

votación Sufragio, elección, sorteo.

votar Elegir.

voto Promesa, oferta, compromiso. ‖ Juramento, maldición, taco, blasfemia, palabrota, execración. ‖ Parecer, opinión, dictamen. ‖ Exvoto. ‖ Elección, sufragio.

voz Vocablo, palabra, término, dicción, expresión, locución. ‖ Sonido, grito, canto, alarido.

voz (falto de) Ronco, afónico.

voz del cielo Inspiración.

voz de la conciencia Remordimiento, pesar, arrepentimiento.

vuelo (alzar o levantar el) Escapar, huir.

vuelo (coger o atrapar al) Cazar.

vuelta Rotación, virada, vuelco, recodo, ángulo, giro, circunvalación. ‖ Regreso, retorno, venida. ‖ Devolución, reintegro. ‖ Gratificación, recompensa, torna. ‖ Repetición, reiteración. ‖ Dorso, revés, espalda, envés, verso. ‖ Cambio, mutación, mudanza.

vuelta y media (poner de) Avergonzar, abochornar, afear.

vueltas (dar cien) Superar, aventajar.

vulgar Corriente, común, banal, bajo, general, insignificante, popular, simple, grosero, ordinario, trivial, insubstancial, inculto. ← *Extraordinario, raro, distinto, selecto, particular*.

vulgaridad Trivialidad, banalidad, tontería, gansada, insignificancia, tópico, idiotez. ← *Genialidad*.

vulgarizar Familiarizar, divulgar, generalizar, adocenar. ← *Guardar, esconder, celar*.

vulnerable Sensible, débil, dañable, perjudicable. ← *Invulnerable*.

vulnerar Dañar, perjudicar, herir, lesionar, lastimar, damnificar. ← *Favorecer*. ‖ Quebrantar, violar, infringir, desobedecer, ofender. ← *Acatar*.

V

Y

yacente Tendido, horizontal, plano, supino. ← *Enhiesto, erguido.*

yacer Reposar, dormir, descansar. ‖ Estar, existir, encontrarse, hallarse. ‖ Pacer

yacimiento Mina, filón, cantera, veta.

yanqui Norteamericano.

yayo Abuelo.

yedra Hiedra.

yegua Potranca, potra.

yelmo Casco.

yema Retoño, brote, capullo. ‖ Flor, nata, flor y nata.

yerba Hierba.

yerno Hijo político.

yerro Error, omisión, confusión, errata, inadvertencia, equivocación, descuido, aberración, torpeza, sinrazón. ← *Verdad, acierto.*

yo Un servidor, una servidora, menda. ‖ Nosotros, nos.

yugo Sumisión, servidumbre, esclavitud, obediencia, disciplina, servidumbre, vasallaje. ← *Manumisión.* ‖ Opresión, dominio. ← *Libertad.*

yunta Par, pareja.

yuxtaponer Aplicar, arrimar, adosar, acercar, apoyar. ← *Separar.*

yuxtaposición Aposición.

Z

zafarrancho Riña, pelea, combate.

zambombazo Porrazo, golpe, golpazo. ‖ Estallido, estampido, explosión.

zambullir Sumergir.

zambullirse Sumergirse, hundirse, chapuzar. ‖ Esconderse, ocultarse, cubrirse.

zampar Comer, tragar, embuchar, devorar.

zancada Paso.

zancadilla Traspié. ‖ Trampa, ardid, engaño.

zanja Trinchera, cuneta, excavación, foso.

zapatilla Babucha, pantufla.

zaragata Alboroto, escándalo, gritería, gresca, tumulto.

zarpa Garra.

zarpada Zarpazo.

zarpar Partir, hacerse a la mar, levar anclas, soltar amarras, salir.

zarpazo Porrazo, batacazo, golpe. ‖ Zarpada.

zarza Espino, zarzamora.

zarzal Matorral.

zona Faja, círculo, territorio.

zopenco Bobo, tonto, bruto, rudo, zoquete. ← *Avispado, listo.*

zoquete Taco, tarugo. ‖ Zopenco, rudo.

zumba Tunda, tollina, zurra, paliza.

zumbar Ronronear, retumbar, bramar. ‖ Dar, propinar, soltar. ‖ Dar chasco.

zumbido Zumbo, chillido, retruñido.

zumo. Jugo, licor. ‖ Provecho, utilidad, beneficio, ganancia. ← *Pérdida.*

zurcir Coser, remendar, recomponer. ‖ Unir, juntar. ‖ Urdir, tramar.

zurra Azotina, azotaina, pega, leña, somanta, panadera, tunda.

zurrar Pegar, apalear, azotar, aporrear, mosquear, propinar.

zurrón Bolsa, macuto, mochila, saco.

APÉNDICE
ORTOGRAFÍA ELEMENTAL

ORTOGRAFÍA ELEMENTAL

Las sílabas

1. Dos vocales débiles o una débil y una fuerte que forman diptongo no pueden separarse. Ejemplo:

ci*u*-da-da-no, a-b*i*er-to, gr*ue*-so.

2. No forman diptongo y, por lo tanto, pueden separarse, si la vocal débil lleva acento. Ejemplo:

sa-lí-*a*, rí-*e*-te, gen-tí-*o*.

3. Dos vocales fuertes no forman diptongo y deben separarse. Ejemplo:

be-*o*-do, a-é-re-*o*, ca-*e*r.

4. Las consonantes dobles *ch, rr, ll*, no pueden separarse. Ejemplo:

co-*che*, ca-*rre*-ta, ca-be-*llo*.

5. Tampoco pueden separarse las consonantes que forman un solo grupo en la pronunciación. Ejemplo:

*dr*a-ma, *br*o-ma, *gl*o-ria, *fr*es-co.

Acentuación de las palabras agudas

1. Se *acentúan* todas las palabras *agudas terminadas en vocal* y las terminadas *en consonante n o s*, ejemplo:

mamá, canción, después, también, saltó, comeréis.

Las formas verbales agudas mantienen el acento aunque se les unan pronombres al final, ejemplo:

olvidó, olvidóse, olvidósele.

2. Los *monosílabos*, por ser todos agudos, *no necesitan acento*, ejemplo:

fui, fue, vio, di, fe.

Sólo se acentuarán aquéllos que, por tener formas homónimas, puedan inducir a confusión. Los más frecuentes son:

sí adverbio	para diferenciarse de	si, conjunción.
más, »	» »	mas, »
mí, pron. personal	» »	mi, adj. posesivo
tú, » »	» »	tu, » »
él, » »	» »	el, artículo
dé, verbo dar	» »	de, preposición
sé, verbo saber	» »	se, pron. reflexivo
té, sustantivo	» »	te, pron. personal
aún, significando todavía	» »	aun (incluso)

Acentuación de las palabras graves y esdrújulas

1. Se acentúan las palabras *graves* o *llanas terminadas* en *consonante* que *no sea n o s*, ejemplo:

cónsul, López, cárcel, mártir.

2. Se acentúan también si, *terminando* en dos vocales que podrían formar *diptongo*, el *acento tónico* ha de recaer en la *i* o la *u*, ejemplo:

salía, ganzúa, descubría.

3. Las palabras *esdrújulas* y *sobresdrújulas* se acentúan *todas*, ejemplo:

espíritu, América, cátedra, decíamelo.

4. *Ninguna palabra compuesta* podrá llevar *dos acentos*, aunque lo hubiere en cada una de las componentes por separado. Así, de

décimo y séptimo formaremos: decimoséptimo.

Uso de las mayúsculas

Se escribirán con mayúscula.

1. Las palabras que *empiecen un escrito*, ejemplo:

> Los niños juegan en el patio.

2. La palabra que viene *detrás de un punto*, ejemplo:

> ...y se acercó. Entonces el perro asustado...

3. Todos los nombres *propios*, ejemplos:

> Martín, Portugal, Quevedo, Zaragoza.

4. Los *apodos* o *calificativos* con que se distingue a un personaje, ejemplo:

> Pedro el Cruel, Sancho el Bravo, Gran Bretaña.

5. Los nombres que indican *dignidades, atributos divinos, corporaciones, asambleas* y las *abreviaturas* de *tratamientos*, ejs.:

> Marqués de Villahermosa, Santísima Trinidad,
> Cortes del Reino, Cámara de Diputados.
> Ilmo. Sr., Excmo. Sr., Vd.

6. La palabra que *sigue a los dos puntos* en los *encabezamientos* de las *cartas* o al *empezar el estilo directo*, ejemplos:

> Queridos padres: Recibí oportunamente...
> El caballero dijo: No tengáis la menor duda...

Los signos de puntuación

La coma: Debe ponerse una coma (,):

1. Para *separar* las partes de la oración de un *mismo valor gramatical* cuando van *formando una serie*, ejemplos:

> He comprado libros, cuadernos, plumas, lápices y una goma.
> La montaña es alta, nevada, majestuosa, pintoresca.

Se *suprimirá* la coma cuando algunas de estas palabras *vayan enlazadas* por una de las conjunciones, *y, e, o, u.*

2. Para *separar* las *partes independientes* de una *misma cláusula*, ejemplos:

«Entre Sanlúcar de Barrameda, que despide al Betis, y la pulida Cádiz, que se abre paso entre las olas, como para ir al encuentro de sus escuadras, en una saliente elevación de terreno, se ha asentado Rota» (FERNÁN CABALLERO).

3. *Después* de un *vocativo*, de la conjunción *pues* y de ciertas *locuciones conjuntivas o adverbiales* como: *y así, ahora bien, por consiguiente, en fin*, ejemplos:

Oye, Tomás, no te vayas.   Así pues, te esperaré.

El punto y coma: Debe ponerse punto y coma (;):

1. En *cláusulas extensas*, para *separar las distintas oraciones*, ejemplo:

«Las laderas del monte acaban en unos peñascales; una aguda restinga se destaca de la costa y entra en el mar; las olas corren sobre su lomo, van, vienen, hierven, se deshacen en nítidos espumarajos» (AZORÍN)

2. *Antes* de las *conjunciones adversativas*, ejemplo:

Estaba dispuesto a salir; pero me acordé de que no había terminado aún los deberes.

El punto final: Debe ponerse punto final (.):

1. Al *final* de cada *período* que tenga *sentido completo*, siempre que sigamos razonando sobre el mismo asunto.

2. Será además *punto y aparte*, si después de un razonamiento completo *cambiamos el contenido de las ideas* para hacer referencia a algo distinto de lo tratado en el párrafo anterior, ejemplo:

«Se veía un jardín espléndido, lleno de naranjos cargados de fruta. En medio eran como árboles altos, erguidos; junto a las paredes, como enredaderas, escalaban las altas tapias y las cubrían con su follaje verde profundo.

Estaba lloviendo, y era un espectáculo mágico ver sobre las hojas negruzcas, humedecidas por la lluvia, las naranjas centelleantes como bolas de oro rojo y amarillo» (BAROJA).

Los dos puntos: Se emplean los dos puntos (:):

1. Después de la *salutación* en las *cartas*, ejemplos:

Distinguido Sr.: Le ruego disculpe...

2. Antes de citar las *palabras textuales* de un autor o personaje; ejemplo:

> Dice Jorge Manrique: «Nuestras vidas son los ríos...»

3. Después de las expresiones: *por ejemplo, son las siguientes, verbigracia, es a saber*, etc., ejemplos:

> Los sustantivos designan a los seres, por ejemplo: mesa, caballo, rosa.

Los puntos suspensivos: Se usan los puntos suspensivos (...) cuando se *deja incompleto el sentido de la frase*, ya porque se sobrentiende la continuación, ya porque no interesa confirmarla:

> Es muy buena persona, pero...
> Me miró de reojo y... se marchó sin decir palabra.

Los puntos de interrogación y de admiración: (¿ ?) (¡ !). Los primeros se ponen al *principio y al final de una pregunta*, y los segundos al *principio y al final de una exclamación* o de una oración exclamativa:

> ¿Qué lección has estudiado? ¡Qué calor hace hoy!

Los paréntesis: ( ). Se ponen entre paréntesis las palabras o expresiones que, en forma de *dato preciso, aclaran o especifican algún concepto*:

> Lo encontrarás en la Enciclopedia (Tomo 3.º).
> La siega (que se realiza en junio) se había retrasado algo.

Uso de la M y de la N

1. Se escribe *m* siempre que la *consonante siguiente es una b* o una *p*:

> cambio, bombero, tímpano, rumbo, campo.

2. *Delante* de una *m*, se pone *n*, ejemplos:

> inmediato, inmenso, conmemorar.

3. *Delante* de *n* se pone también una *n*, ejemplos:

> innoble, innato, ennoblecer, perenne.

EXCEPCIONES: himno, gimnasia, amnesia, omnipotente.

4. En *todos los demás casos* ante consonante se pone también *n:*

entonces, contento, incendio, condecorar.

Uso de la B

Se pone b y no v:

1. *Ante consonante*, cualquiera que sea, ejemplos:

abril, blando, observar, obtener.

2. En las *terminaciones de los pretéritos imperfectos* de los verbos del primer grupo, ejemplo:

tú amabas, él andaba, nosotros estudiábamos.

3. En todo el *verbo haber*.

4. En la sílaba *bu* de casi todas las palabras, ejemplos:

búho, buche, abubilla, apabullar, burbuja.

EXCEPCIONES: párvulo, vuestro, vulgo y en las formas diptongadas de los verbos volver, volar y volcar, ejemplos:

él vuelve, tú vuelcas, ellos vuelan.

5. Siempre que la *sílaba siguiente empiece por rr*, ejemplos:

barro, aborrecer, esbirro, gamberro.

EXCEPCIONES: verruga, virrey, Navarra.

6. En las palabras que *empiezan por al*, ejemplos:

albaricoque, albañil, alba, albufera, alboroto.

EXCEPCIONES: álveo, alveolo.

7. En las palabras que *empiezan por abo, bien o bene*, ejemplos:

abocar, abolir, abono, bienhechor, beneplácito.

EXCEPCIONES: venerar, viento, vientre (y sus derivados).

8. Se escriben con b los *verbos terminados* en *bir*, ejemplos:

recibir, escribir, apercibir.

Excepciones: servir (y sus derivados: servicio, servidor, etc.)
vivir (y sus derivados: vivo, vivienda, vivero)
hervir (y sus derivados: hervidero, hervor, etc.).

9. Las palabras que *empiezan* por *bi* (significando *dos*) y *bibl*, ejemplos:

bisílaba, bimotor, biblioteca, bibliotecaria.

10. Las palabras que *terminan* en *bilidad*, ejemplos:

contabilidad, habilidad, responsabilidad.

Observación: Algunas palabras, de significado muy distinto, no ofrecen más diferencia que la variante ortográfica *b* o *v*. He aquí las más usadas para que aprendas a distinguirlas:

barón: noble	varón: **hombre**
basto: sin pulir	vasto: **muy extenso**
bello: hermoso	vello: pelo
bienes: riquezas	vienes: del verbo venir
rebelar: sublevar	revelar: descubrir un secreto
tubo: cilindro hueco	tuvo: del verbo tener
sabia: que tiene sabiduría	savia: jugo de las plantas.

Uso de la V

Se escriben con v:

1. Los *pretéritos indefinidos* de *indicativo* y los *imperfectos de subjuntivo* de los verbos que no tienen *b* en su infinitivo, ejemplos:

yo contuve, tú obtuvieses, él anduviere.

2. Los *nombres* y *adjetivos terminados* en *-ivo* o *-iva*, ejemplos:

una misiva, constructivo, afirmativa.

3. Todas las palabras que *empiezan* por *ll* o por *ad*, ejemplos:

lluvia, llavero, adviento, adversario.

4. Casi todas las palabras que *empiezan* por *n*, ejemplo:

nevera, nuevo, novela, novio, navío.

EXCEPCIONES: nebulosa, nube, nabo.

5. La mayoría de las palabras que *empiezan* por *ave, avi, ver,* ejemplos:

avícola, aviación, vertiente, verdadero.

EXCEPCIONES: abecedario; abeja; abertura; bermejo; bermellón, berenjena; abierto; abismo.

6. La mayoría de las palabras que *empiezan* por *pre, pri, pro,* ejemplos:

previsión, privado, provincia.

EXCEPCIONES: probar; probo (y sus derivados); prebenda.

Uso de la H

1. Empiezan por h *todos los tiempos* del verbo *haber*, ejemplos:

había, hube, has habido, haya

OBSERVACIÓN: No debe confundirse la tercera persona del verbo haber, él *ha*, con la preposición *a*, ni la primera persona, *he*, con la conjunción *e*.

2. Se pone también h inicial en las *palabras* que *empiezan* por *hum* y por *er*, ejemplos:

humo, humedad, humano, herrero, Hernández, hernia

EXCEPCIONES: umbral, umbroso y demás derivados de umbra (sombra), error (y sus derivados), ermita (y sus derivados), erigir, Ernesto.

3. En las palabras que *empiecen* por el *diptongo ue*, ejemplos:

hueso, huevo, huérfano, hueco, Huelva.

4. Se escriben con H las palabras que empiezan por *hidr-, hiper-, hipo-:*

hidráulico, hidrógeno, hipertensión, hipopótamo, hipotenusa.

5. Las palabras que en catalán, francés, o *cualquiera otra lengua neolatina empiezan por F*, ejemplos:

*h*umo (fum, fumée); *h*arina (farina, farine); *h*ígado (fetge, foie).

EXCEPCIONES: asco, estiércol.

6. Observa el *distinto significado* de las palabras siguientes:

ala: órgano para volar	¡hala!: interjección
asta: cuerno	hasta: preposición
aya: criada	haya: árbol, o verbo haber
echo: del verbo echar	hecho: del verbo hacer
ojear: derivado de ojo	hojear: derivado de hoja
onda: movimiento del agua	honda: profunda, o arma
ola: referido al mar	¡hola!: interjección
ora: conjunción, o verbo orar	hora: división del tiempo
uso: del verbo usar	huso: instrumento para hilar
yerro: error	hierro: metal.

Uso de la J

1. Se escriben con j los *grupos aje, eje*, ejemplos:

coraje, traje, ejemplo, ejercicio.

EXCEPCIONES: agente, tragedia, exagerar, hegemonía, proteger (y sus compuestos).

2. Los *derivados* de las palabras *terminadas* en *ja, jo*, ejemplos:

de reja: rejilla; de caja: cajetilla;
de rojo: rojizo; de flojo: flojedad.

3. *Las formas je, ji*, de los verbos en cuyo *infinitivo no hay ni la g ni la j*, ejemplos:

de conducir: conduje; de traer: trajiste;
de decir: dijimos; de producir: produjeron.

4. Todas las personas de los *verbos terminados* en *jar*, ejemplo:

de aflojar: aflojé, aflojemos
de mojar: moje, mojen mojéis.

Uso de la G

1. Se escriben con *g* todos los *infinitivos terminados* en *ger*, *gir*, ejemplos:

> coger, proteger, regir, afligir.

EXCEPCIONES: tejer y crujir.

2. Siempre que se encuentre el *grupo gen*, ejemplos:

> margen, virgen, agencia.

EXCEPCIÓN: berenjena.

3. Los *grupos agi*, *egi*, *igi*, ejemplos:

> agitar, regio, prodigio.

EXCEPCIONES: mejilla, mejillón, Méjico, perejil, vejiga.

Uso de la C y de la Z

1. Se pone *c*, *delante* de las vocales *e*, *i*, ejemplos:

> acémila, cemento, recibo, ciprés, racimo.

2. Se pone *z*, *delante* de las vocales *a*, *o*, *u*, ejemplos:

> cazador, rezos, zorra, zumo, azul.

EXCEPCIONES: zigzag; zéjel, zepelín; Zelanda.

Uso de la RR y de la R

1. Se pondrá *rr* cuando se pronuncie *fuerte entre dos vocales*, ejemplo:

> arrendar, correr, cerradura, prerromántico.

2. Se pondrá *r* sola, aunque su sonido sea fuerte, a *principio de la palabra* y cuando vaya *detrás de otra consonante*, ejemplo:

> risa, rosa, reunir, enredo.

3. Siempre que *el sonido sea suave*, se pondrá tan sólo *una r*, ejemplo:

> corona, aroma, cara, marina, cerdo, persiana, encontrar.

Uso de la D y de la T

1. Se suele poner *d* cuando va *detrás de una vocal formando sílaba* con ella; ejemplo:

> admirable, adquirir, inadvertido, administrar.

2. Se pone también al *final de palabra* en los *imperativos* y en todos aquellos nombres cuyo *plural* es en *des;* ejemplo:

> amad, leed, amistad, soledad, inquietud.

Uso de la Y

1. Se escribe *y* al *final de palabra* cuando *no lleva acento;* ejemplo:

> ley, voy, buey, rey, doy.

2. *Entre dos vocales*, si *no va acentuada;* ejemplo:

> mayo, ayuntamiento, huyó.

3. Al *principio de palabra* si le *sigue una vocal;* ejemplo:

> yunta, yunque, ya, yanqui.

Se acabó de imprimir esta obra
el día 14 de junio de 1976, en los talleres de

OFFSET UNIVERSAL, S. A.
Av. Año de Juárez 177, Granjas San Antonio
México 13, D. F.

La edición consta de 15,000 ejemplares
más sobrantes para reposición.